영유아를 위한

유아건강교육의 이론과 실제

김연진 · 고영자 · 조안나

태영출판사

머리말

건강에 대한 관심은 성인과 아동의 구분없이 삶의 화두로 올라와 있다. 좋은 음식과 건강관리는 평생 돌보고, 관리해야 할 부분으로 인식되고 있다. 특히 유아기의 건강은 성인기의 기초가 되며, 개인의 건강은 가족, 사회, 국가, 인류의 안녕과 상호관련이 되어 있다. 유아기에 건강에 대해 교육을 함으로써 국민의 건강을 유지시키고 향상시키기 위한 예방적인 역할을 함으로써 궁극적으로 의료적인 비용을 최소화하여 개인은 물론 국가경제의 절감효과를 가져올 수 있다.

그러나 다른 쪽에서는 환경오염의 심각성과 공해의 피해로 인간의 생명을 위협하는 자연재해와 약물, 화재, 교통 사고 등도 발생한다. 특히 자신을 스스로 보호할 능력이 부족한 영유아에게는 이 같은 위협이 보다 치명적인 사고로 연결될 수 있다.

이러한 환경 속에서 보다 건강하고 안전한 생활습관만이 질 높은 삶을 영위할 수 있게 하는 방법이 되므로 건강과 안전에 대한 의식과 태도를 어릴 적부터 갖추는 것이 중요하게 강조된다. 세 살 버릇 여든까지 간다는 속담에서처럼, 생애 초기인 영유아기 때 배우는 건강관리와 안전지도는 이들의 삶을 스스로 지탱해 줄 수 있는 교육적 효과가 높은 작업이라고 볼 수 있다.

그리하여 개정된 표준보육과정과 누리과정에서도 유아의 건강관리와 안전한 생활태도를 위한 교육지침을 강조하고 있다. 또한 공동의 생활권에서 생활하는 영유아들의 안전한 보육, 교육기관으로서의 역량을 키우기 위한 안전관리와 지도 점검도 높아지고 있다.

이러한 영유아 보육, 교육의 방향에 따라 영유아들을 위한 안전한 기관운영과 건강한 생활태도를 갖출 수 있게 하는 유아교육 프로그램을 개발, 보급하는 것이 중요하게 다루어지고 있다.

그리하여 본 저서는 이러한 사회문화적인 배경과 유아교육과정에서의 요구를 바탕으로 영유아를 대상으로 하는 건강교육과 안전관리의 내용을 1, 2부에 걸쳐 새롭게 구성하였다.

1부에서는 건강교육 차원에서 다루어지는 내용으로 건강, 영양, 질병관리 측면의 내용을 수록하였다. 2부 안전관리에서는 유아안전교육의 필요성을 근간으로 해서 영유아의 발달 수준에 맞는 놀이안전, 생활안전, 자연 및 사회환경 측면에서의 안전교육과 관리 사항에 대해 정리하였다.

이 책이 나오기까지 영유아의 건강과 안전에 만전을 기하는 현장의 원장님과 교사들의 노고에 감사드리며, 안전한 보육, 교육환경을 조성하는데 조금이라도 기여할 수 있는 책이 될 수 있도록 신경 써 주신 태영출판사 사장님께 감사드립니다.

2014년 7월

저자 일동

차 례

제1부 | 영유아건강교육

제 1 부

영유아건강교육

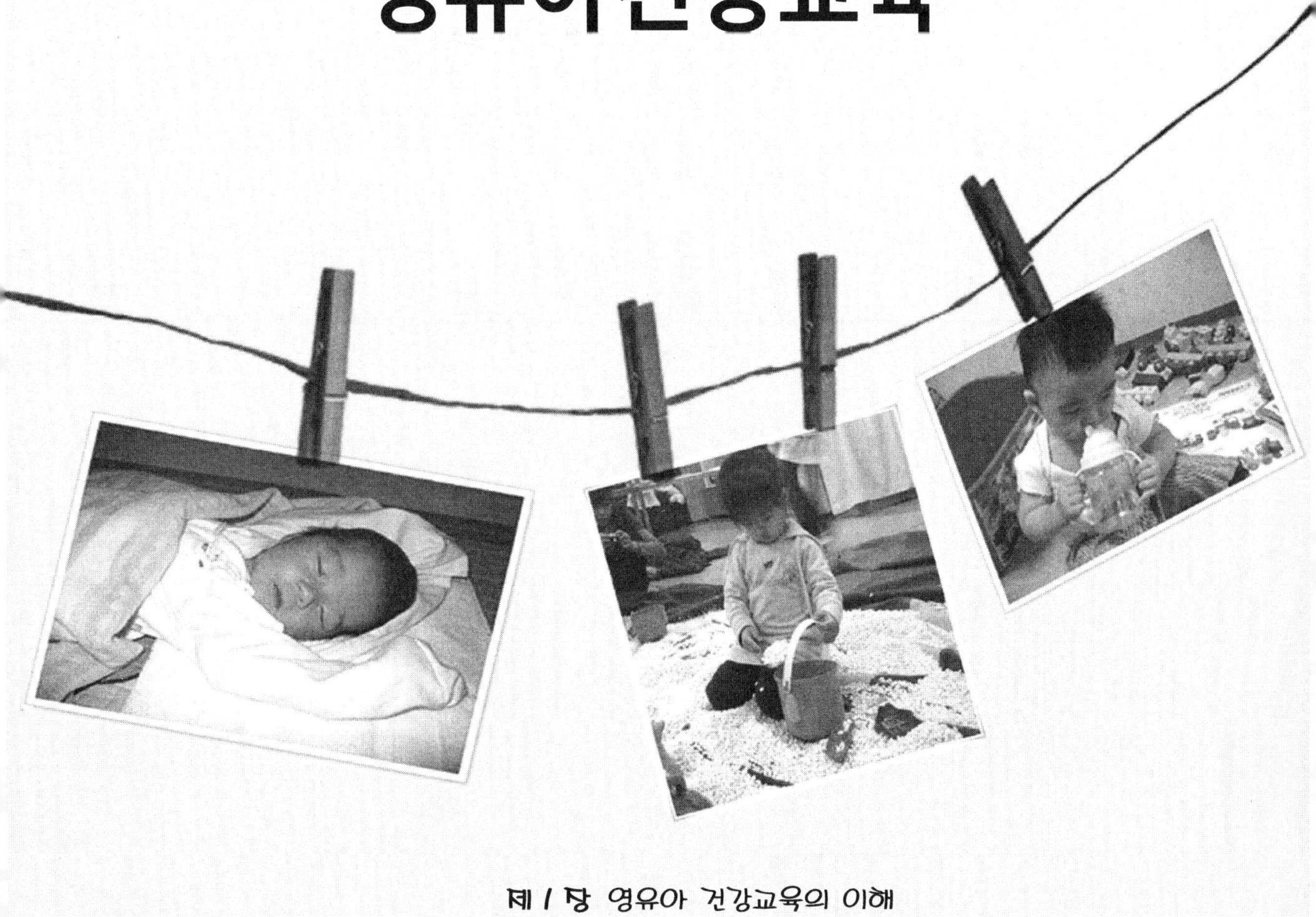

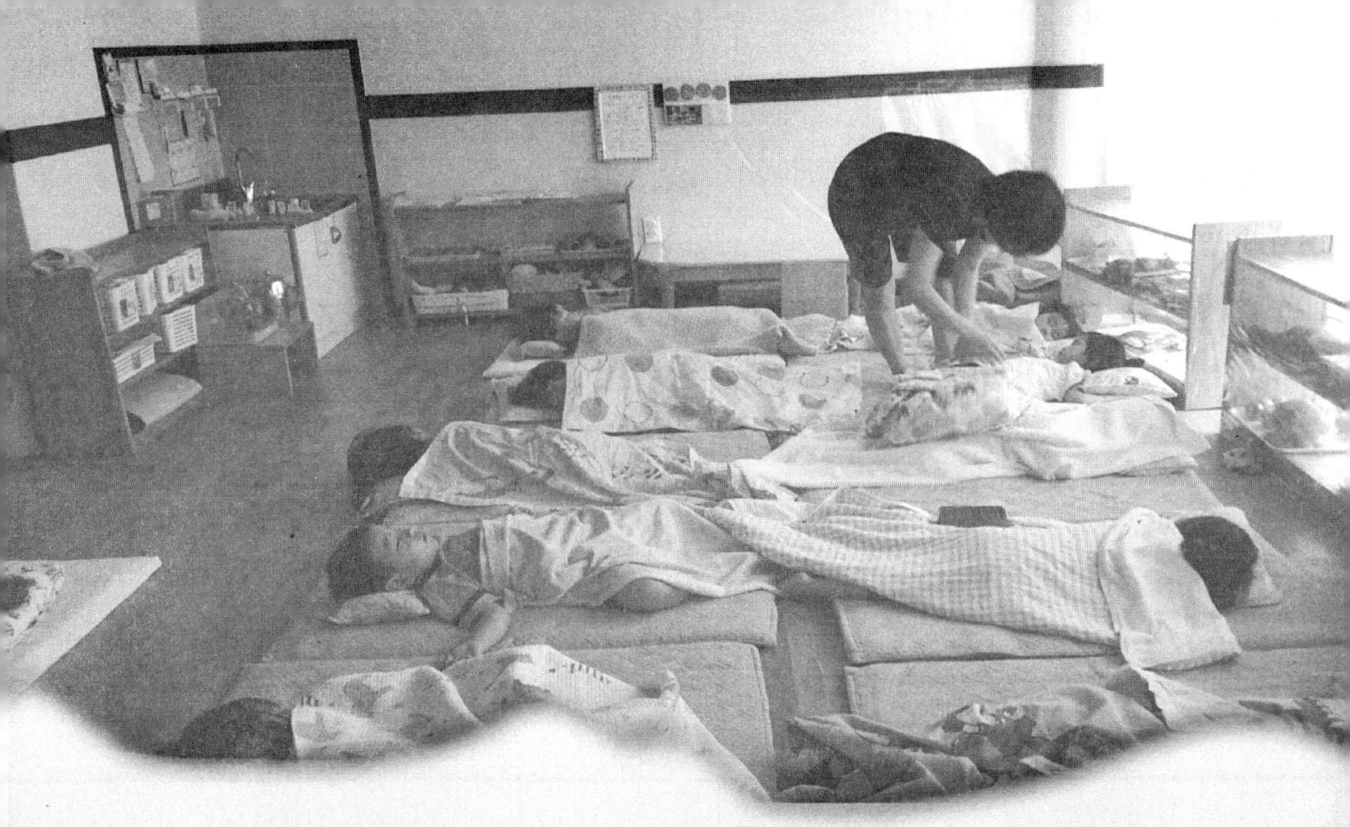

제 1장

영유아 건강교육의 이해

1. 영유아기 건강의 개념
2. 영유아 건강교육의 목적
3. 영유아의 건강에 영향을 미치는 요인
4. 교직원의 건강

건강이란 질병이 없고, 허약하지 않은 상태가 기본 요건이지만, 삶을 즐겁게 영위해 나가는 데 필요한 신체적, 정신적, 사회적인 균형을 유지한 상태라고 말할 수 있다. 즉 건강은 활기 있고 행복한 삶을 살고, 잠재력을 실현하기 위한 주요한 조건이다.

건강교육의 궁극적 목적은 건강을 발달시키는데 필요한 지식, 태도, 행동의 발달을 통하여 유아들의 삶의 질을 유지하고 향상시키는 것이다.

본 장에서는 영유아기 건강의 개념과 유아기 건강에 영향을 미치는 요인, 유아의 성장과 학습에 영향을 주는 교직원, 특히 교사의 건강 등에 대하여 바르게 이해함으로써 보다 높은 교육의 효과를 도모하고자 한다.

1. 영유아기 건강의 개념

건강에 대해 일반적으로 많은 사람들은 좋은 체격, 적절한 영양상태, 질병이 없는 것과 같은 신체적 요소만을 생각하는 경향이 있다. 그러나 건강은 복합적인 현상을 포함하는 개념으로 단순하거나 쉽게 정의할 수 없다. '모든 국민이 마땅히 누려야 할 기본적인 권리'로서 헌법에 규정되어 있는 건강은 그 어원에 있어서 '완전한, 전체'의 의미인 whole에서 시작되어 hale로, 다시 health로 변형되었다(Artikel, 1974). 가장 많이 언급되는 정의는 세계보건기구(World Health Organization : WHO, 1969)의 헌장 전문에 제시된 것으로 건강은 "유아의 성장 발육이 저해되지 않고 순조롭게 진행되는 상태로서 단순히 질병에 감염되지 않았거나 허약하지 않다는 것만을 의미하는 것이 아니라 신체적, 정신적, 사회적으로 완전히 양호한 상태"로 정의된다. 즉 건강하다는 것은 단지 질병이 없는 상태에서 보다 높은 수준의 신체적, 정신적, 사회적, 영적으로 완전히 안녕한 상태로 그 의미가 확장되고 있다.

일반적으로 건강은 생리적, 심리적, 사회적, 정신적 요소들이 상호 연관된 복합적인 차원(Cornacchia, Olsen, & Nickerson, 1988)으로 정의되어 왔다. 생리적 측면은 건강의 기본을 형성하며 모든 학습의 토대가 된다. 그러나 Cornacchia 등은 건강을 위한 행동에 영향을 미치는 가장 중요한 것으로 정신적인 측면을 제시했다. 개인이 자신의 건강에 가치를 둔다면 부정적인 행동보다는 긍정적인 행동을 통해 정서적이고 신체적인 요구를 만족하도록 시도할 것이다. 그들은 건강에 유해할 수 있는 환경과 타인의 부정적 영향을 극복하려 할 것이며, 또한 자신들의 행동이 다른 사람에게 영향을 미칠 수 있음을 인식하게 될 것이다. 또한 Miller, Telljohann과 Symons(1995)는 건강을 5가지 차원으로 이해하여 개념화하였는데 내용은 다음과 같다.

첫째, 신체적 차원의 건강으로 신체적 질병이 없고 정상적 신체기능과 양호한 영양상태와 체력을 지닌 상태를 의미한다. 이 차원의 건강은 가장 쉽게 판별할 수 있다. 즉 안색, 외모, 체격 그리고 건강과 관련된 행동을 보고 사람의 건강상태를 파악하는 것을 의미한다.

둘째, 정서적 차원으로 자신을 어떻게 생각하고 자신의 감정을 어떻게 표현하는가와 관련된다. 정서적 차원에서 건강한 사람은 자아존중감이 높으며 자신의 정서를 사회적으로 받아들일 수 있는 방식으로 표현할 수 있다. 이는 그 사람이 슬픔이나 분노, 좌절을 겪지 않는다는 것이 아니라 그러한 감정들을 긍정적이고 사회적으로 받아들일 수 있는 방식으로 표현한다. 정서적 차원에서 건강하지 않은 사람은 낮은 자아존중감을 지니고 있으며 정서적 차원에서의 부적응은 여러 가지 정신건강 문제를 야기시킬 수 있다.

셋째, 사회적 차원으로 사회적 기술과 관계된다. 사회적 차원에서 건강한 사람은 다른 사람과 함께 있는 것에 편안함을 느끼고 타인의 입장을 배려하며 자신을 사회에 공헌하는 구성원으로 여긴다. 이러한 사람은 적절한 대인관계 기술을 지니고 있다. 반면에, 사람들에 대해 편안함을 느끼지 못하는 사람들, 자신에게만 관심이 있는 사람들, 그리고 다양한 사회적 활동과 조직에 맞지 않는 사람들이 있다. 이러한 유형의 사람들의 행위와 행동 양식은 자신은 물론 주변 사람들에게도 부정적인 영향을 미친다.

넷째, 정신적 차원으로 도덕, 가치관, 종교 등과 관계가 있다. 즉 인간이 자신의 삶에서 가치롭게 여기는 것과 관련이 된다. 정신적으로 건강한 사람은 보편적으로 인정되는 긍정적인 도덕과 가치관을 지니고 있으므로 타인을 성, 인종, 국적, 연령, 사회 · 경제적 지위와 상관없이 존중하고 보다 높은 수준의 삶을 위해 헌신하는 삶을 지향한다.

다섯째, 직업적 차원으로 건강은 직업, 지역사회, 그 밖의 사회관계에서 어떻게 타인과 협력하는가와 관련되며 또한 그 사람의 역할과 일이 다른 사람들에게 긍정적인 영향을 미친다.

최근에는 건강을 유지하기 위해서 신체적, 정신적, 사회적 상태뿐만 아니라 성에 대한 이해, 약품의 올바른 사용과 관리, 마약 취급, 건강에 대한 지식 등 도덕적, 지적인 요소까지 생각하게 되었다. 따라서 건강이란 질병이 없고, 허약하지 않은 상태가 기본 요건이지만, 삶을 즐겁게 영위해 나가는 데 필요한 신체적, 정신적, 사회적인 균형을 유지한 상태라고 말할 수 있다. 건강에 이르는 건강법칙을 정리하면 다음과 같다(그림 1-1 참조).

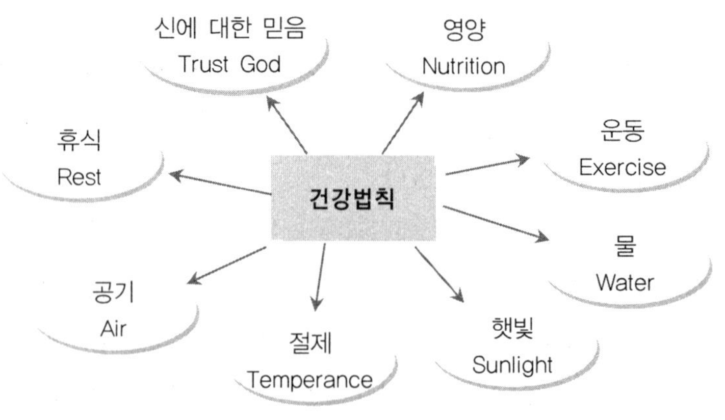

[그림 1-1] 여덟 가지 건강법칙(Eight Health Laws) (김계자, 2003, p. 151)

1) 신성한 공기 속에서 심호흡한다.(Air)

① 공기가 신선한 지역에서 하루 30~40번 정도 깊이 숨을 들이 마신다.

② 담배연기나 각종 가스로 오염된 장소에서는 창문을 자주 열어 환기를 해준다.

③ 깨끗한 공기는 신경을 안정시키고 피를 맑게 하므로 깨끗한 공기를 마신다.

④ 공기가 오염되지 않도록 한다.

2) 물을 많이 마시고, 깨끗이 씻고, 찜질을 한다.(Water)

① 물은 몸 속을 청소해 주므로 물을 많이 마셔서 신진대사가 원활해지도록 한다.

② 피가 깨끗하면 만병이 예방되고 치료될 수 있다.

③ 소변이 물같이 맑게 나오면, 피가 깨끗해진 증거이다.

④ 물은 하루 1,500~2,000cc가 필요하므로, 매 식사 전 30분 전에나 식간에 2컵씩을 마시고, 자기 전에도 마신다.

⑤ 깨끗한 자연수를 마신다.

⑥ 몸을 항상 깨끗이 씻고, 일주일에 1~2회는 더운 물에 몸을 잠그는 목욕을 한다.

3) 적절한 운동을 한다.(Exercise)

① 걷기, 달리기, 길을 고치기, 빨래하기, 청소하기, 등산하기 등을 하여 몸을 많이 움직인다.

② 움직이면 혈액순환이 잘되어, 영양공급과 노폐물 배설이 잘 되고, 생기가 돌며 스트레스가 해소된다.

③ 웬만한 질병은 운동으로 예방되고 치료된다. 특히 당뇨병, 동맥경화증, 고혈압, 심장병, 통풍같은 질병은 운동으로 예방 · 치료가 된다.

④ 가장 좋은 운동은 걷기와 체조이며, 과격한 운동은 신체에 오히려 해로울 수 있다.

4) 균형잡힌 영양과 식생활을 한다.(Nutrition)

① 음식을 통해서 영양소를 섭취하는 것이 바람직하다.

② 좋은 영양식 생활은 균형잡힌 영양상태를 유지시킨다.

③ 잡곡과 원곡류(현미, 통밀가루)로 된 주식, 콩 종류, 녹황색 채소류를 많이 먹는다.

④ 해초류를 자주 먹는다.

⑤ 견과류를 적당히 먹는다.

⑥ 짜고, 맵고, 자극적인 것을 피하고 싱겁고 담백하게 먹는다.

⑦ 과식이나 폭식을 하지 말고 규칙적으로 식사를 한다.

5) 일광욕을 자주한다.(Sunlight)

① 햇볕은 살균 · 소독작용이 있으므로, 심장병의 원인이 되는 콜레스테롤을 없애주며 각종 호르몬 합성을 활발하게 하도록 해 준다.

② 집 안에 햇볕을 들게 하여 화기가 돌고, 밝고 명랑한 분위기를 만들고, 각종 전염병을 예방시킨다.

③ 매일 20분 정도 햇볕을 쪼이도록 밖에서 놀거나 작업을 하여 골격과 치아를 튼튼히 해 주는 비타민 D가 만들어지게 한다.

6) 절도 있게 절제생활을 한다.(Temperance)

① 생활에 절도가 있어야 한다. 절도가 없으면 정신적, 육체적으로 혼란이 생기고 질서와 리듬을 잃게 된다.

② 술, 담배, 커피, 차는 인체에 백해무익하므로 먹지 않도록 한다.

③ 먹고, 일하고, 생각하고, 생활하는 모든 일에 절도가 있어야 한다.

7) 적당한 휴식을 취하고 일정한 시간에 충분한 수면을 취한다.(Rest)

① 밤 12시 이전에 자는 2시간의 잠은 그 이후에 자는 4시간의 잠과 맞먹으므로, 날마다 규칙적으로 10시에 잠들고 6시에 일어나는 건전한 생활패턴을 유지한다.

② 환기가 잘 되는 방에서 천연소재인 면내의와 면이불을 덮고 잔다.

③ 잠은 피로회복, 병세를 완화해 주고 신체기능을 재생시켜 주므로 충분한 숙면을 취한다.

④ 유아는 잠자는 동안 키가 크고 몸의 모든 기관들이 성장 · 발달하므로 충분한 시간 숙면을 취하도록 한다.

⑤ 사랑하고 신뢰하며 기쁜 마음으로 잠을 자면 정서가 더욱 아름답게 된다.

8) 신에 대한 사랑(Trust in God)

① 마음의 근심, 걱정은 만병의 원인이 되므로 모든 근심과 걱정을 없애고 정신적인 안정을 꾀한다.

② 무절제하고 무질서한 생활로 인해 질병이 생기지 않도록 한다.

③ 서로 사랑하고 먼저 용서하며 마음의 평화를 얻도록 한다.

④ 친절하게 서로 협력하며 기쁨을 나누도록 한다.

2. 영유아 건강교육의 목적

유아기의 건강은 성인기 건강의 기초가 되며, 개인의 건강은 가족, 사회, 국가, 인류의 안녕과 상호관계가 있다. 뿐만 아니라 건강교육은 국민의 건강을 유지, 지속, 향상시키기 위한 예방적인 역할을 함으로써 궁극적으로 의료적인 비용을 최소화하여 개인은 물론 국가경제의 절감효과를 가져올 수 있다. 이러한 점에서 건강교육은 보다 나은 다음 세대와 미래를 만들어 가는데 가장 중요한 요소의 하나라고 볼 수 있다. 또한 유아기는 기본적인 생활습관이나 성격 행동양식이 형성되는 시기이고, 유아들은 건강에 대한 정보를 얻고 타인의 건강습관을 모방한다.

유아기에 형성된 건강에 대한 태도와 습관은 성인기까지 지속되고 현재와 미래의 건강을 위한 지식, 기술, 태도를 습득하므로 도울 수 있는 가장 이상적인 시기이며 건강증진의 핵심은 교육에 있다(Kolbe, 1982).

예전처럼 건강, 삶의 질이 의료과학의 질이나 전염병과 같이 생명을 위협하는 질병에 의하여 좌우되는 것이 아니라 건강을 해치는 식습관, 운동부족, 오염, 스트레스의 증가, 빈곤, 술, 담배를 비롯해 약물남용 등과 같은 행동 양식과 환경이 건강에 부정적인 영향을 미친다. 그러므로 유아기부터 건강한 삶, 질적으로 활기차고 풍부한 삶을 위한 교육을 시작할 필요가 있다.

과거 유아의 건강에 대한 책임이 거의 부모에게 있었던 때와는 달리 유아의 건강은 부모뿐 아니라 유아교육기관, 사회, 국가의 중요한 관심사와 책임의 하나가 되었다. 유아교육기관들은 안전하고 건강한 물리적 환경을 제공해야 할 법적·도덕적 책임이 있을 뿐만 아니라 유아들의 건강을 보호하고, 지속시키고, 향상시킬 책임이 있으며, 이를 위한 교육적 활동을 제공해야 한다.

건강교육의 궁극적 목적은 건강을 발달시키는 데 필요한 지식(개념), 태도, 행동(기술)의 발달을 통하여 유아들의 삶의 질을 유지 · 향상시키는 것이다(Seefeldt & Barbour, 1986). 이는 유아들에게 자신의 건강에 영향을 미치는 것들을 인식하고, 긍정적인 의사결정을 내리며 자신의 선상을 책임질 수 있도록 하는 것을 의미한다. 건강에 관한 학습은 지식과 정보의 제공만으로는 부족하다. 건강한 행동을 유발시키기 위해서는 태도가 중요하다. 태도는 실행하고 행동하기 위한 내부적 준비이다. 학습자가 믿고, 느끼고, 가치를 갖는 것이 행동에 영향을 미친다.

건강교육의 목적을 정리하면 다음과 같다.

① 건강한 생활에 필요한 습관이나 태도를 몸에 익힌다. 건강한 생활에 필요한 습관이나 태도는 청결 · 위생 · 식사 · 배설 · 질병이나 부상의 예방 · 의복 · 자세 · 야외 놀이 · 휴식 등이며, 유아기에 유아가 나름대로 몸에 익혀야 할 것이다. 이를 위해서는 유아교육기관 뿐만 아니라 가정에서의 지도가 더욱 중요하다. 왜냐하면, 유아교육기관에 들어가기 이전에 이미 기본적인 습관이나 태도가 경험을 통해 교육되기 때문이다.

② 여러 가지 운동에 흥미를 가지고 경험하도록 한다. 여러 가지 운동을 통하여 신체적 기능의 조화적 발달을 촉진시키고 자립심, 신뢰성, 창조성을 육성하도록 한다. 다시 말하면, 운동은 유아의 심신 발달이나 바람직한 습관과 태도를 기르고, 또 바람직한 정신적 발달을 이루는 중요한 역할을 한다. 그렇게 하기 위해서는 그저 기술만을 높이려고 지도하는 것은 좋지 않다. 유아가 각자 운동에 참가하며, 자신의 능력에 맞는 기술을 획득하고, 그 기술을 살려서 운동 경험을 넓힘으로써 보다 고도의 기술을 획득하도록 한다. 그러나 기술 획득 그 자체만이 목적이 되어서는 안 된다.

③ 안전한 생활에 필요한 습관이나 태도를 익히도록 한다. 안전한 생활을 하기 위해 유아에게 필요한 여러 가지 습관이나 태도를 몸에 익히도록 한다. 유아가 안전한 나날을 보내기 위해서 필요한 여러 가지 습관이나 태도를 몸에 익히도록 한다. 안전에 관한 습관이나 태도는 생명에 관계된 것이므로, 특히 유아의 경우에

는 무조건 아이에게 체득시킬 필요가 있다. 지각 · 운동 · 기능 · 사고 등이 미발달된 유아기에는 상황에 따른 판단과 정확한 행동을 기대하는 것은 무리이다. 유아들이 위험한 곳에 접근하거나 성인의 지시없이 행동하는 것은 생명을 잃게 되는 것과 관련이 있으므로 철저하게 지도를 해야 한다.

3. 영유아의 건강에 영향을 미치는 요인

일상생활의 유지와 개인의 성장에 있어서 건강은 매우 필수적인 요소인데, 건강은 부모로부터 이어받은 생물학적 유전인자와 성장 환경의 여러 요소들 사이에서 진행되는 상호작용에 의해 결정된다. 유전과 환경의 두 요인은 서로 역동적이며 복합적으로 작용하므로 어느 한 요인이 얼마만큼 영향을 미친다고 정확히 설명할 수는 없다. 따라서 부모나 교사는 '영유아의 건강상태가 시기나 조건에 따라 달라질 수 있는 역동적인 상황'이라는 것을 인식하고 이에 영향을 미치는 요인들을 알아둠으로써 영유아의 건강을 유지하고 향상시키는 것이 필요하다. 유아의 건강에 영향을 미치는 유전적 요인과 환경적 요인에 대해 구체적으로 살펴보면 다음과 같다.

1) 유전적 요인

부모로부터 자녀에게 유전되는 특성은 성장, 발달, 건강의 잠재력에 한계를 정해 준다. 좋은 유전적 요인인 건강한 체질과 잘 발달된 신체와 정신적 능력은 건강의 기초가 된다. 유전은 어떤 유아는 키가 작은 반면, 다른 유아는 키가 큰 이유를 설명해 주며 왜 어떤 유아가 알레르기가 있고 시력이 나쁜데 다른 유아는 그렇지 않은가에 대한 설명을 해 준다. 이러한 유전적 요소는 심장병, 암, 당뇨병,

혈우병, 경상 적혈구 빈혈, 알레르기, 또는 정신건강과 같은 특정 질병의 가능성을 예측하고 조기 발견하여 질병의 영향을 최소화하는데 도움이 된다.

유아의 건강이 유전에 영향을 미치는 요인을 알아보기 위해서는 염색체, 유전인자, 다인자성 유전, 유전적 결함 등을 살펴볼 수 있다. 한 인간의 염색체(chromosomes)는 남자의 정자로부터 받은 23개의 염색체와 여자의 난자로부터 받은 23개의 염색체가 결합하여 46개로 이루어진다. 이 중 23번째 쌍인 성염색체(sex chromosomes)가 결합하여 수정되는 순간 남아와 여아가 결정된다. 즉 수정될 때 난자가 X염색체와 결합하면 여아가 되고(XX), Y염색체와 결합하면 남아가 된다(XY). 이와 같은 염색체 결합과정에서 46개가 넘거나 부족하게 되면 태아는 건강한 신체를 보장받을 수 없다(김광웅 · 방은령, 1993).

터너증후군(Turner's syndrome)은 염색체가 1개 부족하여 45개 염색체를 지닌 경우에 발생되는 장애이며, 보통 초산 연령이 35세 넘은 임부의 아기에게서 많이 나타나며 정신지체 현상을 보인다. 다운증후군(Down's syndrome)은 염색체가 1개 많아서 47개 염색체인 경우에 나타나는 장애로 짧은 손가락과 가는 머리카락, 그리고 커다란 혀를 지니며 눈이 특이하여 비장애 유아와 구별되는 것이 특징이다.

유전인자(gene)는 염색체 안에 들어 있으며, 한 개의 염색체 안에 들어 있는 유전인자의 숫자는 약 2만개 정도이다. 유전인자는 DNA(deoxyribonucleic acid)라고 불리는 복잡한 분자로 구성되며 나선형을 이룬다. 이러한 유전인자는 수많은 단백질들이 만들어지는 시간과 장소를 결정한다.

유전인자가 어떻게 배열되느냐에 따라 각 개인의 특이한 형질이 형성된다. 이 과정에서 건강한 유전인자 혹은 결함이 있는 유전인자의 결합여부에 따라 태아의 건강은 영향받게 되는 것이다.

다인자성(polygenic) 유전은 한 쌍의 유전인자보다 더 많은 유전인자에 의해 나타나는 특질을 말한다. 다인자성 유전은 단일조합 형태인 단일유전인자(singlegene)보다 훨씬 더 많은 인자들에 의하여 상호 영향을 받기 때문에 다양한 특징들이 나타날 가능성이 높고, 환경 요인에 의한 변화에 유연성이 있다.

이러한 다인자성 유전적인 특질은 유전인자에도 영향받지만, 유전인자와 환경과의 상호작용에 의해서도 영향을 받는다는 것을 의미한다. 즉 환경의 조작에 의하여 유전적 요소를 부분적으로 통제할 수 있다는 것을 의미한다.

2) 환경적 요인

유전이 건강을 결정하는 기본적인 요인을 제공하지만, 환경 역시 건강한 심신발달에 직·간접적으로 중요한 영향을 미친다. 환경적인 요인들은 유전적 잠재력이 나타나게 될 방법과 정도에 영향을 미친다. 유아는 물리적, 생물학적, 사회·문화적인 환경과 상호작용하고 적응해야 한다. 유전인자에 의해 건강의 기초가 형성되는 것이라면 환경적 요인들에 의해서는 주어진 기초 위에 건강이 지속적으로 심신을 유지하고 발달시킬 수 있도록 한다. 즉 유전적으로 이미 형성된 심신의 기초가 환경적 요인에 의해 변화할 수도 있는 것이다. 이러한 환경적 특성들은 개인의 신체적·정신적 행동양식에 영향을 미치며, 나아가 유전적으로 타고난 가능성이 실현될 수 있도록 돕는다(Chadesworth, 2000).

유아들의 건강상태에 영향을 주는 환경적 요인은 여러 가지로 분류할 수 있으나 대개 영양, 수면과 휴식, 위생적인 환경과 생활습관, 정기적 건강진단 및 질병의 조기발견과 치료, 치아 건강관리, 적절한 운동, 정서적 안정, 안전 등으로 나누어 볼 수 있다.

(1) 영양

일생 중에서 영유아기는 활동량이 많고 신체의 성장발육이 가장 왕성하게 일어나는 시기이다. 영아기는 제 1의 급성장기이며, 유아기는 신체의 성장뿐 아니라 활동량이 크게 늘어난다. 따라서 이 시기는 단위체중당 소요되는 영양소 및 열량의 필요량이 성인에 비해 훨씬 높다. 이는 성인의 경우 이미 성숙한 신체를 유지하고 근육운동과 정신활동에 소요되는 영양만 필요로 하지만 유아들의 경우 신체가 자라고, 활발하게 몸을 움직이며, 인지적·정의적으로 발달하는 데 소요되는 영양이 부가적으로 더 필요하기 때문이다.

영유아에게 필요한 영양이 충분히 공급되지 않으면 영양장애 또는 영양결핍이 될 수 있으며, 이로 인해 면역성이 감퇴되어 여러 가지 질병에 노출되기 쉬운데 아침을 불규칙하게 먹거나 취침 전에 패스트푸드 음식을 섭취하는 영유아가 늘어가고 있어 큰 문제점으로 지적된다(이순례 · 조인숙, 2004).

영유아기의 부적절한 영양관리는 신체적인 성장과 발달뿐만 아니라 정신적인 성장과 발달에도 영향을 주며 특히 식사습관의 형성에 영향을 주게 된다. 영유아들의 균형잡힌 영양섭취를 위해서 보건복지부에서는 매 5년마다 우리나라 국민과 영유아들에게 필요한 적절한 영양권장량을 결정하고 있다. 모든 영유아에게 일률적인 영양권장량을 적용시키기보다는 이를 참고로 개개 영유아의 체표면적과 발육상태, 활동량 등을 고려하여 영양권장량을 결정하는 것이 바람직하다(문혁준 외, 2013).

유아의 영양권장량은 다음 〈표 1-1〉과 같다.

표 1-1

유아의 영양권장량

연령	체중 kg	신장 cm	에너지 kcal	단백질 g	비타민 A ㎍ RE	비타민 D ㎍	비타민 E mg α-TE	비타민 C mg	비타민 B1 mg
1~3세	14	92	1,200	25	350	10	5	40	0.6
4~6세	19	111	1,600	30	400	10	6	50	0.8
연령	비타민 B2 mg	나이아신 mg NE	비타민 B6 mg	엽산 ㎍	칼슘 mg	인 mg	철분 mg	아연 mg	
1~3세	0.7	8	0.5	80	500	500	8	6	
4~6세	1.0	11	0.6	100	600	600	9	8	

(2) 수면과 휴식

수면은 피로를 회복하고 에너지를 재충전하는 데 필요한 생리적 기제이다. 충분한 수면과 편안한 숙면은 건강을 유지하기 위한 기초 조건이라고 할 수 있는데, 개개 유아에게 필요한 수면시간의 길이나 숙면의 정도에는 개인차가 있다. 일반적으로 0~1세 영아의 경우 16시간 이상, 2~3세 유아는 12~15시간, 4~5세 유아는 10~12시간의 충분한 수면이 필요한 것으로 알려져 있다. 그러나 우리나라 영유아의 수면시간은 대체로 부족한 것으로 보고되고 있다.

유아기에는 대개 낮잠을 자게 되는데, 유아기의 낮잠은 오전 활동에서 쌓인 피로를 풀고 보다 활기찬 오후 활동을 위해 꼭 필요한 것으로 5~6세까지는 1~2시간 정도의 낮잠을 자게 하는 것이 좋다. 그러나 잠자기 싫어하는 유아의 경우 지나치게 낮잠을 강요할 필요는 없다. 다른 유아에게 방해되지 않도록 조용히 책을 읽거나 쉬도록 하는 것이 좋다.

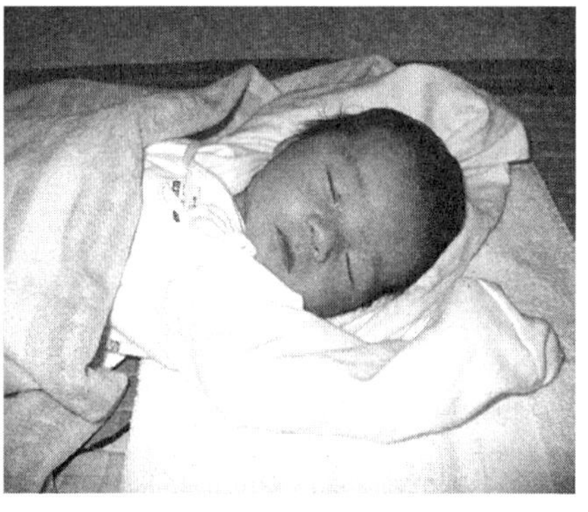

[그림 1-2] 잠을 자는 신생아

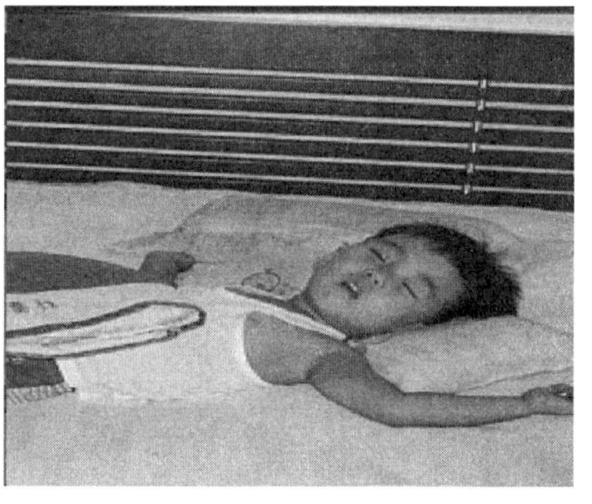

[그림 1-3] 낮잠 자는 3세 유아

영유아는 수면의 구조가 안정되어 있지 않고 계속 발달하는 과정에 있으며 성인보다 많은 시간을 수면으로 보내기 때문에 영유아의 수면은 성인의 수면보다 더 중요한 의미를 갖는다. 영유아의 수면은 뇌와 정신 및 신체발육에 중요한 영향을 끼치며, 잠이 방해되었을 때는 그 시기에 발육할 수 있는 부분에 장애가 생기게 된다(이정숙 · 안윤영, 2001). 성인들은 피곤하면 스스로 쉴 수 있지만, 유아들의 경우 재미있는 일에 몰두하게 되면 피곤한 것도 잊어버리고 노는 경우를 종종 볼 수 있다. 그러므로 부모나 유아를 담당하는 교사는 피곤할 때나 놀이 후에는 적절히 휴식을 취하도록 하고, 이것을 유아들이 이해하고 실천할 수 있도록 도와주어야 한다.

(3) 위생적인 환경과 생활습관

"세 살 버릇 여든 간다."는 말이 있듯이 아주 어려서부터 자신의 몸을 청결하게 유지하고, 손을 잘 씻고, 대소변 훈련을 적절하게 수행하고, 바람직한 식사습관을 형성하고, 이를 잘 닦고, 적당한 휴식과 운동을 할 줄 알고, 숙면을 취하는 등 건전한 건강습관이 몸에 익힌 유아들은 성인이 되어서도 건강을 계속 유지하고 향상시킬 수 있다.

깨끗한 환경을 유지하고 자신의 몸을 깨끗이 하는 습관은 건강을 유지하기 위한 중요한 요인이다. 우선 유아들이 생활하는 공간은 매일 아침 창문을 열어 실내 공기를 환기시켜야 한다. 특히 겨울의 건조한 날씨에는 가습기를 틀어 습도를 조절해 주어야 한다. 여름에 에어컨을 사용할 때에도 마찬가지로 에어컨을 청결하게 관리하고 전문가의 정기적 관리를 받는 것이 좋다. 또한 유아교육기관에서 교사가 사용하는 화장품이나 향수의 진한 향도 실내의 쾌적한 환경 유지에 방해가 될 수 있으므로 주의해야 한다. 청결을 유지하기 위해 유아교육기관에서 책상이나 교구장, 교구 등을 정기적으로 닦아 주어야 한다.

위생적인 환경과 함께 계절이나 날씨에 맞는 깨끗한 의복을 입고, 몸과 손을 깨끗이 닦으며, 손톱을 깨끗이 깎는 것 등의 습관을 기르는 것도 질병의 감염으로부터 유아를 보호해 주는 중요한 요인이다. 특히 손씻기는 유아들이 가장 손쉽게 실천할 수 있으면서 질병 감염을 막을 수 있는 가장 확실한 방법이므로 음식을 먹기 전, 요리활동하기 전, 화장실 다녀온 후, 코푼 후, 동물을 만진 후, 바깥놀이를 한 후, 미술 조형활동을 한 후 등에는 반드시 적절한 방법으로 손을 씻도록 지도한다.

(4) 정기적 건강진단 및 질병의 조기발견과 치료

"1,000톤의 치료보다는 1온스의 예방이 더 낫다."는 말이 있다. 이는 많은 질병과 사고는 발생한 후에 대처하는 것보다 일어나지 않도록 사전에 예방하는 것이 무엇보다 더 중요하다는 점을 강조하는 것이다. 따라서 유아를 보호하는 부모와 교사는 예방적 차원에서 질병과 사고의 잠재적 위험을 사전에 충분히 교육하고, 시설 · 설비와 놀잇감 등에 대한 위험요인을 세심하게 관찰하여 사전에 대처해야 하며, 각종 질병을 예방할 수 있는 방법을 자연스러운 놀이 활동을 통하여 학습해 볼 수 있도록 해야 한다. 부모나 교사가 적절한 시기에 필요한 예방접종을 시키는 것도 유아의 건강을 위해 예방적 차원에서 필수적인 과정이라 할 수 있다.

또한 건강을 유지하기 위해서는 유아들을 정기적으로 건강진단을 받도록 하는 것도 매우 중요하다. 이는 부모들이 겉으로 보아서는 파악할 수 없는 질병이나 선천성 기형 등을 조기에 진단하는 역할을 할 뿐 아니라 개개 유아의 성장과 발달이 정상적으로 이루어지고 있는지를 알아보기 위한 중요한 지표가 되기 때문이다. 정기적 건강진단에는 일반적으로 몸무게, 키, 머리둘레 등을 측정하는 체력검사와 시력검사, 청력검사, 혈액검사, 전문의(소아과, 이비인후과, 안과, 치과 등)에 의한 진단 등을 실시하는 체질검사가 포함될 수 있다. 우리나라 영유아보육법에는 1년에 1회의 정기건강진단을 실시하도록 규정하고 있으며, 2007년부터 생후 4개월부터 6세 미만의 전체 영유아에게 건강보험의 재정적 지원에 의해 무료로 민간 의료기관에서 서비스를 공급하는 체계로 전환되었다.

건강을 유지하기 위해서는 질병이 생기지 않게 예방하는 것이 가장 중요하지만, 일단 질병이 생긴 경우 빨리 찾아 내어 조기에 치료하는 것도 중요하다. 질병의 조기발견이 이루어지지 않으면 병이 깊어지거나 예상하지 않았던 합병증이 생길 수 있으며, 이는 특히 유아의 경우 더욱 그러하다. 그러므로 감염의 징후가 있을 때 부모나 교사는 유아의 상태를 잘 관찰하여 질병의 유무를 신속히 파악하고 필요한 경우 조기치료가 가능하도록 해야 한다.

특히 유치원의 종일반이나 어린이집의 경우 유아가 하루 중 깨어 있는 대부분의 시간을 함께 하는 교사는 등원 시 또는 하루의 일과를 진행하면서 관찰을 통한 사진을 통해 유아의 건강상태를 관찰하고 필요한 경우 부모에게 알려 전문의의 진단을 받을 수 있도록 하여야 한다.

유아에게 나타나기 쉬운 질병 중에서 감염이 되는 병으로는 호흡기 전염병으로 홍역, 백일해, 디프테리아, 볼거리, 풍진, 수두, 소아결핵 등이 있으며, 소화기 전염병으로는 장티푸스, 이질, 간염을 들 수 있고, 곤충매개 전염병으로는 일본뇌염, 발진열, 발진디푸스, 유행성 출혈열 등이 있다. 전염병은 대체적으로 박테리아와 바이러스에 의해 감염되는 경우가 많다. 따라서 유아들이 질병으로부터 보호하여 건강한 삶을 유지하도록 하기 위해서는 식사, 대소변, 옷입기, 충분한 휴식과 수면, 좋은 영양 상태를 유지할 수 있도록 골고루 편식을 하지 않고 잘 먹는 등의 좋은 습관을 유지하여 사전에 질병을 예방하는 습관을 기르도록 도와주어야 한다.

(5) 치아 건강관리

치아는 음식물을 통하여 영양을 섭취할 수 있도록 음식물을 잘게 부수어 주는 중요한 역할을 하는 기관으로써, 건강한 치아는 유전적 요인에 의해서도 결정되나 평소에 이를 잘 닦고 특별한 질병이 없더라도 정기적인 검진을 받는 등 적절한 치아관리를 받는 것에 의해서도 크게 영향을 받을 수 있다.

영유아기에 형성된 구강건강습관은 일생 동안의 구강건강을 좌우하고 특히 유아기에 발생하는 유치우식증은 유치 조기상실의 원인이 되고 나아가 후속영구치에 영향을 미치며 부정교합 발생의 원인이 되기도 하므로 이점을 인식하여 유치관리를 철저히 해야 한다.

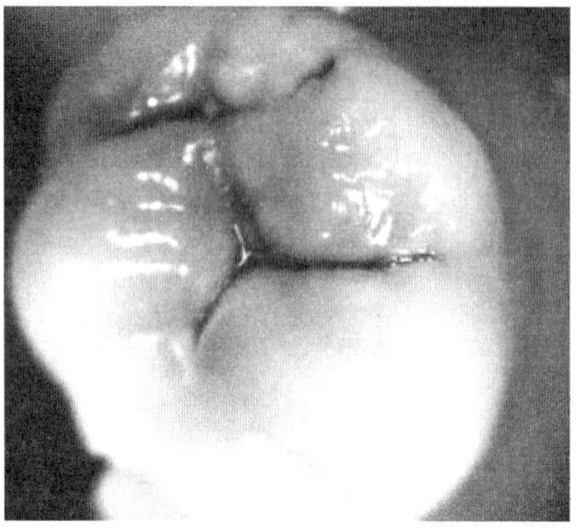

[그림 1-4] 유치우식증 어금니

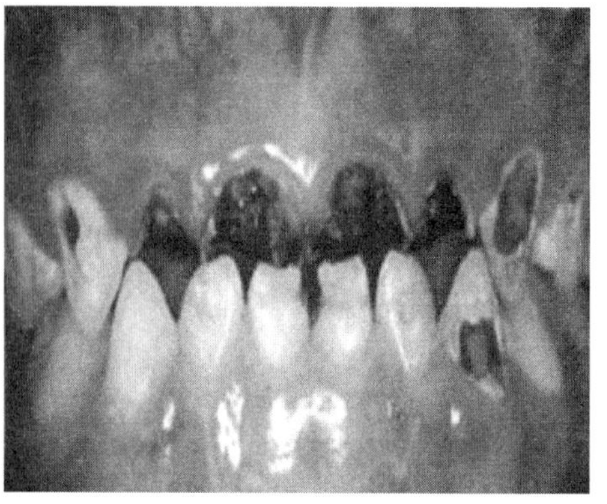

[그림 1-5] 유치우식증이 심한 유아의 치아

(6) 적절한 운동

유아의 신체적 활동은 모든 학습에 기초를 이루며 평생의 건강에도 중요한 영향을 미친다. 즉 유아기의 신체활동은 기본적인 감각 · 운동 기능과 신체조절 능력을 기르게 하고, 건강한 생활습관을 가지게 하며, 안전생활에 필요한 기초지식과 방법을 익히게 한다. 또한 유아들이 원활한 신체활동을 통하여 획득한 자신감은 사회적 적응과정으로 발전하며, 그 밖에 자아실현, 정서발달, 지적발달 등에 중요한 영향을 미치게 되기 때문에 신체활동이 활발하게 이루어질 수 있도록 도와주어야 한다.

우리의 몸은 알맞게 사용하면 발달하고, 사용하지 않으면 퇴화하며, 지나치게 사용하면 병에 걸리기 쉽다. 적당한 운동은 체력의 향상과 함께 신체적 기능을 활발하게 하고, 식욕도 왕성하게 하여 건강을 유지하고 증진시킨다. 그러나 운동부족은 신체기관의 발달과 신체기능을 저하시키고 체력을 떨어뜨려 질병에 대한 저항력을 감소시킨다. 따라서 자신에게 알맞은 운동을 매일 규칙적으로 하는 것이 건강생활을 위하여 매우 중요하다. 미국 스포츠 및 체육교육학회에서 제시한 영유아기 운동활동지침은 〈표 1-2〉와 같다.

표 1-2

영유아를 위한 운동 활동 지침

운동의 종류	2~3세	4~5세
어른이 주도하는 조직적인 운동 활동 참여	매일 30분 이상	매일 60분 이상
자유놀이 형태의 운동 활동 참여	매일 60분 이상	매일 60분 이상
기타	수면시간을 제외하고 영유아들은 지속적으로 몸을 움직이며 활동하는 것이 정상적인 특징임. 60분 이상의 시간을 조용하게 있거나 몸을 움직이지 않는다면 몸 상태의 이상 유무를 관찰하여야 함	

자료: 미국 스포츠 및 체육교육학회(The National Association of Sports and Physical Education).

[그림 1-6] 짐에서 운동하는 2세 유아

(7) 정서적 안정

성인들과 마찬가지로 유아들도 신체적으로 뿐만 아니라 정신적으로 편안한 환경에서 살아야 건강하게 자랄 수 있다. 정서적으로 불안한 환경이거나 많은 스트레스를 받게 되면 여러 가지 신체질환 및 정신질환에 걸릴 수 있다. 특히 영아는 자신을 돌보아 주는 반응적이고 민감함 양육자와 맺게 되는 정서적 유대관계인 애착을 형성하면서 심리적, 신체적 영양을 공급받고 건강한 발육이 가능하며 정서적으로 안정되면 건강한 생활을 할 수 있다. 따라서 교사나 부모는 유아들의 정서적 안정을 위협하는 조건들을 일상생활 환경에서 제거해 주고 유아들의 정신건강을 증진해 줄 수 있는 양육 및 교육방법을 바르게 이해하며 실천하도록 하여야 한다. 특히 언어적 표현으로 자신의 스트레스를 알리기 힘든 영아들에게는 더욱 세심한 배려가 요구된다.

(8) 안전

안전요인은 유아의 건강과 행복에 직접적인 영향을 미치므로 매우 중요하다. 유아들은 위험 자체를 정확히 인식하거나 위험으로부터 자신을 보호하기 어렵다. 그러므로 유아기 때부터 체계적인 교육과 훈련을 통하여 각종 위험으로부터 스스로를 안전하게 지킬 수 있는 능력을 습득하도록 해야 한다. 유아들은 성인들의 행위를 자연스럽게 모방하는 특성이 있기 때문에 유아들과 함께 지내는 부모와 교사들은 일관성 있는 행동으로 모범을 보여야 하고, 말보다는 실제 행동을 통하여 직접 경험하도록 하는 실천교육이 바람직하다. 안전한 생활이 보장될 때 유아들은 비로소 자신의 잠재력을 최대한 발휘하면서 건강하고 바르게 성장할 수 있기 때문이다.

유아기의 사고를 예방하기 위해서는 사고 유형에 따라 그 원인과 예방대책을 세워야 한다. 유아기에 접하기 쉬운 사고는 가정에서의 사고, 유아교육기관에서의 사고, 야외활동에서의 사고, 교통사고 등을 들 수 있다. 이러한 사고는 사람의 행동, 의복, 심신의 상태, 자연환경, 생활주변의 여건 등이 복합적으로 작용하여 일어나게 된다.

4. 교직원의 건강

교직원, 특히 교사는 교육과정의 핵심요소로서, 교사의 건강은 자신의 행복한 삶뿐만 아니라 유아의 성장과 학습에도 매우 중요하다. 유아교사는 건강을 보호하고 증진시키는 책임을 지니는 것과 더불어 교사 스스로도 건강한 삶을 사는 모델이 되어야 한다. 심신이 건강한 교사를 채용하고 정기적으로 건강검진을 받도록 하는 것 뿐만 아니라 계속적으로 건강을 유지하고 증진시킬 수 있는 여건을 만들어 주고 본인 스스로도 노력해야 한다.

여러 가지 업무 조건으로 인해 유아교사들은 주로 전염성 질환, 허리 건강, 심한 스트레스 등 자신의 건강을 유지하고 증진시키는 과정에 있어 도전을 받게 된다(Aronson, 2002; Robertson, 2002). 이외에도 미술재료의 독성 화학물질에의 노출, 세척제, 살충제 등의 위험성을 지닌 유아교육기관의 여러 환경적 요인들로 인하여 잠재적으로 건강에 위협을 받고 있기도 하다.

1) 신체건강

(1) 전염성 질병에의 노출

유아교사는 여러 유아들을 돌보기 때문에 다른 유아, 교사 그리고 자신의 가족에게 질병을 옮길 가능성이 크다. 또한 반대로 유아들로부터 감염성 질병이 옮을 수도 있다. 따라서 예방접종과 지속적인 건강평가를 통해 홍역, 간염을 비롯한 각종 전염성 질병에 대한 면역력을 키워야 한다.

전염성 질병이 퍼지거나 감염되는 것을 피하기 위해서는 무엇보다 손을 청결하게 하는 것이 중요하다. 유아의 상처를 다룰 때, 유아의 배변 처리를 도와줄 때, 기타 오염물을 다룰 때, 그리고 음식을 다루기 전에 항상 장갑을 끼어 사전에 질병으로부터의 예방이 필요하다. 교사가 아플 때는 본인의 건강을 위해서 뿐만 아니라 유아와 다른 교직원을 보호하기 위해 휴식과 대체에 대한 배려가 있어야 한다.

(2) 요통

등과 허리의 건강문제는 유아교사들에게 매우 흔하다. 유아교사, 특히 영아기 유아의 교사는 하루에도 몇 번씩 유아를 안거나 들어 올리게 된다. 또한 물건을 들어서 옮기는 일도 잦으며 유아와 상호작용 중에 허리를 숙이는 경우도 많다. 교사가 유아용 의자에 자주 앉게 되는 것도 허리에 부담을 주는 요인이다. 이러한 동작들이 바르게 이루어진다면 문제는 줄어들 수 있다.

바닥이나 낮은 위치에 있는 물건을 들기 위해 몸을 낮출 경우 허리를 굽히기보다는 무릎을 구부리도록 한다. 무릎을 구부리면 허리를 구부릴 때 등이 받는 압력을 줄일 수 있다. 무엇을 들건 물건을 몸 가까이로 당겨서 든다. 가능하면 무거운 물건을 들어 옮기거나 끌어 옮기지 말고, 밀면서 옮기면 등이 받는 압력을 줄일 수 있다. 무거운 물건은 나누어 옮기는 것이 바람직하다. 유아와 이야기를 나눌 때에는 눈높이를 맞추기 위해 몸을 기울이기보다는 무릎을 굽혀 몸을 낮추거나 의자에 앉는 것이 바람직하다. 유아용 의자에 앉을 때에도 등을 받치고 바른 자세로 앉아야 한다.

2) 정신건강 : 스트레스

교직이라는 직업이 보람이 있는 일이기는 하나 많은 어려움이 따르는 일이다. 유아교사들은 장시간의 고된 업무와, 저임금, 아직은 낮은 사회적 지위, 학부모와의 관계, 다루기 힘든 유아와의 문제, 일과 운영에 대한 부담, 다른 성인들로부터의 고립, 할 일은 너무 많고 시간은 부족한 것 등 여러 요인들로 인해 스트레스를 많이 받는 직업이며, 이러한 스트레스는 이직의 주요 동기가 되기도 한다.

우리나라 유치원 교사를 대상으로 "이럴 때 교사직을 그만 두고 싶었다"에 대한 교사의 생애 연구(이경민, 2002)에서 교사들은 학부모와의 관계에서 문제가 생겼을 때 가장 교사직을 그만두고 싶었다고 반응하였다. 다음으로 스스로 교수능력이 부족하다고 느꼈을 때, 원장과의 관계가 악화되었을 때, 낮은 급여, 과다한 업무가 주된 이유로 언급되어 이러한 요인들이 직장을 그만둘 것을 고려할 정도의 스트레스로 작용하고 있음을 나타내고 있었다(그림 1-7). 유치원 교사의 이직 의도를 조사한 연구(서지영 · 서영숙, 2002)에서는 수입이 적을수록, 근무시간이 길수록, 교사의 연령이 낮을수록 이직 의도가 높은 것으로 조사되었다. 즉 유아교사들은 교수능력과 같은 자신의 내부적 문제로 인하여 스트레스를 받기도 하지만 원장이나 부모 등과 같은 다른 성인과의 문제, 유아교육기관 각각이 지니는 다양성에 따른 교육관의 일치도 및 질의 문제, 유아교사직에 대한 처우 문제와 같은 유아교사직이 지니는 총체적이고 사회적인 차원의 문제로 인하여 많은 갈등을 느끼고 있음을 드러내는 것이라 할 수 있다.

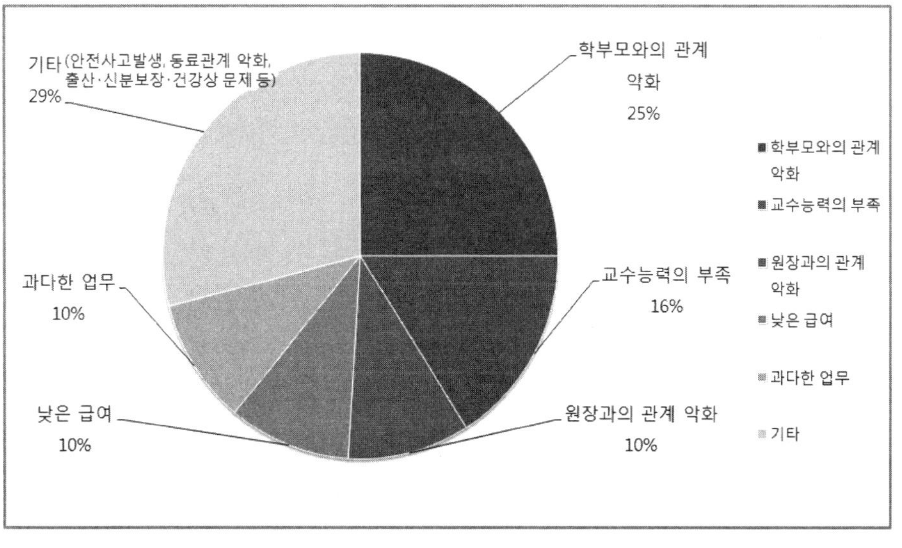

[그림 1-7] 교사의 생애연구(이경민, 2002)

따라서 근무 여건과 환경의 개선을 통해 교사의 건강을 증진시키려는 노력이 이루어져야 할 것이다. '유치원에 가면 아이가 행복해집니다.'(교육과학기술부, 2010)라는 정책적 홍보문구는 유치원이 유아의 첫 학교로서 건강한 자아로의 성장을 돕는 중요한 필수 기관임을 강조하는 것이다. 행복한 아이가 결국 성공한 인재가 될 수 있음을 내포하는 이 행복 프로젝트에는 유아의 행복은 물론 교육과정의 실천 주체인 교사의 행복을 배제할 수 없다. 생태학적 환경이론(Bronfenbrenner, 1986) 측면에서 살펴볼 때, 아기가 세상에 태어나서 만나는 가정 내 최초의 교사가 어머니라면, 학교환경에서 유아에게 가장 직접적인 영향을 주고 상호교류함으로 아동의 자아정체감 획득에 도움을 주는 변인으로서 교사와의 관계를 고려하지 않을 수 없기 때문이다. 또한 자신의 건강을 증진시키려는 교사 자신의 노력도 함께 이루어져야 한다. 교사의 정신건강은 유아의 정신건강과도 직결되므로 교사가 스트레스의 징후를 인식하고, 예방하고, 방어하는 등의 조절 노력이 필요할 것이다. 이를 통해 교사의 건강뿐 아니라 유아의 건강과 유아교육의 수준도 향상될 수 있을 것이다.

연구 문제

1. 건강교육의 개념에 대해 생각해 보시오.

2. 건강에 영향을 미치는 건강 법칙을 정리해 보시오.

3. 유아의 건강에 영향을 미치는 요인에 대해 생각해 보시오.

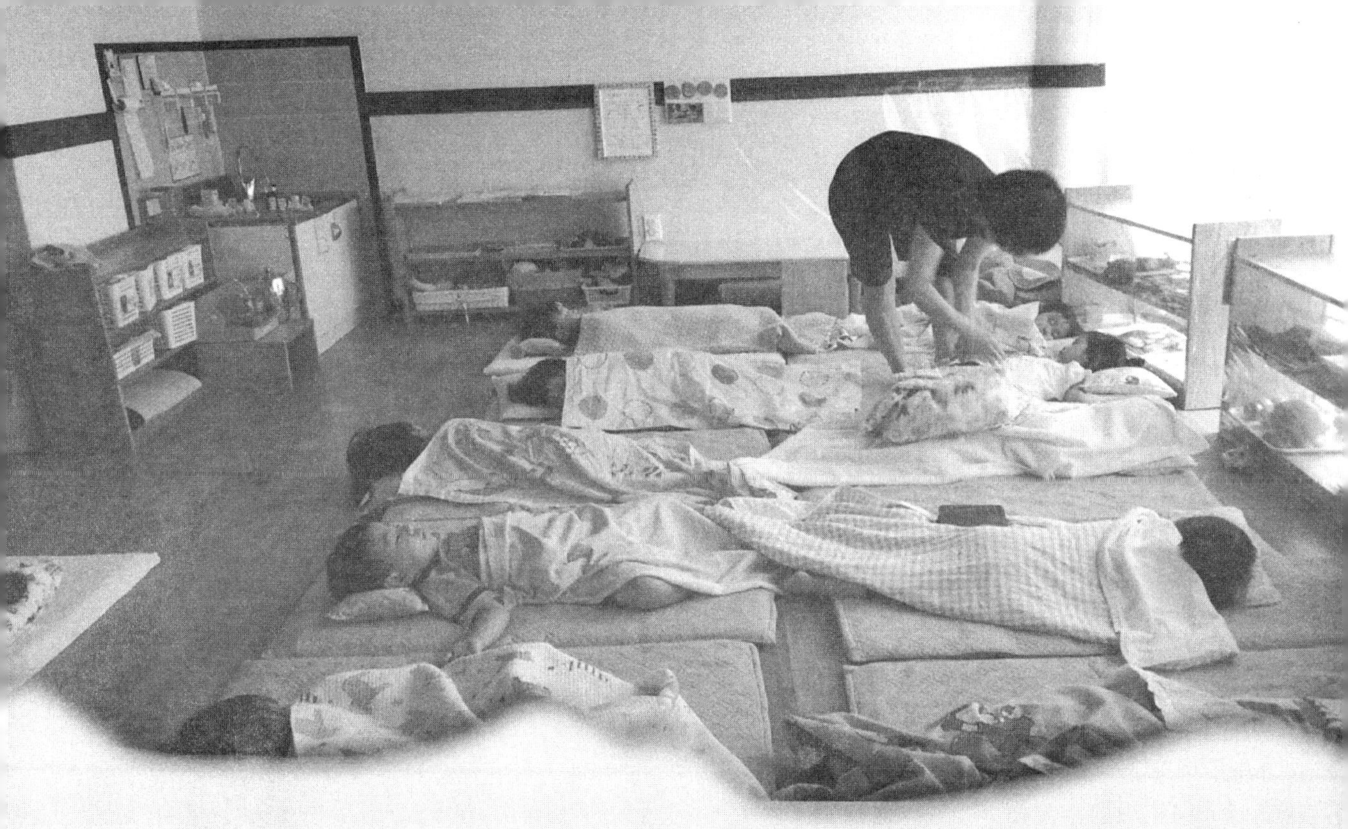

제 2장

누리과정 및 표준보육과정과 건강교육

유치원과 어린이집의 3~5세의 유아들에게 가르쳐야 하는 구체적인 건강에 대한 내용은 2012년 3월에 도입된 '5세 누리과정'에 이어 2013년에 만 3~4세까지 확대 도입된 「3~5세 연령별 누리과정」의 5개 영역 중 신체운동 · 건강 영역에 포함되어 있다(교육과학기술부, 2013; 교육과학기술부 · 보건복지부 · 육아정책연구소, 2012). 또한, 어린이집의 만 2세 이하 영유아들의 건강을 위해 가르쳐야 하는 구체적인 내용은 표준보육과정의 기본생활 영역과 신체운동 영역이다.

본 장에서는 유아 건강교육의 방향과 구체적인 목표와 내용을 살펴보고자 한다.

1. 3~5세 연령별 누리과정과 건강교육

「3~5세 연령별 누리과정」에 제시된 신체운동 · 건강 영역의 성격, 목표 및 교육내용을 소개하면 다음과 같다(교육과학기술부, 2013; 교육과학기술부 · 보건복지부 · 육아정책연구소, 2012)

1) 신체운동 · 건강 영역의 성격

신체운동 · 건강 영역은 유아가 자신의 신체를 긍정적으로 인식하고 신체 활동에 즐겁게 참여함으로써 유아기에 필요한 기본 운동능력과 기초체력을 기르고 건강하고 안전한 생활을 실천하는 능력과 태도를 기르기 위한 영역이다.

2) 신체운동 · 건강 영역의 목표

신체운동 · 건강 영역의 목표는 일상생활에서 자신의 신체를 긍정적으로 인식하고 즐겁게 신체 활동에 참여함으로써 기초 체력과 기본 운동 능력을 기르고 건강하고 안전한 생활 습관을 기르는 것이다. 이러한 목표를 달성하기 위해서 신체운동·건강 영역에서는 유아가 다양한 놀이를 통해 일상생활에서 즐겁게 운동하고 규칙적으로 생활하며, 건강하고 안전한 생활 습관을 갖도록 하는데 중점을 둔다.

(1) 감각 능력을 기르고, 자신의 신체를 긍정적으로 인식한다.

유아기는 오감각을 통해 사물을 직접적으로 탐색함으로써 감각 능력을 기르고, 자신의 신체를 움직여 보는 다양한 경험을 통해 자신의 신체 능력을 긍정적으로 인식할 수 있는 시기이다. 따라서 유아가 감각기관을 활용하여 사물과 주변 세계를 인식하며, 신체 각 부분의 특성을 이해하고 활용하여 움직여 보는 활동을 함으로써 자신의 신체적 특성을 이해하고 활용해 보도록 하는데 중점을 둔다.

(2) 신체를 조절하고 기본 운동 능력을 기른다.

유아기는 신체 조절 능력과 균형감이 향상되고, 기본 운동 능력이 발달하는 시기이다. 유아기의 건강한 발달을 위해 기본 운동 능력과 기초 체력을 기르는 것은 매우 중요하다. 따라서 유아가 다양한 자세와 움직임을 통해 신체 균형과 여러 가지 움직임 요소를 경험해 봄으로써 신체 조절력과 균형감, 민첩성을 키우는 데 중점을 둔다.

(3) 신체 활동에 즐겁게 참여한다.

유아기의 신체 활동은 건강한 성장·발달에 필수적인 요소이다. 유아는 다양한 신체 활동을 통해 몸을 건강하게 만들고 운동 능력을 키우며 신체운동 자체에서 무한한 즐거움을 느낀다. 그러므로 유아의 발달 정도와 능력에 적합한 운동 기회를 제공하여 유아가 즐겁게 신체 활동에 참여함으로써 성취감과 긍정적 자아개념을 형성할 수 있도록 지원해 주어야 한다. 따라서 유아가 자발적이며 지속적으로 신체 활동을 경험할 수 있도록 실내 뿐 아니라 실외 신체 활동이나 기구를 이용한 신체 활동 등에 즐겁게 참여하도록 하는데 중점을 둔다.

(4) 건강한 생활 습관을 기른다.

유아기에 건강한 생활 습관을 형성하는 것은 이후 아동기나 성인기의 건강을 유지하는 기초가 되므로 매우 중요하다. 유아기는 질병에 대한 면역이나 저항력이 취약함은 물론 환경적인 변화에 대한 적응력도 성인에 비해 약하므로, 이 시기에 건강한 생활 습관을 형성할 수 있도록 지속적인 관심을 가져야 한다.

(5) 안전한 생활 습관을 기른다.

최근 사회적 변화로 인하여 유아 안전 사고의 위험 뿐만 아니라 사고 발생률도 증가하고 있으므로, 다양한 안전사고에 대한 체계적인 교육이 요구되고 있다. 게다가 유아는 신체를 조절하거나 환경을 지각하는 능력이 부족하므로 안전사고에 특히 유의해야 한다. 유아의 안전을 위해서는 물리적 환경인 시설 · 설비를 안전하게 관리하고 유지하는 것이 우선되어야 한다. 또한 생활 속에서 안전교육을 반복 · 지도함으로써 유아가 안전하게 놀이하기는 물론 교통안전 규칙지키기를 실천할 수 있도록 한다. 이와 함께 유아가 일상생활에서 경험하는 잠재적 위험요소를 인식하고 비상시 적절히 대처할 수 있는 능력과 태도를 기르는 데 중점을 둔다.

3) 신체운동 · 건강 영역의 내용 구성

(1) 내용범주

신체운동 · 건강 영역은 '신체 인식하기', '신체 조절과 기본 운동하기', '신체활동에 참여하기', '건강하게 생활하기', '안전하게 생활하기'의 다섯 가지 내용범주로 구성되어 있다. 앞의 세 내용범주는 주로 기본 운동 능력과 신체활동과 관련된 내용이며, 나머지 내용범주는 건강하고 안전한 일상생활 습관에 관한 내용으로 신체운동 및 건강이라는 차원에서 통합된다. 신체운동 · 건강 영역의 내용범주는 〈표 2-1〉에 제시되어 있다.

표 2-1

신체운동 · 건강 영역 내용범주

내용범주	내용
신체인식하기	감각능력 기르고 활용하기
	신체를 인식하고 움직이기
신체 조절과 기본 운동하기	신체 조절하기
	기본 운동하기
신체 활동에 참여하기	자발적으로 신체 활동에 참여하기
	바깥에서 신체 활동하기
	기구를 이용하여 신체 활동하기
건강하게 생활하기	몸과 주변을 깨끗이 하기
	바른 식생활하기
	건강한 일상생활하기
	질병 예방하기
안전하게 생활하기	안전하게 놀이하기
	교통안전 규칙지키기
	비상 시 적절히 대처하기

신체운동 · 건강 영역에서는 유아가 신체 조절 능력과 기본 운동 능력을 기르고 건강한 생활 습관을 통해 질병에 대한 면역력을 키울 수 있도록 하며, 안전 관련 위험요소를 예방하고 위험에 적절히 대처하는 능력을 기르도록 한다.

'신체 인식하기'는 감각 능력과 감각기관의 활용 능력을 기르고 다양한 신체 움직임을 통하여 자신의 신체를 긍정적으로 인식하도록 돕는 내용으로 구성되어 있다.

'신체 조절과 기본 운동하기'는 신체를 움직일 때 균형이 맞게 바로잡는 조절력을 기르고, 몸을 한 장소에서 다른 장소로 위치를 변화시키며 움직이는 이동운동이나 제자리에서 다양하게 움직여 보는 운동을 통해 운동 능력의 기초를 형성하는 데 중점을 두고 있다.

'신체 활동에 참여하기'는 유아가 자발적으로 신체 활동에 참여하며 실내 뿐 아니라 실외에서의 다양한 운동 활동과 기구를 이용한 신체 활동을 통해 즐거움을 느끼고 기초 체력을 기르는 내용이다. 이러한 신체운동 활동을 통해 유아가 즐거움을 느끼고 규칙적이며 자발적인 운동 습관을 기르는 데 중점을 둔다.

'건강하게 생활하기'는 청결과 위생, 바른 식생활하기, 규칙적이고 건강한 일상생활하기를 통해 건강한 생활 습관과 태도를 형성하고 질병을 예방할 수 있는 능력과 태도를 형성하는 내용으로 구성되어 있다.

'안전하게 생활하기'는 유아가 일상생활에서 안전하게 놀이하는 습관을 형성하고, 교통규칙을 알고 지키며, 재난이나 사고 등 비상사태에서 안전하게 대처하는 방법을 알고 실천하도록 하는데 중점을 둔다.

(2) 내용 및 세부 내용 : 건강하게 생활하기/안전하게 생활하기

신체운동 · 건강 영역 중 건강교육에 대한 내용은 '건강하게 생활하기'와 '안전하게 생활하기'의 두 가지 범주에서 건강하고 안전한 일상생활 습관에 관한 내용으로 주로 다루어지고 있으므로, 본 장에서는 이 두 가지 범주를 3세, 4세, 5세 유아로 구분해서 비교해 보고자 한다(교육과학기술부, 보건복지부, 2013). 〈표 2-2〉에 '건강하게 생활하기'와 '안전하게 생활하기' 두 가지 범주의 연령별 세부 내용 구분표가 제시되어 있다.

표 2-2

신체운동 · 건강 영역 중 '건강하게 생활하기', '안전하게 생활하기' 3-5세 연령별 세부 내용

<table>
<tr><th colspan="2"></th><th>3세</th><th>4세</th><th>5세</th></tr>
<tr><th>내용범주</th><th>내용</th><th colspan="3">세부 내용</th></tr>
<tr><td rowspan="10">건강하게 생활하기</td><td rowspan="2">몸과 주변을 깨끗이 하기</td><td colspan="3">손과 이를 깨끗이 하는 방법을 알고 실천한다.</td></tr>
<tr><td>주변을 깨끗이 한다.</td><td colspan="2">주변을 깨끗이 하는 습관을 기른다.</td></tr>
<tr><td rowspan="3">바른 식생활하기</td><td colspan="2">음식을 골고루 먹는다.</td><td>적당량의 음식을 골고루 먹는다.</td></tr>
<tr><td>몸에 좋은 음식에 관심을 갖는다.</td><td>몸에 좋은 음식을 알아본다.</td><td>몸에 좋은 음식을 선택할 수 있다.</td></tr>
<tr><td>바른 태도로 식사한다.</td><td colspan="2">음식을 소중히 여기고 식사예절을 지킨다.</td></tr>
<tr><td rowspan="3">건강한 일상생활하기</td><td colspan="3">규칙적으로 잠을 자고, 적당한 휴식을 취한다.</td></tr>
<tr><td colspan="3">하루 일과에 즐겁게 참여한다.</td></tr>
<tr><td>스스로 화장실에서 배변한다.</td><td>바른 배변습관을 가진다.</td><td>규칙적인 배변습관을 가진다.</td></tr>
<tr><td rowspan="2">질병 예방하기</td><td>질병의 위험을 알고 주의한다.</td><td colspan="2">질병을 예방하는 방법을 알고 실천한다.</td></tr>
<tr><td>날씨에 맞게 옷을 입는다.</td><td colspan="2">날씨와 상황에 알맞게 옷을 입는다.</td></tr>
<tr><td rowspan="5">안전하게 생활하기</td><td rowspan="3">안전하게 놀이하기</td><td colspan="2">놀이기구나 놀잇감, 도구를 안전하게 사용한다.</td><td>놀이기구나 놀잇감, 도구의 바른 사용법을 알고 안전하게 사용한다.</td></tr>
<tr><td>안전한 놀이장소를 안다.</td><td colspan="2">안전한 장소를 알고 안전하게 놀이한다.</td></tr>
<tr><td>TV, 인터넷, 통신기기 등을 바르게 사용한다.</td><td colspan="2">TV, 인터넷, 통신기기 등의 위해성을 알고, 바르게 사용한다.</td></tr>
<tr><td rowspan="2">교통안전 규칙지키기</td><td>교통안전 규칙을 안다.</td><td colspan="2">교통안전 규칙을 알고 지킨다.</td></tr>
<tr><td colspan="3">교통수단을 안전하게 이용한다.</td></tr>
</table>

		3세	4세	5세
내용범주	내용	세부 내용		
	비상 시 적절히 대처하기	학대, 성폭력, 실종, 유괴상황을 알고 도움을 요청한다.	학대, 성폭력, 실종, 유괴상황 시 도움을 요청하는 방법을 알고 행동한다.	
		재난 및 사고 등 비상 시 적절하게 대처하는 방법을 안다.	재난 및 사고 등 비상 시 적절하게 대처하는 방법을 알고 행동한다.	

① 건강하게 생활하기

가) 몸과 주변을 깨끗이 하기

'몸과 주변을 깨끗이 하기'는 유아가 질병을 예방하기 위한 기초로써 자신의 손과 몸을 깨끗이 하는 방법을 알고 실천하며, 나아가 유아가 생활하는 주변을 깨끗이 하는 습관을 기르도록 하는 내용이다.

'손과 이를 깨끗이 하는 방법을 알고 실천한다.'는 유아가 손과 이를 항상 청결하게 유지하는 습관을 갖게 하는 내용이다. 만 3, 4세 유아의 청결한 생활 습관은 자신의 신체를 항상 청결하게 유지하는 것에서부터 시작한다. 손과 치아의 청결은 건강 유지의 기본이 되므로 유아가 생활 속에서 항상 손과 몸, 이를 청결히 유지하도록 지도한다. 만 4세가 되면 이를 닦는다는 행위 자체보다 올바르게 닦는 방법을 알고 실천할 수 있도록 지도한다.

'스스로 몸을 깨끗이 하는 습관을 기른다.'는 생활 속에서 자발적으로 손과 이를 닦는 습관을 기르기 위한 내용이다. 만 5세 유아는 간식과 급식 전후는 물론이고, 화장실 이용 후, 미술 활동 이후와 바깥놀이 활동이나 산책을 다녀온 후, 항상 손을 깨끗이 씻는 것이 습관화되도록 지도한다.

'주변을 깨끗이 한다.'에서 주변이란 좁게는 유아의 개인장을 비롯한 활동실을 말하며, 넓게는 유아교육 및 보육기관을 비롯하여 유아가 이용하는 공공 시설이나 공간 등을 모두 일컫는다. 만 3세 유아가 주로 자신의 소지품과 생활공간을 깨끗이 유지하도록 지도한다.

'주변을 깨끗이 하는 습관을 기른다.'는 생활 속에서 정리 정돈의 경험을 반복 실천하게 함으로써 청결 습관을 갖도록 하기 위한 내용이다. 만 4, 5세 유아는 자신이 사용한 물건을 스스로 정리 정돈하고 청결하게 하게 유지하는 습관을 형성할 수 있다. 교구나 책걸상 정리, 놀잇감 정리 정돈 등을 통해 교실을 깨끗이 정돈하고 쓰레기 분리배출 등도 실천할 수 있는 기회를 주도록 한다.

나) 바른 식생활하기

'바른 식생활하기'는 유아가 건강을 유지하기 위해 음식을 골고루 적당량 먹고 몸에 좋은 음식에 관심을 갖고 구별할 수 있게 하는 내용이다. 이와 함께 유아가 바른 식사예절과 태도를 알고 실천할 수 있게 돕는 내용이다.

'음식을 골고루 먹는다.'는 유아가 신체 건강을 유지하기 위해 편식하지 않고 음식을 골고루 먹게 하는 내용이다. 만 3, 4세 유아의 식품 선호도는 음식을 먹어 본 경험에 의해 형성되므로 유아가 다양한 음식을 즐겁게 먹어 볼 수 있게 하는 것이 중요하다. 특히 유아는 질감이나 특유한 향이 있는 식품을 거부하는 경향이 있으므로 유아가 거부하는 식품을 조리 방법에 변화를 주어 제공하고, 식사 지도를 하도록 한다.

'적당량의 음식을 골고루 먹는다.'는 유아가 편식하지 않고 골고루 먹을 수 있을 뿐만 아니라 자신이 먹을 수 있는 음식의 양을 적절히 조절하게 하는 내용이다. 만 5세 유아 중에는 지나치게 음식을 많이 먹는 경우도 있으나 반대로 먹지 않는 경우도 있다. 따라서 교사는 점심 급식시간에 유아의 연령 및 개인차를 고려한 적정 급식량을 배식함으로써 적당량의 음식을 골고루 먹을 수 있게 관심을 가져야 한다.

'몸에 좋은 음식에 관심을 갖는다.'는 유아가 건강과 영양과의 관계를 알고 건강을 유지하는 데 좋은 음식과 그렇지 못한 음식이 있음을 알고 관심을 갖게 하는 내용이다. 최근 우리사회에서 증가하고 있는 소아비만 등은 대부분 잘못된 식습관과 연관되어 있으므로 만 3세 유아에게는 몸에 좋은 식품에 관심을 갖고 이러한 식품을 섭취할 수 있게 지도한다.

'몸에 좋은 음식을 알아본다.'는 유아가 음식에 포함된 기본적인 영양분에 관심을 갖고, 신체 발달에 필요한 칼슘이나 비타민, 단백질 등이 풍부한 우유나 멸치, 생선, 야채, 과일 등을 선택할 수 있게 하는 것이다. 만 4세 유아는 음식물에 포함된 영양소의 개념을 이해할 수 있으므로 생활 속에서 유아가 신체 건강을 유지하기 위해 필요한 음식을 알 수 있도록 지도한다.

'몸에 좋은 음식을 선택할 수 있다.'는 유아가 우리 몸의 건강과 영양 간의 관계를 알고 이를 스스로 실천할 수 있는 태도를 길러 주기 위한 내용이다. 만 5세 유아는 야채나 생선, 고기, 과일, 유제품 등에 들어 있는 영양소가 우리 몸의 건강에 어떠한 영향을 미치는지 이해할 수 있다. 이와 함께 유아가 몸에 좋은 음식을 충분히 섭취했을 때와 그렇지 못했을 때 우리 몸에 어떤 일이 생길 수 있는지를 알아 몸에 좋은 음식을 스스로 선택할 수 있게 한다.

'바른 태도로 식사한다.'는 유아가 바른 태도로 식사하는 습관을 길러 주기 위한 내용이다. 바른 식습관 형성은 건강 유지를 위한 기본 요소이므로 만 3세 유아에게 올바른 수저 사용법은 물론 식사 도중에 돌아다니지 않기, 음식을 꼭꼭 씹고 입에 넣은 상태로 말하지 않기, 입술을 붙이고 소리 나지 않게 씹기 등 식사 시 지켜야 하는 기본적인 예절을 익히도록 지도한다.

'음식을 소중히 여기고 식사예절을 지킨다.'는 유아가 식품의 생산과 공급, 조리 과정에 참여하는 많은 사람들의 노고를 이해함으로써 음식의 소중함을 알고 실천할 수 있게 하는 내용이다. 만 4, 5세 유아에게 바른 식사 태도는 물론 자신이 먹을 만큼의 음식을 가져와서 남기지 않고 먹는 습관을 갖도록 한다.

또한 우리가 남긴 음식의 처리나 그로 인한 환경 문제와 경제적인 손실을 이해하게 하고, 음식을 소중히 여기는 태도를 형성하도록 한다.

다) 건강한 일상생활하기

'건강한 일상생활하기'는 유아가 건강한 생활 습관을 형성하는 데 필요한 규칙적인 수면과 휴식, 배변 습관을 가지고 즐겁게 생활하는 태도를 형성하도록 하는 내용이다.

'규칙적으로 잠을 자고, 적당한 휴식을 취한다.'는 유아가 활동 후 휴식을 취함으로써 생리적인 피곤을 회복하여 건강을 유지할 수 있도록 하는 내용이다. 만 3, 4, 5세 유아는 잠자는 동안 낮에 경험했던 사건을 재구성하고, 성장 호르몬도 생성되므로 수면이 중요하다. 만 3~5세 유아의 권장 수면시간은 낮잠을 포함하여 10~12시간 정도이다. 만 5세 유아는 생리적 특성이나 활동량, 밤잠 시간 등에 따라 피곤을 느끼는 정도에 차이가 있으므로 낮잠 지도에서 개별적인 요구를 고려하도록 한다. 낮잠을 자지 않으려는 유아는 조용히 책을 보거나 음악을 들으면서 휴식을 취하게 함으로써 생활에서 휴식의 중요성을 알고 실천하게 한다.

'하루 일과에 즐겁게 참여한다.'는 유아가 건강을 유지하기 위해서 신체적 건강뿐만 아니라 정신 건강을 유지할 수 있게 하는 내용이다. 이를 위해 교사는 만 3, 4, 5세 유아가 활동에 적극적으로 참여하고 활동 과정에서 느끼는 다양한 감정과 느낌을 적절한 방법으로 표현할 수 있게 돕는다.

'스스로 화장실에서 배변한다.'는 유아가 배변 욕구를 느낄 때 스스로 화장실에 가고자 하고, 화장실에서 용변을 보면서 편안함을 느낄 수 있도록 하는 내용이다. 만 3세 유아는 어떤 활동에 몰입하다 보면 용변의 욕구를 느끼면서도 화장실에 가야 함을 인지하지 못할 경우도 있으므로 교사가 유아의 행동을 관찰하고 수시로 화장실에 가야 함을 지도한다.

'바른 배변습관을 가진다.'는 유아가 화장실 사용에 대한 올바른 절차와 방법을 알고 배설 후 스스로 뒤처리할 수 있도록 지도하는 내용이다. 만 4세 유아가 대소변을 지나치게 참거나 미루지 않고, 배변의 욕구를 느낄 때 스스로 배변하는 습관을 갖도록 한다. 또한 만 3세와 마찬가지로 화장실을 사용한 후에는 반드시 물을 내리는 등 화장실을 깨끗이 사용할 수 있게 지도한다.

'규칙적인 배변습관을 가진다.'는 아침에 일어난 후 규칙적으로 배변하는 습관을 가지게 함으로써 개인위생과 건강 습관을 형성하게 하는 것이다. 만 5세 유아에게 규칙적인 배변습관은 건강의 기본이 됨을 이해하게 하고, 바른 식습관과 운동을 통해 규칙적인 배변습관을 갖도록 지도한다.

라) 질병 예방하기

'질병 예방하기'는 전염병에 대한 면역력이 약한 유아가 질병의 위험을 알고 주의하며, 날씨와 상황에 맞게 옷을 조절하여 입게 함으로써 체온을 조절하고 건강을 유지할 수 있도록 하는 내용이다.

'질병의 위험을 알고 주의한다.'는 유아가 건강을 유지하기 위해 기초적으로 이해해야 할 내용으로 질병의 위험을 알고 예방할 수 있는 태도를 기르는 것이다. 만 3세 유아가 질병에 걸리지 않기 위해 규칙적인 생활 습관을 형성하고 전염병에 걸리지 않도록 예방주사를 맞거나, 모기에 물리지 않도록 몸을 청결히 하는 등의 내용을 알고 주의하도록 한다.

'질병을 예방하는 방법을 알고 실천한다.'는 유아가 질병을 예방하는 방법을 알아보고 지키게 하는 내용이다. 만 4, 5세 유아는 감기에 걸리지 않으려면 편식을 하지 않고 몸과 주변을 청결히 하며 정기적으로 건강검진을 하는 등 건강한 생활 습관에 관심을 가지고 실천할 수 있게 한다. 유아를 위한 예방접종 시기와 종류를 부모교육이나 가정통신을 통해 부모들에게 제공하는 것도 중요하다.

'날씨에 맞게 옷을 입는다.'는 외부 날씨나 기온에 적절하게 옷을 입고 벗을 수 있게 하는 내용이다. 날씨나 기온에 맞게 옷을 입고 벗는 일은 일정한 체온을 유지하게 하므로 매우 중요하다. 특히 사계절의 기후 변화가 뚜렷한 우리나라에서는 환절기에 기온 변화가 심하여 옷차림이 적절하지 못하면 감기에 걸리기 쉽다. 만 3세 유아는 스스로 외부 온도나 날씨에 알맞게 옷을 조절하지 못하는 경우가 많다. 따라서 교사가 적절히 도와줌으로써 유아가 날씨와 계절에 적절하게 옷을 입거나 벗어 체온을 조절할 수 있도록 지도한다.

'날씨와 상황에 알맞게 옷을 입는다.'는 날씨와 계절뿐만 아니라 바깥놀이나 조형 활동을 할 때 등 특별한 상황에 맞게 옷을 입을 수 있게 하는 것이다. 만 4, 5세 유아에게는 태양열이 강한 여름철에는 직사광선을 피하기 위해 반드시 모자를 쓰게 하고 땀을 흘린 뒤에는 몸을 깨끗이 닦고 젖은 옷을 즉시 갈아입도록 지도한다. 이와 같이 교사는 유아가 날씨나 상황에 적절한 옷차림은 활동을 편리하게 하며, 건강도 유지하게 함을 이해하도록 지도한다.

② 안전하게 생활하기

가) 안전하게 놀이하기

'안전하게 놀이하기'는 실내 · 외 여러 가지 놀이기구나 놀잇감, 도구를 안전하게 사용하고, 안전한 장소에서 놀이하며, 전자 미디어를 안전하게 사용하는 데 필요한 지식, 기능, 태도를 형성하는 내용이다.

'놀이기구나 놀잇감, 도구를 안전하게 사용한다.'는 유아에게 실내 · 외 놀이기구나 놀잇감, 도구의 안전한 사용법 및 규칙 등을 알려주어 안전하게 놀이할 수 있도록 하는 내용이다. 실외 놀이터에서 놀 경우 모자나 끈 달린 옷을 입지 않거나 신발을 바로 신는 등 안전을 위해 갖추어야 할 복장도 포함한다.

교사는 만 3, 4세 유아에게 놀잇감이나 도구를 사용하기 전에 안전에 필요한 사항을 미리 알려주고, 안전하게 사용할 수 있게 지도한다.

'놀이기구나 놀잇감, 도구의 바른 사용법을 알고 안전하게 사용한다.'는 유아에게 놀이기구나 놀잇감, 도구의 안전한 사용법을 알려주는 것뿐만 아니라 생활 속에서 실천할 수 있게 하는 것이다. 만 5세 유아가 실내 · 외 놀이기구나 놀잇감, 도구를 어떻게 사용해야 안전한지, 왜 그렇게 사용해야 하는지 등을 알고 실천할 수 있게 한다. 유아는 발달 특성상 주변의 사물이나 환경에 대한 호기심이나 탐구하려는 충동은 강한 반면 아직 신체 기능의 미성숙으로 운동기능이 충분히 발달되어 있지 않으므로 항상 사고의 위험에 노출되어 있다. 따라서 교사는 유아에게 놀이기구나 놀잇감, 도구의 바른 사용법을 알려줄 뿐만 아니라 유아가 스스로 안전한 사용 규칙에 대해 의논하고 약속으로 정하고 이를 지켜서 놀이하도록 지도한다.

'안전한 놀이장소를 안다.'는 유아가 실내 · 외 놀이 장소에서 안전하게 놀이할 수 있도록 안전한 놀이 장소를 알고 안전하지 못한 곳과 구분할 수 있게 하는 내용이다. 만 3세 유아가 안전하게 놀이하도록 하기 위해서는 안전사고 위험요인들이 미리 제거된 안전한 놀이 공간과 시설을 제공하는 것이 중요하다. 또한 유아에게 찻길이나 도로변과 같은 위험한 장소를 알려주어 일상생활에서 위험에 노출되지 않도록 지도한다. 이와 함께 안전한 놀이 장소를 알려주어 유아가 안전한 장소에서 놀이할 수 있도록 한다.

'안전한 장소를 알고 안전하게 놀이한다.'는 유아에게 안전한 놀이 장소를 알려주고 놀이하도록 하는 것에서 발전하여, 유아와 함께 실내·외에서 안전하고, 위험한 장소를 알고 구분하며, 질서를 지키는 등 안전하게 놀이할 수 있게 지도하는 내용이다. 만 4, 5세 유아에게 위험한 장소 및 그 이유에 대해 알아보고, 안전하게 놀이할 수 있는 규칙을 정하고 스스로 지키면서 놀이하도록 한다.

'TV, 인터넷, 통신기기 등을 바르게 사용한다.'는 유아에게 올바른 전자 미디어의 사용법을 알려주고 사용하도록 하는 내용이다. 만 3세 유아에게는 정해진 시간에만 바른 자세로 앉아 사용하는 등 전자 미디어의 바른 사용법을 알고 생활 속에서 지킬 수 있도록 한다. 이 때 교사는 적정 시간을 지켜 전자미디어를 사용할 수 있도록 지도한다.

'TV, 인터넷, 통신기기 등의 위해성을 알고, 바르게 사용한다.'는 전자미디어의 순기능 뿐 아니라 역기능에 대해 인식하고 이를 바탕으로 자기 조절 능력을 가지고 올바르게 전자 미디어를 사용하도록 하는 내용이다. 만 4, 5세는 생활 속에서 전자 미디어와 관련된 다양한 문제 상황 및 문제해결 방법에 대해 알아보고 이를 실천하고자 노력할 수 있다. 또한 자신들이 경험해 본 전자 미디어의 위해성 및 대안을 다른 사람들에게 알리며 스스로 조절할 수 있는 능력을 기르도록 한다. 전자 미디어 안전교육은 반드시 가정과 연계되어 이루어질 수 있도록 한다.

나) 교통안전 규칙지키기

'교통안전 규칙지키기'는 유아가 교통안전 규칙의 중요성과 자동차 사고의 위험을 알고 사고의 위험으로부터 자신을 보호하기 위해 필요한 지식, 기능, 태도를 형성하는 내용이다.

'교통안전 규칙을 안다.'는 유아에게 안전보행이나 도로횡단 등의 각종 교통안전 규칙을 알려주어 안전하게 생활할 수 있도록 하는 내용이다. 만 3세 유아에게는 등·하원 길의 안전과 골목길에서의 안전 보행에 대해 알려주고, 신호등이 있는 횡단보도, 신호등이 없는 횡단보도, 횡단보도가 없는 도로에서의 안전 횡단에 대하여 지속적으로 알려주고 실천해 보도록 한다.

'교통안전 규칙을 알고 지킨다.'는 교통 규칙을 알려주고 경험하도록 하는 것에서 나아가, 교통안전 규칙을 왜 지켜야 하는지, 지키지 않을 경우 어떤 일이 생기는지 등에 대해 알고 지키도록 하는 내용이다. 만 4, 5세 유아에게 교통안전 규칙에 대해 알아보고 실천하면서 평가해 볼 수 있는 경험을 제공하도록 한다. 또한 기본적인 교통표지판에 대해 알아보고 그 의미를 알고 지키도록 한다.

'교통수단을 안전하게 이용한다.'는 유아가 기본적인 교통수단의 안전한 이용방법에 대해 인식하고 실천하는 내용이다. 만 3, 4, 5세 유아가 승용차, 버스, 지하철 등 실생활에서 경험할 수 있는 교통수단을 승차해 보는 경험을 제공하고, 그에 따른 안전수칙에 대해 알고 안전하게 이용하도록 한다. 유아가 일상생활에서 많이 이용하는 유치원이나 어린이집 통학 버스를 안전하게 이용하는 방법을 경험하는 것에서부터 시작할 수 있다. 이후 점차 대중교통수단을 안전하게 이용할 수 있는 방법을 의논하고 문제점을 찾아봄으로써, 유아가 자율적으로 교통수단을 안전하게 이용하도록 발전시켜 나간다.

다) 비상 시 적절히 대처하기

'비상 시 적절히 대처하기'는 학대, 성폭력, 실종, 유괴 상황과 재난 및 사고 등의 비상 상황을 알고 적절하게 대처함으로써 자신을 보호하는 데 필요한 지식, 기능, 태도를 형성하는 내용이다.

'학대, 성폭력, 실종, 유괴상황을 알고 도움을 요청한다.'는 유아에게 학대, 성폭력, 실종, 유괴 상황의 가능성을 알려주고, 만약의 경우에 도움을 요청하도록 알려주는 내용이다. 만 3세 유아는 위험에 처해 있을 때 적절히 대처하는 방법을 알지 못하므로 교사나 주변의 믿을 만한 성인에게 도움을 요청하는 방법을 알려 준다. 이 때 단순한 지식 전달이 되지 않도록 상황극을 통해 연습함으로써 유아가 실제 상황에서 도움을 요청할 수 있도록 지도한다. 특히 아동복지법에 성교육은 연간 8시간 이상 확보해야 함이 명시되어 있으므로, 교사는 성교육 시간을 준수하여 지도한다.

'학대, 성폭력, 실종, 유괴상황 시 도움을 요청하는 방법을 알고 행동한다.'는 유아가 학대, 성폭력, 실종, 유괴 발생 상황을 인식하고, 적절한 대처 방법을 알아서 실천하도록 하는 내용이다. 만 4, 5세 유아에게는 영상물 홍보자료, 방송이나 신문기사, 그림자료, 동화 등을 통해 유아와 함께 왜 이런 상황이 생기는지, 이런 상황에서 어떻게 대처해야 하는지에 대해 의논하고, 의논한 대로 실천해 보도록 한다.

'재난 및 사고 등 비상 시 적절하게 대처하는 방법을 안다.'는 유아에게 태풍, 홍수, 지진(해일), 화재, 폭염, 폭설, 한파, 방사능 등에 대비한 재난 대피 방법 및 사고가 발생할 수 있는 위험한 상황을 알려주어 자신을 보호하도록 하는 내용이다. 이를 위해서는 비상시를 대비하여 정기적으로 훈련을 실시해야 한다. 만 3세 유아에게는 대피 방법을 구체적으로 알려주고 교사의 안내대로 따라하도록 한다. 이 때 유아가 놀라거나 당황하지 않도록 미리 수업시간에 대피 훈련을 연습해 보도록 한다. 또한 유아에게 생활 주변에서 발생할 수 있는 위험한 상황(추락, 전기, 약물 등)을 알려주고 위험한 상황에서 자신을 보호하도록 한다.

'재난 및 사고 등 비상 시 적절하게 대처하는 방법을 알고 행동한다.'는 유아가 지속적이고 반복적인 대피훈련을 통해 위급한 상황에 처했을 때 당황하지 않고 적절히 대처하도록 하는 내용이다. 만 4, 5세 유아에게는 실제 생활 속에서 발생하는 다양한 재난 및 사고 발생의 원인과 예방 방법을 알아보고, 적절히 행동하는 방법을 익힐 수 있게 지도한다.

(3) 지도상의 유의점

교사는 다음 사항에 유의하여 지도하도록 한다.

첫째, 감각을 통해 자신의 몸과 주변세계를 바르게 인식하도록 유아의 발달수준을 고려한다. 이를 위해 다양한 수준의 도구와 활동을 마련하고 제공한다.

둘째, 넓은 공간이나 바깥에서 규칙적으로 활동함으로써 유아기에 필요한 기본운동 기능과 기초체력을 기르도록 한다. 교사는 유아의 흥미와 관심이 자연을 향하도록 바깥놀이 활동범위를 점차 확대하여 계획하고, 안전한 장소에서 유아가 충분히 뛰어놀 수 있도록 한다.

셋째, 대근육 활동 시 교사는 체계적 활동을 통해 유아가 몸을 움직임으로써 신체를 조절하고 성취감을 맛볼 수 있도록 지도한다. 이를 위해 교사는 발달에 적합한 활동을 구성하여 유아의 흥미와 관심을 높여 적극적으로 활동에 참여할 수 있도록 한다.

넷째, 유아의 건강생활은 일과 중 활동을 통제 생활교육으로 이루어지게 해야 한다. 무엇보다 유아의 건강상태와 신체리듬을 고려하여 규칙적인 생활을 할 수 있도록 지도하며, 스스로 이닦기와 손씻기, 주변을 깨끗이 하기, 바른 식생활과 옷 입기 등을 실천함으로써 건강하고 안전한 생활습관과 태도를 갖도록 한다.

다섯째, 교사는 유아가 안전하게 놀이할 수 있도록 유의해야 한다. 활동 공간에 따른 적절한 인원수, 기구의 견고성, 공간바닥 등에 대해 정기적으로 안전점검을 실시하고, 기구나 도구의 안전한 사용법을 지도하여 유아 스스로 자신의 안전을 지킬 수 있는 능력과 태도를 갖도록 한다.

여섯째, 유아기는 신체를 조절하거나 환경을 지각하는 능력이 부족한 시기이므로 안전사고를 예방해야 한다. 이를 위해 위험한 장소, 위험한 놀이, 여러 가지 재난에 대해 유아가 자신을 보호할 수 있는 지식, 기능, 태도를 기르도록 지속적으로 지도한다.

2. 표준보육과정과 건강교육

어린이집의 만 2세 이하 영유아들의 건강을 위해 가르쳐야 하는 구체적인 내용은 영유아보육법 시행규칙 제 30조[별표 8의 2]에 의거한 표준보육과정에 제시되어 있다. 표준보육과정은 기본생활, 신체운동, 의사소통, 사회관계, 예술 · 경험, 자연탐구의 여섯 영역으로 구성되어 있다. 이 중 '건강'에 대해 다루고 있는 구체적인 보육 영역은 영유아의 전인적인 성장을 도모하기 위해 건강 · 안전 · 기본 생활태도를 기르는 기본 생활영역과 긍정적으로 신체를 인식하고 기본 운동능력을 기르는 신체운동 영역이다.

기본 생활영역은 일생의 건강의 기초가 되는 영유아기의 건강과 안전을 위해 그들이 가지고 있는 잠재능력을 최대한 발휘할 수 있도록 건강과 안전에 대한 지식과 태도를 기르고 스스로 건강을 관리할 뿐 아니라 타인의 건강과 안전을 배려할 수 있는 능력을 기르기 위한 영역이다. '건강한 생활', '안전한 생활', '바른 생활'의 세 가지 내용범주로 구성되며 건강교육에 대한 내용은 '건강한 생활'의 내용범주에 제시되어 있다. 신체운동 영역은 다양한 신체 활동을 통하여 자신의 신체에 대한 긍정적 인식 및 일상생활에 필요한 기본 운동능력을 습득하게 함으로써, 영유아 자신의 행복한 삶을 위한 영역이다. '감각과 신체인식', '신체 조절과 기본 운동', '신체 활동참여'의 세 가지 내용범주로 구성되어 건강교육 내용이 제시되고 있다. 이 두 영역 모두 0~1세는 1 · 2 · 3 · 4 수준, 2세는 1 · 2 수준으로 구분되어 있다. 만 2세 이하를 위한 표준보육과정에서 제시하고 있는 건강에 대한 교육내용을 추출하여 소개하면 다음과 같다.

1) 기본생활 : 건강한 생활

(1) 성격

건강한 생활에서는 건강 · 영양 · 위생적인 생활을 강조하며, 영유아가 신체의 청결과 위생, 수면과 휴식, 바른 식생활 등 의식주에 대한 올바른 습관을 기르도록 하여 발달을 촉진하고 심신을 건강하게 한다.

(2) 목표

기본생활 영역은 영아가 건강하고 안전한 일상생활을 경험하도록 하고 건강하고 안전한 생활습관의 기초를 마련하는 데 목표를 둔다. 영아의 주변 환경을 청결하고 안전하게 조성해 주고 영아에게 건강 및 안전과 관련한 활동을 일상생활 속에서 경험하게 하여 기본 생활습관을 익히도록 한다.

(3) 연령별 목표 및 내용

내용범주	0~1세	2세
건강하게 생활하기	· 몸을 깨끗이 하기 · 즐겁게 먹기 · 건강한 일상생활하기	· 몸을 깨끗이 하기 · 바르게 먹기 · 건강한 일상생활 하기 · 질병에 대해 알기

① 0~1세

가) 목표

건강하고 안전한 일상생활을 경험한다.

나) 세부 내용

내용범주	내 용	1수준	2수준	3수준	4수준
건강하게 생활하기	몸을 깨끗이 하기	몸이 깨끗해졌을 때 기분이 좋음을 안다.			
		도움을 받아 손을 씻는다.			
			도움을 받아 이를 닦는다.		
	즐겁게 먹기	편안하게 안겨서 우유(모유)를 먹는다.	이유식에 적응한다.	고형식에 적응한다.	다양한 음식을 먹어 본다.
				도구로 음식을 먹어 본다.	
		즐겁게 먹는다.			
	건강한 일상생활하기	수면을 충분히 취한다.			
		편안하게 쉰다.			
		하루 일과에 즐겁게 참여한다.			
				배변 의사를 표현한다.	

② 2세

가) 목표

건강하고 안전한 생활습관의 기초를 마련한다.

나) 세부 내용

내용범주	내용	1 수준	2 수준
건강하게 생활하기	몸을 깨끗이 하기	스스로 이닦기를 시도한다.	
		스스로 손과 몸 씻기를 시도한다.	
	바르게 먹기	음식을 골고루 먹는다.	
		도구를 사용하여 스스로 먹는다.	
		정해진 자리에서 먹는다.	
	건강한 일상생활하기	일과에 따라 규칙적으로 잠을 잔다.	
		정해진 시간에 알맞게 휴식한다.	
		하루 일과에 즐겁게 참여한다.	
		정해진 곳에서 배변한다.	화장실에서 배변한다.
	질병에 대해 알기	질병의 위험을 안다.	

2) 신체운동 : '감각과 신체 인식', '신체조절과 기본운동', '신체활동 참여'

(1) 성격

신체운동 영역은 '감각과 신체 인식', '신체조절과 기본 운동', '신체활동 참여'의 세 가지 내용범주로 구성된다. '감각과 신체 인식'에서는 영유아가 감각능력을 기르고 감각기관을 활용하며, 자신의 신체를 긍정적으로 인식하도록 한다. '신체조절과 기본 운동'에서는 영유아가 협응력과 신체조절 능력을 기르고 신체균형감을 익히며 이동, 비이동, 조작운동 등의 기본 운동능력을 습득히여, 자신의 신체를 유연하고 활발하게 움직이는 의지와 능력을 키우도록 한다. '신체활동 참여'에서는 영유아가 신체활동을 할 때 적극적으로 참여하고, 다양한 기구를 활용하여 안전하고 즐겁게 신체활동을 하는 경험을 통해서 기초 체력을 형성하고 생활하면서 규칙적으로 운동할 수 있도록 한다.

(2) 목표

자신의 신체를 긍정적으로 인식하고 즐겁게 신체활동에 참여함으로써 영유아기에 필요한 기본 운동능력을 기른다.

① 기본적 감각능력을 키우고, 자신의 신체를 긍정적으로 인식한다.
② 신체를 조절하고 기본 운동능력을 기른다.
③ 신체활동에 즐겁게 참여한다.

(3) 연령별 목표 및 내용

내 용	만 2세미만	만 2세
감각과 신체 인식하기	· 감각적 자극에 반응하기 · 감각기관으로 탐색하기 · 신체 탐색하기	· 감각능력 기르기 · 감각기관 활용하기 · 신체를 인식하고 움직이기

내 용	만 2세미만	만 2세
신체조절과 기본 운동하기	· 대근육 조절하기 · 소근육 조절하기 · 협응력 기르기 · 균형감 기르기 · 이동 운동 시도하기 · 비이동 운동 시도하기	· 신체 조절력 기르기 · 신체 균형감 기르기 · 이동 운동하기 · 비이동 운동하기 · 조작 운동하기
신체활동에 참여하기	· 몸 움직임 즐기기 · 기구를 이용하여 신체활동 시도하기	· 신체활동에 참여하기 · 기구를 이용하여 신체활동하기 · 안전하게 신체활동하기

① 0~1세

가) 목표

감각 및 기본 신체운동 능력을 기른다.

㉠ 감각 기능을 발달시키고 자신의 신체를 탐색한다.

㉡ 대 · 소근육을 조절하고 걷기 등의 능력을 기른다.

㉢ 규칙적으로 신체활동에 참여한다.

나) 세부 내용

<table>
<tr><th>내용범주</th><th>내 용</th><th>1 수준</th><th>2 수준</th><th>3 수준</th><th>4수준</th></tr>
<tr><td rowspan="4">감각과 신체 인식하기</td><td rowspan="2">감각적 자극에 반응하기</td><td colspan="4">시각, 청각, 촉각, 후각, 미각으로 자극을 느낀다.</td></tr>
<tr><td colspan="4">시각, 청각, 촉각, 후각, 미각으로 감각자극에 반응한다.</td></tr>
<tr><td>감각기관으로 탐색하기</td><td colspan="4">감각기관으로 주변 환경을 탐색한다.</td></tr>
<tr><td>신체 탐색하기</td><td>손과 발 등을 바라보며 탐색한다.</td><td colspan="3">주요 신체 부분의 움직임을 탐색한다.</td></tr>
<tr><td rowspan="2">신체 조절과 기본 운동하기</td><td>신체 균형잡기</td><td>몸의 균형을 잡기 위한 자세를 시도한다.</td><td>붙잡고 서 있기 등의 자세를 취한다.</td><td colspan="2">안정되게 서 있기 등의 자세를 시도한다.</td></tr>
<tr><td>대근육 조절하기</td><td>뒤집기 등 몸을 조절하여 위치를 바꾼다.</td><td colspan="3">누웠다 앉기 등 몸의 움직임을 조절한다.</td></tr>
</table>

내용범주	내 용	1 수준	2 수준	3 수준	4수준
	소근육 조절하기	보이는 물체에 손을 뻗는다.	눈과 손을 협응하여 소근육을 활용해 본다.		
	기본 운동하기	배밀이 등 이동 운동을 시도한다.	기기, 걷기 등 이동 운동을 시도한다.	걷기 등 이동 운동을 한다.	
		팔다리 뻗기, 흔들기 등 제자리 운동을 시도한다.		서 있기, 앉기 등 제자리 운동을 시도한다.	
신체활동에 참여하기	몸 움직임 즐기기	몸을 활발히 움직인다.		몸의 움직임을 다양하게 시도한다.	
	바깥에서 신체 움직이기	규칙적으로 바깥환경을 경험한다.		규칙적으로 바깥에서 신체활동을 한다.	
	기구를 이용하여 신체활동 시도하기		간단한 기구를 이용하여 신체활동을 시도한다.		

② 2세

가) 목표

감각, 신체 조절 및 기본 운동능력을 기른다.

㉠ 감각 기능을 기르고, 자신의 신체 움직임을 탐색한다.

㉡ 안정된 자세로 대·소근육을 조절하고 기본 운동능력을 기른다.

㉢ 규칙적으로 신체활동에 참여한다.

나) 세부 내용

내용범주	내 용	1수준	2수준
감각과 신체 인식하기	감각능력 기르기	다양한 감각적 차이에 반응한다.	
	감각기관 활용하기	감각기관으로 주변 환경을 탐색한다.	
	신체를 인식하고 움직이기	신체 각 부분의 명칭을 안다.	
		신체 각 부분의 움직임을 탐색한다.	
신체 조절과	신체 균형잡기	안정된 자세를 취하려고 시도한다.	

내용범주	내 용	1수준	2수준
기본 운동하기	대근육 조절하기	팔, 다리, 목, 허리 등의 움직임을 조절한다.	
	소근육 조절하기	눈과 손을 협응하여 소근육을 조절해 본다.	
	기본 운동하기	걷기, 계단 오르기 등 이동운동을 한다.	
		제자리에서 몸을 움직여 본다.	
신체활동에 참여하기	신체활동에 참여하기	신체활동에 자발적으로 참여해 본다.	
	바깥에서 신체활동하기	규칙적으로 바깥에서 신체활동을 한다.	
	기구를 이용하여 신체활동하기	간단한 기구를 이용하여 신체활동을 한다.	

3) 영유아 건강교육 지도 시 유의점

영유아가 자신의 신체를 긍정적으로 인식하고 생활에 필요한 기초 체력을 기르며 건강하고 안전한 생활습관을 형성하도록 하기 위해서 교사는 다음 사항에 유의하여 지도하도록 한다.

첫째, 교사는 감각 활동이 영유아의 인식을 기르고 주변세계를 알아가는 중요한 활동임을 고려하여 다양한 감각적 활동을 계획할 필요가 있다. 따라서 영유아에게 감각과 관련된 여러 가지 활동을 제공하고 다양한 상황에서 몸을 움직이는 경험을 하게 함으로써 자연스럽게 몸과 주변 세계를 바르게 인식하는 기회를 자주 갖도록 한다. 특히 영유아의 발달에 적합한 활동을 선택하여 여러 가지 감각을 충분히 느낄 수 있도록 한다.

신체 내의 감각인 신체운동 감각과 균형 감각은 일반적으로 대근육 활동에 포함된 것이지만, 감각을 느껴 보는 활동과 신체부위의 위치나 모양을 다양하게 변화시키는 활동을 통해 자신의 몸에 대한 인식을 더욱 발달시킬 수 있을 것이다.

둘째, 교사는 영유아의 연령이 증가함에 따라 신체운동 능력 및 인지적 능력이 발달한다는 점을 고려하여 넓은 공간이나 바깥에서 규칙적으로 활동하도록 계획해야 한다. 이 때 영유아의 일상생활 환경이나 경험과 연계하여 교육 활동을 계획한다. 영유아기 바깥놀이나 대근육 활동의 목표는 기본 운동기능을 기르고 영유아기에 필요한 기초 체력을 향상하는 것이다. 영유아기에 필요한 기초 체력은 몸의 협응이나 조정, 균형과 같은 생활에 필요한 기초 체력을 말한다. 따라서 넓은 공간이나 바깥에서의 규칙적인 신체 활동은 영유아기에 필요한 기본 운동기능과 기초 체력을 기르는 데 도움이 되므로 교사는 영유아의 흥미와 관심이 자연을 향하도록 바깥놀이 활동 범위를 점차 확대하여 계획하고, 안전한 장소에서 영유아가 충분히 뛰어놀 수 있도록 한다.

셋째, 대근육 활동 시 교사는 체계적 활동을 통해 영유아가 몸을 움직임으로써 신체를 조절하고 성취감을 맛볼 수 있도록 지도한다. 이를 위해 교사는 발달에 적합한 활동을 구성하여 영유아의 흥미와 관심을 높여 적극적으로 활동에 참여할 수 있도록 한다.

넷째, 영유아의 건강 생활은 일과 중 활동을 통한 생활교육으로 이루어지게 해야 한다. 교사는 영유아의 건강 상태와 신체 리듬을 고려하여 규칙적인 생활을 할 수 있도록 지도한다. 규칙적인 생활은 교사나 영유아가 영유아교육기관의 일과에 익숙해지고 안정적으로 참여할 수 있게 하는 요소가 된다.

또한 최근에는 식품의 대량 생산과 환경오염으로 인해 식품 안전에 대한 인식이 요구되고 있으며, 안전한 먹거리에 대한 인식이 높아지고 있다. 따라서 교사는 식품이 단순히 영양만을 제공한다는 인식에서 벗어나 영유아의 건강을 위한 균형 있고 위생적이며 안전한 급·간식을 마련하도록 노력해야 한다.

연구 문제

1. 3~5세 누리과정에서 건강교육과 관련된 내용에는 어떤 것들이 있는지 구체적으로 살펴보시오

2. 표준보육과정에서 건강교육과 관련된 내용에는 어떤 것들이 있는지 구체적으로 살펴보시오.

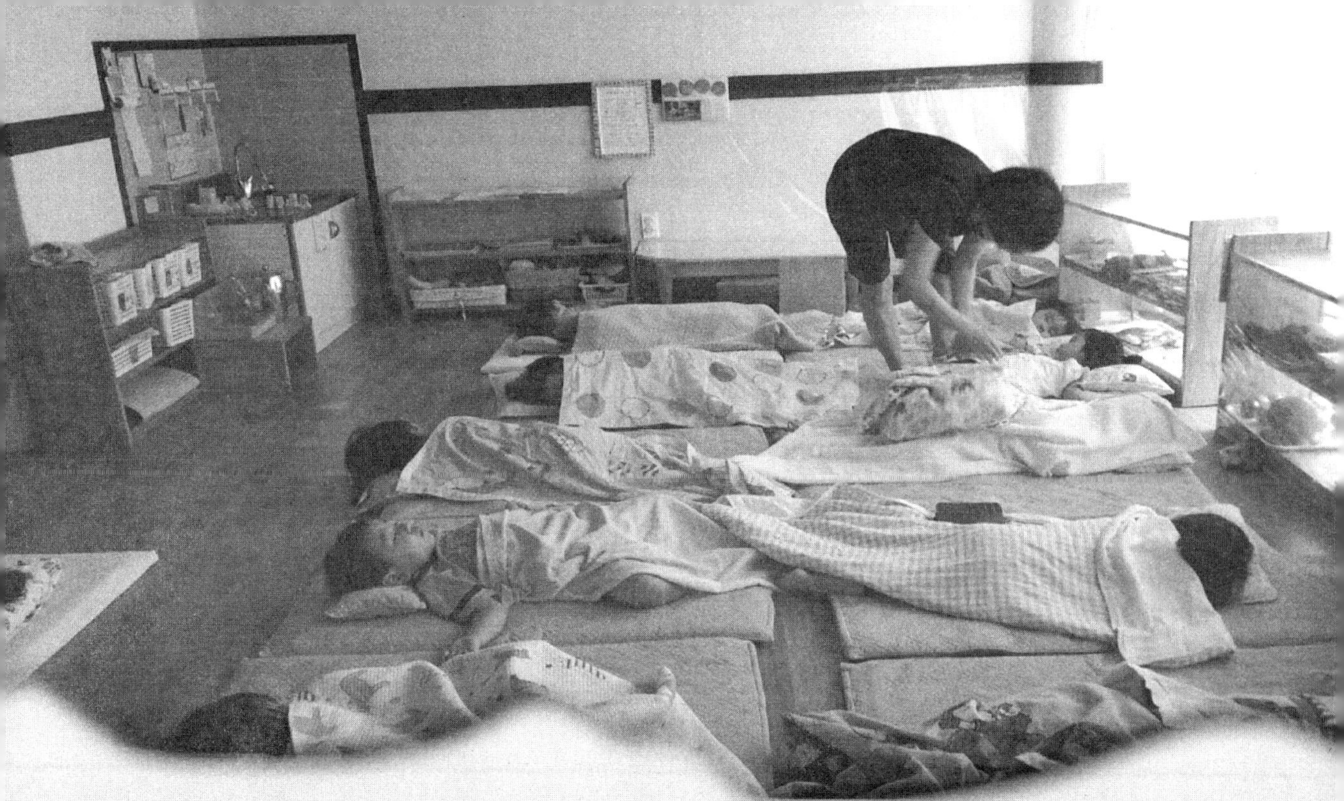

제 3 장

영유아의 영양과 건강

1. 영유아기 영양의 의의
2. 영유아를 위한 영양소와 식품
3. 유아기 영양평가
4. 영아기 식사와 영양
5. 유아기 식사와 영양

영양은 유아의 성장과 발달에 중요한 영향을 미친다. 유아의 심신 발달과 건강 유지를 위해서는 균형 있는 영양을 충분히 섭취하고 바람직한 식습관을 형성하는 것이 더할 나위 없이 중요하다. 영양상태가 양호한 유아는 적정한 체중과 신장을 지니고 있을 뿐 아니라 활발하고 민첩하며 왕성한 탐색 활동을 하는 것을 볼 수 있다. 반면에 영양이 결핍되어 있는 유아는 성장이 지체되어 있으며, 질병에 대한 저항력이 떨어져 자주 병에 걸리며 이로 인해 놀이와 활동을 하는데 지장을 받게 되어 원만한 사회적 관계 유지도 힘들게 된다.

유아기에 생겨난 식습관은 일생 동안 식품에 대한 기호도나 영양 및 건강상태 등은 물론 주위 가족의 식생활 개선을 유도할 수 있다. 따라서 유아교육기관은 유아의 식생활 및 영양과 관련하여 가정과 긴밀한 연계를 도모하여야 한다. 특히 유아에게 필요한 영양소인 탄수화물, 지방, 단백질, 무기질, 비타민을 함유한 식품과 역할, 결핍이나 과잉시의 증상에 대해 상세히 알아보아 유아 영양공급에 신경을 써야 한다. 또한 다양한 영양평가방법과 영유아기 식사와 영양 및 관련 문제 등에 대해 알아본다.

1. 영유아기 영양의 의의

신체의 성장은 유아의 건강을 나타내는 중요한 지표다. 영양과 관련된 유아의 신체 성장의 장기적 지표는 신장이며 체중은 단기적 지표로서 기능을 한다(MacLean & Graham, 1982를 Lawton, 1988에서 재인용).

영아기는 신체 성장이 급격히 이루어지는 시기이다. 영아는 생후 1년이 되면 체중은 출생 시의 3배, 신장은 1.5배에 이른다. 그 후 걸음마기와 유아기의 신장 및 체중 발육은 영아기에 비해 완만해져 근육, 골격, 신체조직의 성장·발달을 위해 필요한 영양의 양은 수유기보다는 감소한다. 그러나 운동기능의 발달이 빠르고 운동량의 증가와 더불어 에너지 소모가 많아지며 이 시기에 유아의 독립성은 더욱 강해지고 육체적 · 정신적인 힘이 더 명확해진다. 따라서 유아기에는 이들의 건강을 위해 영양적 요구량과 식습관의 변화에 더욱 관심을 기울여야 한다.

유아기는 신체 면에서 신체 각 부위의 성장과 발달이 이루어지면서 식품의 소화능력이 향상되며, 운동능력이 현저하게 증가되면서 손놀림도 차차 원활해진다. 생활 행동 면에서도 외부의 도움이 없이 스스로 식사와 의복의 착용 및 벗기, 대소변 훈련 등 자기주위의 정돈을 할 수 있게 되어 사람으로써 기본적인 능력이 형성되는 시기이다. 특히 이 시기에 형성된 식사태도, 음식물에 대한 기호도, 청결습관 등은 성인이 된 후에도 유지될 가능성이 크다.

교육적인 측면에서 유아기는 감수성이 매우 예민한 시기이며, 교육에 대한 받아들임이 강한 시기이므로 지식의 흡수와 활용도가 매우 높다. 따라서 유아기에 습득한 영양에 대한 지식이 실제의 행동으로 연결되어 바람직한 식생활 행동을 갖게 되면 어린 시기부터 자신의 건강유지는 물론이며 주위 가족의 식생활 개선을 유도할 수 있다. 또한 영양교육은 가정과 유아교육기관의 상호협조에 의해 그 효과가 더욱 커질 것이다.

[그림 3-1] 건강을 위한 균형잡힌 식품(출처: 한국영양학회, 2005)

유아영양의 특성을 살펴보면 다음과 같다.

첫째, 유아기는 젖을 완전히 뗀 1세경부터 초등학교에 입학하기 전까지에 해당하는 시기이며, 이 시기에 두뇌완성, 신체의 제반 조절기능 및 사회 · 인지능력이 발달하므로 영양관리가 매우 중요하다.

둘째, 영아기의 급속한 성장이 끝난 후의 유아기의 완만한 성장은 식욕감소 등의 식 · 행동의 변화를 가져오므로 유아의 영양요구량을 충족시키는 식사계획이 요구된다.

셋째, 자신의 주장과 방식대로 하려는 정서적 특징을 보이며, 그에 따라 유아기 특유의식행동을 보이기도 한다.

넷째, 음식에 대한 기호, 식사예절, 위생습관 등이 형성되는 시기이므로, 식사관리에 각별한 주의가 요구된다.

영양상태가 좋은 유아에게 나타나는 특징을 정리하면 다음과 같다.

① 나이에 맞는 행동에 관심이나 흥미를 느끼며, 활기차고 명랑한 표정을 짓고 행복해 하며, 매우 건강한 느낌을 준다.

② 심한 운동 후에도 피로 회복이 빠르다. 즉 낮잠이나 밤잠을 자고 나면 피로가 곧 회복된다.

③ 정상적인 키, 나이에 맞는 체중을 유지한다.

④ 자세가 바르며 팔다리가 강하고 곧다.

⑤ 치열이 고르다.

⑥ 피부는 부드럽고 윤기가 나며 끈끈하고 촉촉하다.

⑦ 머리털은 윤기 나고 건강하다.

⑧ 근육은 탄력 있게 잘 발달되어 있다.

⑨ 눈은 빛나고 맑으며, 피로할 때 눈 주위에 나타나는 둥근 선이 없다.

⑩ 나이에 맞게 신경을 잘 조절하여 집중할 수 있으며, 잘 울거나 짜증내지 않는다.

⑪ 적당한 식욕과 정상적인 소화작용이 일어난다.

2. 영유아를 위한 영양소와 식품

영양소는 영양의 근본이 되는 물질을 표현하는 말이다. 영양소는 크게 열량 영양소, 구성 영양소, 조절 영양소로 분류된다. 열량 영양소는 체내에서 연소될 때 에너지를 내는 영양소로써 에너지 영양소라고도 불리는데, 탄수화물, 단백질, 지질이 여기에 속한다. 구성 영양소는 몸을 구성하는 영양소로써 단백질, 무기질, 물이 여기에 속한다. 조절 영양소는 생리적인 조절기능을 하는 영양소로써 단백질, 무기질, 비타민이 포함된다. 영유아가 좋은 건강상태를 유지하기 위해서는 40여종에 이르는 영양소를 다양한 음식물을 통해 섭취해야 한다.

1) 에너지 영양

영유아의 영양소 필요량은 성별이나 연령보다는 신체 크기와 발육상태에 따라 권장량을 결정해야 한다. 영유아는 생명현상을 유지하고, 신체적 활동과 체온조절 등의 신진대사 작용을 위하여 〈표 3-1〉에 제시된 바와 같이 에너지를 필요로 한다. 그러나 영유아는 성장 · 발달이나 신체활동에 있어 개인차가 매우 크므로 같은 체격이라도 활동량에 따라 요구량이 달라지므로 개인 영유아의 특성에 따라 다양하고 영양가 있는 식사가 제공되어야만 한다. 즉, 유아의 에너지 필요량은 기초대사율, 성장 속도, 활동량, 식품의 특이동적 작용 및 배설에 의해 손실되는 에너지에 따라서 결정되므로 영양권장량에 너무 얽매이지 말고 이를 참고로 하되, 각 영유아의 특성에 따라 에너지를 제공하는 것이 바람직하다.

표 3-1
영유아의 에너지 필요 추정량(성인 1일 권장영양량 비교)

성별	연령(세)	체중(Kg)	신장(cm)	에너지 필요추정량(Kcal/일)
남 · 여	1~2	12.2	86.1	1,000
	3~5	17.3	107.0	1,400
성인 남	20~29	65.8	173	2,600
성인 여	20~29	56.3	56.3	2,100

출처: 한국영양학회(2010). 한국인 영양섭취기준.

2) 탄수화물(당질)

탄수화물은 생명 현상의 유지나 활동을 위해 필요한 아주 기본적인 주요 에너지원이 되는 것으로 1g당 발생 열량은 4kcal이다. 지방과 단백질도 열량원으로 사용되기는 하지만, 신체가 에너지를 필요로 할 때 가장 먼저 사용될 수 있는 것이 탄수화물이다. 일반적으로 일일 섭취 식품을 통해 공급받는 열량의 약 65% 이상을 당질로부터 공급받는다.

식품 내에 함유되어 있는 당질을 크게 분류하면 단순당질과 복합당질로 나뉜다.

단순당질은 당류라고도 부르는 데 단맛을 띠고 있다. 구조가 단순하기 때문에 다른 영양소보다 체내에 빨리 분해되고 흡수되어 포도당의 형태로 바뀌며, 포도당은 신속하게 열량원이 될 수 있어 체내에서 주 에너지원으로 작용한다. 그러나 과다하게 섭취된 열량은 지방으로 전환되어 신체 각 부위에 피하 지방으로 저장된다. 그러므로 유아가 설탕이나 설탕이 많이 들어 있는 식품인 사탕이나 과자를 많이 먹어 소아비만과 고지혈증이 초래되지 않도록 주의를 하여야 한다.

단순당질은 단당류와 이당류로 구분을 하는데 단당류는 당질의 기본단위이며 단당류가 모여서 이당류를 만들고, 다당류(복합당질)를 만든다. 대표적인 단당류는 포도에 많이 함유되어 있는 포도당(glucose), 과일에 들어 있는 과당(fructose), 포도당과 결합하여 유당의 구성성분으로 존재하며 단맛이 약한 갈락토스(galactose)

등이다. 이당류는 단당류 2분자가 결합되어 만들어진 것이며, 모든 이당류에는 포도당이 한 개 이상 들어간다. 이당류의 종류에는 사탕무와 사탕수수에 많이 들어 있는 자당, 보리가 맥아를 형성할 때 생기는 맥아당, 모유를 포함한 모든 동물의 젖 속에 함유된 유당이 있다.

복합당질인 다당류는 포도당이 10개 이상 연결되어 있는 것을 말한다. 다당류의 종류에는 곡류에 많이 포함된 전분, 동물의 간이나 근육, 어패류 등에 저장된 글리코겐, 식물에 존재하는 포도당 중합체의 일종인 섬유소가 있다.

영유아에게 있어 당질은 에너지를 얻기 위해 필수이다. 그러나 영유아는 단맛을 선호하므로 빈 열량 식품(empty calorie food, 고당질 저열량)을 과량 섭취하지 않도록 유의해야 한다. 특히 설탕, 초콜릿과 같은 단순당의 섭취는 충치, 당뇨병, 비만의 원인이 되므로 세계보건기구(WHO)에서는 단순당질 섭취가 1일 총 섭취 열량의 10~25% 이상이 넘지 않도록 권고하고 있다. 또한 3~5세 1일 총 당질 섭취 권장량은 35g이다. 참고로 콜라 250ml 1캔 속에 약 32g의 당이 함유되어 있다.

탄수화물이 함유된 식품과 역할을 살펴보면 〈표 3-2〉와 같다.

표 3-2

탄수화물의 역할과 함유식품

함유식품	역 할	결핍시 증상	과잉시 증상
쌀, 보리, 밀, 밀가루, 빵, 국수, 메밀, 수수, 조, 팥, 강낭콩, 감자, 고구마, 토란, 설탕, 케이크	· 성장, 체온유지, 노동의 원동력을 위한 주요 에너지원이다. · 다른 영양소의 대사를 돕는다. · 음식의 맛과 조절을 위해서 조리상 필요하다. · 식이섬유소를 공급하여 발암을 억제한다.	· 체중 감소, 피로가 나타난다. · 체단백질이 에너지로 사용되어 성장과 조직, 보수에 필요한 단백질이 모자라게 된다.	· 과잉되면 포도당은 글리코겐으로 전환되어 간에 저장된다. · 고지혈증, 비만을 초래한다.

3) 지방(지질)

지방은 가장 농축된 형태로 열량을 공급하는 영양소이다. 다른 영양소에 비해 연소가 완만하게 이루어지며, 탄수화물이 소비된 후 사용되는 영양소이다. 또한 지질은 1g당 발생 열량이 9kcal 로서 탄수화물과 단백질에 비해 두 배 이상의 에너지를 만들어 내므로 저장 에너지로서도 우수하다.

지방은 주로 지방산과 글리세롤 화합물의 형태로 존재하며, 함유된 지방산의 종류에 따라 특성이 달라진다. 지방산은 탄소의 결합 형태에 따라 포화지방산과 불포화지방산으로 나뉜다. 불포화지방산은 다시 결합이 하나인 단일불포화지방산과 결합이 두 개 이상인 다중불포화지방산으로 나뉜다. 이 중 포화지방산과 단일불포화지방산은 체내에서 쉽게 합성되지만, 다중불포화지방산은 반드시 음식물을 통해 섭취해야 한다.

지방을 함유한 식품과 역할을 살펴보면 〈표 3-3〉과 같다.

표 3-3

지방의 역할과 함유식품

함유식품	역 할	결핍시 증상	과잉시 증상
식물성기름(참기름, 들기름, 콩기름, 옥수수기름, 고추씨기름, 면실류 등), 버터, 마가린, 돼지기름, 베이컨, 크림, 목장우유, 달걀 노른자, 참깨, 낙화생, 생선의 기름	· 농축된 에너지원이다. · 필수지방산을 공급한다. · 성장과 체조직을 보수한다. · 중요한 지용성 비타민의 흡수를 촉진시킨다. · 음식의 맛과 조직을 위해서 조리상 필요하다. · 체온 유지 및 장기를 보호한다.	· 발육부진, 습진성 피부염, 생식기 장애 등이 나타난다. · 스트레스에 대한 저항력이 감소된다. · 체단백질이 에너지로 소모된다.	· 고지혈증, 관상동맥경화, 심장병, 당뇨 등의 유발 가능성이 있다. · 유방암, 대장암 발병 가능성이 있다.

4) 단백질

우리 몸은 2/3가 물로 구성되어 있으나, 나머지의 절반 이상이 단백질로 구성되어 있으므로 단백질은 우리 신체를 구성하는 주요 요소이다. 특히 단백질은 근육과 골격 등 신체의 구성 재료이므로 신체조직의 성장, 발달, 보수에 필요한 영양소이다.

단백질의 구성 단위는 아미노산이다. 이 중 인체가 반드시 필요로 하지만 우리 몸에서 합성되지 않거나 합성되더라도 그 양이 생리기능을 달성하기에 불충분하여 반드시 식품으로 섭취해야 하는 아미노산을 필수 아미노산, 인체에서 합성되는 아미노산을 불필수 아미노산이라 한다. 아미노산의 종류와 결합상태에 따라 우리가 매일 섭취하는 단백질의 종류가 달라지는데 자연계에 존재하는 종류는 약 20여 가지이다.

필수 아미노산을 고르게 적정량 함유한 단백질은 완전 단백질로서 주로 동물성 단백질과 대두 단백질이 이에 속한다. 한편, 불완전 단백질은 아미노산의 함량이 충분치 못하거나, 하나 또는 그 이상의 필수 아미노산이 결여되어 있는 단백질로서, 두류와 견과류를 제외한 대부분의 식물성 단백질이 불완전 단백질이다. 밀이나 쌀 속에 함유된 단백질은 필수 아미노산을 모두 함유하고 있으나 필수 아미노산 중의 하나인 리신의 함량이 부족하므로 우리 몸의 충분한 성장을 이루게 해주지는 못한다. 따라서 단백질을 함유한 다양한 식품을 골고루 먹음으로써 단백질의 생리적 질을 보강해 주어야 한다.

단백질도 탄수화물과 마찬가지로 1g당 4kcal의 열량을 발생시킨다. 탄수화물이나 지방이 음식을 통해 충분히 섭취되지 못할 때 체단백질이 연소되어 우선적으로 에너지원으로 사용된다. 따라서 단백질을 유효하게 이용하기 위해서는 우선 당질과 지질로부터 충분한 에너지를 섭취해야 한다.

성장기 어린이는 적어도 섭취하는 총 단백질의 1/3~1/2은 양질의 단백질(동물성 단백질)에서 얻어야 한다. 유아기에 필요한 단백질의 양은 체중이나 성장 속도 등에 따라 다르고, 체내에 저장되어 있는 에너지가 부족하면 섭취된 단백질의 일부분이 에너지를 내는데 사용되는데, 일반적으로 총에너지 섭취의 13~15% 정도가 단백질로부터 공급되는 것이 이상적이라 할 수 있다.

단백질 권장량은 1~3세는 30g, 4~6세는 40g으로 상당히 높은 편인데, 이는 체내 조직의 유지뿐만 아니라 새로운 조직의 합성을 위해서 필요하기 때문이다.

단백질을 함유한 식품과 역할은 〈표 3-4〉와 같다.

표 3-4

단백질의 역할과 함유식품

함유식품	역 할	결핍시 증상	과잉시 증상
완전 단백질 식품 : 모든 육류의 살코기, 달걀, 생선, 새우, 게, 우유 및 유제품 불완전 단백질 식품 : 콩, 곡류, 빵, 국수, 낙화생	· 신체조직을 구성하고 신구조직을 교환하며 보수한다. · 효소, 호르몬, 항체 등을 구성한다. · 질병에 대한 저항력을 강화시킨다. · 체액의 중성 조절을 한다. · 비타민과 무기질의 이용성을 높인다.	· 심신의 피로가 생긴다. · 피부의 탄력이 없어지고 근육의 강도가 저하된다. · 성장발육이 저해된다. · 영양성 빈혈이 생긴다. · 질병에 대한 저항력이 저하된다.(콰시오커 현상*, 마라스무스 현상* 발생)	· 과잉시 체지방으로 전환되어 비만을 초래한다. · 신장에 무리한 부담을 준다. · 칼슘 배출 증가로 인한 골다공증이 초래된다. · 변비를 유발한다.

- 콰시오커 현상 : 단백질 부족이 장기화되면 콰시오커 현상이 발생한다. 콰시오커란 혈액의 단백질 농도가 저하되어 배에 복수가 차는 영양실조성 부조이 외 지방간, 머리카락의 변색, 피부염 및 신경계 이상 등의 증상이 나타나는 현상을 말한다. 과시오커는 저개발국의 성장기 영유아에게 많이 나타난다(김영심 외, 2013. p. 106).

- 마라스무스 현상 : 극심한 단백질 부족에 에너지 부족까지 겹치면 마라스무스 현상이 발생한다. 마라스무스란 전체적으로 극도로 체중이 감소하는 심각한

저영양 상태를 말한다. 콰시오커와 마찬가지로 저개발국의 성장기 영유아에게서 주로 나타나며, 장기간 영양공급이 이뤄지지 않으면 사망하기도 한다(김영심 외, 2013. p. 106).

5) 무기질

인체를 구성하고 있는 화학 물질은 30여 종에 이른다. 그 중 산소, 탄소, 수소, 질소로 구성된 유기 화합물이 95% 이상을 차지한다. 무기질의 체내 함량은 체중의 약 4%이다. 칼슘과 인이 체내 무기질 총 함량의 75%를 차지하고, 나머지는 칼륨, 황, 나트륨, 염소, 마그네슘이 차지하고 있다. 이들을 다량 무기질이라고 한다. 그 외에 미량으로 존재하는 미량 무기질이 있는데, 이들 역시 체내에서 중요한 기능을 한다.

무기질은 골격과 치아 및 체액 등의 구성 요소일 뿐 아니라 체내에서 특수한 생리작용을 하는 여러 가지 효소나 호르몬 및 기타 물질의 구성 성분으로서 중요한 기능을 한다. 영아의 경우 모유에는 적혈구 생성에 필요한 철분, 구리, 망간이 매우 적은 양이 함유되어 있으므로 모유를 먹이는 영아는 이유 시기가 늦어지면 이러한 무기질의 부족으로 빈혈현상이 생길 수 있다. 유아기에는 뼈의 성장과 치아의 발육을 위해 칼슘이 충분히 공급되어야 한다. 우유 속의 유당은 칼슘의 흡수를 촉진시킨다. 반면 칼슘의 흡수를 떨어뜨리는 식품 속 성분도 있으므로 유아식을 선택할 때 주의해야 한다.

무기질의 역할과 함유식품, 과잉 및 결핍 시 증상을 정리하면 〈표 3-5〉와 같다.

표 3-5

무기질의 역할과 함유식품(정미라 외, 2009, pp. 211~212)

종 류	함유식품	역 할	결핍시 증상	과잉시 증상
칼슘 (Ca)	· 우유와 유제품 · 뼈째 먹는 생선류	· 골격과 치아 형성 · 혈액의 응고	· 뼈 조직의 구성과 성장 위축	

종 류	함유식품	역 할	결핍시 증상	과잉시 증상
	(멸치, 뱅어포 등) · 녹색 채소, 콩, 견과류, 해조류 · 사골	· 근육 수축과 이완 · 심장의 규칙적인 박동 · 효소의 활성화 · 신경의 자극 전달 · 세포막의 투과성 조절	· 골다공증 · 골절 · 골연화증 · 순환기계 질환 · 동맥경화 · 구루병 · 나쁜 치아 · 소화흡수 불량	
인 (P)	· 우유와 유제품 · 육류, 달걀 노른자 · 곡류와 콩류 · 견과류, 가공식품, 탄산음료	· 골격과 치아의 형성 · 신체 필수 물질의 성분 · 영양소의 흡수와 운송 · 에너지 대사 · 산 · 염기의 균형 조절	· 식욕감소 · 근육약화 · 무력증 · 정상적 식사로 충분	· 칼슘 흡수 저해
마그네슘 (Mg)	· 견과류 · 도정하지 않은 곡류와 콩류 · 녹색 채소	· 골격과 치아의 형성 · 효소반응의 촉매 · 신경의 자극 전달	· 근육 수축 · 신경의 불안정 · 떨림증	
나트륨 (Na)	· 소금, 된장, 간장, 베이킹소다와 파우더, 화학조미료 · 육류, 생선, 우유 · 국, 찌개, 김치, 젓갈류	· 세포 외액의 구성 · 산 · 염기의 균형 조절 · 삼투압 유지 · 세포막에서의 물질 수송	· 구토 · 현기증 · 근육 경련	· 부종 · 고혈압 · 위암
칼륨 (K)	· 모든 식품에 편재, 특히 과일, 녹색 채소, 육류	· 세포 외액의 구성 · 산 · 염기의 균형 조절 · 혈압유지 · 심장보호 · 에너지대사	· 구토, 근육의 약화 · 급한 심장박동 · 불면증 · 무력감	
염소 (Cl)	· 식염, 된장, 간장 · 식염함유식품	· 세포 외액의 중요한 음이온 · 삼투압 조절 · 산 · 염기 균형 조절 · 근육의 흥분성 유지	· 구토 · 설사	
철분 (Fe)	· 육류, 생선, 가금류 · 달걀노른자 · 견과류	· 혈색소의 구성 요소로서 산소운반 및 탄산가스 제거	· 저항력 감소 · 빈혈, 무력감 · 집중력 감소	· 혈액성 설사 · 구토

종 류	함유식품	역 할	결핍시 증상	과잉시 증상
	· 녹색 채소, 콩, 당밀 · 귤	· 산소 이용에 관계되는 효소의 구성체	· 학습능력 감소	· 간 손상 · 심장질환
아연 (Zn)	· 패류(특히 굴) · 우유 · 간 · 달걀 · 가금류	· 단백질 대사에 필요 · 면역기능 수행 · 콜라겐 형성, 탄산가스 제거 · DNA 및 RNA 합성	· 성장 지연 · 피부 변화 · 미각의 변화 · 식욕 감퇴 · 성적 성숙의 지연 · 우울증 · 면역 기능 저하 · 기형아 출산	· 위염 · 구토
요오드 (I)	· 해조류, 해산물	· 갑상선 호르몬의 합성 · 기초 대사율 조절 · 성장, 생식, 세포 대사에 관련	· 유산, 사산, 기형아 출산 · 갑상선종, 크레틴병	
구리 (Cu)	· 패류, 굴 · 견과류 · 두류 · 곡류배아 · 땅콩, 깨 등의 종실류 · 채소	· 헤모글로빈 합성 · 뼈의 석회화 · 효소 기능	· 빈혈 · 골격 형성의 이상 · 성장 지연	· 복통, 오심, 구토, 설사
불소 (F)	· 뼈째 먹는 생선 · 육류의 뼈 · 차	· 충치 예방 · 조직의 강화	· 충치	· 치아 불소 침착증 · 신장 기능 이상 · 근육과 신경 기능 손상
셀레늄 (Se)	· 고기의 내장, 살코기 · 곡류 · 우유 및 유제품	· 황산화제, 세포막 유지, 글루타티온과 산화효소의 구성	· 성장 지연 · 근육의 통증	· 탈모증 · 손톱의 약화 및 손실 · 복통, 설사, 구토
망간 (Mn)	· 통밀류 · 견과류 · 채소와 과일	· 단백질 대사 · 효소의 활성화	· 정상적 식사로 충분 · 성장 지연	· 신경계 장애 · 생식기능

종 류	함유식품	역 할	결핍시 증상	과잉시 증상
			· 생식 부진 · 골격 이상	과 면역기 능의 손상
크롬 (Cr)	· 육류 · 동물의 간 · 도정 안한 곡류	· 포도당 대사의 항산성 유지 · 지방 대사	· 당질 대사의 이상 · 성장 지연 · 구토, 메스꺼움	
몰리브덴 (Mo)	· 내장 성분 · 곡류, 두류	· 요소 대사에 관련되는 효소 구성	· 결핍증이 드물다.	

6) 비타민

비타민은 생명 현상을 유지하기 위한 대사 작용에 극히 소량이지만 꼭 필요한 물질이다. 체내에서는 합성되지 않으므로 체외에서 공급받아야 신체 성장과 건강을 도모할 수 있다. 정상적 성장을 위해 필요한 비타민으로 현재까지 알려져 있는 것은 약 20여 종이다.

비타민은 용해성에 따라 지용성 비타민과 수용성 비타민으로 나뉜다. 지용성 비타민은 일반적으로 식품 내에 지질과 같이 존재하며 유지에 녹는 비타민이며, 수용성 비타민은 물에 녹는 비타민이다. 지용성 비타민에는 A, D, E, K가 있으며, 수용성 비타민에는 B1, B2, B6, B12, 엽산, 나이아신 등의 비타민 B군과 비타민 C가 있다. 수용성 비타민은 과잉섭취 시 소변을 통해 배설되지만 지용성 비타민은 과잉섭취하면 축적되어 과잉증을 나타낸다. 과잉증은 성인보다 유아에게 일어나기 쉽다.

비타민이 결핍되면 세균성 감염이나 발열 등의 질병이 유발되기 쉽고, 발병되었을 때 많은 양의 비타민이 체내에서 소모되므로 더욱 많이 섭취하여야 빨리 회복되며 성장에 저해를 받지 않는다.

지용성 비타민의 함유식품과 역할을 정리하면 〈표 3-6〉과 같다.

표 3-6

지용성 비타민의 역할과 함유식품

구 분	함유식품	역 할	결핍 시 증상	과잉 시 증상
비타민 A	· 유지방 · 달걀 · 생선간유 · 버터, 크림 · 간, 콩팥 · 녹황색 채소 · 정어리, 연어	· 상피세포 형성과 보수 · 성장발육 촉진 · 명암 조절	· 인질, 야맹증, 인구 건조증, 각막연화증 · 저항력 약화 · 식욕부진	· 식욕부진 · 두통, 발열, 발진 · 간장비대
비타민 D	· 생선간유 · 난황 · 버터, 강화 마가린 · 효모 · 말린 버섯 · 정어리, 청어, 연어	· Ca, P의 흡수 촉진 · 치아, 골격 침착 작용 도움	· 골 연화, 구루병, 골격 성장 부진	· 식욕감퇴, 체중 감소 · 두통, 구토
비타민 E	· 식물성 기름 · 마가린 · 쇼트닝 · 녹색 채소 · 밀의 배아	· 세포막 손상을 방어하는 항산화 작용 · 노화 방지 · 생식기능 활성 · 세포의 호흡작용	· 불임증, 유산, 근육 위축, 용혈, 피부 반점	
비타민 K	· 시금치, 근대 등 녹색 채소, 양배추 · 과일 · 곡류 · 돼지의 간유 · 우유	· 혈액의 응고작용	· 지혈 지연	

수용성 비타민의 함유식품과 역할을 살펴보면 〈표 3-7〉과 같다.

표 3-7

수용성 비타민의 역할과 함유식품(정미라 외, 2009, pp. 214~215)

구 분	함유식품	역 할	결핍시 증상
비타민 B1 (thiamin)	· 두류 · 곡류의 배아 · 돼지고기, 쇠고기 · 내장	· 당질 대사에 관여	· 피로감, 식욕 감퇴, 무기력 · 근육통, 두통, 소화장애 · 신경 장애, 경련, 불안 · 초조 · 각기병, 다발성 신경염
비타민 B2 (riboflavin)	· 우유 및 유제품 · 달걀, 육류, 닭고기 · 생선 · 녹황색 채소, 두류	· 당질, 단백질, 지방대사 관여 · 생식 · 유즙 분비 · 발육과 성장 촉진	· 성장 지연 · 구각염, 구순염 · 안질환(안구충혈, 광선 공포증, 백내장) · 피부염
비타민 B6 (pyridoxine)	· 생선 · 돼지고기, 닭고기 · 곡류의 배아 · 간, 달걀, 우유	· 아미노산 대사 관여	· 피부염, 빈혈 · 경련, 말초 신경염
비타민 C (ascorbic acid)	· 신선한 채소(양배추, 토마토, 고추), 과일(감귤류, 딸기, 파인애플)	· 세포간 접합 작용 · 색소 침착 방지 · 철 흡수 촉진 · 세균에 대한 저항력 증가 · 아미노산의 대사에 보조효소로서의 기능	· 괴혈병 · 주근깨, 기미형성 · 빈혈 · 발육부진, 골격 · 치아 발육 저해 · 혈관의 약화 · 면역기능 감소 · 고지혈증
나이아신 (niacin)	· 간, 육류 · 땅콩 · 강화 곡류 · 녹색 야채	· 당질 · 지질 · 단백질 대사에 관여(산화, 환원 작용)	· 우울증 · 식욕부진, 구토, 권태 · 피부염 · 펠라그라, 약한 결핍 시는 식욕부진, 구토, 변비, 설사, 심한 결핍 시는 피로, 불면, 우울, 기억상실
엽산 (folate)	· 간, 육류 · 녹색 채소 · 아스파라거스	· 핵산 대사에 관여 · 세포의 증식과 재생 · 아미노산 대사에 관여 · 조혈작용	· 조산, 사산, 저체중아 출산 · 빈혈, 입과 혀의 염증 · 흡수불량, 설사
비타민 B12 (cobalamine)	· 간 · 어패류 · 우유 및 유제품 · 육류	· 단백질 합성에 관여 · 핵산과 적혈구 형성	· 악성 빈혈 · 설염, 말초신경 퇴화 · 정신기능 장애

0~11개월의 영아들은 일광에 노출되는 시간이 제한되어 비타민 D를 음식으로 섭취해야 하며, 6~11개월 영아들은 20분 정도 일광욕을 하는 것과 더불어 비타민 D의 급원 식품인 달걀, 버섯 등을 조리해 주는 것이 바람직하다. 비타민 A는 유아의 발날과 성상 및 성상석인 상피세포의 발달, 질병에 대한 저항력 증강, 뼈나 치아 형성과 밀접한 관련이 있으므로 동물성 식품과 녹황색 채소를 충분히 섭취하도록 한다. 비타민 D는 골격 성장에 필수적이므로 우유에 알레르기가 있어 제한된 유아일 경우 보충식단을 계획하여야 한다. 비타민 C는 감기의 예방과 증상완화에 도움이 되므로 과일과 채소의 섭취가 제한되지 않도록 고려하여야 한다.

7) 물

물은 인체의 주요한 구성 요소이다. 1세까지의 영아는 체중의 75%, 유아는 70%, 성인은 60~65%, 노인은 45~50%를 물이 차지한다. 연령이 적을수록 체중에 대한 수분 함유율이 높기 때문에 유아에게 수분은 더욱 중요하다.

물은 삼투압의 평형과 세포의 형태를 유지하며 영양소를 조직으로 운반하고 노폐물을 배설하도록 하며 체온을 조절한다. 물은 대부분의 자연 식품에 함유되어 있는데, 특히 과일과 채소에 많이 들어 있다. 수분공급은 물과 과일과 채소를 통해 공급되어지는 것이 바람직하다. 하루에 필요한 물의 양은 어릴수록 많으며, 성장기의 유아는 특히 성인보다 단위 체중 당 많은 양의 물을 필요로 하고 있다.

수분의 결핍은 탈수 · 발열 · 경련 · 체중 감소를 초래한다. 특히 영아와 유아의 경우 탈수의 위험이 높으므로 수분섭취에 유의하여야 한다. 과잉섭취할 경우, 신체 기능이 정상일 때는 별 지장이 없으나, 신장 기능에 문제가 있다면 부종, 구토, 경련을 일으킬 수 있다.

유아의 수분 필요량을 정리하면 〈표 3-8〉과 같다.

표 3-8

영유아의 수분 필요량

연 령	단위체중 당 필요량(ml)	1일 수분 필요량(ml)
0~6개월	125~150	750~900
6~12개월	135	1,300
1세~5세	90~125	1,200~1,900
6세	90~100	1,800~2,000
10세	70~85	2,000~2,500
14세	50~60	2,200~2,700

[그림 3-2] 놀이 중 물을 마시고 있는 유아

3. 유아기 영양평가

성장기 유아의 영양평가는 정상적인 성장을 목적으로 하며 성장의 유무와 영양 결핍, 영양과잉 등의 영양문제를 조기에 파악하고 교정할 수 있는 기초자료를 얻을 수 있다.

또한 영양관리를 해 줌으로써 치료의 질을 향상시켜 줄 수 있다. 최근 성장발육기에 있는 유아들의 비만이 증가하는 추세일 뿐만 아니라 영양섭취가 고르지 못해서 영양부족인 경우도 공존하고 있는 실정이다. 특히 유아의 영양상태는 영양소의 섭취상황에 따라서 다음과 같이 분류할 수 있다.

첫째, 균형이 잡힌 알맞은 영양상태
둘째, 영양소의 불균형상태
셋째, 영양소의 부족상태
넷째, 특정한 영양소의 결핍상태
다섯째, 특정한 영양소의 과잉상태이다.

영양을 평가하는 방법을 제시하면 다음과 같다.

1) 식품섭취 조사

섭취한 식사의 내용을 식품과 영양소별로 분석시켜 연령별 유아의 필요량이나 권장량의 도달 정도를 평가하는 방법이다. 집단별 조사의 경우는 식품의 소비량을 중심으로 하고, 개인별 조사에는 식품의 섭취량을 중심으로 하는 방법이 있다.

특히, 이 조사는 식품섭취가 영양소의 섭취에 부족여부 및 영양소의 섭취가 임상이나 생화학적인 검사결과와 어떤 관계가 있는지를 살펴보아서 대책을 세우기 위한 것이다.

식품의 섭취조사를 하는 구체적인 방법은 다음과 같다.

① 동일한 식품의 수거방법: 먹은 양만큼 따로 몫을 떼어 놓아 수거하는 방법
② 24시간 회상하기: 조사하는 하룻동안(24시간) 섭취한 내용과 양을 회상하는 방법

③ 식품섭취 빈도조사: 특수한 날을 조사하게 되는데, 24시간 회상법을 보완하기 위한 방법으로 특정한 영양소의 주급원이 되는 식품을 열거하여 조사하는 방법

④ 식사기록법: 식품섭취를 3일, 5일, 7일 동안 일기식으로 적어 나가는 방법

⑤ 식품측량법: 섭취된 식품을 측량하여 기록하는 방법

2) 신체계측

신체계측은 유아의 영양 및 건강상태를 평가하기 위해 가장 유용한 자료로 많이 이용되고 있는 방법이다.

신체계측 조사는 체격을 측정하고 신체의 대강의 구성성분을 측정하는 것으로 신장, 체중, 상완삼두근, 피부두겹두께(Skin-fold-thickness, TSF), 상완위둘레(Mid-arm circumferance, MAC) 및 머리둘레 등의 측정이 있다. 특히 신장과 체중은 유아기, 학동기 아동과 청소년 그리고 임산부에 있어서 성장과 영양상태를 나타내 주는 가장 좋은 척도로 사용되어진다. 그리고 이 방법은 요즘 영양문제의 하나인 비만을 가장 쉽게 알 수 있다.

3) 임상조사

영양상태의 불량정도에 따라서 다양하게 나타나는 신체증후를 조사하는 것이다. 영유아 및 학동기 아동의 영양결핍 상태에서 임상적 증후는 대단히 복잡해지며, 실제로는 어느 한 가지의 특정 영양소가 결핍되어 나타나는 예는 드물지만, 대개는 어떤 필수 영양소가 동시에 오랫동안 부족 및 결핍되어 나타나는 경우가 많다. 그러나 대체로 임상적 증후가 늦게 나타나고 비특이적이므로 진단을 위해서는 생화학적 검사와 같은 다른 조사방법과 함께 병행하여야 한다.

이 방법은 특별한 장비가 필요하거나 실험실이 필요 없으므로 비용이 적게 드는 장점이 있으나, 신체적인 증후들의 해석을 한 가지로만 하기가 어렵다는

것이 문제이다.

4) 생화학적 검사

영양평가의 생화학적 검사는 다른 영양조사들보다 객관적이고 정확한 결과를 얻을 수 있는 장점이 있다. 일반적으로 신체조직, 혈액, 소변, 기타의 체액 또는 분비물 등 특정물질을 검사하며, 일반적인 것은 혈액과 소변 속의 영양소를 검사하는 방법으로서 보다 즉각적으로 영양상태를 알 수 있다.

생화학적 검사결과는 유전, 성별, 연령 등이 모두 영향을 미치기 때문에 이런 것들을 고려하여 해석을 해야 하지만, 임상조사나 식품섭취 조사가 잘 안되었거나 의심스러울 때에 잘 나타나지 않은 영양부족을 알아내는 데 사용되는 검사법이다.

4. 영아기 식사와 영양(출생~1세)

1) 모유영양

영아기는 일생 중 가장 성장이 왕성한 시기이다. 우선 신체적으로 보면 체중과 신장이 출생 시에 비해 각각 3배, 1.5배 정도 증가한다. 태어나면서부터 본능적인 빨기 반사로 유즙을 섭취하면서 각종 영양물질을 공급받는다. 이와 함께 생후 4~6개월 경 유치가 나기 시작할 경부터는 모자라는 유즙성분이나 조제유의 성분을 보충하고 필요 영양소를 공급할 수 있게 조리한 이유식이 영아기 영양관리에서 중요한 요소가 될 수 있다. 이 시기는 뇌세포의 일부가 보완되는 시기이므로 영양부족 상태에 놓이면 심각한 영양장애를 일으킬 수 있으므로 세심한 관심과 고려가 필요하다.

(1) 모유 수유의 장점

모유 수유는 신생아와 영아의 성장 · 발달 측면에 있어서 뿐만 아니라 사회 · 정서적 측면에서도 그 중요성이 강조되고 있다. WHO와 UNICEF는 전 세계적으로 모유 수유를 권장하는 운동을 전개하여 출생 후 4~6개월까지 모유를 먹일 것을 권장하고 있다(안효섭, 2004).

모유는 조제분유와 비교했을 때 다음과 같은 장점이 있다.

모유는 영아에게 가장 이상적인 식품으로 영양소를 균형있게 함유하고 있다. 필수지방산을 이상적으로 함유하고 있고, 중앙 신경 체계의 정상적인 성장과 발달에 중요한 타우린을 함유하고 있다.

면역 성분을 함유하고 있어 질병에 대한 저항력을 키워 준다. 특히 초유에는 면역 물질이 고도로 농축되어 있어 질병 예방에 효과적이다. 또한 비위생적으로 조제유를 준비하면서 야기될 수 있는 병원성 박테리아 침입의 위험을 줄일 수 있다.

소화 흡수 및 체내 이용이 우수한 영양물질로 구성되어 있어 알레르기를 덜 유발한다. 식품 알레르기는 항원이 되는 단백질이 체내로 들어오면 발생하게 된다. 그러나 모유는 항체를 포함하고 있어 이것이 면역체 형성이 가능한 단백질의 흡수를 막아 주어 알레르기를 방지하기 때문이다.

어머니와 영아의 정서적 유대감을 형성하는 데 도움이 된다. 영아가 모유를 먹으면서 어머니의 따뜻한 몸과 접촉함으로써 모두에게 심리적 안정감을 줄 수 있다.

수유부의 건강에 유익하다. 자국 수축이 자극되며 배란이 억제되어 수유기 동안 자연스러운 피임이 된다. 또한 젖 분비를 자극하고 저장된 에너지를 사용함으로써 수유부의 체중조절이 용이하다. 산후 뼈의 재골화를 촉진시키며 난소암과 갱년기 전 유방암의 위험성을 감소시킨다(안효섭, 2004).

편리하고 경제적이며, 시간적인 낭비를 줄일 수 있다. 조제유와 소독 및 수유 기구를 구매하고, 소독 시간 등을 감소시킬 수 있다. 항상 적절한 온도와 농도를 유지하고 영아가 원할 때 언제든지 줄 수 있으므로 편리하다.

(2) 모유의 성분

영아를 위한 최상의 식품은 모유이고, 최소한 5~6개월까지는 모유 먹일 것을 권장한다. 모유의 단백질은 그 아미노산의 조성과 함량에 있어서 영아의 성장과 발달에 가장 이상적이 비율로 들어 있다. 모유의 지방 함유량은 모유가 지닌 총 열량의 40~50%를 공급한다. 모유의 지질은 모유의 성분 중 그 함량에 있어서 가장 많은 변화를 보이는 영양소로써 수유부에 따라 개인차가 많고 계절, 수유기간, 출산 횟수 등의 영향을 받는다. 모유의 당질은 주로 유당이다. 유당은 장내 환경을 산성화하여 영아의 장내에 존재하나 바람직하지 않은 박테리아 성장을 억제하며, 칼슘, 인, 마그네슘의 흡수를 촉진시켜 준다. 모유에 함유되어 있는 무기질은 우유의 무기질 함량보다 낮아 흡수가 더 잘 되기 때문에 신장의 부담이 적다. 모유에는 건강과 좋은 영양 상태를 유지할 수 있도록 모든 비타민이 들어 있으나, 그 양은 개인에 따라 차이가 있다. 비타민 D는 소량 함유되어 있기 때문에 모유 수유 영아들은 적당한 일조량이 필요하다.

모유의 성분은 모두 같지 않다. 그 기간에 따라 초유, 이행유, 성숙유로 구분되는데 그 특징은 다음과 같다.

① 초유

초유는 임신 7개월부터 유방에서 생산되기 시작한다. 분만 후 2~3일 동안 소량 분비되는 묽고 황색을 띠는 액체로 단백질과 비타민 A, 무기질이 성숙유에 비해 더 많이 포함되어 있다. 또한 면역글로불린 함량이 높아 감염성 질환으로부터 예방하고 보호하므로, 초유는 세균 및 바이러스에 대항하는 첫 번째 면역체가 될 수 있다.

② 이행유

이행유는 분만 후 1~2주 사이에 분비되는 모유를 말하는 것으로, 분비량이 1일 1리터에 달하고 성분에 많은 변화가 오게 된다. 초유에 비해 면역글로블린, 단백질과 지용성 비타민의 농도는 낮고, 유당, 지방, 그리고 수용성 비타민의 농도가 높은 특징을 갖고 있다.

③ 성숙유

이행유의 분비기간을 지나 성분의 변화가 거의 일정해지는 시기를 이른다. 성분이 일정해진다 하다라도 시간이 지남에 따라 영양소의 농도는 감소하게 되므로 이 기간부터는 이유식으로 부족한 영양을 보충해 주는 것이 필요하다.

2) 조제분유 영양

세계적으로 모유 수유를 권장하고 있으나 영아와 산모의 건강상 부득이한 문제가 있을 경우 조제분유로 영양을 대신해야 한다. 조제유의 형태는 크게 3가지가 있는데 그 중 농축액은 동일 양의 물을 혼합하여 영아에게 줄 수 있는 것이고, 즉석 조제유는 아무런 조제과정이 필요 없이 일정 용량의 통에 들어 있어 바로 영아에게 먹일 수 있는 것이다. 분유는 가루 형태로 만들어져 있어 지시대로 농도를 맞추어 물로 희석하여 먹이도록 되어 있는 것이다.

표 3-9

모유와 우유의 성분 비교(정미라 외, 2009, p. 241)

성분	모유	우유
열량	비슷	비슷
수분	질적 우수한 아미노산으로 구성, 적당량 훼이타입(소화 우수), 시스테인, 타우린 충분(뇌성장 필요 성분)	모유에 비하여 구성아미노란이 다소 열등함 필요 이상 과량의 카제인 형태로 소화가 곤란하고 시스테인과 타우린 부족

성분	모유	우유
단백질	불포화지방산 형태로 충분히 함유	포화지방산(성인병 관련) 충분
지방	충분	부족
유당	충분	부족
무기질, 비타민	흡수 용이, 칼슘, 인산, 철 적당량	흡수 곤란, 철, 비타민 부족
항감염 물질	항체, 백혈구, 락토페린, 라이소자임, 비피더스 함유	별로 없음
세균오염	없음	가능함

3) 이유식

이유란 유즙만으로 양육하던 영아에게 점차 반고형에서 고형의 식사 형태로 이끌어 가는 것을 말한다. 3~4개월이 지나면 모유만으로는 정상적인 발달과 성장이 어렵고, 특히 무기질 중 철분의 경우, 모체로부터 받아 체내에 저장해 두었던 것이 다 소모된다. 모유나 우유에도 철 함량이 극히 적으므로 외부로부터 이에 대한 충분한 공급을 받지 못할 경우 철결핍성 빈혈이 생기게 된다.

또한 5~6개월이 되면 유즙 이외의 음식에도 흥미가 생긴다. 본능적으로 딱딱한 음식에 관심과 치아의 발생 등 생리적 · 심리적 욕구가 나타나므로 이유식을 통하여 영아들은 음식의 다양한 맛과 질감을 체험할 수 있다. 아기의 미각발달을 위해서 새로운 식품을 하나씩 증가시키고, 새로운 식품을 추가시킬 때는 한 번 주기 시작한 음식물은 적어도 4~5일 간격을 두고 지속적으로 공급하는 것이 바람직하다. 〈표 3-10〉에 이유식 주간 식단표의 예를 제시하였다.

표 3-10

이유식 주간 식단표의 예

		월	화	수	목	금	토
초기 (4~6개월)	1주	쌀미음	고구마 미음	단호박 미음	당근미음	브로콜리 미음	사과미음
	2주	감자미음	애호박 미음	옥수수 미음	완두콩 미음	찹쌀미음	흑미미음
중기 (7~9개월)	1주	고구마 찹쌀죽	단호박 사과메시	달걀 노른자 야채짐	닭살 감자죽	두부 당근죽	쇠고기 브로콜리죽
	2주	쇠고기 우유죽	시금치 바나나죽	야채죽	쇠고기 시금치	미역 현미죽	부추 콩나물죽
후기 (10~12개월)	1주	애호박 완두콩 진밥	버섯야채 진밥	쇠고기 덮밥	진밥 연두부 달걀찜	단호박 수프	참치살 야채진밥
	2주	흰살생선 진밥	쇠고기무 진밥	감자우엉 잣진밥	김가루 흰살생선 주먹밥	닭고기 대추진밥	과일치즈 진밥

출처: 식품의약품안전청, http://www.kfda.go.kr

보통 이유식의 시기는 아기에 따라 다르겠지만, 세계보건기구(WHO)에서 제시하는 바는 영아의 체중이 출생 시의 2배가 될 때, 즉 약 7kg이 되는 때를 권하고 있으므로, 5~6개월경에 시작하여 8~11개월경에 완료하는 것이 바람직하다. 1일 수유 횟수가 8회(간격이 3시간 이내)되는 시기로 보고 있으며, 개인 특성을 고려하되 어린이의 변 상태와 체중 증가량 등을 관찰하여 그 시기는 조절 가능하다.

이유식의 급식 기본 원칙은 다음과 같다.

이유식의 시작 시기나 완료시기는 물론, 1회 급식량도 영아에 따라 차이가 많다. 이유를 지나치게 늦게 시작하면 영양불량을 초래하고 식생활 습관 형성에 장애를 가져올 수 있다. 또한 영유아에게 먹여야 하는 이유식의 절대량은 정해져 있지 않으며, 영유아가 먹고 싶어하는 만큼 먹이는 것이 좋다.

식품의 선택에서부터 조리과정, 남긴 음식의 보관에 이르기까지 이유식 준비의 모든 과정이 위생적이어야 한다. 어린이는 질병이나 세균에 대한 저항력이 성인보다 약하기 때문에 모든 조리도구의 청결 및 신선한 재료사용에 유의하여야 한다. 그리고 1일 이상 냉장고에 보관된 음식을 다시 먹일 때에는 반드시 가열한 후 먹이도록 한다.

이유식은 단계적으로 한두 가지씩 시도한다. 급식할 때 한꺼번에 너무 여러 가지 식품을 섞어서 주는 것보다 1~2가지 음식을 시도하여 어린이의 반응을 관찰한 후 이상여부를 확인하고 다른 식품을 시도하도록 한다.

이유식은 어른이 입맛에 맞추어 여러 가지 양념을 섞어서 조리하지 않도록 한다. 양념이 가해진 음식은 어린이의 소화 장애를 유발할 수 있다. 또한 이유 초기에는 되도록 순수한 식품 자체의 맛에 익숙해지도록 하는 것이 좋다.

이유식은 안정적인 분위기에서 공급하고 시간상 공복감을 느낄 때 이유식을 먼저 주고 유즙을 먹이도록 한다.

5. 유아기 식사와 영양(1세경부터 초등학교 입학 전)

1) 유아기 영양의 중요성

이유기를 지나 취학 전까지의 유아기는 신체적 · 정신적인 기초가 확립되는 결정적 시기이며, 영아기의 성장속도에는 미치지는 못하나 지속적인 성장이 이루어지는 시기이므로 충분한 영양을 섭취해야 한다. 또한 식습관이 형성되기 시작하는 시기이다. 한번 형성된 식습관은 일생 동안 식품에 대한 기호도나 건강상태에 영향을 주기 때문에 바른 식사지도가 이루어져야 한다.

영양은 삶에 있어서 필수 불가결한 요소로서 영양 상태가 좋은 유아는 야무지고, 주의집중을 잘 하며, 신체활동이나 학습경험으로부터 더 많이 배울 수 있다. 그러나 영양상태가 좋지 않은 유아는 조용하면서 기가 죽어 있기 쉽다. 또한 수업 중 과잉 행동을 하거나 파괴적인 활동을 하는 경우도 영양 상태와 깊은 관련이 있다(교육부, 2001).

〈표 3-11〉에 유아기 영양 상태를 나타내는 임상적인 징후가 제시되어 있다.

표 3-11
유아기 영양상태를 나타내는 임상적인 징후

신체부위	영양이 좋은 상태	영양이 좋지 않은 상태
전반적인 외모	주의력이 좋음	게으르고 무관심함. 건강이 안 좋음
몸무게	키, 나이, 체격에 적당한 몸무게	과체중, 저체중
자세	체격이 똑바르고 팔과 다리가 곧게 뻗음	어깨가 처지고 몸통이 빈약함. 등이 굽음
신경조절	주의력이 좋고 침착함. 반사작용이 정상적임. 정서적으로 안정됨	주의가 산만하고 혼돈이 되어 있고, 침착하지 못함. 손발에 지각 이상(paraesthesia), 다른 자극이나 감각이 온 위치를 알지 못함. 근육이 약함(심한 경우 걷지 못함). 무릎과 발목의 반사작용이 줄거나 없음
근육	근육이 잘 발달되고 단단하며, 색깔이 건강해 보임. 피부 밑에 어느 정도의 지방이 있음	근육이 잘 발달되어 있지 않으며 연약하고, 무기력하고, 색이 건강해 보이지 않고 소모된 듯한 모양임
소화기관의 기능	식욕과 소화기능이 좋음. 규칙적인 배설과 만져지는 혹 같은 것이 없음	식욕감퇴, 소화불량, 변비나 설사, 간이나 지라의 확장
순환계 기능	정상적인 맥박, 잡음이 없음. 정상혈압	너무 빠른 맥박, 비대한 심장, 비정상적 맥박, 혈압
생명력	끈기가 있고, 원기가 좋으며 잠을 잘 자고 강건함	쉽게 피로하고 원기가 없으며, 잘 졸고 피곤해 보이며 만사에 무관심함
머리카락	윤기가 흐르고 단단하며 잘 뽑혀지지 않고 머리 밑의 피부가 건강함	윤기가 없고 건조해 보이며 머리카락이 가늘고, 머리가 띄엄띄엄 났으며 머리색깔이 변하고 빠지기 쉬움
피부	부드럽고 약간 촉촉하며 피부색이 좋음	거칠고 말랐으며 각질화되었거나, 창백하고 피부색이 변해 있음. 염증이 있음. 멍이 있고 붉은색 부분들이 있음

신체부위	영양이 좋은 상태	영양이 좋지 않은 상태
얼굴과 목	피부색이 동일하고 부드러우며 건강한 모습이며, 붓지 않음	기름기가 흐르고 색깔이 변해 있으며 피부가 벗겨지기 쉬움. 뺨이나 눈 밑의 피부가 검고, 코와 입주위에 피부가 벗겨지거나 부스럼 같은 것이 있음
입술	부드럽고 색깔이 좋으며, 터지거나 붓거나 하지 않고 습기가 촉촉함	건조하여 껍질이 벗겨지고 부어 있음. 구각염이 있으며, 입주위에 상처가 있거나 터진 자리가 있음
입과 입 안의 피부, 잇몸	입 안에 붉은색이 많은 분홍점막 보기 좋은 붉은색이 도는 분홍색임. 붓거나 피가 나지 않음	입 안의 점막이 붓고 구멍이 있음. 푸석푸석하고 피가 잘 나며 붉은 기가 적고, 염증이 있으며, 잇몸이 가라앉음
혀	보기 좋은 분홍색이거나 깊은 맛이 있는 붉은색임. 붓거나 너무 반반하지 않음. 상처 난 부위가 없고 표면이 오돌오돌 함	부었고, 주황색이 나는 붉은색으로, 고기 색깔 같음. 혀의 돌기가 충혈되어 있거나, 이상비대하거나, 돌기의 크기가 적음
치아	충치가 없고 통증이 없으며 이가 고르고 반짝임. 이가 너무 몰려 있지 않고, 아래턱이 반듯하고 치아는 깨끗하고 색이 변해 있지 않음	충치, 빠진 치아가 있으며, 표면이 닳았고 치아의 위치가 고르지 않음. 반점이 있음.
눈	맑고 반짝임. 눈가에 무른 곳이 없고, 점막은 물기가 있고 건강한 색임. 정맥이나 조직이 튀어나온 곳이 없고, 피곤한 기가 눈에 없음	눈 점막이 창백하고 눈가가 핏발이 섰으며, 건조하고 염증이 있음. Bitot's spot이 있고 붉은 기가 있으며, 눈의 점막이 건조함. 눈동자가 흐릿하며 연해보임
목	갑상선이 비대해 있지 않음	갑상선 비대

유아의 발달에 미치는 다양한 요인을 고려하지 않고 영양 요인만으로 발달 전체를 결정지을 수는 없지만 인간의 생애 주기에서 중요한 유아기의 영양공급은 유아기 성장과 발달에 영향을 미칠 뿐만 아니라 일생의 건강과 발달에 지속적인 영향을 미치므로 균형잡힌 영양섭취를 위해 가정에서와 유아교육기관에서의 공통된 관심과 관리 및 제공이 필요하다(문혁준 외, 2013).

2) 유아기의 영양 문제

유아기 영양 문제로 대두되고 있는 것들은 잘못된 식습관으로 인한 영양 불균형, 소아비만, 편식, 음식물 알레르기와 과민성, 특정식품의 과잉섭취, 식욕부진 등이 있는데, 자세히 살펴보면 다음과 같다.

(1) 소아비만

유아의 비만은 일종의 영양불량이며 체지방이 과잉으로 축적된 상태를 말한다. 유아기의 비만증은 지방세포만 커지는 성인비만과 달리 지방세포수도 증가하여 신체구조상 비만이 고착되어 진행될 가능성이 매우 크다(질병관리본부, 2007). 일반적으로 비만아의 체중은 정상 체중의 120% 이상을 말한다. 소아비만 유아들은 운동능력이 저하되고, 친구들의 놀림으로 인하여 심리적인 열등감을 갖게 될 수 있으며, 학업성적 부진 등의 원인이 될 수 있다. 소아비만은 60% 이상이 성인비만으로 발전되므로 적절한 운동과 적당한 양의 음식물을 섭취하고, 필요한 경우에는 영양상담을 하는 것이 바람직하다.

① 비만도 측정

비만도 표준체중과 비교하여 20% 이상을 비만이라 정의하며 20~30%일 때 경도비만, 30~50%는 중등도 비만, 50% 이상을 고도비만이라 한다. Broca는 바람직한 체중과 비교하여 비만의 정도를 파악하는 비만도를 다음과 같이 측정하였다.

비만도(%) = 〈(실제체중 − 신장별 표준체중) / 신장별 표준체중〉 × 100(%)

여기에서 바람직한 체중은 현재 자신의 신장에서 105를 뺀 수치를 말한다. 비만도에 대한 해석은 비만의 정도가 ± 10% 범위이면 정상체중으로 보고, 10~20% 정도이면 체중과다이고, 20% 이상인 경우에는 비만으로 판정하였다.

② 비만의 발생원인

비만의 발생원인은 유전적 요인, 대사적 요인, 환경적 요인, 기타 요인으로 나눌 수 있다.

첫째, 유전적 요인으로 비만인 부모의 가정에서 비만아가 될 확률이 정상체중인 부모의 자녀에 비해 남아는 6.8배, 여아는 4.7배로 더 높은 경향이다. 양친 모두 비만일 경우 75%, 한쪽 부모만 비만일 경우 50%가 비만아로 될 가능성이 있다(김일옥 · 최경순, 2004). 그러한 최근에는 오히려 가정 내의 식사내용에 의해서 영향을 받는다고 할 수도 있다.

둘째, 대사적 요인으로는 ATPase의 활성이 정상보다 낮은 경우, 선천적인 에너지 발생능력의 이상이거나 지방합성을 촉진하는 인슐린, 성장호르몬 등의 분비에 변화가 생기는 등 지방대사 이상으로 비만이 된다.

셋째, 환경적인 요인으로, 국민경제 수준의 향상으로 인한 풍부한 식량, 간단히 조리해서 먹을 수 있는 인스턴트식품의 증가, 생활의 편리화로 운동량 감소, 사회적으로 놀이공간의 부족, 교통수단의 발달, 매스컴에 의한 광고의 영향, 가정 및 학교에서의 잘못된 식생활교육, 장시간의 TV시청과 컴퓨터 사용시간의 증가 등을 들 수 있다.

넷째, 기타 요인으로 핵가족화로 인한 자녀를 과잉보호하거나 부모의 사랑과 관심이 부족한 경우, 또는 부모가 유아에게 상벌로서 음식을 사용하는 경우 등 심리적인 문제를 가지고 있을 때 보상심리로 많이 먹게 되어 비만이 된다.

③ 비만아의 특징

비만아의 특징을 살펴보면 다음과 같다(정미라 외, 2009).

첫째, 성장적인 특징이 있다. 비만아는 일찍 사춘기에 도달해서 초기에는 또래아보다 일찍 성장하지만 성장이 일찍 멈춘다. 여아의 경우에는 비만과 성숙과의 관계가 명백하여 여아는 초경연령이 빠르고 초경이 시작되면 뼈의 끝에 위치한 성장점의 폐쇄가 일어나 성장이 멈춘다.

둘째, 육체적인 특징이 있다. 비만아는 성인같이 혈중 지질농도가 높다. 비만아는 혈압이 높은 경우가 많고 심혈관 질환과도 연관이 된다. 소아비만은 고혈압의 원인이 될 수 있다.

셋째, 심리적인 특징이 있다. 비만아는 심리적인 문제를 동반하는데, 자신의 외모로 인해 주위 사람들의 편견이나 또래 친구들의 거부와 놀림으로 인해 마음의 상처를 입어서 자신에 대한 부정적인 자아상을 가지게 되고 패배감이나 삶에 대한 부정적인 태도를 갖게 된다.

④ 비만의 문제점

비만이 문제가 되는 이유는 성인병과의 상관관계가 높기 때문이다. 즉 당뇨병, 고혈압, 담석증, 지방간, 암의 발생률 증가 및 기타 성인병(피부 곰팡이 염증, 퇴행성 관절염, 신경염, 만성호흡곤란)이 비만의 경우 정상체중보다 자주 나타난다. 또한 소아비만은 성인비만으로 될 가능성이 높으며, 심리 · 정서적 문제를 일으킨다. 소아기 비만으로 인한 문제점을 자세히 알아보면 다음과 같다.

첫째, 소아비만은 성인비만으로 될 가능성이 높다. 비만은 지방세포수가 증가하여 발생하는 경우와 지방세포의 크기가 증가하여 발생하는 비만으로 구분할 수 있다. 한국인의 비만은 지방세포의 수가 증가하는 성장기에 발생률이 높아 심한 비만을 일으킬 가능성이 많고, 또한 내장조직에 지방이 축적되는 복부비만형이 많아서 앞으로 성인병의 발생빈도가 크게 증가하리라 예측된다.

둘째, 비만유아들에게 많은 수의 성인병이 발견되고 있다. 고혈압은 일반 유아의 4.5%에서 발견되는 반면에, 비만유아에서는 16.6%로 이미 많은 수가 혈압이 높아져 있음을 알 수 있다. 지방간과 고지혈증(혈청콜레스테롤 증가)도 중등도 내지는 고도비만 유아에게서 많이 나타나고 있다.

셋째, 심리 · 정서적 문제를 일으킨다. 체형의 변화와 운동능력 저하에 따른 열등감에 의하여 내향적이고 소극적이며 비활동적인 성격을 형성하게 되어 불안감에 따른 심신증을 일으키기도 한다. 그러나 더 사교적이고 적극적이며 낙천적인 비만 특유의 성격을 가지고 있는 경우도 있지만, 이는 심리적 고통을 감추려는 반응으로 간주되고 있다.

넷째, 성인비만은 쉽게 치료되지 않지만 유아비만은 대부분 치료가 용이하다.

이 시기의 치료는 전적으로 부모에 의해 이루어지므로 유아에게 심리적으로 타격을 주지 않도록 가족 전체의 식습관을 개선해야 한다. 유아기의 비만치료식을 하는 동안에 주의할 점은 너무 심하게 제한식을 하여 유아의 성장에 영향을 미치게 해서는 안 되므로 당질의 제한에 그치고 단백질이나 지방, 무기질, 비타민 등의 영양소는 부족하지 않도록 한다. 다만, 단백질과 지방을 필요 이상으로 많이 섭취하는 경우는 필요량 정도로 줄일 필요가 있다.

⑤ 비만의 예방과 관리 방법

비만을 예방하고 관리하는 방법을 요약하면 다음과 같다.

- 신체적 활동을 정기적, 지속적으로 하도록 격려한다.
- 고열량식(지방과 설탕성분이 많은 음식)을 제한한다.
- 과일주스, 초콜릿 우유와 같이 단 음료를 지나치게 많이 마시지 않도록 한다.
- 2세 이상 된 유아에게는 저지방유나 탈지유를 사용한다.
- 작은 그릇에 음식을 조금씩 담는다.
- 식이섬유가 많이 함유된 야채와 채소를 먹인다.
- 일정한 식사시간에 적은 양의 음식을 먹도록 한다. 세 끼의 식사와 두 번의 간식의 양과 영양소의 균형을 미리 계획한다(간식은 주식의 15% 정도).
- 음식을 벌이나 보상, 달래기 위한 수단으로 이용하지 않는다. 음식이 아닌 칭찬과 같은 사회적 보상을 제공한다. 생일, 명절, 기타 특별한 날에 특별식보다는 활동에 초점을 두고 기념하는 방법을 계획한다.
- 음식에 의지하지 않고 감정이나 스트레스를 다룰 수 있도록 유아를 돕는다.
- 성인의 식습관과 태도가 유아에게 영향을 미친다는 것을 염두에 두고 성인이 적절한 식생활습관의 모범을 보인다.

비만아를 위해 섭취해야 할 식품과 제한해야 할 식품을 정리하면 다음과 같다(〈표 3-12〉 참조).

표 3-12

비만을 예방, 관리하는 방법

제한해야 할 식품	제공해도 좋은 식품	주의해서 섭취해도 되는 식품
· 당질 : 설탕, 잼, 과자, 청량음료, 아이스크림, 과일, 통조림, 인스턴트면, 스낵 과자 · 단백질 : 장어 및 참치의 배부분, 등심, 안심 · 지방질 : 베이컨, 생크림, 감자칩, 육류의 기름기, 라드, 비타민, 미네랄 · 그 밖에 탄산음료 : 콜라	· 단백질 : 기름기가 적은 생선류, 지방질이 적은 육류, 콩, 두부류 · 비타민, 미네랄 : 녹황색 채소와 기타 채소, 버섯류, 해초류	· 당질 : 밥, 빵, 면, 스파게티, 떡, 감자류, 호박, 대두 이외의 콩류, 과일 · 단백질 : 기름기가 많은 생선과 육류, 햄, 소시지, 튀김 · 지방질 : 샐러드유, 버터, 마가린, 마요네즈, 드레싱, 깨, 호도, 땅콩, 비타민, 미네랄

(2) 편식

편식은 특정한 종류의 식품을 좋아하고 특정한 식품을 거부하는 감정이 강한 것을 의미한다. 개별식품을 싫어하기보다는 식품을 종류별로 먹지 않는 경우다. 즉, 식품선호가 특정 종류에만 치우쳐 발육과 성장에 지장을 초래하는 경우를 의미한다.

편식과 식품 선호 및 싫어하는 것의 한계는 명확하지 않으나, 영양지도의 분야에서 편식이란 것은 음식을 좋아하고 싫어하는 감정이 강하고 식사 내용이 항상 영양적으로 불균형하며 발육과 성장 및 영양상태가 상당히 뒤떨어지는 경우에 한해서 말한다. 그러므로 주로 편식을 문제시하여 식습관 교정에 주의를 해야 하는 경우는 다음과 같다.

첫째, 유아가 일상의 식생활에서 설탕이 많이 든 음료, 과자류에 대한 기호도가 강해서 늘 이러한 음식을 많이 먹기 때문에 식사에 영향을 미쳐 영양의 섭취가 양적으로 균형을 잃게 될 때이다.

둘째, 개개의 식품을 싫어하기보다 생선류는 종류 여하를 불문하고 싫어하며,

채소는 모두 싫어하는 등 식품류별의 단위로 음식을 먹지 않거나 싫어하는 등 섭취식품 구성에 있어서 결함이 있다고 판단될 때이다.

셋째, 식품 선호가 어느 특정의 국한된 종류에만 편중해서 식품 선택의 범위가 좁아 발육과 영양상태가 기준에 미치지 못한다고 판단될 때이다(예를 들어, 육류 및 육가공품만 좋아하여 채소 종류는 전혀 먹지 않는 경우).

① 편식의 원인

편식의 원인은 병이나 특이체질인 경우를 제외하고는 주로 가정의 식사환경과 관련이 깊다. 편식의 원인을 살펴보면, 특정식품에 대한 혐오감에 의한 경우가 많다. 특히 음식 섭취 중 좋지 않았던 경험, 즉 생선의 가시가 걸렸다든지, 체한 적이 있다든지, 억지로 먹은 경험이 있는 경우 편식을 보인다. 또한 실제로 입맛에 안 맞는 경우 그 음식을 싫어하며, 주변 어른의 식사행동을 따라서 유아가 편식하게 되는 경우도 있다. 또한 반항기여서 성인이 먹으라고 하니까 무조건 싫다고 하기도 하며, 육류 음식인 경우 동물의 도살장면을 보거나 혹은 연상을 통하여 동물이 불쌍하다는 생각을 하여 먹지 않는 경우가 있다.

유아의 성장지역이 만약 식품의 유통에 제약을 받은 환경일 경우 성장기에 접하는 식품 종류가 제한됨으로써 편식이 생길 수 있다. 한편, 경제적으로 어려운 환경에서 식품의 사용범위가 좁은 식생활로 성장하게 될 경우도 편식이 생기게 된다.

편식의 원인 가운데 가장 큰 원인은 가정의 식사 환경이다. 유아의 식생활은 부모와 함께 생활하는 가족의 식생활에 동화되면서 또 모방을 통해서 식사의 기호 등이 형성된다. 특히 어머니의 식품 기호도와 식생활 태도가 큰 영향을 주게 된다.

일반적으로 가정에서는 유아에게 특별히 음식을 마련해 주지 않고 가족들이 먹는 식사 일부를 주게 되므로 만약 가족들의 식사가 영양적으로 결함이 있으면 결과적으로 유아는 편식을 하게 된다. 유아의 편식 원인에는 부모 특히 어머니의 양육 태도의 문제가 있을 때도 있다. 이를 살펴보면 다음과 같다.

첫째, 이유 방법이 잘못되었을 때

둘째, 식단의 구성에 문제가 있을 때

셋째, 음식을 강제로 먹이려고 했을 때

넷째, 양친 또는 가족 중에 편식하는 사람이 있을 때

다섯째, 식사 중에 간섭이 너무 심할 때

여섯째, 과잉보호를 할 때

일곱째, 이유기에 당분이 많은 음식을 지나치게 주어 다른 맛을 배우는 기회가 없었을 때

특정음식에 대한 기호가 형성되는 시기는 자아의식이 발달되어 심리적으로 변동이 많은 3세 전후부터 7세까지 나타나게 되는데, 학동기를 거쳐 사춘기에 고정화될 수 있기에 교정이 가능한 유아기에 가족들의 도움이 절실히 필요하다(박성옥 외, 2003).

② 유아기의 기호식품

유아기에는 지금까지 좋아하던 음식이 싫어지거나, 싫어하던 음식을 좋아하게 되는 등 식품 기호가 매우 유동적인 점이 특징이다. 유아의 음식에 대한 기호도는 식품이 지닌 원래의 맛 외에 색채, 온도, 혀와 입 안에서의 감각, 음식의 크기나 모양 등 음식 먹기의 편이성에 따라 많이 달라지게 된다.

유아들이 좋아하는 식품, 싫어하는 식품, 혐오하는 식품을 소개하면 다음과 같다(정미라 외, 2009).

첫째, 유아들이 좋아하는 식품은 다음과 같다.

일반적으로 유아가 좋아하는 식품은 달걀, 초콜릿이나 딸기 맛 등이 첨가된 우유, 요구르트, 여러 종류의 육류, 사과, 귤 등이다. 많은 유아가 돼지고기 자체는 싫어하나 햄, 소시지, 베이컨, 핫도그 등은 좋아한다. 또한 돼지고기가 첨가된 자장면, 탕수육에 대한 기호도도 비교적 높다. 치즈를 별로 좋아하지 않아도 피자

를 좋아하는 유아는 많다. 즉 특정식품은 싫어하여도 그 식품을 재료로 조리법을 달리하였을 때 기호도는 달라진다. 따라서 특정 음식에 대한 일반적인 기호도는 단정할 수 없다. 유아가 식품 자체를 좋아하는 음식은 단맛을 내는 것이며, 성인과 달리 촉감이 부드럽고 입 안에서 씹어 넉기 좋은 것이나 입 안에 넣기 쉬운 크기의 음식을 좋아한다.

둘째, 유아들이 싫어하는 식품은 다음과 같다.

싫어하는 식품은 대체로 야채류가 많다. 그 중에도 냄새가 강한 채소를 싫어하며 조리방법 면에서는 매운 음식과 짠 음식을 싫어한다. 향이 강한 미나리, 파, 샐러리, 양파, 쑥갓, 당근 등은 일반적으로 싫어한다. 고추, 겨자 등이 많이 든 자극적인 음식을 싫어하며, 가시가 많거나 비린 냄새가 심한 생선과 같이 먹기에 거북한 음식도 싫어한다.

셋째, 유아들이 혐오하는 식품은 다음과 같다.

혐오식품이란 단순히 편식하거나 그 음식을 싫어하는 정도가 아니라 어느 특정 식품을 기피하며 그 식품이 밥상 위에 있는 것을 보기만 해도 식욕이 저하되고 식사를 할 수 없는 경우 이를 혐오식품이라 말한다.

다른 연령층에 비교하면 유아는 혐오식품이 적다. 보통 유아들이 혐오하는 식품은 파, 미나리, 쑥갓, 당근, 돼지고기, 생선 등이며, 그 이유로서는 '맛이 이상하다, 쓰다, 냄새가 난다, 기름기가 많다, 비린 냄새가 난다' 등 미각, 후각, 촉각 등의 부조화에 기인된 경우가 많다. 이와 같이 미각과 촉각의 이유로 인한 식품에 대한 혐오는 연령이 증가되면서 감소되며, 조리방법을 달리함에 따라 혐오하는 정도가 달라질 수 있다. 그러므로 지나치게 무리하여 먹이려 하거나 혹은 단념하여 식탁에서 내려놓는 등의 행위는 특정식품에 대한 혐오감을 더욱 강화시키게 된다.

③ 편식을 예방하는 방법

편식을 예방하기 위한 방법은 다음과 같다(박성옥 외, 2003).

첫째, 다양한 식품에 접할 수 있는 기회를 제공한다.

둘째, 이유식의 조리는 자극성이 없고 부드럽게 조리한다.

셋째, 부모나 가족이 편식을 하지 않으며 모범을 보인다.

넷째, 유아에게 적합한 조리법을 선택하여 조리한다.

다섯째, 유아들이 싫어하는 식품을 억지로 강요하지 않고 비슷한 영양성분을 함유한 식품으로 대치한다.

여섯째, 유아들이 좋아하는 식기를 제공하고 식사 환경을 개선하여 즐거운 분위기에서 식사하도록 한다.

일곱째, 식사량에 지나치게 관심을 나타내거나 강요하지 않는다.

(3) 식품 알레르기와 과민성

중요한 영양소가 함유된 식품을 먹지 못하거나 적절히 대사하지 못한다면 영양부족이 될 위험이 있다. 영아와 유아는 소화기관과 면역체계가 아직 미숙하기 때문에 식품에 대한 알레르기와 과민성을 나타낼 수 있다.

식품 알레르기와 과민성(intolerance)은 식품에 대한 이상 반응으로 증상은 유사하다. 중요한 차이는 식품 알레르기는 면역체계에 의해 유발되는 반면에, 식품에 대한 과민성은 면역체계를 포함하지 않는 이상 반응이라는 것이다. 일반적으로 알레르기가 과민성보다 심각한 결과를 초래한다(Holland, 2004).

알레르기 반응은 가려움에서부터 재채기, 콧물, 부종, 저혈압, 불규칙한 심장박동, 설사, 구토, 복통, 발진, 호흡곤란, 의식불명, 심할 경우 사망에 이르기까지 다양하다. 반응은 즉시 나타날 수도 있고, 늦게 나타날 수도 있고, 심각할 수도 있다.

식품에의 과민성은 알레르기보다 더 흔하다. 식품 방부제로 사용되는 아황산염, 식용색소와 같은 음식첨가물에 대해 신체가 이상반응을 나타내는 것이다. 과민성으로 인한 반응은 메스꺼움, 복통, 구토, 설사, 두통 등으로 알레르기 반응보다는 덜 치명적이다(Hall, 2004).

알레르기 반응을 일으키는 식품으로는 다음과 같다.

- 우유, 달걀(특히, 날달걀의 흰자위)
- 생선류 : 고등어, 청어, 꽁치, 정어리, 가다랭이, 새우, 굴, 바지락 등
- 육류 : 돼지고기, 쇠고기, 닭고기
- 곡류 : 밀, 옥수수
- 채소류 : 죽순, 토란, 가지, 우엉
- 과일 : 딸기, 복숭아, 오렌지
- 기타 : 초콜릿, 향신료나 색소 등의 첨가물

유아들은 식품을 섭취했을 때 알레르기 증상을 일으킬 수 있다. 일반적으로 알레르기를 일으키는 식품과 증상을 표로 만들면 다음과 같다(〈표 3-13〉 참조).

표 3-13
알레르기를 일으키는 식품의 종류와 증상, 식이요법

알레르기	증상	식이요법
견과류	호흡곤란, 발진	음식의 성분 표시를 확인한다.
밀	성장부진, 체중부진	과자와 빵 같은 음식은 밀과 밀가루가 들어 있으므로 쌀로 만든 것으로 대치한다.
우유와 유제품	습진, 천식 소화불량의 원인	두유로 만든 제품으로 대치한다.
식품첨가제	과잉행동, 피부발진, 습진	모든 식품 첨가물을 확인하고 색소가 많이 들어간 식품을 피한다.

알레르기를 다루는 방법을 정리해 보면 다음과 같다.

① 알레르기를 일으키는 식품으로 판명된 식품은 사용하지 않는다.
② 문제가 되는 음식이나 성분이 있는지 음식의 라벨을 확인한다.
③ 부모와 협력하여 문제를 일으키는 음식을 대체할 수 있는 음식을 알아본다.
④ 유아가 여러 음식에 알레르기가 있거나 또는 주요 식품군에 알레르기가

있으면 적절한 영양을 섭취할 수 있도록 새로운 메뉴를 신중하게 계획한다.

⑤ 다른 음식을 통해 중요한 영양소를 섭취하도록 한다. 우유에 알레르기가 있다면 칼슘과 비타민 D를, 과일에 알레르기가 있다면 비타민 C를 보충해 주고, 곡류에 알레르기가 있는 경우 비타민 B군을 보충해 준다.

⑥ 식품 알레르기는 조리 또는 가공에 의해 감소되기도 하므로 날것으로 주지 말고 조리하여 준다.

⑦ 되도록 신선한 재료를 사용한다.

⑧ 우엉, 죽순, 도라지 등 독이 강한 식품은 충분히 물에 담구어 독을 우려낸 후 사용한다.

⑨ 냉장고나 기타 눈에 잘 띄는 곳에 유아의 이름과 알레르기를 일으키는 음식과 식품재료를 적어서 게시해 놓는다.

(4) 식욕부진

대부분의 유아는 발육과정에서 일시적으로 식욕과 음식의 기호가 불안정해지는 시기를 거치나 이러한 현상의 정도나 지속기간, 식품의 범위 등에 관해서는 상당히 개인차가 심하다. 식욕부진 현상이 나타나기 쉬운 시기는 일반적으로 이유기와 4세 전후의 시기이다.

영아기 후기와 걸음마기의 성장률의 둔화는 단위 체중 당 필요 열량의 감소를 초래하며 식욕을 떨어뜨릴 수 있다. 유아가 피곤하며 지치고 병이 있다면 식욕이 떨어진다. 또는 낯선 환경에서도 식욕은 없게 된다.

이유기에 생기는 식욕부진은 이유식의 조리법이나 이유식의 제공 방법에 문제가 있거나 유아가 주어진 새로운 음식에 순응할 수 없을 때에도 식욕부진이 일어나기 쉽다. 또 3~4세경에는 자아가 발달해서 여러 가지 일에 대한 기호나 감정이 뚜렷해지므로 음식에 대해서도 싫은 것에는 거부반응 태도를 나타내게 된다. 이러한 일은 누구에게나 어느 정도 생기는 생리현상인 일시적인 현상으로 보아야 한다. 따라서 유아가 건강하고 순조롭게 잘 자라면 걱정을 할 필요가 없다. 그러나 대개 부모는 유아의 이러한 반응에 대하여 지나치게 민감하게 반응하거나 유아의 식욕을 무시하고 강제로 먹이려는 경향이 많다. 이러한 경우 정서이상이나 심할 경우 편식으로 고정화되기 쉽다. 식욕부진이 일어나는 경우는 다음과 같다.

① 먹는 일을 너무 강조하는 경우
② 식사 중에 지나치게 야단을 치거나 간섭을 하는 경우
③ 과잉보호를 하고 간식을 자주 주는 경우
④ 운동량이 부족한 경우
⑤ 심리적으로 욕구불만이 있는 경우
⑥ 식단의 내용이나 조리방법이 단조로운 경우

유아에게 신장장애, 신열, 빈혈 등의 급성 및 만성질환이 있거나 충치가 있을 경우 신체 통증으로 인하여 식욕부진이 발생하기 쉽다.

식욕부진에 대한 식생활 관리방법은 다음과 같다.

① 유아는 식욕부진을 일으키기 쉬운데, 가장 흔한 이유는 자아의 발달과 관련된 경우가 많다. 그러므로 가족, 특히 어머니와 교사는 유아의 정서발달을 잘 이해해서 유아의 식욕이 다소 저하되어도 신경을 지나치게 쓰지 말고, 식사를 즐겁고 편안한 분위기 속에서 할 수 있도록 배려를 한다.

② 1회의 식사는 먹거나 안 먹거나 20~30분 정도로 정해진 시간 내에 끝내도록 지도하고, 간식은 많이 주지 말아야 한다. 또한 식사와 간식의 횟수는 유아마다 다르기 때문에 일정한 간격을 정한다는 것은 어려운 일이다. 간식은 주식의 15%를 넘지 않도록 한다. 그러나 무분별한 간식은 식욕을 둔화시키고 올바른 식습관 형성을 어렵게 한다.

③ 유아의 식단을 다양하게 구성하며 식품 재료와 조리 구성방법, 색깔, 그릇 담기 등에 변화를 주는 것이 필요하다. 때로는 집 밖에서 식사를 하거나 같은 또래의 친구를 불러 함께 식사를 시키는 등 노력해서 식욕부진의 해소에 효과를 올리도록 한다.

④ 식품의 조리방법과 음식의 온도, 상차림이 유아의 관심을 끌 수 있도록 변화시킬 필요도 있다.

⑤ 식욕부진을 해소하기 위해서 신체운동 활동을 충분히 하도록 한다.

유아의 식욕부진은 질병인 경우와 질병이 아닌 부모의 양육법의 잘못에 의한 경우가 있으므로, 원인을 분석한 다음에 적절한 대응책을 세워야 한다.

(5) 특정 식품의 과잉섭취

① 우유의 과잉섭취

유아기 어린이에게는 하루 2~3컵 정도(450~700㎖)의 우유가 필요하다. 우유를 마시지 않는 유아에게는 치즈, 요구르트와 같이 칼슘이 풍부하게 함유된 다른 음식을 섭취하게 함으로써 칼슘 요구량을 충족시킬 수 있다.

그러나 우유를 지나치게 마시면 다른 식품군에서 섭취해야 하는 음식의 섭취를 방해하게 된다. 2세 이하 유아에게는 탈지유의 섭취를 권장하지 않는데, 이는 탈지유에 들어 있는 단백질의 칼로리에 대한 비율이 신체와 뇌의 성장에 바람직한 정도보다 높을 수 있기 때문이다.

다른 음식을 충분히 섭취하지 않고 우유를 많이 마시는 유아는 철분 결핍성 빈혈과 비타민 C 결핍증에 걸릴 위험이 있다. 우유를 완전식품이라고 하지만 그 중에는 철분과 비타민 C가 거의 들어 있지 않다. 하루에 700㎖ 이상의 우유를 마시는 유아는 대개 입맛이 없어서 다른 식품군에서 영양적 필요를 충족시킬 수 있는 음식을 충분히 섭취하지 못한다. 식사 중간에 물을 주어서 갈증을 달래도록 하면 이러한 문제를 해결하는 데 도움이 될 수 있다. 식사에서 철분 강화식을 포함시키는 것 또한 철분 결핍성 빈혈을 예방할 수 있다.

② 소금의 과잉섭취

적정량 이상의 소금 섭취는 짠맛에 대한 기호를 형성할 수 있다. 고혈압은 높은 소금 섭취량과 상관이 있는 것으로 알려져 있다. 그러므로 고혈압 환자가 있는 가정의 유아들은 위험 가능성이 높다. 과자류, 인스턴트식품을 비롯한 많은 식품에는 소금이 많이 포함되어 있다.

짠 음식에 대한 기호는 학습되므로 싱겁게 먹는 것을 습관화해야 한다. 조리 시 소금의 양을 줄이고 소금에 절인 음식(오이지, 피클, 감자칩, 짠 크래커, 소금이 가미된 견과류)을 제한한다. 보기보다 소금이 많이 들어간 음식, 예를 들어 소시지, 베이컨, 통조림, 냉동식품들을 특히 제한해야 한다.

오랫동안 고혈압은 높은 소금 섭취량과 상관이 있는 것으로 알려져 왔다. 고혈압이 있는 가정의 유아들은 위험 가능성이 높다. 소금의 섭취량을 줄이는 것이 도움이 될 수 있다. 인스턴트 음식을 많이 섭취하게 되면 소금의 섭취량은 증가된다.

③ 단 음식의 과잉섭취

특정한 유형의 음식을 섭취하는 시기 또한 중요하다. 음식이 두뇌 기능에 미치는 영향에 대한 자료에 따르면 탄수화물이 많이 포함된 음식은 각성 수준을 낮추고 집중력을 손상시키며 많이 먹으면 두뇌의 효율성을 떨어뜨린다. 탄수화물이 가장 많이 들어가고 칼로리가 높은 음식은 낮잠을 자기 전인 점심 식사로 먹여야 하고, 유아가 인지적 자극을 주는 활동을 하기 전에는(아침, 오전 간식, 오후 간식) 가벼운 식사를 제공하도록 한다.

단백질 또는 지방을 부족하게 섭취하면 신체는 설탕을 신속히 소화한다. 그러면 곧 배가 고프게 된다. 설탕은 인슐린을 분비하게 하는데, 설탕이 가미된 음식에는 설탕으로 야기된 인슐린 분비를 이용하는데 필요한 다른 영양소를 충분히 함유하고 있지 않는 경우가 많다. 따라서 단 음식을 먹게 되면 혈압이 급격히 올라간 다음에 혈당의 급격한 감소가 따른다.

꿀, 당밀, 정제되지 않은 설탕, 정제 설탕, 이 모든 것들에 함유된 칼로리는 같다. 야채, 과일, 과일 주스 등에 설탕을 가미하지 말아야 한다. 설탕이 들어간 음식은 칼로리는 있으나 필수 영양소는 낮은 수준이다.

④ 지방의 과잉섭취

심장질환에 지방이 미치는 영향에 대한 염려와 유아의 식사에서 어떤 종류의 지방을 제공하고 콜레스테롤을 얼마나 제공해야 하는지 논란이 되고 있다. 고도불포화 지방과 포화 지방은 적절한 비율로 포함시켜야 할 중요한 영양소이다. 고도불포화 지방은 신체에서 만들어지지 않는 중요한 지방산(fatty acids)을 함유한 식물성 기름이다. 포화 지방은 쇠고기, 돼지고기, 양, 닭, 낙농제품에서 발견되는 고형지방으로서 섭취를 제한해야 한다.

⑤ 패스트푸드의 과잉섭취

외식이 증가하면서 유아들의 패스트푸드 섭취도 늘고 있다. 이러한 음식을 장기간 섭취하는 데 따른 염려도 증가하고 있다. 문제는 그런 음식이 칼로리가 아주 높고 지방과 염분 함량이 높다는 것이다. 이로 인해 후에 심장질환, 고혈압, 비만 등의 건강 문제가 발생할 수 있다. 패스트푸드에는 또한 비타민 A, C가 적게 들어 있어서 우유나 야채를 함께 섭취하지 않는다면 이들 영양소가 결핍될 수 있다. 가끔씩 먹는 것이 불가피할 경우, 부족한 영양소를 같은 날 다른 식사시간에 보충해 주도록 한다.

3) 유아의 식사관리

유아기의 유아는 영아기보다 성장속도가 늦어지면서 식욕이 저하되고 기호의 변화가 심하여 불규칙적인 식사를 하지만 새로운 식품으로 정성스럽게 준비한 음식을 제공하면 먹는 것을 즐기게 된다.

유아가 미각과 스스로 식품을 받아들이고 먹는 기술을 익히는데 영향을 미치는 것은 식품이 지닌 특성으로서 식품의 질감, 맛, 냄새, 색깔 등이며, 이러한 요인을 고려하여 식사를 제공하면 유아는 만족스러운 식사를 할 수 있게 된다.

(1) 식품의 질감

유아의 식사에서는 식품의 질감이 부드러운 음식을 주고 입 안에서 씹는 소리를 즐기면서 먹기 위해 바삭거리는 식품이나 씹는 기술을 익히기 위해서는 많이 씹지 않고도 자연스럽게 씹히는 식품이 좋다. 육류는 유아들이 씹기 힘들어하기 때문에 갈비나 불고기보다는 햄버거나 핫도그가 적당하다. 따라서 육류를 갈아서 충분히 조리·가공한 것이 바람직하고 위생적으로 안전하다. 채소류는 익혀서 부드럽게 한 것보다는 신선한 생채소를 손으로 집어 먹는 것을 더 좋아하며 길이가 긴 채소는 짧게 잘라서 먹기 쉽게 해 주어야 한다. 건조식품은 딱딱한 경우가 많아서 유아가 특히 먹기 어려우므로 수분이 함유된 한두 가지 식품과 함께 먹도록 준비한다.

(2) 식품의 맛

유아가 올바른 식사패턴을 갖도록 하기 위해서는 식품 본래의 맛을 느끼도록 해 주어야 한다. 유아는 싱겁고 순한 맛을 좋아하며 너무 뜨겁거나 찬 음식보다 실온정도의 따스한 음식을 좋아한다. 강한 향신료 및 조미료 그리고 짠맛, 매운맛, 신맛 등의 자극성이 있는 식품을 싫어하므로 성인의 입맛에 맞춰 조미하는 것은 피해야 한다. 강한 맛과 순한 맛의 식품을 잘 배합하여 주는 것도 바람직하므로 오렌지주스 등 신맛이 강한 것을 물로 희석하여 주고, 요구르트는 우유와 섞어 주어 맛을 순하게 할 뿐 아니라 여러 가지 맛을 경험할 수 있도록 한다. 단맛을 낼 경우 설탕보다는 설탕에다 꿀을 약간 혼합하여 단맛을 증가시키고 영양면에서도 비타민과 무기질을 얻을 수 있어서 합리적이다.

(3) 식품의 색

유아는 식품의 색에 관심을 가지고 눈으로 식사를 할 수 있으므로 신선한 식품은 특유의 색을 나타내고 있음을 알 수 있도록 가르치는 것도 중요하다. 그러므로 식욕을 촉진시키는 적색, 녹색, 오렌지색, 황색 등의 색깔과 밝기가 다른 독특한 색을 가진 식품으로부터 맛을 즐길 수 있도록 한다. 유아기의 식사에는 중간색의 식품이 많으므로 빨간 토마토와 당근, 초록색의 오이 등 화려하고 순수한 색의 식품을 곁들이면 기호도가 높아진다.

(4) 식품의 냄새

일반적으로 경험에 의한 바람직한 식품이나 음식의 향기는 식욕을 촉진시킨다. 유아의 식사는 식품 자체가 가지고 있는 독특한 자연의 향기를 살리거나 불쾌한 냄새를 제거하고 조리 중에 일어나는 여러 가지 화학적 변화에 의해 식욕을 촉진시키며 조미료, 향신료, 방향 채소를 적절히 활용해서 음식의 향기를 보완하도록 조리하여 식품의 냄새를 좋게 해 주는 것이 중요하다. 유아는 향기가 강한 식품을 싫어하지만, 때로는 오이피클이나 토마토케첩 등 독특한 소스류를 좋아하는 경우도 있다.

(5) 기타

음료는 인공감미료, 색소, 향료 등을 첨가한 것보다는 필수영양소를 함유하고 있는 천연과일주스가 유아에게 더 바람직하다. 또한 여러 가지 첨가물이 함유된 가공식품보다는 신선한 자연식품을 이용하는 것이 유아의 건강에 좋다.

연구 문제

1. 유아에게 필요한 영양분에는 어떤 종류가 있으며, 그것을 함유한 식품에는 어떤 것들이 있는지 조사하시오.

2. 이러한 영양소가 결핍되거나 과잉되었을 때 나타나는 증상은 어떠한가 알아보시오.

3. 유아비만을 예방하고 관리하기 위해 섭취해야 할 식품과 제한해야 할 식품을 정리해 보시오.

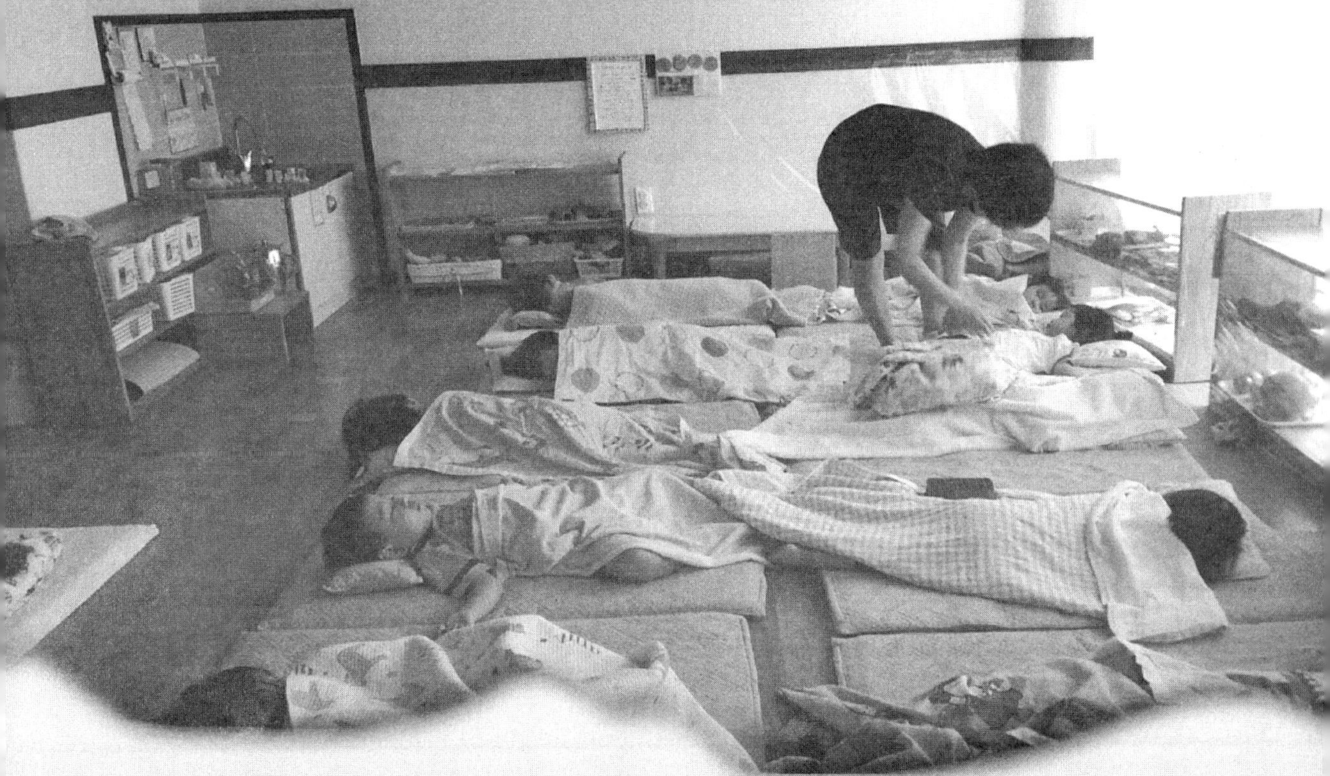

제 4 장

영유아교육기관에서의 건강과 급식관리

1. 건강한 생활습관 지도
2. 영유아교육기관에서의 급식관리

개인의 위생 및 건강과 관련된 긍정적인 생활습관을 갖는 것은 유아가 삶의 양식으로 건강한 행동을 일상화하게 한다. 유아기는 자신의 신체에 대한 인식이 형성되는 시기이며 자신의 신체를 돌보는 능력이 발달하는 시기다. 따라서 교사는 옷입기, 씻기, 먹기, 휴식, 낮잠, 배변 등의 개인위생과 건강에 기본이 되는 생활습관의 형성을 도와야 한다.

이와 같은 좋은 습관을 형성하는 것은 유아의 건강을 유지 · 향상시킬 뿐 아니라 자신을 돌보는 능력으로 인해 자율성과 자신감을 갖도록 한다. 또한 신체의 각 부분과 신체기능에 대한 개념을 습득하는 기초가 되며 사회적 기대를 학습할 기회가 된다. 즉 사회와 문화에 따라 공공장소에서 어떻게 청결과 질서를 유지하며, 어떻게 먹고, 화장실을 어떻게 사용하고, 옷차림을 어떻게 하는 것이 공공의 질서에 맞는가 하는 것을 알아서 유아들이 그들이 살고 있는 문화에 맞는 습관을 형성하게 된다. 사회적 기대에 부응하는 습관을 형성하지 못한다면 성장하면서 사회적으로 수용되지 못한 행동을 하게 된다. 따라서 이 장에서는 유아의 건강한 생활습관을 위한 기본적 교육과 위생적인 급식관리에 관하여 살펴보도록 한다.

1. 건강한 생활습관 지도

유아기의 행동은 이후 삶에 지속적으로 영향을 미친다. 따라서 아동이 올바른 건강생활을 위한 습관을 갖도록 교육한다. 이에 영유아의 건강한 생활습관에는 손씻기, 대소변 훈련, 목욕시키기와 머리관리, 식습관 지도, 치아관리, 옷 입기 습관, 정리정돈 습관, 휴식과 낮잠을 다룬다.

1) 손씻기

유아들이 손을 씻어야 할 때는 음식을 먹기 전이나 요리활동을 하기 전, 화장실을 다녀온 후, 바깥놀이를 하거나 미술 공예활동을 한 후, 동물을 만진 후 등이다.

유아들이 손쉽게 위생적으로 손을 씻으려면 적절하고 충분한 세면대가 준비되어 있어야 하며 너무 차갑거나 뜨겁지 않은 물이 늘 공급되어야 한다. 그리고 위생적으로 손을 씻는 정확한 법을 가르쳐 주어야 한다.

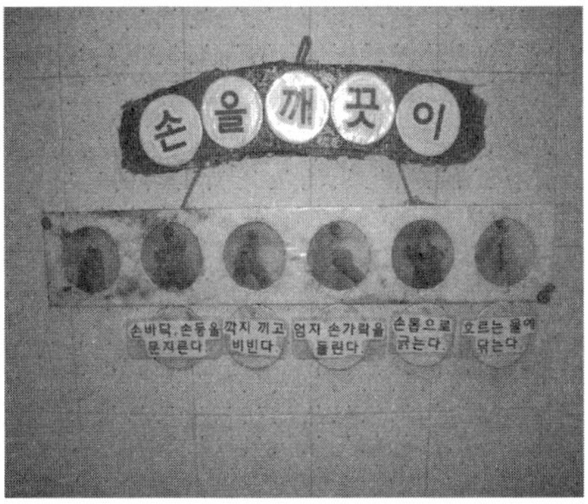

[그림 4-1] 손 깨끗이 씻기 안내판

[그림 4-2] 손을 씻고 있는 유아들

손씻기 방법의 지도에서는 무엇보다도 일상생활에서 성인이 친절하게 손씻기를 상기시켜 주어 청결습관을 발달시키고 건강하게 생활하는데 도움을 주도록 한다. 올바른 손씻기를 습관화할 수 있도록 지원하기 위하여 첫째, 교사는 유아가 손을 씻어야 하는 경우를 정확하고 구체적으로 알려주어야 한다. 둘째, 교사는 유아에게 손씻는 방법을 준비, 과정 그리고 마무리까지 차례대로 알려주어야 한다. 셋째, 교사는 유아에게 의도적으로 손씻는 기회를 제공해야 한다. 즉 계획안에 손씻기를 포함시키고 특히 실외놀이 시간이나 식사 및 간식을 먹기 전에 손씻기를 교육한다. 넷째, 교사는 유아의 손씻기 모델이 되어야 한다. 특히 영아는 모방능력이 발달하는 시기이므로 교사의 손씻는 모습을 보고 그대로 따라 하며 손을 깨끗하게 씻으려고 시도한다. 하지만 유아의 경우 교육 및 경험에 따라 깨끗이 손을 씻는가 하면 그렇지 않은 유아가 있다. 언어적 표현은 유아들의 손씻기를 격려해 주고 유아교육기관에서의 생활을 안내하는 초기의 교육내용 중에 손씻기 방법과 시기에 대한 형식적 교육을 포함시키는 것이 매우 중요하다.

유아들이 손을 씻는 기본적인 방법은 다음과 같다.

① 흐르는 물에 손을 적시고 비누를 손에 묻힌 후 손과 손을 비비고 난 후에 씻는다. 담겨진 물은 병원균을 퍼뜨리므로 흐르는 물에 씻는 것이 좋다. 비누는 가능하면 액체비누를 사용하는 것이 좋다.

② 약 15초간 손을 문지른다. 이 마찰로 인해 병원균이 제거된다.

③ 손목, 손등, 손가락 사이, 손톱 밑 등을 잘 씻는다.

④ 흐르는 물에 손목에서부터 손가락 끝의 방향으로 손을 여러 번 비벼서 완전히 비눗물을 헹군다.

⑤ 수건으로 물기를 닦는다. 가능하면 유아교육기관에서는 종이수건을 사용하는 것이 위생적이다. 개개인의 수건을 준비하는 것도 한 방법이다.

⑥ 사용한 종이수건으로 수도꼭지를 잠근다. 더러운 손으로 돌렸던 수도꼭지 역시 더럽혀진 상태로 있기 때문에 깨끗이 닦은 손으로 만지지 않는다. 종이수건은 뚜껑이 있으면서 발로 밟는 페달이 있는 휴지통에 손을 사용하지 않고 버린다.

⑦ 필요하면 손에 로션을 발라 손이 건조되거나 갈라지는 것을 막는다.

표 4-1
손씻는 방법을 달리 하였을 때 균주의 제거 효과의 비교(정미라 외, 2009).

구분	방법		균수		잔존율(%)
			씻기 전	씻은 후	
수돗물	대강	세면기 물	4,400	1,600	〉36.3
		흐르는 물	〉40,000	4,800	〈12.0
	비벼서	세면기 물	10,000	1,300	13.0
		흐르는 물	60,000	1,100	〈18.4
온수(30도)	대강		5,700	750	13.1
	비벼서		3,500	58	〈16.5
비누 사용	대강		840	54	6.4
	비벼서		3,500	8	0.22

〈표 4-1〉은 손씻을 때 사용한 물과 손을 씻는 방법에 따라 손에 남아 있는 세균수를 비교한 것이다. 비누를 사용해서 흐르는 따뜻한 물에 씻는 것이 바람직하며, 씻은 후에는 물기를 잘 닦아야 한다.

유아교육기관에서는 유아들이 바른 손씻기 습관을 갖게 하기 위해서 일상 생활 외에 다양한 방법의 손씻기 교육으로 아이들에게 접근할 수 있다. 즉 손씻기 손유희, 손씻기 동요 · 동화(예, 깨끗 공주와 깔끔 왕자, 뽀득뽀득 손씻기 등), 인형극 또는 뮤지컬, 때로는 지역에 있는 보건소나 질병관리본부에서 직접 유치원을 방문하여 손씻기 교육 등을 할 수 있다.

2) 대소변 훈련

배변학습의 목적은 대소변을 조절하는 기술, 즉 자신의 신체기능에 대한 통제력을 습득하도록 유아를 돕는 것이다. 배변학습과정이 긍정적이 되려면 유아들이 신체적 · 심리적으로 준비되어야 하며 스스로 숙달할 수 있도록 하는 과정을 거쳐야 한다. 유아가 준비되었을 때 이루어진다면 배변학습은 유아에게 자기 신체와 세계에 대한 이해를 증진시키고, 성장감과 성취감 · 독립심을 길러 주는 기회가 된다.

배변학습을 언제 시작할 것인가는 부모와 교사가 결정해야 할 중요한 사항 중 하나이다. 배변학습은 준비가 되었을 때 하여야 한다(Mack, 이경우 역, 1984; Kendrick 외, 1991). 배변학습의 준비는 근육통제, 신경조직, 그리고 심리적인 발달수준과 의사소통능력의 성숙을 의미한다. 이러한 능력이 성숙하여 준비가 되었을 때 시작하는 것이 유아가 정서적인 문제없이 단기간에 조절할 수 있으며, 갈등과 수고를 덜어 준다.

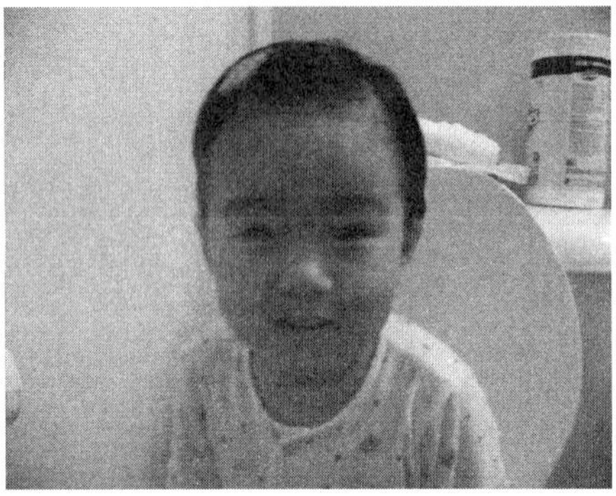

[그림 4-3] 배변 연습을 하고 있는 2세 유아

[그림 4-4] 기관의 유아 화장실

보통 2~2세 반경에 대소변의 통제가 시작되어 배변학습을 위한 준비도가 절정에 이르러 배설과 관련하여 사회적으로 받아들여질 수 있는 행동을 배울 수 있다. 남아는 여아보다 대소변 통제가 평균적으로 더 늦다. 또한 낮 동안의 소변조절에 대한 신체적 준비도는 대변 조절보다 다소 늦게 이루어진다. 이 연령에 배변학습을 시작할 경우, 대소변 조절을 거의 동시에 학습할 수 있다는 장점이 있다. 만약 더 어릴 때 배변 조절을 먼저 가르친다면 두 번 배변 훈련을 하게 되는 결과를 초래하게 된다. 대소변 훈련을 시키기 위해서는 다음과 같은 사항을 고려해야 한다.

① 유아가 대소변 훈련을 위한 준비가 되어 있어야 한다. 유아가 대화기술이 발달되어 대소변 훈련을 말로 이해할 수 있어야 한다.

② 유아용 변기를 사용하는 놀이를 하여 친숙한 환경을 만들어 준다.

③ 다른 유아들이 유아용 변기를 사용하는 것을 관찰할 기회를 제공한다.

④ 적절한 온도를 유지하여 대소변 훈련을 한다.

⑤ 적절하게 유아용 변기를 사용했을 때 칭찬을 해 준다. 그러나 실수했을 때는 비난하지 말아야 한다.

⑥ 만약 실수했을 때 모르는 척하면서 조용하게 재빨리 처리한다.

3) 목욕시키기 및 머리관리

목욕은 피부를 청결히 할 뿐만 아니라, 혈액순환과 신진내사를 촉신시키고 발날을 증진시키는 효과가 있다. 비누와 물로 매일 몸을 씻어 주면, 세균감염을 예방하는 데 도움이 된다. 목욕물의 온도는 38~40℃가 적당하며, 부드러운 거즈수건이나 목욕수건으로 목욕시킨다.

출생 후 몇 달이 지나면 아기는 물 속에 있는 것에 더 많은 흥미를 느끼게 되며, 이때쯤에는 욕조에서 목욕을 시작해도 된다. 어떤 영아는 욕조의 물이 빠져나가는 것을 보고 두려움을 느끼므로 욕조에 대한 영아의 두려움을 예방하기 위해서 욕조의 물마개를 빼내기 전에 먼저 아기를 욕조에서 다른 장소로 옮겨놓는 것이 좋다. 또 어떤 영아는 머리를 감는 것에 두려움을 느낀다. 아마도 자신들에게 일어나는 일이 무엇인지 볼 수 없기 때문일 것이다. 그러므로 유아의 머리 앞쪽에 거울을 놓고 비누거품이 이는 모습을 보여주고 눈에 샴푸가 들어가지 않게 하여 머리 감는 일을 즐거운 경험으로 만들 수 있다.

신생아나 영아의 목욕은 매일 시키는 것이 좋으나, 허약한 아기는 피로를 느끼기 쉬우므로 신체의 건강상태와 계절에 따라 조절한다. 예를 들면, 여름에는 1일 2회, 겨울에는 1일 1회 정도로 한다. 목욕시간은 젖을 먹기 1시간 전이나 먹은 후 1시간 이후가 좋다.

목욕을 시키기 전에 필요한 물품을 준비하여 점검한 후, 목욕시킬 사람은 깨끗한 앞치마나 머릿수건을 쓰고 반지, 시계 등을 뺀 후 팔꿈치까지 옷을 걷고 손을 깨끗이 씻는다.

목욕을 시키는 구체적인 방법은 다음과 같다.

① 목욕통 바닥에는 깨끗한 목욕수건이나 미끄럼방지 깔판을 깔아 아기가 목욕 도중 미끄러지지 않도록 한다. 아기를 목욕통에 넣기 전에 기저귀만 제외하고 옷을 전부 벗긴다. 계절이나 실내온도에 따라서는 체온유지를 위하여 아기의 몸에

수건을 둘러 한 손으로는 목을, 다른 한 손으로는 엉덩이를 받쳐 안는다.

② 물의 온도를 알아본다. 물을 온도계로 측정하든지, 팔꿈치를 넣어 보아 따뜻하면 된다(38~40℃).

③ 옷을 벗긴 뒤 목욕 타월로 싼 다음 두 눈을 안쪽에서 바깥쪽으로 닦고, 얼굴 및 귀 등을 깨끗이 씻어 준다.

④ 아기의 귀로 물이 들어가는 것을 방지하기 위하여 목욕시키는 사람의 엄지손가락과 약지손가락 끝으로 양쪽 귓밥을 올려 지그시 눌러 귀를 막는다.

⑤ 머리에 물을 적시고 손바닥이나 부드러운 거즈 수건에 비누 거품을 일게 하여 머리에 발라 감긴 후, 마른 수건으로 닦아 잘 말려 준다.

⑥ 발끝부터 천천히 물에 넣어 목욕 수건으로 온몸 부분을 잘 닦고, 겨드랑이나 사타구니 등 피부가 겹치는 부분을 유의하여 씻는다. 목욕시키는 사람의 왼팔로 아기의 목과 가슴을 지지하여 주고, 왼손은 반대쪽 겨드랑이를 감는 듯 어깨를 잡아 안전한 자세를 취한 후 등, 엉덩이, 다리의 순으로 씻는다.

⑦ 물에서 꺼낸 후에 타월로 감싸서 물기를 닦아 준다.

⑧ 겨드랑이, 사타구니, 엉덩이에 아기용 가루분을 발라 준다.

⑨ 준비된 기저귀를 채운 뒤에 옷을 입히고 머리를 빗겨 주고 면봉으로 귀 바깥 부분의 수분을 닦아 준다.

모든 유아들은 정규적으로 그들 자신을 청결하도록 해야 한다. 청결하지 못했을 때는 냄새가 날 뿐만 아니라 세균이 생기므로 스스로 관리할 수 있도록 해야 한다.

유아들의 피부와 머리관리를 위한 사항을 정리하면 다음과 같다.

① 자기 스스로 독립적으로 할 수 있도록 목표를 설정하여 도와 준다. 성인의 감독 아래 스스로 했을 때 격려해 준다.

② 아침에 일어났을 때, 식사 전, 화장실 사용 후, 바깥 놀이 후에 손과 얼굴을 씻도록 최소한의 요구로부터 시작한다.

③ 손톱이 길어지거나 거칠한 부분이 없도록 손톱깎기를 이용하여 짧고 청결하게 한다.

④ 곱슬머리의 경우에는 린스를 사용해 주고 성글성글한 빗을 사용한다.

⑤ 부드러운 빗을 사용하여 규칙적으로 빗겨 준다.

⑥ 지나치게 건조하거나 지성인 피부를 가졌을 때는 거기에 맞는 유아용 크림을 사용한다.

[그림 4-5] 기관에서의 머리빗과 유아용 로션 구비

4) 식습관 지도

식사시간이 되면 무슨 활동을 하였든지 일단 손을 깨끗이 씻은 다음에 식탁에 앉도록 한다. 식사법을 익히고 식생활의 기초적 습관이나 태도를 익히도록 한다.

식사시간에 유아에게 식사에 대한 훈련을 시킬 뿐만 아니라 음식을 먹을 때의 예절과 절차를 가르치는 것도 중요하다. 유아들이 편식하지 않도록 주의를 시키는 것도 필요하지만 음식에 대해 지나치게 간섭하거나 강요는 하지 않도록 한다. 오히려 먹는 일이란 기쁘고 즐거운 일임을 알려주어야 한다. 식사 전후에 유아들을 돕게 함으로써 자발성과 협동심을 가지게 한다. 식사 후에 입을 닦거나 씻는 것, 그리고 식사 후에는 조용히 쉬도록 하는 것도 가르친다.

식사시간은 매일 규칙적으로 하고 유아들이 즐길 수 있도록 하며, 다음과 같은 사항을 고려하여 교육시킨다.

① 유아의 손 크기에 알맞은 수저를 사용한다.
② 식기는 유아들이 좋아하는 색깔과 모양을 고려한다.
③ 예쁜 식탁보를 사용한다.
④ 함께 나누어 먹기를 가르친다.
⑤ 오른손을 사용하도록 가르친다.
⑥ 1/2, 1/4 등의 분배와 수 개념을 가르친다.
⑦ 사각 형태의 케이크, 둥근 빵, 길고 가는 과자 같은 것을 통하여 물체의 형태를 알도록 한다.
⑧ 고체와 액체를 구분하도록 한다.
⑨ 부드럽다, 딱딱하다, 거칠다와 같은 감촉을 느껴 보도록 한다.
⑩ 유아들과 함께 준비한다.
⑪ 식사습관의 예절 · 관습을 익히도록 한다.
⑫ 사회적으로 받아들여지는 식사예절을 익히도록 한다.

유아들은 식사시간을 통하여 비형식적으로 언어발달을 돕는다. 예를 들면, 음식에 대해 이야기를 할 때, 어디에서 가져 왔는지, 원래 형태에서 어떻게 변했는지, 좋아하는 식품과 싫어하는 식품에 대해 이야기를 하면서 언어발달을 돕는다.

5) 치아관리

치아건강은 건강을 유지하는 데에 핵심적인 부분이다. 건강한 치아는 좋은 영양, 올바른 발음, 긍정적 자아형성을 위해 필요하다. 치아는 생후 6~7개월부터 나기 시작하여 약 2~3세가 되면 유치 20개가 모두 나오게 된다. 32개의 영구치는

6세에서 13세 사이에 나는데, 제일 가운데 아랫니부터 나오며 유치는 빠지는 순서대로 대치된다. 유치의 경우 '빠질 치아이므로 썩어도 된다'고 생각하는 경우가 있는데, 이는 잘못된 인식이다. 왜냐하면, 유치의 건강은 씹기 능력 및 이를 통한 소화능력의 형성, 영구치의 공간 확보, 턱뼈의 성장발육, 언어발달에 중요한 영향을 미치기 때문이다.

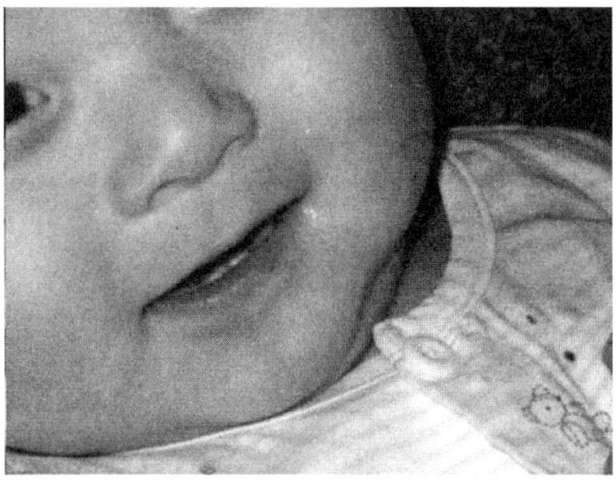

[그림 4-6] 7개월 영아의 두 번째 아랫니

충치는 식습관, 생활환경, 문화정도, 영양, 체질 등이 그 원인이 된다. 충치의 예방을 위해서는 당분 섭취를 제한하고, 유아의 영양을 향상시키고, 임신부의 영양도 향상시켜야 하며, 구강을 청결하게 하고 치석을 제거하는데 불소도포 등의 방법이 사용될 수 있다.

치아관리는 태어나면서부터 특별한 관심과 함께 실행되어야 한다. 치아관리를 위해 치아의 중요성을 인식시키고 치아관리를 위한 바람직한 위생습관을 증진시키며, 치아를 위한 바람직한 영양, 치아 손상을 예방하기 위한 적절한 치아관리를 시킨다.

(1) 건강한 치아관리를 위한 식생활

① 영양가 높은 식사와 무기질의 섭취로 건강한 체력을 유지시켜 구강 내 질환

을 예방한다. 특히, 칼슘, 비타민 A, D의 섭취가 중요하다. 또한 출생 시부터 불소가 함유된 물을 먹었을 때 충치는 50% 감소하는 효과를 보인다고 한다.

② 너무 부드러운 음식만 먹지 않도록 한다. 음식을 씹을 때 나오는 타액은 음식을 씹을 때 잇몸을 마사지하여 청결하게 해 준다.

③ 당분이 많이 함유된 식사와 간식은 가능한 한 제한하며 먹은 다음에는 곧바로 이를 닦도록 한다. 즉 꿀이나 캐러멜 종류는 당분이 치아에 오래 남아 있으므로 해롭다. 그러나 건포도나 대추와 같이 달고 끈적끈적한 과일은 식사와 함께 먹는 것이 충치예방에 도움을 줄 수 있다.

④ 간식을 자주 먹지 않는다. 빈번하게 간식을 먹는 것은 치아에 음식이 붙어 있는 시간을 그만큼 많아지게 하여 충치를 유발할 수 있다.

⑤ 아기들이 잠자리에서 우유나 과일 주스 및 기타 단 음료가 든 젖병을 물고 자지 않도록 한다. 이러한 음료를 오랜 시간 동안 치아에 닿게 할 경우, 치아건강에 해롭다. 6개월 내지 12개월 간격으로 정기적인 치과 검진을 통해 치아건강을 유지한다.

(2) 적절한 이닦기 방법

유아들은 성인이 약간만 도와주어도 이를 닦을 수 있다. 비록 이들의 이닦는 기술이 완전하지는 못할지라도 유아기는 이닦기 습관을 형성하는 시기이므로 꾸준히 지도해야 한다. 평소에 이닦는 습관을 갖게 하여 충치가 생기지 않도록 미리 예방하는 것이 좋다. 또한 정기적 치과검진을 통해 충치를 조기 발견하여 치료해 주어야 한다. 걸음마기 유아들이 처음 이를 닦을 때 강화 도구로 사용하도록 이닦기 표지판은 유아교육기관에서 유용하게 사용될 수 있다.

불소함유 치약은 치약을 먹지 않을 만큼 성장할 때까지는, 즉 약 3세경까지는 사용하지 않도록 한다. 3세가 넘으면 불소가 함유된 치약을 소량 사용하며 치약을 뱉어 내도록 한다. 또한 유아들에게 음식을 먹은 후 물로 입을 헹구어 내거나 사과 · 배 · 당근 · 오이 · 셀러리와 같이 치아에 자연적으로 청결작용을 하는 날 음식을 먹도록 한다.

적절한 이닦기 방법을 제시하면 다음과 같다(조경자 외, 1998).

① 이와 잇몸이 접하는 곳에서 칫솔의 털을 45도 각도로 향하게 한다.

② 이와 잇몸이 접하는 곳에 칫솔 털을 놓고, 짧게, 회전식으로 이의 안과 밖을 닦는다. 즉 윗니는 위에서 아래로, 아랫니는 아래에서 위로 손목을 돌려 칫솔의 탄력을 이용하여 털어 내듯 닦는다. 잇몸도 닦는다.

③ 음식을 씹는 면을 닦는다.

④ 혓바닥을 닦는다.

⑤ 이를 닦는 일정한 순서를 각자 정하여 따르도록 돕는다. 예를 들어, 오른쪽 윗니의 안쪽 면 → 오른쪽 윗니의 바깥쪽 면 → 왼쪽 → 왼쪽 앞니 → 오른쪽 아랫니의 안쪽 면 → 오른쪽 아랫니의 바깥쪽 면 → 왼쪽 → 아래쪽 앞니 → 양쪽의 씹는 표면 → 잇몸 → 혓바닥과 같은 순서를 따를 수 있다.

또는 유아의 치아는 크기가 작으므로 아래 · 윗니를 맞물리게 하고, 바깥쪽 면을 먼저 닦은 뒤 치아의 안쪽 면을 닦을 수 있다. 이 때 바깥쪽 면의 치아는 칫솔을 둥글게 돌려가며 닦도록 한다.

칫솔은 사용 후 세치제와 음식물 찌꺼기가 남아 있지 않게 깨끗이 닦은 후 바람이 잘 통하는 곳에 칫솔 머리가 위로 향하게 하여 보관한다. 다른 칫솔의 털과 접촉되지 않게 보관하며 항상 제자리에 정리하도록 한다. 2개의 칫솔을 번갈아 사용하는 것도 좋은 방법이며, 칫솔은 약 2~3개월마다 교체한다. 감기 등의 질병을 앓고 난 후에는 새 칫솔로 바꾸어 주어 세균으로 인한 재감염을 막는다(대한소아치과학회, http://www.kapcl.org; 충치예방연구회, http://www.dentia.org).

[그림 4-7] 식사 후 이를 닦는 유아

[그림 4-8] 칫솔 살균 및 보관

6) 옷 입기 습관

옷 입기 습관이란 스스로 옷 입기, 계절에 맞는 옷 입기, 그리고 옷을 깨끗하게 입기를 습관화하는 것을 의미한다. 영유아가 3세쯤 되면 모든 일을 자기 스스로 하려는 자율성의 시기로 성인의 도움없이 스스로 옷을 입고 벗으려고 한다. 올바른 옷 입기 습관의 중요성에 대해 살펴보면 다음과 같다(주영은 외, 2011).

첫째, 스스로 옷 입기는 유아의 정신건강을 돕는다. 유아가 스스로 옷을 입을 수 있는 신체능력이 발달하게 되면 혼자서 옷을 입을 수 있도록 기회를 제공하여, 유아의 자율성이 발달하고 성취감과 만족감을 갖게 한다.

둘째, 계절에 맞게 옷 입기는 체온유지를 돕는다. 어떤 아동은 여름에 겨울옷을 입혀 달라거나 겨울에 여름옷을 입혀 달라고 한다. 따라서 계절에 따른 옷 입기의 중요성을 통해 영유아가 건강을 유지하도록 돕는다.

셋째, 옷을 깨끗하게 입기는 청결한 몸상태를 돕기 때문이다. 옷을 지저분하게 입는다면, 건강에 해가 될 수 있다. 그러므로 옷을 깨끗이 입음으로써 건강한 생활을 하도록 돕는다.

7) 정리정돈 습관

정리정돈 습관이란 사용한 물건이나 흐트러져 있는 물건을 제자리에 정리할 수 있도록 습관화하는 것을 말한다. 정리정돈 습관의 중요성을 살펴보면 다음과 같다(주영은 외, 2011).

첫째, 정리정돈 습관은 시간을 절약하는데 영향을 미치기 때문이다. 물건을 제자리에 정리하면 다음에 물건을 찾을 수 있는 시간을 아낀다. 그러므로 물건을 제자리에 정리할 수 있도록 한다.

둘째, 정리정돈 습관은 환경을 청결하게 유지함으로써 건강을 유지하도록 하기 때문이다. 정리정돈이 잘 되어 있는 방과 그렇지 않을 방을 떠올려 보면, 정리정돈이 되지 않은 방은 지저분하다는 느낌을 갖게 할 것이다. 또한 먼지가 쌓이고 벌레가 쌓여 아이의 건강을 위협할 수 있다.

따라서 교사는 정리정돈 습관을 지원하기 위하여 첫째, 유아가 정리정돈을 준비하기 위한 신호를 보냄으로써, 스스로 활동을 마무리할 수 있는 시간을 준다. 둘째, 유아가 정리정돈을 할 수 있는 단서를 제공해야 한다. 즉 유아들이 놀잇감을 정리할 수 있도록 본래 있었던 곳의 사진을 찍어 제 위치를 안내할 수 있다. 셋째, 교사는 유아가 정리정돈할 때 이름을 직접 불러 보며 격려하거나 칭찬을 하여 즐겁게 정리정돈하도록 한다.

8) 휴식과 낮잠

휴식과 낮잠은 하루 일과에서 가장 중요한 부분의 하나다. 휴식과 낮잠은 유아의 신체적 · 심리적 활동 후에 유아의 몸을 회복시켜 준다. 또한 피로가 누적되는 것을 방지하고 몸과 마음을 이완시키는 기회를 제공한다.

수면에 대한 요구와 현상은 일생 동안 변화한다. 유아들은 급속하게 성장하므로 잠이 많이 필요하다. 18개월 된 유아는 하루에 거의 16시간의 잠이 필요하다.

2세 된 유아는 12시간, 3~4세 유아는 11.5시간, 5세 된 유아는 11시간 정도의 수면을 필요로 한다. 낮잠은 휴식의 기회를 제공하는 것과 더불어 이러한 평균 수면에 대한 요구를 충족시키도록 돕는다. 불충분한 휴식과 수면은 피로를 유발하는 주된 원인이며, 이는 유아의 성장과 사회적 관계를 방해한다.

수면이 부족한 유아는 식욕부진이나 발달의 장애를 일으킬 뿐만 아니라 짜증이나 신경질을 일으키는 경우가 많다. 유아가 조용히 잘 수 있는 방이 없거나, 잘 시간에 음식을 먹었거나, 손님이 와서 재미있게 놀고 있으면 일찍 자려고 하지 않는다.

유아들의 피로는 활동량이 많은 것에서 기인하는 경우가 많다. 또한 주변 환경이 유아들을 자극하여 쉽게 지치게 한다. 즉 다른 유아들과의 계속적인 접촉, 다양한 활동, 집단 환경에서의 사람의 수, 그리고 집단 내의 여러 사람들의 행동과 목소리는 유아들을 지치게 하는 요인이 된다. 이 외에 스트레스, 부적절한 영양, 더운 날씨, 휴식을 요하는 신체상태 등의 이유로 피로해지게 된다.

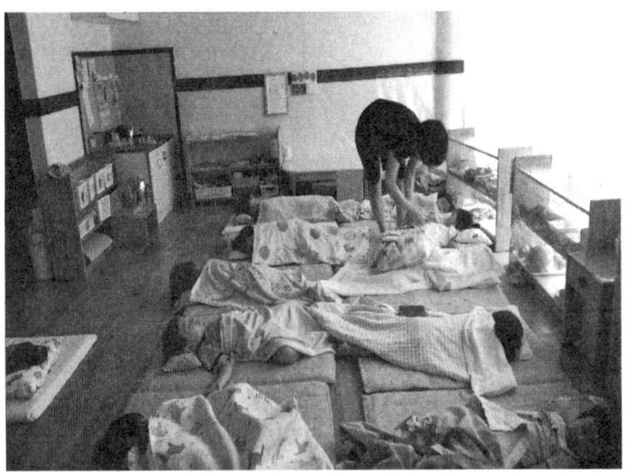

[그림 4-9] 낮잠을 자는 유아들

피로는 유아들마다 다양한 형태로 표현된다. 즉 까다롭게 굴기, 주의산만, 울음, 상황에 과잉반응하기, 다른 유아와 성인을 방해하는 행동, 무관심, 멍함, 비활동성 혹은 과잉활동성 등으로 나타난다. 그러므로 피로를 피하고 새로운 활력으로 다음 활동을 실행하기 위하여 수면, 휴식, 활동에 있어서 개별화된 프로그램이 필요하다.

유아들의 평균 수면시간은 다음과 같다.

표 4-2

수면시간

나 이	잠자는 시간
2개월	18~20
2~6개월	16~18
6~12개월	14~16
1~2세	12~14
2~5세	10~12
5~10세	10

수면의 자세는 엎드려 자게 하는 것이 가장 안전하고 편안한 체위이며 배를 보온하는 체위로 알려져 있으나, 최근에는 이에 대한 논란이 대두되고 있다. 특히, 캐시밀론 이불 등은 미끄럽고 부풀어서 코를 막아 질식시킬 위험이 있으므로 주의해야 한다. 또한, 똑바로 누워 잘 때 만일 토하게 되면, 토한 물질이 기도로 흡입될 위험성이 있으므로 유의해야 한다.

유아교육기관에서 낮잠시간을 효율적으로 운영하기 위해 고려해야 할 사항은 다음과 같다(정미라 외, 2009).

① 부모와의 긴밀한 연락을 통하여 개개 유아의 생활리듬이나 수면습관, 또는 수면과 관련된 유아의 생활 경험을 파악한다. 유아들의 수면습관은 각 가정의 생활양식에 따라 조금씩의 차이가 있을 수 있다. 즉 부모나 다른 가족의 생활리듬이나 유아들의 체질에 따라 어떤 유아들은 일찍 자고 일찍 일어나는 습관이 있는 반면에, 어떤 유아들은 조금 늦게 자고 늦게 일어나는 습관이 있을 수 있다. 어떤 유아는 반드시 낮잠을 자야 하나, 그렇지 않은 유아도 있으며, 전날 저녁 집안에 특별한 일이 있어 유아가 보통 때와 달리 충분한 수면을 취하지 못하고 유아교육

기관에 오게 되는 날도 있고, 그 반대로 다른 날보다 훨씬 많이 자고 유아교육기관에 오게 되는 날도 있다. 교사는 개개 유아들이 가진 수면습관이나 수면과 관계된 생활습관을 파악함으로써 낮잠시간을 보다 효율적으로 운영할 수 있다. 또한 교사가 유아들의 수면 특성을 잘 알고 있을 경우 유아가 새로운 수면습관으로 서서히 적응하도록 조절해 주어 수면습관을 수정해 줄 수 있다.

② 될 수 있는 한 낮잠 자는 방을 준비하고 그렇지 못하면 유아들이 쉽게 잠들 수 있는 환경을 마련한다. 이상적으로 유아들이 낮잠 자는 방을 따로 마련하는 것이 좋으나, 부득이한 경우 유아들의 활동실을 이용할 수 있다. 그러나 이 경우 교사는 낮잠시간 동안 유아들이 교구에 접근할 수 없도록 전 교구장을 가리거나, 교구장과는 먼 쪽에서 낮잠을 자게 한다.

유아들도 성인과 마찬가지로 너무 밝거나 시끄러운 방, 또는 너무 덥거나 추운 방에서는 낮잠을 잘 이룰 수 없다. 따라서 교사는 유아들이 편안하게 낮잠을 이룰 수 있도록 유아교육기관의 여건이 허락하는 범위 내에서 낮잠 자는 방의 실내조명, 온도, 환기, 소음 등을 조절해 주어야 한다. 커튼이나 블라인드를 이용하여 실내를 밝지 않게 하면서 동시에 부분조명을 이용하여 유아들이 무서워하지 않는 아늑한 분위기를 만들어 준다. 외부 온도에 따라 냉방이나 난방장치를 이용하여 적당한 온도를 유지해 주고 이중창 등으로 바깥의 소음을 차단해 준다. 특히 여름에 냉방장치가 없어 선풍기로 대신해야 하는 경우라면 선풍기의 바람이 잠자는 유아들의 얼굴에 직접 닿지 않도록 해 주어야 한다. 강한 선풍기 바람은 잠자는 유아의 호흡을 곤란하게 할 수 있는 위험이 있기 때문이다.

③ 낮잠을 쉽게 잘 수 있도록 일과를 계획해 준다. 유아들도 조금 피곤하거나 배가 부를 때 낮잠을 잘 이룰 수 있다. 따라서 교사는 오전시간 동안 유아들이 정신적으로나 신체적으로 다양한 활동에 적극적으로 참여할 수 있도록 일과를 계획함으로써 유아들의 낮잠을 도와줄 수 있다. 또 낮잠시간 전에 배가 고프지 않도록 점심시간을 계획하는 것도 유아들의 낮잠을 도와주는 방법이 될 수 있다.

④ 낮잠을 자려는 유아를 잠이 쉽게 들 수 있도록 도와주고, 낮잠을 자지 않으려는 유아에게 잠잘 것을 지나치게 강요하지 않는다. 낮잠시간 직전에 교사는 유아

들이 화장실을 다녀올 수 있도록 하고, 낮잠시간이 시작될 때는 조용한 목소리로 책을 읽어 주거나 조용한 음악을 틀어 주어 잠이 드는 것을 도와줄 수 있다.

⑤ 유아들이 낮잠을 자는 동안 적어도 한 명의 교사가 잠자는 방에 있어서 잠자는 유아들을 지켜 주어야 한다. 왜냐하면, 잠자는 동안에도 예기치 않던 여러 가지 상황이 발생할 수도 있으며, 무서운 꿈을 꾸거나 잠에서 깨어난 유아에게 활동실의 환경이 갑자기 낯설게 느껴지거나 무섭게 느껴져 다시는 낮잠을 자지 않게 될 수도 있기 때문이다. 따라서 교사가 방을 지키면서 잠에서 깨어난 유아에게는 조용한 목소리로 적절한 반응을 해 주어 유아들이 불안해하지 않도록 하고, 또 아직 자고 있는 다른 유아들을 방해하지 않도록 해 주어야 한다.

⑥ 잠을 자고 난 자리를 정리하고 다음 활동을 할 수 있도록 도와 준다. 낮잠시간이 끝날 무렵 교사는 유아들이 깨어나는 순서대로 조용히 잠을 잔 자리를 스스로 정리할 수 있도록 도와 준다. 먼저 깨어난 유아는 자리를 정리하고 다른 방이나 또는 활동실의 다른 영역으로 가서 조용한 활동을 하게 한다. 늦게까지 깨어나지 못하는 유아들을 위해 서서히 방의 조명을 밝게 해 주고 경쾌한 음악을 늦게 틀어 주어 낮잠에서 깨는 것을 도와 준다. 잠자리를 정돈한 유아들은 화장실을 다녀오게 하고 조용한 활동부터 시작하게 해서 다음 활동으로 서서히 옮아갈 수 있게 해 준다.

2. 영유아교육기관에서의 급식관리

유아교육기관에서의 급식은 공장이나 직능별 사업장 또는 병원이나 기숙사 등의 집단 여러 곳에서 그 특수성을 살려 실시되고 있는 성인을 상대로 한 단체급식과는 분명히 다르다. 유아를 상대로 한 것이므로 가정이 마땅히 자녀의 양육을 위해 책임져야 한다는 엄연한 사실을 전제하면서도, 가정 못지않게 장차 국가와 사회를 짊어질 2세 국민인 유아가 건강하게 생활할 수 있도록 배려하여야 한다. 이들을 위한 바람직한 식사 제공은 물론, 유아의 연령에 맞는 식사 지도와 식습관을 길러 주고 가정과의 유대를 더욱 강화하여, 이들이 심신 양면의 건강을 평생토록 지속시킬 수 있도록 건강의 기반을 다지는 데 최선을 다하여야 할 것이다.

1) 급식의 의의

유아교육기관에서 급식의 의의를 살펴보면 다음과 같다.

① 합리적인 영양섭취를 통하여 영양개선의 효과를 기대할 수 있다. 같은 지역에 살아도 소득과 가족구성이 다르며 어머니의 식사에 대한 태도와 관심도 다르므로 여러 가지 조건에 의해 개개의 가정에 음식의 기호 및 식습관 등의 식생활은 달라진다. 유아교육기관에서의 점심과 간식의 급식을 통해 성장과 발육 및 건강한 생활에 필요한 1일 필요 칼로리의 1/3~1/2 정도를 확보해야 한다. 유아교육기관에서는 영양 면에서 균형 있는 식사를 통해 유아는 성장과 발육에 필요한 영양소를 섭취할 수 있으며, 가정에서 부족되기 쉬운 영양소를 보충할 수 있다. 또한 영양상태의 개선뿐만 아니라 유아에게 음식에 대한 기호의 충족과 함께 만복감을 느끼게 함으로써 심리적 안정감을 줄 수 있다.

② 올바른 식습관과 식사기호를 형성하고 개선을 도모할 수 있다. 유아기에는 식사의 체험을 통해서 서서히 음식에 대한 이해와 습관, 음식의 기호가 몸에 익히게 되는 시기이다. 교육적인 환경에서 식생활과 관련된 지도를 함으로써 올바른 식습관을 형성하도록 도와주고 편식 등 잘못된 식습관의 교정도 효과적으로 지도할 수 있다. 유아교육기관에서는 많은 유아가 집단으로 식사를 함으로써 가정에서 시정하지 못했던 식습관을 시정할 수 있다.

간식과 점심시간을 통해 유아는 음식을 골고루 적당량을 섭취하기, 수저와 식기의 올바른 사용, 밥을 흘리지 않고 먹기, 자신이 먹을 수 있을 만큼 덜어서 먹는 등 식사 중에 지켜야 할 기본적인 태도나 예절을 학습하게 된다.

③ 통합적인 교육활동을 실시할 수 있다. 간식 및 점심 급식시간은 영양 및 건강교육을 위한 실천적인 장이므로, 이 시간을 활용하여 영양 및 건강에 대한 기본적인 정보나 지식을 제공할 수 있다. 또한 또래들과 함께 준비 및 정리에 참여하고 먹는 경험을 통해 사회적, 언어적, 정서적 발달을 이룬다.

④ 경제적인 측면에서 급식의 단가를 낮출 수 있다. 가정에서 식사를 마련하는 데 따르는 시간, 노력, 그리고 경비를 줄일 수 있다. 도시락과 간식을 집에서 가져올 경우, 가정에서 영양이 풍부하면서 유아들이 잘 먹을 수 있는 음식을 매일 준비하는 데는 어려움이 있다. 특히 유치원의 종일제 프로그램과 어린이집에 자녀를 보내는 가정은 어머니가 취업을 하고 있는 경우가 대부분이므로 음식을 준비하는 것은 커다란 부담이 된다. 단체 급식을 실시할 경우 체계적 식단 계획으로 균형잡힌 영양을 제공할 수 있고, 대량 구매와 조리에 의해 급식 단가를 낮출 수 있어 개별 가정에서 음식을 준비하는 것보다 비용과 수고를 감소시킬 수 있다

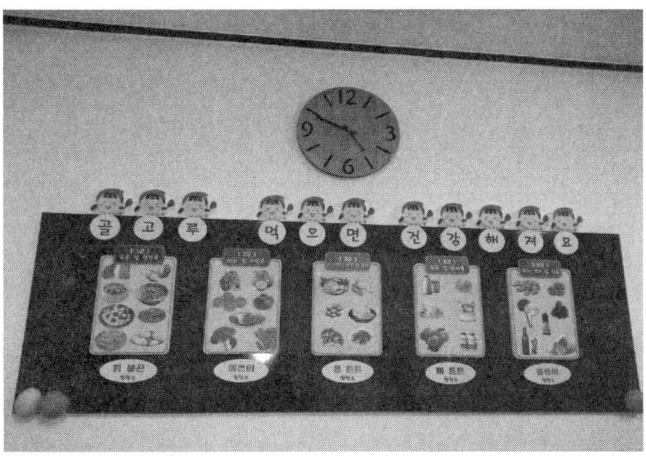

[그림 4-10] 기관에서의 영양 교육

2) 식단의 기본 계획

유아교육기관에서 식단의 계획은 영양사가 수립하는 것이 원칙이다. 그러나

일정 규모 이하의 유아교육기관에서는 전문가 및 단체의 도움으로 교직원이 식단을 계획하기도 한다. 식단 계획을 누가 하건 유아의 성장과 발달에 도움이 되는 식단에 대한 교사들의 이해는 유아의 건강교육에 있어 매우 중요하다. 유아를 위한 식단 계획 시 고려할 점은 다음과 같다(조경자 외, 2010).

① 영양적 필요를 충족시켜야 한다. 유아의 영양적 필요를 충족시키기 위해 유아에게 필요한 일일권장량을 고려하고 각 식품군이 포함되도록 한다. 특히 신체 발육에 필요한 양질의 단백질과 칼슘을 충분히 공급받을 수 있도록 식단을 구성한다. 또한 지방과 콜레스테롤 섭취량을 너무 제한함으로써 에너지와 필수지방산 부족 및 지용성 비타민의 흡수저해가 초래되지 않도록 식단을 구성한다.

② 유아들이 즐겁게 먹을 수 있어야 한다. 유아기 어린이들은 성장 속도가 느려지면서 식욕이 저하되고 기호의 변화가 심하다. 즐겁게 음식을 받아들이고 미각을 개발하기 위해 음식의 색, 냄새, 질감, 형태, 온도 등과 같은 감각적 특성을 살리도록 한다. 이러한 감각적 특성은 유아가 음식을 선택하는 데 중요한 역할을 한다.

③ 친숙한 음식과 새로운 음식을 균형있게 제공한다. 친숙한 음식을 제공함으로써 유아를 편안하게 하되 새로운 음식을 적절히 제공함으로써 골고루 음식을 섭취하는 바람직한 식습관을 형성하도록 한다.

④ 변화있는 식단을 제공한다. 반복해서 먹게 되는 음식에는 대부분 쉽게 싫증을 느끼므로 새로운 음식이 포함되도록 식단을 구성하는 것이 바람직하다. 식단은 유아교육기관의 일과 운영시간, 식단을 작성하는 사람에 따라 다르다. 계절적 요인, 질감, 색, 맛, 문화적 다양성들이 식단 계획에 포함되어야 한다. 일단 식단을 계획해 놓으면 시간이 절약되고 식품의 이용이 보다 효율적이 될 수 있다. 일정시간 동안 제공될 모든 종류의 음식의 윤곽을 알게 됨으로써 같은 음식을 빈번히 반복해서 주는 것을 피할 수 있다.

유아의 식품군별 1일 권장 섭취횟수는 다음과 같다.

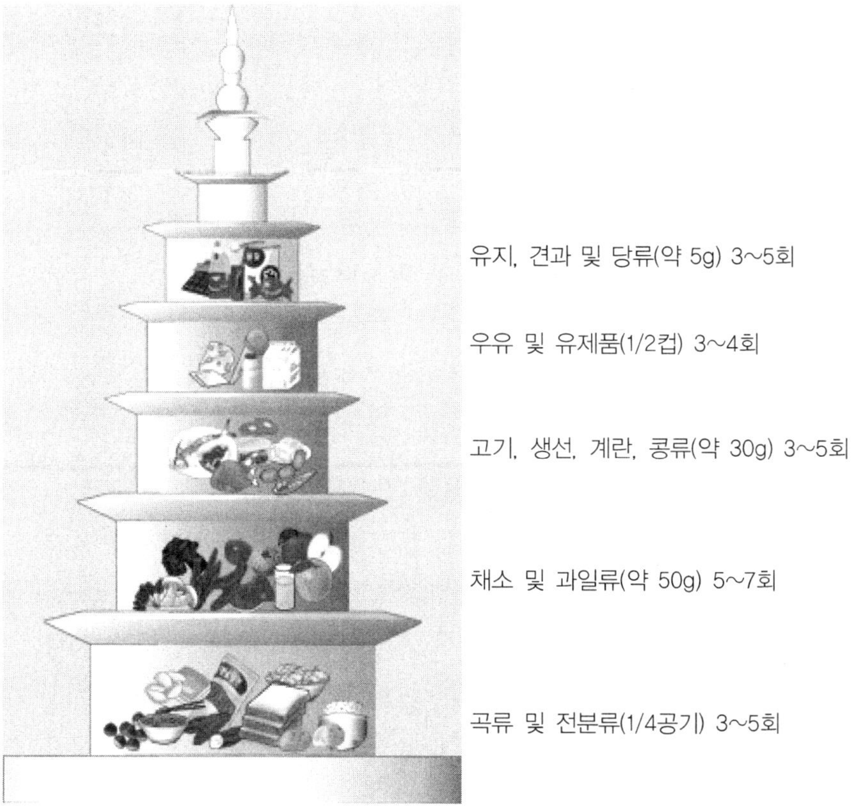

[그림 4-11] 식품구성탑(유아의 식품군별 1일 권장섭취 횟수)

유아교육기관에서의 유아영양관리에 대한 고려사항은 다음과 같다.

첫째, 유아기는 균형잡힌 영양공급이 매우 중요하다. 따라서 유아들의 교육을 담당하고 있는 유아교육기관에서의 급식은 영양적으로 균형을 이루어야 하며, 유아의 영양소권장섭취량을 충족시켜야 한다.

둘째, 유아기에 형성된 식습관은 일생에 걸쳐 이어지므로, 평생 건강을 위해서는 어려서부터 영양관리가 필요하다.

3) 급식지도의 목표

(1) 급식지도의 목표

유아교육기관에서 급식지도의 목표는 다음과 같다.

① 일상생활에 있어서 식사에 대하여 바르게 이해하고 바람직한 습관을 기른다.
② 단체생활을 풍요롭게 할 수 있도록 밝은 사교성을 기른다.
③ 식생활의 합리화, 영양의 개선으로 건강증진을 도모한다.
④ 식량의 생산, 배분, 소비 등을 균형 있고 바르게 이해시키기 위한 것 등으로, 식사를 통한 예의 및 생활 규율을 익히고 우정을 쌓고 협동 · 협조의 정신을 배양하게 된다. 동시에 식사를 통하여 유아의 마음을 흡족하게 하고, 자주적이고 자율적인 개성을 기르고 협동 · 협력의 정신을 몸에 익히게 된다.

이상에서 밝힌 것처럼 단체 급식은 급식 자체의 과학성과 합리성을 유지하고 달성하기 위해 영양적으로 좋은 식사를 제공해야 할 필요가 있다. 영양적으로 좋은 급식은 교육면에서 뿐만 아니라 발육과 건강의 유지 및 증진에 기여하게 되고, 지역사회의 식생활 개선에도 큰 역할을 하게 된다.

단체 급식은 가정과 지역사회와의 관계가 밀접한 것이므로, 좋은 급식의 목적을 달성하기 위해서는 많은 노력이 필요하다.

(2) 급식지도의 기본원리

유아들의 식생활지도는 식사 전후를 통하여 일상적으로 이루어져야 하는데, 구체적으로 살펴보면 다음과 같다.

① 좋은 식습관을 갖게 하기 위한 사항을 정리하면 다음과 같다.

- 음식물을 덜어오게 한다.
- 음식을 매력적으로 보이도록 그릇에 담고 작은 크기로 만든다.
- 그릇에 넘치지 않게 담고 예쁘게 담도록 한다.
- 새로운 음식을 먹어 보는 경험을 하는 기회를 준다.
- 새로운 환경에서 식사하는 경험을 하게 한다. 예를 들면, 음식점에서, 공원에서, 친구들과 식사하는 경험이다.
- 몸에 좋은 음식과 나쁜 음식이 무엇인지 가르쳐 준다.
- 과일이나 간식은 식사 후에 제공한다.
- 너무 배고프게 기다리게 하여 흥분하게 하지 않도록 한다.
- 뇌물로 음식물을 사용하지 않는다.

② 음식물을 제공하기 전의 지도 내용은 다음과 같다.

- 식사나 간식 전에 반드시 손을 씻는다.
- 식탁 및 의자를 바르게 놓고 깨끗이 한다.
- 식탁 준비를 돕는다.
- 바른 자세로 앉는다.
- 자리에 앉아 식사가 준비될 때까지 조용히 기다린다.
- 감사하는 마음을 표현한다.
- 유아의 신체 크기에 맞는 높이의 식탁을 준비한다.
- 미끄러지지 않는 접시, 깨지지 않는 컵을 준비한다.
- 새로운 음식을 소개한다.

③ 음식물을 먹을 때의 지도 내용은 다음과 같다.

- 성인이 먼저 수저를 들고 나서 유아가 식사를 시작한다.
- 바른 자세로 먹는다.

- 그릇과 수저를 바르게 사용한다.
- 먹을 수 있는 양만큼 덜어 오게 한다.
- 반찬과 밥은 한쪽부터 먹는다.
- 음식물을 꼭꼭 씹어 먹는다.
- 흘리지 않게 조절하여 먹는다.
- 밥과 반찬을 골고루 먹는다.
- 편식하지 않고 골고루 먹는다.
- 식사의 양을 적당히 조절하여 먹는다.
- 입가에 묻은 음식물을 휴지로 깨끗이 닦으면서 먹는다.
- 식사시간에 돌아다니지 않는다.
- 음식물을 입 안에 넣고 소리를 내거나 말을 하지 않는다.
- 상하거나 더러운 음식물을 먹지 않는다.
- 적당한 시간 안에 먹는다.
- 즐겁게 대화를 하면서 먹는다.

④ 음식물을 먹은 후의 지도 내용은 다음과 같다.

- 입가에 묻은 음식물은 휴지나 손수건으로 닦는다.
- 흘린 것은 자기가 주워서 자기 주위를 깨끗이 한다.
- 감사하는 마음을 표현한다.
- 먹은 자리를 깨끗이 치운다.
- 자신이 사용한 식기는 정해진 장소에 가져다 놓는다.
- 식사 후에는 반드시 이를 닦는다.

[그림 4-12] 급식준비

[그림 4-13] 급식지도

4) 간식

간식이란 식사와 식사 사이에 음식을 먹는 것이며, 세 끼의 식사로 부족한 영양소를 보충하는 보충식의 의미뿐만 아니라 기분을 즐겁게 하고 정서를 풍부하게 만드는 효과의 의미를 가진다.

간식의 양은 하루의 에너지 필요량의 10~15%가 적당하다. 간식은 양이 너무 적으면 만족감을 줄 수 없고 지나치게 많으면 다음 식사의 식욕을 감퇴시키게 된다. 유아기 전반인 1~2세는 오전 10시와 오후 3시경의 2회로 하고, 후반인 3~6세에서는 오후 3시경 1회가 바람직하다. 다음 식사시간까지는 적어도 2시간 정도의 간격이 있어야 한다. 간식시간, 분량, 종류 등이 알맞게 배분되어야 하고, 아침 식전이나 자기 직전에 간식은 식욕부진과 편식의 원인이 되기 때문에 유의해야 한다. 따라서 간식을 주는 시간은 정해 놓고 규칙적으로 주며 양을 결정하여 실천해야 한다.

(1) 유아들에게 간식으로 적절한 식품

유아들에게 간식으로 적절한 식품은 다음과 같다.

- 에너지원 : 곡물식, 빵, 감자, 고구마, 떡, 쌀로 만든 과자

• 단백질, 칼슘원 : 우유, 두유, 요구르트, 치즈, 달걀, 푸딩, 콩으로 만든 미숫가루
• 비타민과 무기질원 : 신선한 채소와 과일
• 음료 : 설탕이 가미되지 않은 무가당 주스, 우유, 두유, 요구르트, 미숫가루, 전통음료, 보리차

(2) 유아들에게 간식으로 적절하지 않은 식품

유아들에게 간식으로 적절하지 않은 식품은 다음과 같다. 칼로리가 높고 설탕과 지방이 많이 함유된 식품은 간식으로 적절치 않다. 구체적으로 콜라와 같은 청량음료나 사탕, 초콜릿, 스낵류는 열량이 높으나 다른 영양소를 공급해 줄 수 없으며 다량의 설탕, 소금을 함유하고 있으므로 바람직하지 않다.

[그림 4-14] 간식을 먹고 있는 유아

[그림 4-15] 부모와 함께 하는 간식시간

5) 급식의 위생관리

소홀한 위생관리로 식중독이나 전염병이 발생되면 유아의 성장 · 발달 및 건강유지에 지장을 초래하고 유아의 가족에게 전염될 수 있으므로 사전에 예방하여야 한다. 영유아는 성인에 비해 식중독을 일으키는 물질에 대해 취약한 집단이다.

그러므로 성인들을 대상으로 한 단체급식에 비해 더욱더 위생적인 급식관리가 요구된다. 식중독은 과거에는 주로 여름이나 초가을에 걸쳐 자주 발생하였으나, 최근에는 계절에 관계없이 발생하고 있으므로 연중 철저한 위생관리가 이루어져야 한다. 또한 식중독을 유발하는 식품은 육류, 생선 등의 동물성 식품이 주를 이룬다고 알려져 있으나 최근에는 채소나 과일에 의한 식중독 사고도 빈번하게 발생하고 있어 이에 대한 취급 주의가 필요하다.

(1) 시설 및 기구의 위생관리

급식 시설 및 기구의 철저한 위생관리는 영유아 급식관리에 있어 가장 기본적인 것이라 할 수 있다. 위생관리 시 고려하여야 할 사항은 다음과 같다(신은수 외, 2009).

① 조리실의 온도 및 습도 관리를 위하여 냉난방시설 및 환기시설 등이 용량을 갖추도록 하여야 한다.

② 조리장의 후드는 발생되는 열 및 증기가 즉시 배출되고, 응축수가 식품에 직접 떨어지지 않는 구조로 만들어야 한다.

③ 조리실, 식당 등의 출입문과 창문에 방충, 방서설비가 적정하게 되어 있고 파손된 곳을 없도록 유지하여야 한다.

④ 조리장에는 손씻는 시설이 잘 구비되어 있어야 하고 올바른 손 세척 방법에 대한 안내문을 부착하도록 한다.

⑤ 식기, 행주는 열탕 소독(100℃, 30초 이상)이나 증기소독(110~120℃, 30분 이상)이 가장 안전하다.

⑥ 도마, 작업대는 차아염소산나트륨용액(락스)으로 소독한다.

⑦ 창고는 조리실보다 바닥을 높게 하며, 장기저장식품(쌀, 잡곡류, 유지류 등)의 운반이 용이하도록 외부 및 내부 출입문을 만들고 환기시설을 설치한다.

⑧ 급식실 바닥과 벽면은 음식물 찌꺼기로 인하여 곰팡이가 생기기 쉬우며

미끄러질 수 있으므로 매일 청소를 한다. 1주일에 한 번씩 세제를 이용하여 깨끗이 닦아 준다.

⑨ 배수통에 음식 찌꺼기가 남아 있으면 악취가 나고 쥐가 서식할 수 있으므로 주의한다.

[그림 4-16] 도마 살균 보관

[그림 4-17] 식기재료 건조기

(2) 개인의 청결

음식을 조리하고 제공하는 데 관련된 사람들은 청결 유지에 각별히 유의하여야 한다. 음식으로 인한 질병은 청결치 못한 데서 올 수 있기 때문이다.

유아교육기관에서 일하는 사람들은 결핵을 비롯한 전염성 질환이 없어야 한다. 정기적인 신체검사를 통해 질병 여부를 확인하여야 한다. 감기, 호흡기 질환, 배탈 또는 목의 감염이 심각할 경우, 손에 상처를 입었을 경우에는 음식을 다루지 말아야 한다. 음식을 마련하는 일을 대신할 사람이 없는 경우 기관에서는 조리기술이 별로 필요하지 않은 식품으로 대체할 수 있다.

식품을 다루는 사람은 깨끗한 옷을 입고 앞치마를 자주 갈아입어야 한다. 음식을 다룰 때는 머리에 수건을 두르거나 망을 쓴다. 또한 식품을 다루는 중에는 껌 같은 것을 씹지 않아야 한다. 침이 음식에 들어갈 수 있기 때문이다. 무엇보다 손씻기가 가장 중요하다. 일하기 전, 음식을 만지기 전, 음식이 아닌 것을 만진 후에, 다른 음식 종류를 다루는 사이에, 화장실을 다녀온 후, 기침이나 재채기 또는 코를 닦은 후 철저하게 손을 씻어야 한다.

(3) 식품관리

① 식품 구입

구입한 고기류는 한 번에 사용할 수 있는 만큼 나누어 랩에 싸서 보관한다. 캔 제품은 유통기한을 조사하고, 부식되거나 깨지지 않은 것을 고르고, 뚜껑이 불룩한 것은 부패되었을 수 있기 때문에 사지 않는다. 식품을 구입 후에는 즉시 냉장고에 보관하고, 만일 더운 날씨 중에 운반과정이 1시간 이상 길어질 경우에는 상하기 쉬운 음식물을 싸서 아이스박스에 넣고 자동차 뒷좌석에 넣어 운반한다. 안전한 식품구입을 위한 과정은 다음과 같다.

- 우유 및 유제품은 저온 살균법, 고온 순간살균법, 초고온 살균법에 의해 소독된 우유를 구입한다.
- 달걀은 날짜를 확인하고, 금이 가거나 깨진 것을 구입하지 않으며, 깨끗하게 위생 처리된 위생란을 구입한다.
- 육류는 농수산부 검사를 거친 것을 구입하고, 색상, 냄새, 포장, 온도상태를 검사하여, 냉동 육류의 경우에는 녹았던 흔적이 없는지를 확인한다. 갈은 고기를 구입할 때는 갈을 때 생성된 육즙과 표면적 증가로 세균증식이 더 쉬우므로 주의해야 하며, 내장 부위, 다리, 꼬리, 목, 날개 부위는 세균 오염도가 더 크므로 주의해서 살펴보아야 한다.
- 생선 및 조개류는 근육조직이 단단하고 눈과 아가미 부분이 신선해야 한다. 형태가 변형된 것, 생선 고유의 냄새 이외의 다른 냄새가 나는 것을 구입해서는 안 된다. 생선은 얼음에 채워 유통된 것이나 냉동된 것, 냉장된 것을 구입해

야 한다.

- 통조림 식품은 통이 파손되거나, 불룩하게 튀어오른 것, 새거나 녹이 슨 것은 상했을 가능성이 있으므로 구입해서는 안 된다.
- 곡류는 곰팡이가 피어 있거나, 색깔이 변질되어 있거나, 해충이 번식한 것은 구입하지 않아야 한다.

식품별 구입 빈도를 정리하면 다음과 같다(〈표 4-3〉 참조).

표 4-3

식품별 구입 빈도

구입 빈도	식품의 종류
매일	우유 및 유제품, 두부, 상하기 쉬운 채소류 혹은 버섯류, 딸기와 같이 상하기 쉬운 과일류
1~3일	채소류, 과일류, 육류, 생선류
1주일	달걀, 저장이 가능한 당근, 양파, 감자와 같은 채소류
1개월	해초류나 마른 버섯 등의 건조식품, 조미료, 고추장, 된장, 주식류, 잡곡류

② 식품 보관

음식물을 구입할 때부터 올바로 선택하고 적합한 조리방법과 취급방법을 알아두어야 한다. 냉장은 상하기 쉬운 식품의 품질과 안전성을 유지하기 위하여 가정이나 유아교육기관에서 가장 많이 사용하고 있는 방법이다. 냉장을 함으로써 얻을 수 있는 장점은 식품의 향미를 유지하고, 과일과 채소 등의 신선도를 유지할 수 있으며, 음식물의 폐기를 감소하고, 영양소의 손실을 방지하는 등을 들 수 있다. 또한 저온저장은 박테리아, 효모, 곰팡이의 번식을 멈추거나 지연시킴으로써 식중독이나 변질을 저지시킨다.

박테리아는 환경이 열악하므로 질병을 매개하는 기능을 하나 주변을 청결하게 하면 해가 되지 않는다. 더욱이 우리에게 유익한 박테리아도 있다. 그러나 음식물을 잘못 보관하거나 세균이 번식할 수 있는 조건에 두면 안 된다.

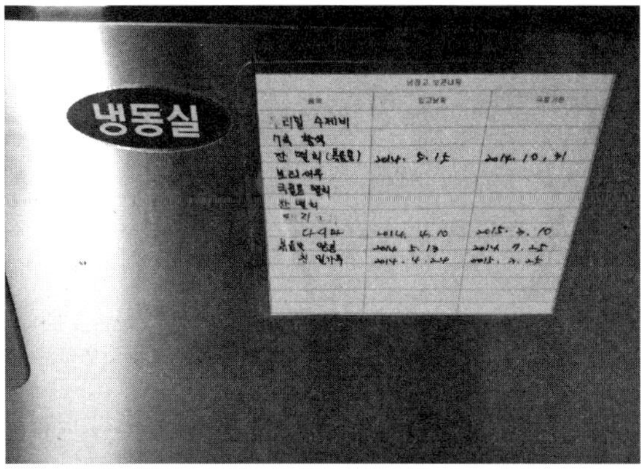

[그림 4-18] 냉동 보관식품 유통기한 기록

냉장고나 냉동고 온도는 적절히 조절하되 보통 냉장고는 5℃ 이하로, 냉동고는 영하 1.75℃ 이하로 한다. 구입해 온 고기 종류는 즉시 냉동 또는 냉장으로 보관한다. 냉장고 안에서 고기, 닭고기 등에서 흐르는 육즙을 막기 위해서는 비닐백에 넣어 두는 것이 좋다. 생고기 또는 생선을 만지기 전후에는 반드시 20초 동안 비누로 손을 씻어야 세균의 오염을 막을 수 있다. 캔 제품은 서늘하고 건조한 곳에 보관하는 것이 좋다. 싱크대 아래에는 음식물을 보관하지 않는다. 신선한 식품의 저장을 위한 권장 온도의 범위는 다음과 같다(김숙희 외, 1995; West, Wood, Harger, & Shugart, 1977).

① 세균의 성장이 가장 활발한 온도는 사람의 체온에 해당하는 36.5℃이다.

② 상하기 쉬운 모든 식품저장을 위한 최대 가능 온도는 7~10℃이다.

③ 바나나를 제외한 과일, 채소, 대부분의 상하기 쉬운 식품저장 온도는 1~7℃이다.

④ 우유나 유제품의 저장온도는 3~8℃이다.

⑤ 육류와 닭고기의 저장온도는 1~3℃이다.

⑥ 생선 및 어패류의 저장온도는 -5~-1℃이다.

⑦ 냉동식품의 저장온도는 -18~-29℃이다.

식품 종류별 저장조건은 〈표 4-4〉에 제시되어 있다.

표 4-4

식품 종류별 저장조건

식품의 종류	저장조건
육류	도살된 후부터 식용으로 사용되기까지 모든 단계에서 냉장 또는 냉동상태로 보관되며, 3~4일 정도 저장할 때는 4℃ 이하로 냉장 보관하며, 장기간 저장할 때는 냉동으로 보관한다.
달걀	씻지 않고, 냉장상태로 보관한다.
생선	내장을 제거한 후 소금물로 깨끗이 씻어 물기를 없앤 다음, 다른 식품과 분리하여 보관한다.
두부	반드시 찬물에 담구어 냉장 보관하는 것이 좋다.
우유	4℃ 이하로 냉장 보관하여야 하며, 유통기간을 반드시 지키도록 한다.
양파, 감자, 고구마	오래 보관할 경우에는 껍질을 벗기지 않고 서늘한 곳에 보관한다.
간장	곰팡이가 생길 경우에는 그 부분을 제거하고 한 번 더 끓여 보관한다.
된장, 고추장	곰팡이가 생길 경우에는 그 부분을 걷어 내고 소금을 적당히 뿌려 둔다.
젓갈	서늘하고 그늘진 곳에 뚜껑을 잘 닫아 보관해야 한다.

③ 식중독

식중독이란 음식품을 섭취한 후 구토, 복통, 두통, 현기증 및 발열 등을 일으키는 질환을 말한다. 연 중 5~9월 사이에 식중독이 92%가 발생한다. 유아교육기관은 이 시기에 식중독을 예방하기 위하여 주의를 기울여야 한다.

가) 식중독의 분류

식중독의 요인은 식중독 세균에 의한 식중독, 식품 내 함유된 자연독 성분과 첨가물이나 식품포장재로부터 유출된 성분이 식품에 침투하여 음식물과 함께 섭취하게 되는 화학유독 성분에 의한 식중독이 있다. 식중독은 세균의 오염을 통해 직접 감염된다. 그러나 호흡기 질환이 있을 때 기침이나 재채기를 통해 원인균이 식품에 유입될 수 있고, 소화기계 질환이 있을 경우 용변이나 청결하지 않은 손을 통해 조리된 음식에 유입되어 식중독을 일으킬 수도 있다. 그러므로 항상 조리 시 위생 관리를 철저히 하여 유아의 식중독을 예방하도록 한다. 식중독의 분류와 감염경로에 대한 부가 설명은 〈표 4-5〉에 제시되어 있다.

표 4-5

식중독의 분류 및 감염경로

분류	종류	원인 식품	감염경로
세균성 식중독	살모넬라성 식중독	육류, 가금류, 난류, 불고기, 샐러드, 마요네즈, 어패류, 어육 연제품, 도시락, 튀김	쥐나 개, 고양이에 의해 식품이 오염되거나 돼지, 소, 닭이나 달걀이 원인 식품이 되기도 한다. 이 균은 열에 약하므로 먹기 전에 충분히 가열하여 주면 예방할 수 있다.
	포도상구균 식중독	김밥, 도시락, 떡, 우유, 크림, 버터, 치즈	포도상구균은 인체의 인두에 널리 분포되어 있는 균이다. 이 포도상구균이 식품 취급자의 손에 난 상처(절상)를 통해 감염되거나 화상, 무좀을 통해 식품에 오염되었을 때 섭취 후 장 내에서 독소를 생성하여 식중독이 발생한다. 따라서 상처 난 손으로 식품을 다루지 말아야 하며, 음식은 저온에서 보관하고 식기는 멸균하여 식품의 오염을 방지하도록 한다.
	보툴리누스 식중독	절임 어류, 열처리가 불충분한 통조림	
	장염비브리오 식중독	근해산 어패류의 생식	장염비브리오균은 바닷물을 통해 생선에 유입되어 생선 자체나 생선을 다룬 도마, 칼, 행주, 손, 개수대 등을 통해 감염된다. 대개 어패류의 생식이 문제가 되므로 익혀 먹는 것이 좋다.
자연독에 의한 식중독	식물성 독	독버섯류, 콩과 식물, 감자싹, 목화씨, 생고사리, 벌꿀	
	동물성 독	복어, 조개	
	미생물 독	백각의 알칼로이드(alkaloid), 곰팡이류에 의한 것	

분류	종류	원인 식품	감염경로
화학물질에 의한 식중독		잔류 농약, 중금속, 합성세제, PCB, 방사선물질 등	식품 가공 공정에서의 잔류 농약이나 환경오염물질, 첨가물 등의 성분이 식품에 침투하여 발생된다.

나) 식중독 예방법

세균성 식중독의 병원세균은 사람과 기구류, 식품 등에 붙어 미생물이 생존할 수 있는 수분, 영양, 온도와 시간이 적합하면 증식하므로 병원세균의 감염경로 및 사멸, 증식의 생태를 알고 예방책을 강구할 필요가 있다.

식중독을 예방하기 위한 실천준수 사항은 다음과 같다.

㉠ 조리환경을 청결히 한다.

- 병따개, 칼, 조리용구, 행주 등은 정규적으로 닦고 소독한다.
- 의복과 타월, 장갑은 자주 삶아서 빤다.
- 종이타월을 사용하여 흘린 음식을 닦는다.
- 바닥을 닦는 걸레는 음식을 다루는 곳으로부터 멀리 두고 항상 청결한 상태를 유지한다.
- 쓰레기통은 음식물로부터 멀리 두고 정규적으로 소독한다.

㉡ 조리과정과 배식을 신속히 한다.

- 식품을 실온에 방치하는 시간을 짧게 하기 위하여 신속히 조리하고, 조리부터 식사까지의 시간을 단축하도록 한다.
- 보관온도가 미생물 번식의 최적온도가 되지 않도록 주의한다.

㉢ 냉각과 가열에 항상 주의한다.

- 냉장고는 항상 4℃ 이하, 냉동고는 -18℃가 되도록 하고 자주 성에를 제거하고 깨끗이 닦는다.

- 냉장고일지라도 익힌 것과 익지 않은 날 음식은 따로 보관한다.
- 조리 후 보존하는 식품은 되도록 빨리 냉각시키고 급식 시에는 가열하여 사용한다.
- 항상 만든 음식을 뚜껑을 닫아서 보관한다.
- 모든 표면은 적어도 하루에 한 번씩 닦아 준다.

연구 문제

1. 유아들의 좋은 식생활습관을 갖게 하기 위한 방안에 대해 논하시오.

2. 간식으로 적절한 식품과 적절하지 않은 식품에는 어떤 것이 있는지 조사하시오.

3. 식품의 안전을 위한 방안을 알아보시오.

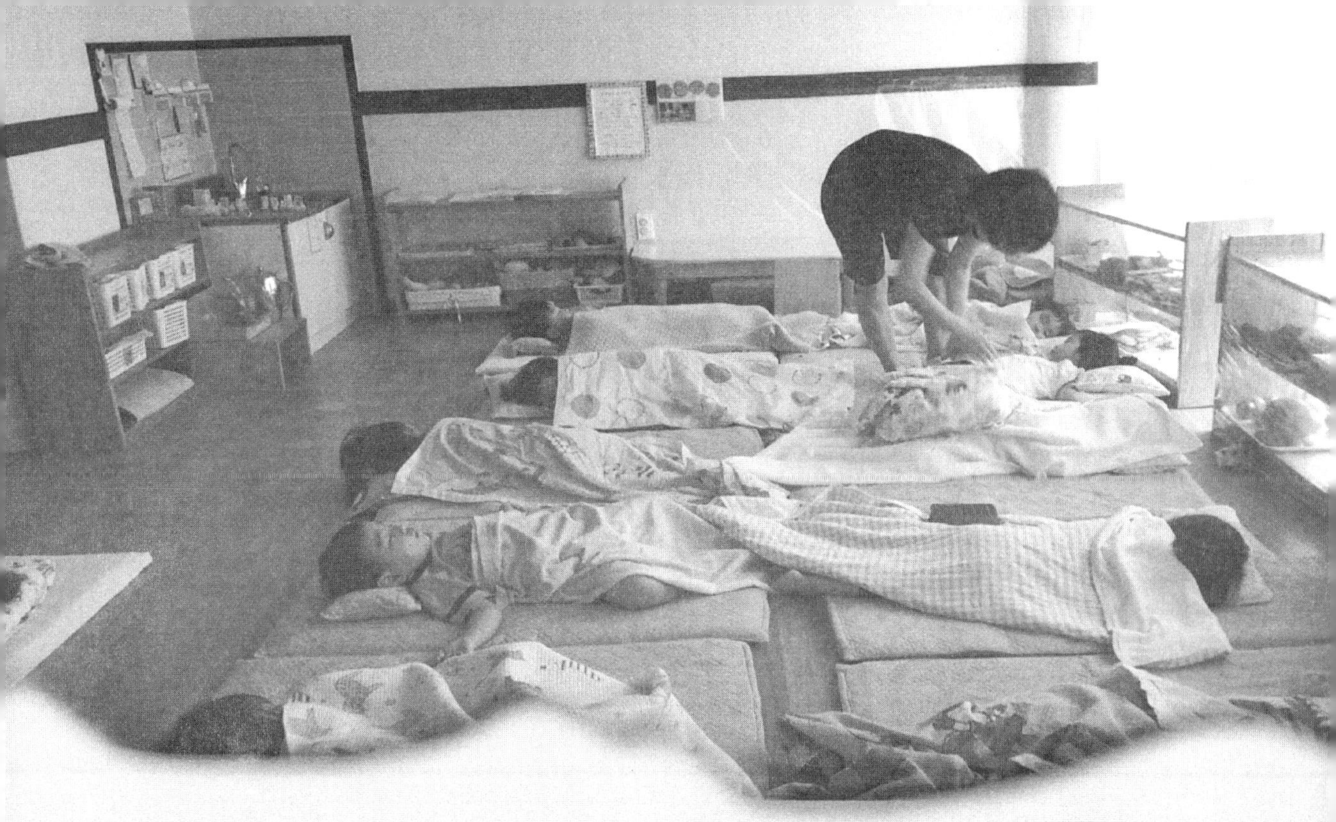

제 5 장

유아 영양교육과 요리활동

1. 영양 및 건강교육의 목적
2. 요리활동과 영양 및 건강교육
3. 요리활동에 기초한 영양 및 건강교육의 개념과 내용
4. 요리활동 운영 시 고려 사항
5. 요리활동을 활용한 유아 영양 및 건강교육의 실제
6. 유아교육기관에서의 다양한 영양 및 건강교육방법

유아교육기관에 다니는 영유아들은 많은 시간을 교육기관에서 보내게 되므로 영양공급에 대한 전문적인 계획에 따른 실천은 물론, 식생활에 대한 기본생활습관을 익히는 교육이 반드시 수반되어야 한다. 5장에서는 영양교육의 목적과 영양 및 건강과 관련된 요리활동의 교수원리, 요리활동 외에 영양교육을 위한 다양한 교수방법 등에 대해서 알아본다.

1. 영양 및 건강교육 목적

1) 영양 및 건강교육의 목적

영양교육(nutrition education)을 영양지도(dietary guidance)라고도 하는데, 개인이나 집단이 현재의 영양과 식생활에 대한 지식, 태도 및 행동에서의 문제점을 학습경험을 통하여 인식하고 해결방법을 습득하여 앞으로의 식생활을 개선할 수 있도록 유도하는 하나의 실천과학이다.

유아기 영양 및 건강교육의 목적을 살펴보면 다음과 같다.

① 유아들이 식품과 영양에 관한 지식, 기술을 이해시키는 데 목표를 둔다.
② 유아들이 먹고자 하는 의욕을 일으켜 관심을 갖게 하여 납득시킨다.
③ 감정과 의지를 일으켜 먹지 않으려는 생각을 바꾸게 한다.
④ 유아들의 먹는 태도와 행동을 변화시킨다.
⑤ 실천을 통하여 유아들이 식품 섭취를 촉진시키는 계기를 만들어서 식생활을 개선시킨다.

따라서 유아를 위한 영양교육은 식생활개선을 목적으로 하기 때문에, 교육방법에 있어서 가끔 잘못된 영양지식으로 나쁜 영향을 주는 것을 예방하고 자기 스스로 이를 올바른 건강상태로 바꾸어 놓게 하는데 그 목적이 있다.

유아의 건강은 임신기 어머니의 식사뿐만 아니라 훨씬 이전의 모체의 영양상태에 따라서도 좌우된다. 영양상태가 좋은 모체에서 건강한 아기가 탄생되며, 심신발달의 중요한 초급속도 성장기이며 기초를 쌓는 유아기의 영양은 매우 중요하다. 영양이 모든 생물체에 있어서 중요한 것이 되지만, 인간에게 있어서는 출생 전 태아기와 모체에 있어서 임신 전부터 영양이 강조된다.

지능발달의 경우 약 50%가 수태~4세 사이에, 그리고 발달의 30%가 4~8세 사이에 이루어진다고 하며, 이 때의 영양 상태는 뇌세포 발달에 중대한 영향을 준다고 한다. 이와 같이 유아기 영양의 중요성은 건강한 신체발달, 정신발달에 중요한 요인이 되기 때문이다.

유아기의 영양 및 건강교육을 위한 기본 원칙은 다음과 같다.

① 식사습관 교육은 가능한 한 빠른 시기에 시작해야 한다. 이유기를 지나면서 성인과 유사한 식생활을 할 때부터 바람직한 식생활 교육이 시작되어야 하며, 이미 잘못된 식사습관이라도 유아기에는 계속적인 지도를 통하여 교정이 가능한 시기이기 때문이다.

② 유아의 신체적 · 지적 발달과정에 적합한 내용으로 식사습관의 자립을 진행시켜야 한다. 유아의 신체기능과 이해력을 기준으로 연령에 따라 적합하게 지도하여야 한다. 아무리 바람직한 교육내용이라고 하더라도 도저히 따라 할 수 없는 내용이라면 효과를 기대할 수 없기 때문이다.

③ 영양교육은 처음부터 끝까지 일관성 있는 태도로 지도를 해야 하며 예외를 인정하지 않는 것을 원칙으로 해야 한다. 왜냐하면, 유아의 식사습관 행동은 모두 같지 않기 때문에 일관성이 없으면 혼란이 오기 때문이다.

④ 영양교육 시에 칭찬을 통해 강화해야 한다. 좋은 행동은 칭찬하고 좋지 않은 행동을 할 때에는 즉시 정확하게 지적해 주어 유아 스스로가 어떤 행동이

옳고 어떤 행동이 잘못인가를 알 수 있게 한다. 일반적으로 꾸짖는 것보다 칭찬하는 것이 교육적인 효과가 크다.

⑤ 인내심을 가지고 사랑으로 지도해야 한다.

⑥ 유아의 호기심을 만족시켜야 한다.

2) 영양 및 건강교육의 내용

유아에게 교육할 영양 및 건강교육의 내용을 정리하면 다음과 같다.

① 식품과 음식에 대한 이해도를 높인다.
- 식품의 종류와 이름을 알도록 한다.
- 같은 재료의 식품도 서로 다른 음식으로 만들어질 수 있다.
- 여러 가지 가공식품에 대하여 알도록 한다.
- 식품이 처리되어 가공되는 공정에 대하여 교육시킨다.

② 식품의 기능과 음식물의 여러 가지 역할에 대하여 알도록 한다.

③ 식품과 신체와의 관계에 대하여 이해하도록 한다.

④ 식품섭취와 건강과의 관계에 대하여 이해하도록 증진시킨다.

⑤ 유아들에게 건강과 영양의 관련성을 알도록 한다.

영양교육의 기본 개념과 단원별 활동과의 관계를 그림으로 정리하면 다음과 같다.

영양 및 성장 · 발달
(음식은 성장과 건강에 꼭 필요하다)

- 요리사 소개하기
- 매일 마시는 물
- 내가 먹을 수 있는 음식은 무엇일까요?
- '나'를 소개하는 박물관
- 요리사나 주방장
- 신나게 움직여요.
- 많이 먹고 이렇게 자랐어요.

식품의 특성
(식품은 여러 가지 특성을 갖고 있다)

- 슈퍼마켓
- 딱정벌레의 야채밭
- 철이의 당근씨
- 콩들의 올림픽
- 천막집
- 뿌리 살펴보기
- 콩나물 기르기
- 식품 퍼즐
- 음식의 이름을 말해 보세요.
- 이것은 어떤 야채일까요?
- 나의 무게는?
- 야채의 이름을 말해 보세요.
- 과일바구니 야채바구니
- 신기한 귤
- 나의 친구 젖소
- 아삭아삭한 야채가 좋아요.
- 야채들의 행진

식품 다루기
(식품은 여러 가지 방법으로 다룰 수 있다)

- 깨끗하고 조심스럽게
- 주방은 어떤 곳일까요?
- 어떤 식품으로 만들었을까요?
- 우리가 먹는 음식은 어디서 오는 것일까요?
- 과일 야채 모양 꾸미기
- 내가 좋아하는 과일 빚기
- 계량컵과 계량숟가락
- 나의 친구 꼬꼬닭
- 국 냄비를 저으세요.
- 오이 샌드위치
- 감자로 만든 콩
- 나는 척척 야채 요리사
- 빨주노초 꼬치 꿰기
- 쭉쭉 칼국수를 만들어요.

사회적/심리적 욕구
(음식은 사람의 사회적/심리적 욕구를 충족시켜 준다)

- 슈퍼마켓
- 다람이의 잼 바른 빵
- 두 마리 곰 이야기
- 과일 모빌
- 경단 만들기
- 함께 힘을 모아 샌드위치 만들기
- 우리 모두 잔치를
- 괴물을 잡아 먹읍시다.
- 오이로 만든 나룻배
- 야채로 만든 꽃과 내 얼굴
- 충충이 과자 만들기
- 동그라미 샌드위치
- 오이 두레박으로 콩주스를 퍼요.
- 노래하는 가족들
- 콩으로 만든 악기

2. 요리활동과 영양 및 건강교육

1) 요리활동의 교수원리

요리활동은 영양 및 건강교육의 내용을 효과적으로 구현할 수 있는 중요한 활동이다. 요리활동은 유아의 탐구학습을 촉진하고, 식사에 대한 즐거움과 영양

섭취를 시도하는 최선의 방법을 제공한다. 요리활동을 통해 유아는 또래와 협력하여 식품을 다루고 관찰하고 먹는 경험을 직접 할 수 있다. 더불어 유아에게 새로운 음식에 대한 친숙성을 증대시킬 수 있는 이상적인 방법이 된다. 유아를 위한 요리활동은 건강과 영양, 그리고 음식에 대한 교육내용과 통합하여 유아의 발달에 적합한 교육과정으로 구성하여야 한다.

그러므로 요리활동을 할 때 다음의 각 교수원리에 적합하도록 유의하여야 한다.

① 요리활동은 유아의 발달 수준에 적절해야 한다. 즉 유아의 전 발달 영역에서 연령에 적합한 교육목표와 일치하는지 고려하여야 한다. 요리활동의 재료 및 요리활동에 사용되는 기술 등 요리활동의 난이도와 복잡성 정도, 유아의 신체 운동능력과 조절력, 사물의 변화에 대한 복잡성에 기초하여 연령과 발달에 적합한 활동을 선정하여 유아의 흥미에 적합한 활동으로 구성한다.

② 조리를 필요로 하지 않는 간단한 활동부터 시작하여 요리활동에 유아가 익숙해지면 보다 복잡한 활동으로 나아간다.

③ 유아의 탐구 과정을 지원하고 동시에 안정된 학습 과정을 격려한다. 만져보고, 냄새를 맡고, 맛보고, 관찰 및 비교하고, 이야기할 수 있도록 충분한 시간을 준다. 또한 직접적 조작을 통한 활동을 지원하여 유아의 탐구능력을 증진시킨다.

④ 유아가 능동적으로 학습 과정에 참여할 수 있도록 한다. 음식을 준비하는데 참여하는(씻기, 반죽하기 등) 실제 요리경험은 음식에 대한 긍정적 감정을 발달시킬 뿐 아니라, 소근육의 발달, 세기, 지시 따르기 등의 기술을 발달시키는데 도움이 된다. 요리활동의 모든 단계는 학습 경험을 확장하기 위한 기회로 삼아야 한다.

⑤ 유아의 지적인 통합과 학습을 배양한다. 요리활동은 신체적 활동, 의사소통능력, 사회적 기술과 인지적 능력이 통합된 활동이다. 유아는 통합적인 요리활동을 통하여 자신의 학습 능력을 증진하는 자연스러운 기회를 갖게 된다.

⑥ 유아의 개별성, 생활 및 문화적 배경을 반영하여 문화적 다양성을 경험할

수 있도록 한다. 동일한 음식에 대한 명칭의 다양성, 재료와 조리법의 다양성을 경험함으로써 각 문화의 다양성을 존중하는 태도를 갖는 기회를 제공한다.

⑦ 요리활동에 사용되는 음식은 영양이 풍부하고 위생적으로 이루어져야 한다. 교사와 유아 모두 요리 전과 후에 손을 씻고, 앞치마를 착용하고 머리를 단정히 한다. 음식을 맛볼 때는 직접 입으로 가져가지 않고 작은 접시와 숟가락을 사용하는 것임을 알려 준다.

⑧ 유아의 안전을 고려한다. 유아들이 지닌 식품 알레르기에 대해 완전히 파악하고 있어야 하며, 깨지지 않은 용기를 사용한다. 필요한 기구와 용기, 재료만 테이블에서 사용하도록 하며, 더 이상 사용하지 않는 도구들은 즉시 치운다. 활동 시작 전에 요리 단계들에 대해 유아들과 이야기를 나눈다. 특히 불을 사용하는 요리는 반드시 성인의 감독 하에 하도록 한다. 조리 기구의 손잡이는 잘못 건드려 뒤집어지거나 넘어지지 않도록 돌려놓아야 한다.

⑨ 요리 후 정리하는 것도 요리활동의 중요한 과정으로 포함시켜야 한다. 요리에 사용된 식기나 기구를 씻어 정리하고 테이블을 정도하는 것을 유아에게 성인이 하는 일과 동일한 일을 자신도 한다는 성취감을 줄 수 있는 경험이다.

2) 요리활동과 교과영역

음식은 유아의 생활과 밀접한 관계에 있는 만큼 요리활동 및 음식에 대한 유아들의 관심도 커 교육의 모든 측면에서 통합적으로 접근하기가 용이하다. 요리활동과 음식에 관련된 내용을 각 교과영역과의 관계에서 살펴보면 다음과 같다.

(1) 수 활동

요리활동을 통해 양과 무게에 대한 측정, 그래프 그리기, 수 세기 등의 활동이 일어날 수 있다. 유아는 과일과 채소를 분류할 수 있고, 땅 위에서 나는 것과 땅 속에서 나는 것을 선별할 수 있으며, 자신이 좋아하는 것과 싫어하는 것을 나눈 후 이러한 결과를 막대그래프로도 나타낼 수 있다.

식품 종류별로 수, 양, 크기, 무게를 비교하면서 측정 전의 예측과 실제 결과를 비교하면서 토론해 보는 기회를 가질 수 있다. 요리활동 후 만든 음식을 간식으로 활용할 때 먹을 유아 수에 맞춰 음식을 나누면서 자연스럽게 수 세기도 가능해진다. 또한 장보기 현장 활동을 통해 요리에 필요한 품목들을 생각하여 계획을 세우고 얼마만큼 구입해야 하는지, 지출 경비 등에 대한 비교도 가능할 것이다.

(2) 언어활동

영양과 음식 간의 관계, 식습관과 관련된 이야기 나누기나 동화 듣기를 비롯해 요리활동 순서표 만들기 등의 활동을 통해 언어적 발달을 증진시킬 수 있다. 특히 음식을 만드는 과정에서 의견을 교환하고 그 활동에 포함되는 새로운 단어들의 학습은 유아의 어휘를 더욱 풍부하게 해 줄 것이다. 즉, 자르기, 씻기, 갈기, 비비기, 껍질 벗기기, 조각내기 등의 새로운 단어들을 접하게 되며, 식품포장지의 상표, 요리활동 순서표 등을 읽으면서 읽기를 자극하는 경험을 제공받을 수 있다. 요리를 통한 경험을 토대로 평가한 내용을 발표하거나 기억에 남는 장면을 떠올려 동시짓기 등의 활동으로도 연계지을 수 있다.

(3) 과학적 탐색활동

유아가 음식을 준비하는 과정은 과학적 탐색 및 과학적 과정 활동을 위한 학습 기회를 제공할 수 있다. 유아들은 요리활동을 통하여 물에 녹는 것, 열에 녹는 것과 같은 화학적, 물리적 변화와 그 과정에 대해 배울 수 있으며, 식품의 색, 형태, 크기 등을 비교, 관찰, 측정하면서 사물의 특성에 대한 물리적, 화학적 변화 역시 학습할 수 있는 기회를 제공받는다. 예를 들어, 밀가루가 물과 합쳐져 밀가루 반죽이 되고, 고체였던 버터가 열에 의해 액체 상태로 변화하는 것, 물에 뜨고 가라앉는 것, 씨의 모양 등 여러 감각들을 이용한 다양한 탐색활동이 가능하다.

(4) 신체적 기술 습득 활동

요리 과정 중에 사용하게 되는 다양한 도구의 사용으로 신체적 기술들이 숙달된다.

표 5-1
요리활동과 관련된 유아의 신체적 능력(신은수 외, 2009)

연령	음식 준비 기술
만 2세	씻기, 뜯기, 벗기기, 쪼개기, 움켜쥐기, 떠내기, 적시기
만 3세	교사가 시범을 보여줄 경우, 주스와 우유 따르기, 큰 접시로부터 자기 몫 옮겨 덜기 싸기, 섞기, 펴 바르기, 흔들기
만 4세	닦아내기, 씻기, 상차리기, 미리 정확히 재어 놓은 재료 따라 붓기 껍질 벗기기, 펴 바르기, 자르기, 말기, 으깨기, 달걀 깨기, 빚기
만 5세	간단한 간식 만들기 측정하기, 자르기, 빻기, 갈기, 비비기, 무치기, 부치기, 굽기, 볶기

(5) 올바른 식습관 형성

요리 전후에 손씻기, 음식재료 씻기, 음식 먹기 전후에 손씻기 및 요리도구를 세척하는 활동을 통해 씻기의 좋은 습관을 익히게 된다. 또한 영유아들이 기관에서의 간식과 식사가 달콤한 것보다 건강에 유익한 음식임을 경험하게 된다. 즉, 가능한 달콤한 것보다는 생과일이나 생야채를, 흰 빵보다는 갈색 빵을, 탄산 음료수 대신에 우유, 물, 주스를 제공받으면서 단 음식에 대한 선호를 줄이고 바람직한 메뉴를 선택할 수 있는 식습관 형성을 도울 수 있을 것이다. 특히 기관에서 또래와 함께 다양한 음식을 먹어 보는 기회를 통해서도 올바른 식습관을 형성할 수 있다.

3. 요리활동에 기초한 영양 및 건강교육의 개념과 내용

요리활동을 통해 경험하게 될 개념에 초점을 맞추어 구체적으로 다시 살펴보면 다음과 같다.

1) 도구 사용 방법 및 기술

- 도구마다 이름, 기능, 적절한 사용 방법이 있다(계량컵, 계량숟가락, 저울, 타이머 등).
- 다양한 음식 준비 기술이 있다.

2) 안전과 위생

- 날카로운 도구(칼)를 안전하게 전달하고 사용할 수 있는 방법이 있다.
- 열기구 사용 시 지겨야 할 안전관리가 있다.
- 전기를 사용하는 요리용 기계의 이름, 용도, 기능과 안전한 사용법이 있다.
- 음식을 만드는 과정에서 청결을 위해 지켜야 할 태도가 있다.

3) 순서와 종류

- 요리순서표의 내용과 순서를 지켜 요리해야 한다.
- 식품마다 이름이 있다.
- 재료의 이름과 특성이 있다.
- 음식을 만드는 방법은 다양하다.

• 같은 재료의 식품도 만드는 방법에 따라 서로 다른 음식으로 만들어질 수 있다.
• 같은 재료의 식품도 만드는 방법에 따라 맛이 달라질 수 있다.

4) 저장

• 얼려서 음식을 보관할 수 있음을 안다.
• 말려서 음식을 보관할 수 있음을 안다.
• 통조림으로 음식을 보관할 수 있음을 안다.

5) 맛

• 음식의 맛은 다양하다(단맛, 신맛, 짠맛, 쓴맛, 매운맛).
• 맛은 변화될 수 있다(날것, 익힌 것 등).
• 음식의 맛을 표현하는 어휘가 있다.

6) 물리적 변화와 화학적 변화

• 식품이 단단한 상태에서 부드러운 상태로 변할 수 있다.
• 식품이 고체 상태에서 액체 상태로 변한다.
• 열에 의해 재료가 변할 수 있다.
• 물에 의해 재료가 변할 수 있다.
• 건조에 의해 재료가 변할 수 있다.

7) 성장 및 건강과의 관계

• 소근육의 조절 능력을 돕는 음식이 있다.

• 야채와 과일은 피부가 고와지고 병에 걸리지 않게 하는데 도움이 된다.
• 육류는 뼈와 살을 튼튼히 하는데 도움이 된다.
• 육류는 힘을 내는데 도움이 된다.
• 생선은 뼈와 살을 튼튼히 하는데 도움이 된다.
• 곡류는 힘을 내는데 도움이 된다.

8) 재료와 음식의 구입

• 음식의 재료는 직접 재배하여 얻을 수도 있다.
• 음식의 재료는 다양한 장소에서 구입할 수 있다.
• 만들어진 음식을 다양한 장소에서 구입할 수 있다.

9) 예절과 태도

• 식사 시 지켜야 할 바람직한 식사 태도가 있다.
• 식사 시 지켜야 할 바람직한 식사 예절이 있다.

출처: 신은수 외 (2009). 영유아를 위한 영양과 건강 교육. 창지사. pp. 186-188

4. 요리활동 운영 시 고려 사항

1) 요리순서표(레시피)의 계획과 제작

요리순서표에는 재료, 도구, 만드는 방법으로 나누어 유아들의 이해를 돕도록 그림과 함께 설명을 간단히 하고, 정확한 양을 표시해 혼동이 없도록 한다. 이를 위해 교사는 항상 사전에 요리의 전 과정을 직접해 봄으로써 과정의 난이도나 순서 등을 고려하여 순서표를 제작할 수 있다.

2) 요리활동 계획 및 사전 준비

요리활동의 효율적인 진행을 위하여, 요리활동 영역의 선정 및 구성, 요리에 필요한 재료의 선정, 정량의 결정, 도구의 종류 및 수량을 정확히 준비하고 요리 과정을 충분히 숙지하여야 한다. 또한 교사의 지시와 설명보다는 유아와의 상호작용에 대해서 미리 구체적인 계획이 필요하다.

요리 재료 중 큰 재료나 딱딱한 재료는 사전에 유아가 사용하기 용이하도록 적합한 크기로 잘라서 제공한다.

3) 요리활동과 연계된 사전 활동

요리의 종류에 따라서 사전에 미리 활동이 필요한 경우가 있으므로 철저한 계획을 해야 한다. 사전 활동에서부터 유아를 포함시키는 것이 적절할지도 결정한다. 예를 들어, 김치담그기를 한다면 배추를 소금물에 절여 두어야 하는 작업이 있다.

4) 요리활동 참여 유아수와 집단 계획

요리활동의 성격상 한 집단이 그 학급의 전체 유아들이 먹을 수 있는 양을 요리하거나, 3~4집단으로 나누어 각자의 것을 요리할 수도 있다. 즉 만들기 과정이 복잡하고 시간이 많이 걸리는 경우는 요리활동을 선택한 집단의 유아들이 친구들이 먹을 수 있는 전체 양을 요리하여 먹도록 진행할 수 있다. 스크램블드 에그 등과 같이 요리 후 곧바로 먹는 음식은 3~4회에 걸쳐 소집단으로 나누어 진행한다.

5) 요리할 순서표의 활용

유아들의 요리활동의 참여 여부나 순서를 표시할 수 있는 '요리할 순서표'를 사용하면 질서를 유지하고 가능한 모든 유아가 참여할 수 있도록 안내할 수 있으며, 유아들이 원하는 순서를 선택할 수 있는 기회를 줄 수도 있다.

6) 청결한 태도의 유지

요리활동 시 참여한 유아들의 청결한 태도가 활동 시작에서부터 끝까지 지켜질 수 있도록 살핀다. 이를 위해서 우선 요리활동복(앞치마나 작업복 등)을 제공한다.

교사 본인의 머리와 소매 등 뿐만 아니라 유아들의 긴 머리는 뒤로 묶어 주고, 긴소매 옷은 되도록 피하도록 한다. 요리활동 중에 머리나 코를 만지게 되면 다시 손을 씻어야 함을 설명한다. 음식 준비 과정에서 유아들이 무의식적으로 숟가락과 용기들을 입으로 가져가지 않도록 하고, 만약 숟가락을 핥으면 조용히 씻도록 한다. 이러한 과정은 교사가 유아의 행동에 관련시켜 세균이 전염되는 방법에 대해 가르칠 수 있는 좋은 기회가 된다.

7) 요리활동의 관리

요리활동의 처음부터 끝까지 예리한 조리 도구나 가열 기구 사용 시 교사뿐만 아니라 유아도 스스로 안전에 유의할 수 있도록 한다. 조리 도구의 사용 방법(예. 칼 사용 방법)이나 가열 기구 사용 시 주의점(켜짐, 꺼짐, 잔열 등)에 대해서도 알려주어 화상의 위험을 방지하도록 한다. 바닥에 재료나 물을 흘리면 즉시 닦아서 미끄러지지 않도록 유의하는 것도 필수적이다.

5. 요리활동을 활용한 유아영양 및 건강교육의 실제

다음은 실제적으로 유아영양 및 건강과 관련하여 유아들과 함께 할 수 있는 요리활동의 실제를 알아본다.

1) 주먹밥 만들기

활동대상	만 3세
활동목표	• 몸에 좋은 음식의 종류에 대해 안다. • 요리 재료의 물리적 변화과정을 탐구한다. • 요리를 완성함으로써 성취감을 느낀다.
활동자료	밥, 김, 참치, 방울 토마토, 비닐랩, 이쑤시개, 볶음가루
활동방법	재료를 탐색한다. - 주먹밥에는 어떤 재료가 들어가나요? 활동을 소개한다. - 주먹밥을 어떤 모양으로 만들 수 있을까요? 〈요리 순서〉 1. 참기름을 넣고 볶음가루와 밥을 섞는다. 2. 랩 위에 밥을 넓게 펴 준다. 3. 참치를 밥 위에 올린다. 4. 랩을 낙하산 모양으로 잡아 준다. 5. 낙하산 모양의 밥주머니를 돌돌돌 돌려 준다. 6. 동그란 밥을 살짝 눌러 얼굴모양을 만든다. 7. 랩을 벗기고 밥 위에 얼굴 꾸미기를 한다. - 요리 순서를 보며 요리 방법을 이야기한다. 약속을 정한다. - 요리활동을 할 때, 지켜야 할 약속은 무엇이 있을까요? 요리활동을 전개한다. 활동 평가를 한다.

활동대상	만 3세
	- 내가 만든 주먹밥을 먹어 보니 맛이 어떤가요? 차시활동을 예고한다.
활동의 유의점	요리활동을 하기 전 손을 씻고 할 수 있도록 지도한다. 안전한 요리 도구 사용법을 지도한다.

2) 바나나 쉐이크

활동대상	만 4세
활동목표	• 맛의 변화에 대해 안다. • 음식의 소중함을 느끼고, 골고루 먹는다. • 믹서의 용도와 안전한 사용법을 안다.
활동자료	바나나, 꿀, 우유, 밀폐 쉐이커, 수저, 으깨기, 컵
활동방법	재료를 탐색한다. - 바나나의 모양, 냄새, 맛은 어떠니? - 바나나를 만져 본 느낌은 어떠니? - 쉐이커의 용도에 대해 이야기 나눈다. 활동을 소개한다. - 쉐이크를 어떤 방법으로 만들 수 있을까요?

	〈요리 순시〉 1. 바나나를 작게 자른다. 2. 바나나를 기계에 으깬다. 3. 으깬 바나나를 쉐이커에 담는다. 4. 쉐이커에 꿀 한 스푼을 넣는다. 5. 쉐이커에 우유를 한 컵 붓는다. 6. 쉐이커를 신나게 흔든다. 7. 컵에 담아 먹는다. 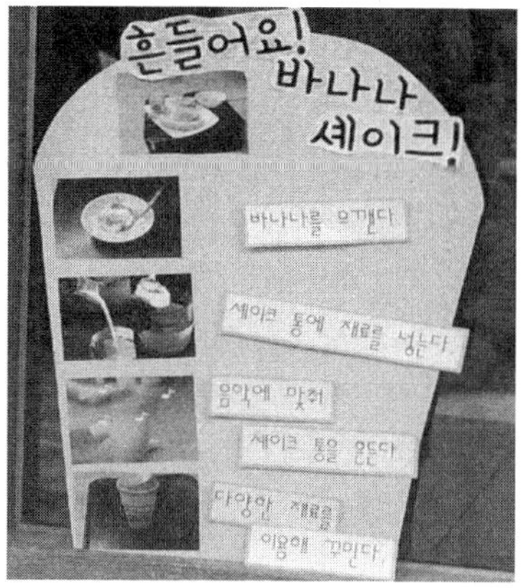 – 요리 순서를 보며 요리 방법을 이야기한다. 약속을 정한다. – 쉐이크를 만들 때 어떤 점을 주의해야 할까요? 요리활동을 전개한다. 활동 평가를 한다. – 바나나 쉐이크를 직접 만들면서 어려웠던 점은 무엇인가요? – 직접 만들어 먹으니 느낌이 어땠나요? 차시활동을 예고한다.
활동의 유의점	요리활동을 하기 전 손을 씻고 할 수 있도록 지도한다. 안전한 요리 도구 사용법을 지도한다.

3) 화전 만들기

활동대상	만 5세
활동목표	• 제철 꽃을 사용하여 요리하면서 즐거움을 느낀다. • 화전을 요리할 때 발생하는 물질의 변화과정을 탐색한다.
활동자료	찹쌀가루, 제철꽃, 견과류, 소금, 무선주전자, 가열도구, 물, 볼, 숟가락, 팬, 식용유, 꿀, 스푼, 접시, 컵
활동방법	재료를 탐색한다. – 화전에는 어떤 재료가 들어가나요? 활동을 소개한다. – 화전의 종류에는 어떤 것들이 있을까요?

<table>
<tr><th>활동대상</th><th>만 5세</th></tr>
<tr><td></td><td>
- 화전을 어떤 방법으로 만들 수 있을까요?

〈요리 순서〉
1. 찹쌀가루, 따뜻한 물, 소금을 볼에 넣고 섞고 손으로 반죽한다.
2. 찹쌀 반죽을 비닐봉지에 넣어 둔다
3. 찹쌀 반죽을 손으로 밤알 크기만큼 떼어 동그랗게 빚는다.
4. 동그랗게 빚은 찹쌀 반죽을 손바닥으로 납작하게 누른다.
5. 찹쌀 반죽을 팬에 넣어 지진다.
6. 찹쌀 반죽이 익으면 꽃잎과 견과류를 올리고 지진다.

- 요리 순서를 보며 요리 방법을 이야기한다.
약속을 정한다.
- 요리활동을 안전하고 즐겁게 하려면 어떤 약속들이 필요할까요?
요리활동을 전개한다.
활동 평가를 한다.
- 화전을 만들면서 어려웠던 점은 무엇인가요?
- 직접 만들어 먹으니 느낌이 어땠나요?
차시활동을 예고한다.
</td></tr>
<tr><td>활동의 유의점</td><td>요리활동을 하기 전 손을 씻고 할 수 있도록 지도한다.
안전한 요리 도구 사용법을 지도한다.</td></tr>
<tr><td></td><td>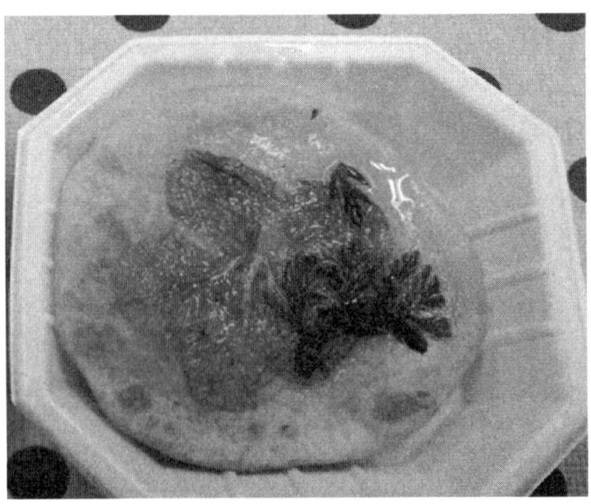</td></tr>
</table>

4) 롤 샌드위치 꼬치

활동대상	만 4~5세
활동목표	• 다양한 방법으로 나만의 롤 샌드위치를 만든다. • 골고루 먹는 식습관을 기른다.
활동자료	직접 만든 치즈, 순서표, 재료판, 도구판, 햄, 치즈, 빵, 딸기잼, 방울토마토, 밀대, 빵칼, 꼬치, 가위
활동방법	재료를 탐색한다. - 햄은 무엇으로 만들어졌을까? 모양, 냄새, 맛은 어떤가요? - 토마토는 어느 나라에서 처음 먹기 시작했을까요? - 토마토에는 어떤 영양소가 많이 들어 있을까요? 활동을 소개한다. - 롤 샌드위치를 만들기 위한 방법을 알아보기로 해요. 〈요리 순서〉  - 요리 순서를 보며 요리 방법을 이야기한다. 약속을 정한다 - 꼬치를 끼울 때 무엇을 조심해야 할까요? 요리활동을 전개한다 - 빵을 밀대로 미는 느낌은 어떤가요? - 빵을 김밥처럼 말아 롤을 자르면 어떤 모양이 나올까요? - 토마토와 빵을 어떤 순서로 꽂아볼까요? 활동 평가를 한다. - 꼬치를 만들어 보니 어떠하였나요? 차시활동을 예고한다
활동의 유의점	꼬치 사용 시 주의점에 대해 이야기 나눈다.

5) 카나페 만들기

활동대상	만 3~5세
활동목표	• 재료를 순서대로 올려놓을 수 있다. • 도구를 안전하게 사용할 수 있다.
활동자료	요리활동 순서표, 요리재료(크래커 2쪽, 햄, 치즈, 토마토, 메추리알, 오이 등), 요거트, 요리활동 도구(칼, 도마, 모양틀, 접시, 긴 수저, 수건모 등)
활동방법	재료를 탐색한다. - 달걀보다 작은 이 알은 무엇일까요? - 방울토마토가 우리 몸을 위해 하는 일은? - 토마토에는 어떤 영양소가 많이 들어 있을까요? 활동을 소개한다. - 카나페란 과자나 빵 위에 햄, 치즈, 오이, 달걀, 과일 같은 재료들을 올려서 먹는 음식임을 소개한다. - 필요한 도구에 대해 이야기한다. - 잘라야 하는 적절한 크기에 대해서 이야기한다. **〈요리 순서〉** 1. 재료를 알맞은 크기로 자른다. 2. 크래커 위에 치즈를 올린다. 3. 숟가락을 이용해 크래커 위에 요거트를 올린다. 4. 요거트 위에 다양한 재료를 올린다. 5. 크래커를 접시 위에 올려놓는다.

	약속을 정한다. - 칼과 도마를 사용할 때 조심해야 할 것은 무엇인가요? 요리활동을 전개한다. - 재료를 떨어뜨리지 않고 차례로 올려놓으려면 어떻게 하면 될까요? - 재료의 크기는 어떻게 하는 것이 좋을까요? 활동 평가를 한다. - 어떤 모양의 카나페를 만들었나요? - 카나페에 이름을 지어 보고 다른 친구들에게 소개해 볼까요? 차시활동을 예고한다
활동의 유의점	날카로운 도구를 사용하므로 다치지 않고 활동을 전개할 수 있도록 안전에 대해 충분히 이야기 나눈다.

6. 유아교육기관에서의 다양한 영양 및 건강교육방법

유아에게 영양 및 건강교육을 실시하기 위한 효과적인 방법은 앞에서 언급한 요리활동 외에도 유아의 일상생활 속에서 자연스러운 과정을 통해 계속적으로 실시되어야 한다. 따라서 특별한 시기에 건강이나 위생이라는 특정 주제만을 통해서 뿐만 아니라, 매일의 일과 속에서 반복해서 실시하는 것이 효과적이다. 통합적인 건강교육이 효과적으로 실시되기 위해서는 일상생활과 교실의 환경, 적절한 성인의 모델링과, 필요한 경우 성인의 지도를 통해 매일 이루어져야 한다.

일반적으로 유아를 위한 건강교육의 방법을 결정할 때 교사가 고려해야 할 사항을 정리하면 다음과 같다(정미라 외, 2009).

① 유아의 연령과 학급 규모를 고려한다.

② 유아의 실제 경험과 관련된 내용을 통해 교육한다.

③ 유아가 활동에 적극적으로 참여할 수 있는 방법을 모색한다. 건강교육은 교사의 지시나 설명보다는 유아가 학습 경험에 적극적으로 참여함으로써 가장 효과적으로 이루어질 수 있다.

④ 개인 유아의 발달 수준에 적합하며 흥미를 만족시킬 수 있는 다양한 교수자료를 준비한다.

⑤ 동화 듣기, 간식 및 점심 시간, 극놀이, 화장실 가기, 요리하기, 현장학습 등 일상생활의 다양한 활동을 준비한다.

⑥ 일상생활 중에서 건강과 관계되는 특별한 상황이나 사건을 이용한다. 예를 들어, 관내에서 정기 건강검진이 있을 경우, 사회에서 어린이 유괴 사건이나 집단 식중독 사고가 발생했을 경우 등의 상황을 적절히 활용하여 직접 경험하거나 함께 이야기 나눈다.

⑦ 연 중 지속적으로 실시하며 반복된 경험을 통하여 건강한 생활습관을 형성하도록 한다.

유아를 위한 영양 및 건강교육의 다양한 실시방법을 구체적으로 살펴보면 다음과 같다(정미라 외, 2009).

1) 주제 선정에 따른 통합적 접근방법에 의한 영양 및 건강교육

통합적 접근방법이란 유아들에게 언어, 수, 과학, 미술활동 등 분리된 교과로 건강에 관련된 지식이나 기술, 태도를 가르치는 것이 아니라, 유아들이 항상 경험하는 일상생활의 다양한 상황을 학습 경험으로 활용하는 것이다. 주제를 선정하여 통합적인 방법으로 건강교육을 실시한다는 것은 '여름 위생', '음식'이나 '우리 몸' 등과 같이 건강교육에 관한 주제로 일정한 기간 동안 학습하는 것이다. 이 때 유아는 정해진 주제에 관해 이야기 나누기, 흥미영역에서의 실내자유선택활동, 조형활동, 화장실 가기, 동화 듣기, 게임, 실험하기, 견학 등의 활동을 통해 건강교육의 내용을 통합적으로 학습하는 것이다. 건강교육과 관련된 주제를 선정하고 통합적인 접근방법으로 학습할 때 유아는 실제 상황에서 건강한 생활을 유지하는 데 필요한 지식이나 기술을 익히고 적용하는 태도를 기를 수 있게 된다.

2) 역할놀이를 통한 영양 및 건강교육

역할놀이는 유아가 관심이나 흥미 있는 주제를 중심으로 가상적인 상황에서 역할을 맡아 놀이하는 것이다. 특정 역할을 맡아 놀이하는 동안 유아는 여러 다른 상황에서 자신의 직접 또는 간접 경험을 토대로 다양한 문제를 경험하고 그 문제에 대한 대처방법을 찾아보거나 자발적인 문제해결력을 기를 수 있게 된다. 특히, 유아기는 역할놀이가 가장 활발하게 일어나는 시기임을 고려할 때 병원 놀이, 가게 놀이, 소방서 놀이, 119 구급대, 교통 놀이 등을 통해 건강의 중요성과 건강을 유지하기 위해 필요한 일을 이해하고 실천하게 된다.

3) 상황에 근거한 영양 및 건강교육

상황에 근거한 건강교육이란 유아교육기관에서 정기적인 신체검사를 실시하거나 사회에서 식중독 사고가 발생했을 때, 또는 간식이나 점심시간 등과 같은 실제 상황을 이용하여 건강교육을 실시하는 것이다. 이러한 방법은 유아들의 직접 또는 간접적인 경험에 기초하므로 동기 유발이 용이하고, 실제와 직접 연결된다는 장점은 있으나 유아들에게 필요한 건강교육의 내용을 모두 포함시킬 수 없다는 한계도 있다.

간식 및 점심 급식시간은 유아가 음식을 실제로 맛보고 나누어 먹음으로써 영양교육을 위해 효과적으로 활용될 수 있다. 특히 음식에 대한 선호는 맛에 대한 선천적인 성향뿐만 아니라 새로운 음식에 대한 경험의 정도에 의해 결정되므로 다양한 음식을 접해 보고 먹어 보는 경험은 매우 중요하다.

4) 현장학습을 통한 영양 및 건강교육

현장학습이란 유아교육기관 밖의 장소를 방문하여 유아가 직접 감각을 통한 실제 경험을 할 수 있게 함으로써 학습의 효과를 높이기 위한 방법이다. 예를 들어, 가까운 병원이나 보건소 등을 견학하여, 사람들이 병원에 오는 이유가 무엇이며, 병원에는 어떤 사람들이 일을 하고 있는지, 질병에 걸리지 않기 위해 우리가 해야 할 일은 무엇인지 등을 직접 이해하는 것이 좋다. 또한 식품의 가공에 대해서도 목장이나 우유 공장을 직접 견학하여 목장에서의 우유 생산 및 살균과정을 직접 볼 수 있다.

효과적인 현장학습이 되기 위해서는 사전에 현장학습을 나갈 장소와 일정 및 그 과정에 대한 교사의 치밀한 계획이 선행되어야 하며, 현장학습을 다녀온 후 현장에서의 경험을 확장시켜 보는 다양한 활동을 전개하는 것이 필요할 것이다.

5) 부모교육을 통한 영양 및 건강교육

영양 및 건강 교육과 관련하여 부모의 협조와 참여는 매우 중요하다. 이에 기관에서는 영유아를 위하여 적절한 영양을 공급하고 영양과 관련된 이해를 도모하기 위한 교육을 하고 있음에 대해 부모들의 이해와 협조를 구할 필요가 있다. 이를 위한 부모교육 및 부모참여 형태의 예를 소개하면 다음과 같다.

첫째, 인쇄물을 통한 교육이다. 기관에서 실시한 영양 및 건강교육 활동 중 가정에서 할 수 있는 활동이나 정보를 소개하여 가정에서도 연계성을 갖고 지속적으로 실시할 수 있도록 한다.

둘째, 견학을 통한 교육과 참여이다. 농장, 우유공장 등 현장 견학 시에 가능하다면 부모도 함께 참여할 수 있는 기회를 제공하여 자녀와 경험을 공유할 수 있도록 한다. 특히 119 구조대나 병원, 녹색어머니회 등에서 일하는 부모가 있는 경우, 부모들이 직접 교실에서 자신들이 하고 있는 일을 이야기해 준다면 교사가 이야기해 주는 것보다 더욱 효과적일 것이다.

셋째, 워크숍을 통하여 유아와 함께 할 수 있는 요리활동과 요리활동을 통한 영양 및 건강교육 방법을 배울 수 있는 기회를 제공한다.

넷째, 강연회를 통한 교육이다. 부모교육의 일환으로 자녀의 영양교육과 관련된 특정 주제를 선정하여 강연회를 개최할 수 있다. 예를 들어 '유아기 아침 식사의 중요성'에 관련한 내용을 준비할 수 있다. 아침 식사는 건강에 있어서나 하루 생활에 있어서 가장 중요한 역할을 한다. 아침 결식 유아의 경우 오전 내 영양의 공급이 전혀 없어 기운이 없으며 활동성이 저하되므로 문제가 된다. 하지만 유아들의 늦잠이나 편식을 이유로 요즘 많은 부모들이 아침을 먹이지 않고 유아교육기관에 보내며, 대부분의 유아교육기관에서도 유아에게 아침 식사를 제공하지 못하고 있는 실정이다. 그러므로 아침 식사의 중요성을 일깨워 결식을 줄이고 가능하다면 기관에서도 아침 식사를 지원할 수 있는 노력이 필요하다. 또한 건강한 음식 섭취를 실천하기 위한 '대체식품의 활용'이나 '바람직한 식사 태도와 예절교육' 등의 주제를 가지고 진행을 할 수 있다.

연구 문제

1. 유아와 함께 하는 요리활동 시 교사가 담당해야 할 역할에 대하여 논해 보시오.

2. 유아와 함께 할 수 있는 다양한 요리에 대해서 생각해 보시오.

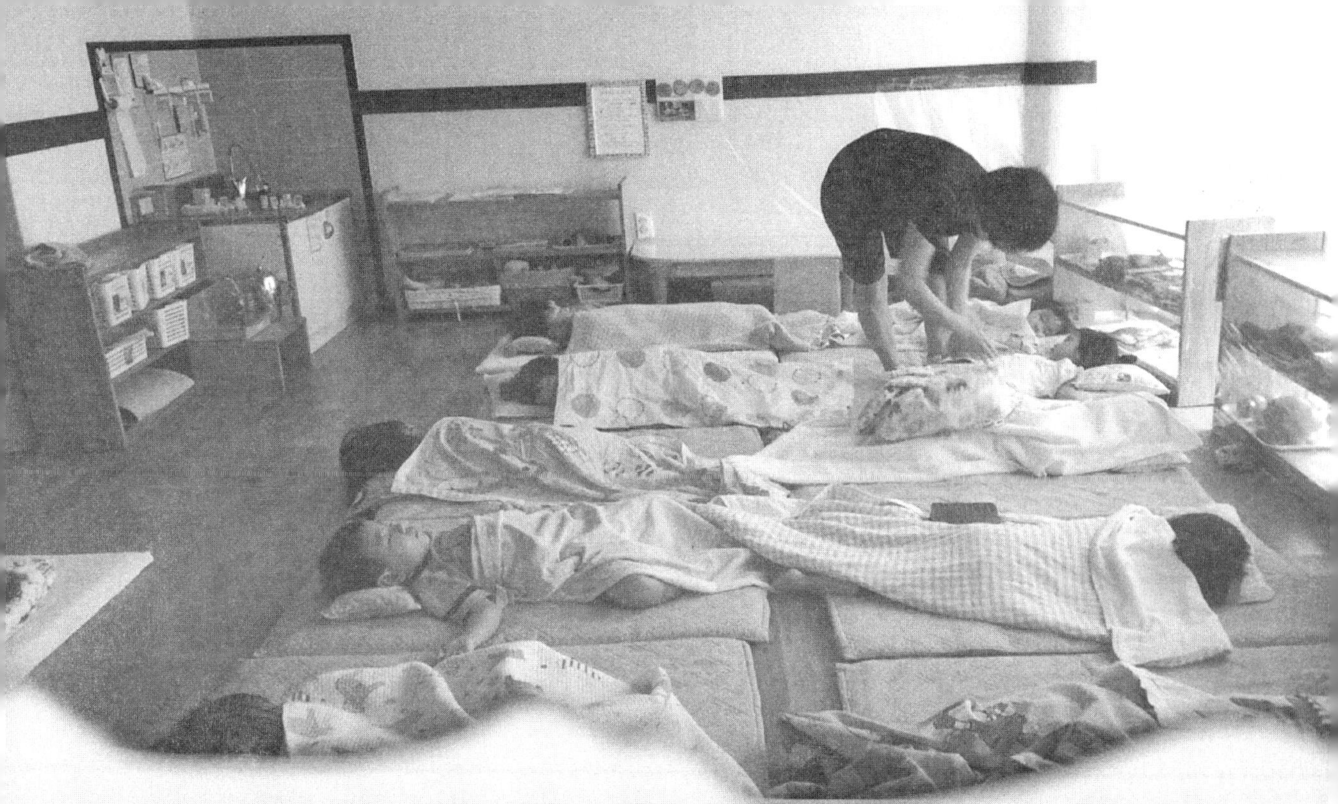

제 6 장

유아의 질환 및 관리

1. 건강의 관찰
2. 유아 질병의 종류 및 특징
3. 물놀이 후 생기기 쉬운 질환
4. 예방접종
5. 질병이 있는 유아 다루기

유아의 건강을 관리하고 보호하기 위하여 질병의 치료뿐만 아니라 질병을 예방하고 위생적인 환경을 준비하여 유아의 생활의 질을 높이고 건강을 향상시키기 위한 모든 조치를 취해야 한다.

유아교육기관에서 건강을 관찰하기 위한 세부내용으로는 유아의 표정을 살피고, 병색의 유무를 관찰하고, 행동 특징을 관찰한다.

1. 건강의 관찰

유아의 건강을 관찰하여 질병이 있는지를 관찰해야 하는데, 일반적인 징후는 [그림 6-1]과 같다.

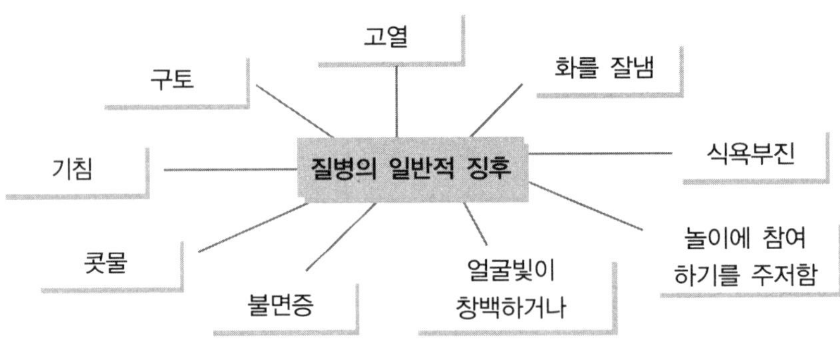

[그림 6-1] 질병의 일반적 징후(Kath Bulman et al., 1999, p. 25)

유아교육기관에서는 교사가 유아의 건강상태를 파악해야 하는데, 매일매일 간단하게 시진을 통하여 관찰할 수 있다. 유아교육기관에서 건강을 관찰하기 위한 세부내용을 살펴보면 다음과 같다.

1) 유아의 표정을 살핀다.

밝은 얼굴인가, 웃는 얼굴인가, 활기찬 얼굴인가를 관찰한다.

2) 병색의 유무를 관찰한다.

① 기침, 콧물, 코막힘
② 눈의 충혈, 결막염, 염증, 눈꼽
③ 피부의 상처, 염증, 멍자국
④ 식욕부진, 구토, 설사
⑤ 두통, 복통, 발열
⑥ 코피
⑦ 귀의 통증
⑧ 입술 부르틈, 입안의 상처, 입술주위가 창백
⑨ 창백하거나 홍조 띤 얼굴
⑩ 호흡할 때의 입냄새

3) 행동 특징을 관찰한다.

① 부모와 잘 떨어지는가?
② 정상적인 자세인가?
③ 보통 때처럼 놀이 활동에 적극적으로 참여하는가?
④ 화장실에 얼마나 자주 가는가?
⑤ 피곤해 하거나 지친 듯이 나른해 하는가?
⑥ 눈을 자주 비비거나 귀를 자주 만지는가?
⑦ 음식물을 잘 섭취하는가?

⑧ 얼굴, 손, 머리 등 신체가 청결한가?

⑨ 손톱을 짧게 깎고 청결한가?

⑩ 몸이나 입에서 냄새가 나는가?

⑪ 옷은 깨끗하고 계절에 맞는 옷을 입었는가?

위의 사항을 살펴보고, 이상이 발견되면 부모에게 연락하여 병의 유무를 확인한다. 특히 다음과 같은 경우는 응급처치가 필요하다([그림 6-2]).

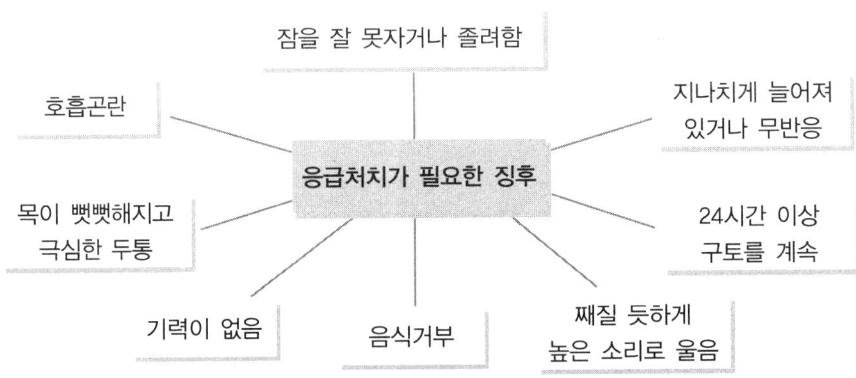

[그림 6-2] 응급처치가 필요한 징후(Kath Bulman et al., 1999)

2. 유아 질병의 종류 및 특징

1) 일반적인 감기

감기에 걸리면 재채기, 코막힘, 투통, 콧물, 기침, 발열 등의 국소증세가 주로 나타나지만, 전신 증세로 미열이 나며 이로 인해 영아의 경우 보채거나 기운이 없고 식욕이 없으며, 때로는 구토나 설사가 동반되는 경우도 있다. 인후통도 있을 수 있는데, 이를 표현하지 못하는 영아의 경우, 이유 없이 보채거나 잘 먹지 않는다. 눈이 충혈되고 눈물이 나기도 하며 귀가 아프기도 하고 임파선이 부을 수도 있다. 일반적인 감기는 잠복기간이 1~2일이고 무서운 병이 아니므로 5~7일이 지나면 낫게 되나 독감 등 특별한 바이러스에 감염된 경우에는 반드시 의사의 진단과 치료를 받아야 한다. 또한 감기가 합병증으로 발전하여 중이염, 경부 림프절염, 후두염, 기관지염, 모세 기관지염, 폐렴, 화농성 부비동염 등의 무서운 병을 유발할 수 있으므로 소홀히 다루어서는 안 된다.

감기에 대한 처치로는 휴식을 취하게 하고, 주스와 유동식을 주고 코가 막히지 않도록 적당한 습기를 유지하기 위해 가습기를 사용한다.

2) 중이염

귓속에 균이 들어가 염증이 발생되는 중이염은 감기의 합병증으로 나타난다.

주로 6개월에서 24개월에 가장 많이 일어나며, 4~6세의 유아에게서도 많이 발생하는 질병이다. 그러나 8세 이후에는 귓속 기관의 해부학적 변화가 일어나기 때문에 중이염의 발생 빈도가 줄어든다. 증상은 37~40도 정도의 열이 갑자기 나면서, 어지러움, 설사, 구토, 식욕 부진 등을 동반하기도 한다. 귓속이 아프기 때문에 귀가 아프다고 말로 표현할 수 있지만, 말로 잘 표현을 할 수 없는 영아는 울면서 아픈 귀를 잡아당기거나 비비는 수가 있다. 중이염은 빨리 발견하여 치료하면 고막이 정상으로 되면서 치유될 수 있지만, 너무 늦게 치료를 하거나 적절한 항생제를 사용하지 못하였을 때 중이에 화농물질이 축적되어 일시적인 청력의 손상을 초래할 수 있다.

일단 감기에 자주 걸리지 않도록 하는 것이 필요하며, 예방접종을 철저히 해야 한다. 또한 감기에 걸린 영유아가 함부로 귀를 파지 않게 하며, 영아의 경우 누워서 우유를 먹이지 않도록 한다.

3) 편도선염

감기의 합병증으로 바이러스에 의해 발생하는 편도선염은 3개월~5세의 유아에게서 가장 많이 나타난다. 유아들의 기관지는 가늘기 때문에 염증으로 생긴 가래가 기관지를 막을 경우 호흡곤란으로 생명이 위협받을 수 있는 무서운 질병이다. 편도선염은 기관지염, 폐렴으로 발전하기 쉬우므로 병원으로 가야 한다. 또한 감기에 걸리지 않게 하고 감기에 걸리면 오래 가지 않도록 한다. 처치방법으로는 휴식을 취하고 비타민 C를 공급하고 유동식을 주며 의사의 처방전에 따라 항생제를 투여한다.

4) 수족구병

수족구병이란 손, 발, 입 안에 주로 붉은 발진이 잡히게 하는 병으로 '콕사키바이러스'가 원인이다. 이 병은 공기를 통해서 감염되며, 환자와의 접촉에 의해서도 옮기는 병이다. 손이나 발에 생긴 물집은 수두와 유사하지만, 수두와 달리 주로 손, 발, 입 안, 무릎, 엉덩이, 팔꿈치 주위에 잘 생긴다. 감기와 비슷한 증상을 보이는 경우가 많지만, 심한 경우 입 안이 헐기 때문에 영유아들이 잘 먹지 못하고, 열이 많이 나기 때문에 때로는 탈수 증상이 나타난다. 대략 1주일 정도 앓게 되며, 합병증은 거의 없다.

바이러스 질환이기 때문에 항생제 치료는 효과가 없다. 입이 아파 잘 먹지 못하면 시원한 보리차를 먹여 탈수를 예방하고, 좀 큰 유아인 경우 아이스크림을 먹이는 것도 좋다. 설사가 자주 동반되기도 하는데 이러한 경우에는 아이스크림을 먹으면 안 된다.

5) 폐렴

세균, 바이러스, 곰팡이 등에 의해 발생하는데, 5세 이하의 유아에게서 많이 나타난다. 초기 증상으로는 감기와 비슷하여 콧물, 발열, 구토, 설사, 식욕부진 등의 증상이 나타나다가 심해지면 마른기침을 하게 되고 40℃ 이상의 고열이 나며 호흡곤란 현상이 나타나게 된다. 합병증이나 2차 감염을 유발하는 경우도 있으므로 조기에 발견하여 치료하여야 하며 주변 환경과 몸을 깨끗이 하는 것이 폐렴을 예방하는 1차적인 방법이다.

6) 백일해

백일해균이 원인균이며, 환자의 침이나 콧물, 가래 또는 환자가 가지고 놀던 장난감에 묻어 있는 백일해균을 접촉하거나 호흡하였을 때 전염된다. 5세 이하의 유아에게서 가장 심한 증상으로 나타나는 백일해는 보통 감기처럼 앓는 기간, 심하게 기침하는 시간, 회복기로 나눌 수 있다. 증상으로 초기에는 콧물, 미열이 나며 조금씩 기침을 하며, 발병 후 2주쯤 지나면 얼굴이 창백해지고 눈결막의 모세혈관이 파열되어 피가 맺힐 정도로 기침을 심하게 한다. 기침을 많이 하므로 잠도 잘 못자며 밥맛도 떨어져 음식물을 잘 먹지 못하고 기운이 없어 축 늘어진다. 심한 경우 숨을 쉬지 못할 만큼 기침을 한다. 발병 후 4주 정도가 지나면 회복기에 접어드는데, 체온이 38℃ 이상으로 계속되는 경우에는 폐렴이나 기관지염 등의 다른 합병증이 있는지를 의심해 보아야 한다. 2개월, 4개월, 6개월, 15개월, 5~6세경에 DTaP 예방주사를 맞아야 한다.

7) 수두

수두는 바이러스에 의해 발생되며 직접 접촉이나 공기로 전염된다. 유아에게 가장 전염성이 강한 질환 중의 하나로 3~9세 유아에게서 많이 발병한다. 증상으로는 발열, 권태감, 식욕부진, 가려움증, 물집으로 증상이 나타나고 하루가 지나면 발진이 입안부터 시작되어 온몸으로 퍼진다. 수두는 예방접종으로 예방할 수 있으며 한 번 걸리면 평생 면역이 된다.

8) 홍역

홍역은 바이러스에 의한 질병이며 5~10세 유아에게 흔히 발생하는데, 15개월에 홍역 백신을 맞으면 예방이 가능하다.

환자의 코나 목에서 나온 분비물이 기침이나 재채기를 통해 공기 중에 산포되어 있다가 공기를 통해 감염되거나 직접 분비물이 묻은 물체를 통하여 전염된다. 대개 3~4일간 발열, 불쾌감, 기침, 콧물, 결막염이 나타나고 입 안 양쪽 볼의 점막에 홍역의 특징인 코플릭 반점이 나타나기 시작한다. 반점이 나타난 후 1~2일이 지나면 발진이 시작되는데, 둥근 모양의 발진이 이마와 귀 뒤부터 시작되어 얼굴, 목, 팔, 몸통 상부로 급속히 퍼진다.

발진 출현 후 2~3일째 증상이 가장 심하여 40℃ 이상의 고열이 발생한다. 중이염, 림프절염, 기관지염, 폐렴 등과 같은 합병증을 예방하기 위한 의학적 처치가 필요하다.

9) 풍진

풍진 바이러스에 의해 발생하는데 기침, 재채기, 말할 때 튀어나오는 작은 수포로 전염된다. 가벼운 발열과 편도선염 증상이 나타나고 귀 뒤의 후두부 림프절이 붓는다.

발진은 림프절이 커진 후에 나타나는데, 처음에는 얼굴에서 나타나다가 2~3시간 이내에 머리, 팔, 몸통 등 온몸에 나타난다. 드물게 뇌염이 동반될 수도 있지만 대개는 합병증 없이 자연적으로 치유된다. 풍진은 백신으로 예방이 되므로 모든 유아들에게 예방접종을 받게 하는 것이 좋다. 임신부가 임신 16주 이내에 풍진에 감염되면 본인은 별다른 증상 없이 지나가나 태아에게 치명적인 영향을 주어서 귀머거리, 심장기형, 정신지체 등의 선천성 기형을 가진 아기를 출산할 수도 있으므로 특히 여자 아동들은 13세경까지 예방접종을 하는 것이 좋다.

10) 볼거리(유행성 이하선염)

볼거리 바이러스에 의해 발생하며, 홍역과 같이 환자의 타액이 공기 중에 산포되어 있어 이에 의해 전염된다. 타액선이 붓는 1일 동안 발열, 두통, 식욕부진, 구토, 근육통 등이 나타난다. 감염된 경우 85% 이상이 바이러스가 이하선을 침범하는 경우까지 이르게 되는데, 처음에는 한쪽을 침범하지만 점차 양쪽을 침범하게 된다. 귀를 중심으로 부어오르며 곪는데, 이 부위에 동통과 압통을 느끼게 된다. 대개 1~3일째에 최고조에 달하며 6~10일 정도 부어 있는 상태가 계속되다가 차차 가라앉게 되는데 3주 이상 격리해야 한다. 뇌수막염, 고환, 부고환염, 혹은 난소염 및 췌장염 등의 합병증이 발생할 수 있다. 볼거리 백신을 예방접종하여 예방한다.

11) 급성 바이러스성 장염

6~24개월 사이의 영아들에게 잘 발생되는 것으로 매년 10월경에서 초겨울까지 많이 발생하게 된다. 감염력이 강하여 형제나 이웃에 사는 영유아들에게도 쉽게 감염된다. 처음에는 1~2일 정도 열이 많이 나고, 토하다가 물 설사를 시작한다. 설사하기 전 고열과 구토가 먼저 나타나기 때문에 뇌막염으로 의심되기도 한다.

급성 바이러스성 장염이 유행하는 시기에는 환자와의 접촉을 피하고, 사람이 많이 있는 곳에 가지 않는 등 일반적인 주의 사항을 잘 지켜야 한다.

12) 뇌수막염

결핵균이 원인균이며, 대개는 인형균이나 간혹 우형균도 원인이 된다. 주로 결핵에 감염된 성인으로부터 직접 공기를 통해 감염되므로, 가족이나 친지 중에 감염원이 있는 경우 쉽게 감염된다. 증상으로는 초기에는 미열이 나고 마른기침을 하며 쉽게 피로를 느끼지만 병이 진행이 되면 발열, 두통, 기침, 식욕부진이 생기고 목이 뻣뻣해진다. 결핵성 뇌막염이 합병증으로 나타날 수 있으며 5세 이하의 유아에게서 많이 발생된다.

13) 뇌염

세균, 바이러스, 기생충, 백신, 약물, 중금속 등 어떤 물질에 의해 뇌에 염증이 일어난 경우인데, 특히 일본뇌염일 경우 일본뇌염 바이러스를 보균한 모기가 사람을 물어 그 바이러스가 뇌에 염증을 일으켜 발병한다.

증상으로는 고열, 소화 장애, 구토, 목이 뻣뻣해지는데, 곧바로 병원으로 데려가야 한다. 특히 일본뇌염은 40~70% 정도의 사망률이 보고되고 있는데, 다행히 일본뇌염 백신으로 예방이 가능하다. 여름과 초가을에 모기가 가장 왕성하게 활동하는 오후 6시 이후에 바깥에서 놀지 못하게 하거나 모기의 서식처를 없애는 등 유아가 모기에 물리지 않게 하는 것, 깨끗한 환경을 유지하는 것, 뇌염예방주사를 맞히는 것 등으로 예방할 수 있다.

유아의 질병을 표로 정리하면 다음과 같다(〈표 6-1〉 참조).

표 6-1

일반적인 유아기의 질병(Kath Bulman, 1999, p. 26.)

질 병	일반적 증상과 징후	처 치	잠복기간
일반적 감기	재채기, 콧물, 두통, 발열, 목 아픔, 화를 잘 냄	휴식, 유동식, 코가 막히지 않도록 가습기 사용	1~3일
위장염	구토, 설사, 탈수	유동식, 포도당이나 염분보충, 의학적 도움 요청	1~36시간
식중독	두드러기, 구역질, 구토, 설사, 심한 복통	유동식, 포도당이나 염분보충, 의학적 도움 요청	6~48 시간
편도선염	목 염증, 음식물 삼키기 어려움, 발열, 두통, 목이 쑤심	휴식, 유동식, 의사의 처방으로 항생제 사용	다양함

질 병	일반적 증상과 징후	처 치	잠복기간
성홍열	발열, 식욕부진, 목 아픔, 입 주위가 창백, 혓바닥이 딸기 같이 부음, 얼굴과 몸에 반전	휴식, 유동식, 합병증 방지를 위해 관찰	2~4일
이질	구토, 피와 점액이 섞인 설사, 복통, 발열, 두통	의학적 처치, 휴식, 유동식 엄격한 위생관리	1~7일
폐렴	콧물, 구토, 설사, 식욕부진, 고열, 호흡곤란	합병증이나 2차 감염을 방지하기 위해 의학적 처치	
수두	발열, 심한 가려움증, 뾰루지, 물집, 권태감, 식욕부진	미지근한 목욕(중탄산소다를 탐) 카라민 로션 발라주기 상처자국을 긁지 않기	10~14일
홍역	고열, 콧물, 후에 기침 입에 흰 반점, 얼굴과 몸에 부스럼	휴식, 유동식, 미지근한 물로 닦아줌, 합병증 방지를 위한 의학적 처치	7~15일
유행성 이하선염	통증, 턱이 부음, 삼키는데 통증	유동식(스트로우 사용), 통증 완화를 위해 보온	14~21일
풍진	가벼운 감기, 목 통증, 귀 뒤의 림프절 부풀음, 분홍색 발진	휴식, 증상처치, 임산부와 접촉금지	14~21일
백일해	코감기, 발작적 기침, 구토	의학적 처치, 휴식, 유동식, 기침 방지를 한 후 음식물 섭취	7~21일
뇌막염	발열, 두통, 흥분, 나른함, 혼미, 빛을 싫어함, 뻣뻣한 목, 눌렀을 때 사라지지 않는 작은 붉은 반점	즉각적 의학적 처치, 유아를 병원에 즉시 후송	2~10일

3. 물놀이 후 생기기 쉬운 질환

면역성이 약한 아이들은 물놀이 후에 쉽게 병을 얻는다. 대표적인 것이 유행성 각결막염, 중이염, 외이도염 등이다.

1) 유행성 각결막염

(1) 증세

안구와 눈꺼풀 안쪽을 덮고 있는 막인 각막에 염증이 생기는 질병이다.

(2) 치료예방

물놀이를 한 후에는 온 몸을 깨끗이 씻어 예방을 하고, 감염이 되었다면 수건이랑 세숫대야를 따로 쓴다.

2) 외이도염

(1) 증세

귀에 물이 들어가 귓속이 멍해지면 귀지가 붙어 답답해지며, 아기가 귀를 후비게 된다. 이 때 잘못해서 세균에 감염되어 생기는 질병이다.

(2) 치료예방

답답하더라도 귓속을 후비지 않게 해야 하며, 물놀이 후 아기가 귀를 후빈다던가 귓속에 고름이 나오는 것을 발견하면 빨리 의사와 상담한다.

3) 중이염

(1) 증세

물놀이 후 쉽게 걸릴 수 있는 중이염은 고막 안에 물이 차서 생기는데, 콧속에 들어간 물이 관을 타고 고막 안으로 들어가 염증이 생기는 질병이다.

(2) 치료예방

귓속에 물이 들어 갔을 때는 한쪽 코를 풀어 물이 귀로 들어가는 것을 막아야 한다. 아이가 귀를 잡아당기거나 문지르면서 울거나 고름이 나오면 즉시 의사와 상담한다.

4. 예방접종

질병에 대해 우리 몸이 면역을 가지도록 하는 방법이 예방접종을 하는 것이다. 유아기에 발병되는 전염성 질환들은 1차 예방접종 및 추가접종으로 어느 정도 예방이 가능하므로 적절한 시기에 필요한 예방접종을 해 주는 것이 중요하다. 전염병이 유행하게 되면 교사는 부모들에게 가정통신문 등을 통하여 필요한 예방접종이나 예방접종시의 주의사항 등을 환기시켜 주어야 한다.

유아에게 필요한 예방접종 스케줄은 〈표 6-2〉와 같다.

표 6-2

예방접종 스케줄

<table>
<tr><th>대상전염병</th><th>백신종류및방법</th><th>0개월</th><th>1개월</th><th>2개월</th><th>4개월</th><th>6개월</th><th>12개월</th><th>15개월</th><th>18개월</th><th>24개월</th><th>36개월</th><th>만4세</th><th>만6세</th><th>만11세</th><th>만12세</th></tr>
<tr><td>결핵</td><td>BCG(피내용)</td><td>1회</td><td></td><td></td><td></td><td></td><td></td><td></td><td></td><td></td><td></td><td></td><td></td><td></td><td></td></tr>
<tr><td>B형간염</td><td>HepB</td><td>1차</td><td>2차</td><td></td><td></td><td>3차</td><td></td><td></td><td></td><td></td><td></td><td></td><td></td><td></td><td></td></tr>
<tr><td rowspan="2">디프테리아, 파상풍, 백일해</td><td>DTaP</td><td></td><td></td><td>1차</td><td>2차</td><td>3차</td><td></td><td colspan="2">추4차</td><td></td><td></td><td colspan="2">추5차</td><td></td><td></td></tr>
<tr><td>Td(성인용)</td><td></td><td></td><td></td><td></td><td></td><td></td><td></td><td></td><td></td><td></td><td></td><td></td><td colspan="2">추6차</td></tr>
<tr><td>b형 헤모필루스 인플루엔자</td><td>Hib</td><td></td><td></td><td>1차</td><td>2차</td><td>3차</td><td colspan="2">추4차</td><td></td><td></td><td></td><td></td><td></td><td></td><td></td></tr>
</table>

대상전염병	백신종류및방법	0개월	1개월	2개월	4개월	6개월	12개월	15개월	18개월	24개월	36개월	만4세	만6세	만11세	만12세
소아마비(폴리오)	폴리오 사백신			1차	2차	3차						추4차			
홍역, 풍진, 유행성 이하선염	MMR						1차					2차			
수두	Var						1차								
일본뇌염	JEV(사백신)								1~2차		3차		추4차		추5차
	JEV(생백신)								1차		2차		추3차		
인플루엔자	Flu									우선접종권장 대상자					
장티푸스	경구용												고위험군에 한하여		
	주사용								고위험군에 한하여 접종						
폐렴구균	PCV(단백결합)			1차	2차	3차	4차								
	PCV(다당질)											고위험군에 한하여 접종			

자료 : 2014 소아 표준 예방접종 일정표(질병관리본부 예방접종 도우미 https://nip.cdc.go.kr)

예방접종을 유아에게 할 때는 다음과 같은 사항에 유의해야 한다.

① 유아의 질병 유무를 확인하기 위해 소아과 의사의 검진을 받는다.
② 이전의 예방접종을 한 후 특이한 사항이 있었는지 알아본다.
③ 예방접종 시에 접종 부위를 청결히 하여 접종 후 감염을 방지한다.
④ 예방접종 후 약 2일 정도는 목욕을 삼간다.
⑤ 예방접종 후에 이상이 있는지 잘 관찰한다.

5. 질병이 있는 유아 다루기

질병이 있는 유아를 다루기 위해서는 다음과 같은 사항에 유의해야 한다.

① 유아의 질병을 인식한다.
② 질병이나 사고에 적절히 대처한다.
③ 아픈 유아를 돌본다.
④ 비상 약품을 준비한다.
⑤ 유아의 질병을 부모와 다른 직원에게 알린다.
⑥ 보고서를 작성한다.

유아들이 아픈 증상이 나타나면 교사는 유아를 편안하게 쉬게 하고 체온을 측정하며 특정한 증상이 나타나는지 관찰하고 부모에게 연락한다.

1) 체온의 측정

체온을 측정하는 도구로는 수은 체온계, 전자 체온계, 디지털 체온계, 귀 체온계 등이 있다. 사용 시 공통주의 사항으로는 바깥과 실내의 온도차가 클 경우 체온에 영향을 미칠 수 있어 외출 후에는 신체가 안정되도록 30분 정도 시간이 지난 후에 측정하는 것이 좋고 유아의 경우 측정부위와 센서간의 거리가 일정하게 유지되지 않을 경우 측정오류가 생길 수 있으므로 주의가 필요하다.

(1) 수은 체온계

겨드랑이나 혀 아래에 넣고 체온을 측정하는데, 잘 소독해야 하며 뜨거운 음료수를 마셨을 경우에 15분 정도 기다렸다가 측정한다. 혀의 오른쪽 아래로 넣어 입술로 가볍게 물게 하여 측정한다. 겨드랑이에서 측정할 때는 팔꿈치를 대각선으로 가로지르는 방향으로 구부려서 가슴에 붙이게 하고 측정한다. 체온계가 깨져 몸에 흡수되면 위험하므로 보관 시 아이의 손이 닿지 않도록 해야 한다.

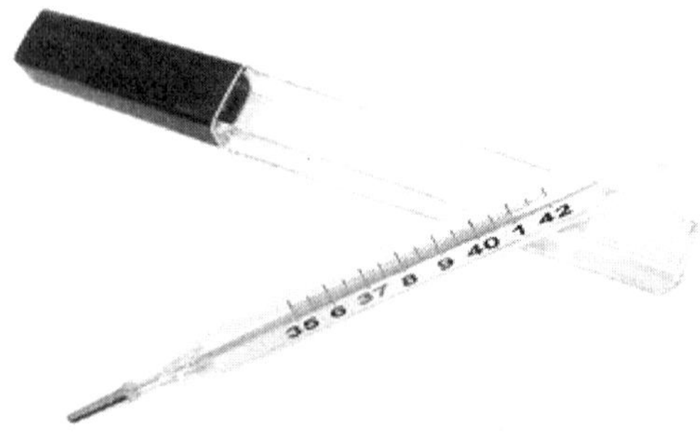

[그림 6-3] 수은 체온계

(2) 디지털 체온계

체온을 쉽게 측정하고 읽을 수 있지만 열에 민감하다. 디지털 체온계는 온도가 약 45초 이내에 빨리 나타나는 장점이 있어서 2세 정도의 어린 유아들의 경구 체온을 재는데 편리하다. 겨드랑이는 정확성이 낮으므로 정확한 체온 측정에는 적절하지 않다.

[그림 6-4] 디지털 체온계

(3) 귀 체온계

귀 체온계는 외이도에 체온계를 넣고 체온을 측정하는데, 빠른 시간 안에 편리하고 정확한 측정을 할 수 있다. 다른 유아를 측정할 때는 1회용 커버를 씌워서 사용한다.

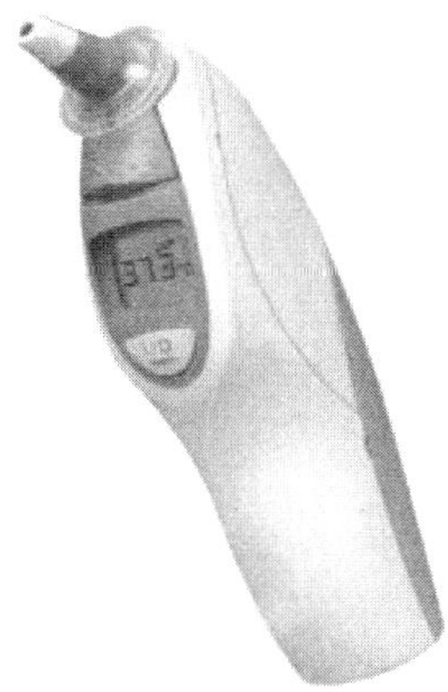

[그림 6-5] 귀 체온계

2) 아픈 유아의 부모에게 알리기

유아의 비상연락 전화번호를 항상 보관하고 부모나 다른 보호자가 올 때까지 휴식을 하게 하고 보호한다. 아픈 유아가 발견되면 부모에게 알리고 부모나 의사에게 보여줄 보고서를 작성한다.

아픈 유아가 발견됐을 때 해야 할 사항은 다음과 같다.

① 아픈 유아가 발견되면 가능한 한 빨리 부모에게 연락한다.
② 부모가 도착할 때까지 편안하게 친숙한 환경에서 휴식을 취하도록 한다.
③ 다른 유아들과 격리하여 유아교육기관의 조용한 영역으로 옮긴다.
④ 유아를 최대한 안심시킨다.
⑤ 유아의 증상과 처치한 내용을 기록하며 보고서를 작성한다.

3) 아픈 유아를 간호하는 원칙

유아가 아플 때 취해야 할 일반적인 단계는 다음과 같다(조경자 · 이현숙, 2004).

① 안정을 취하게 한다.

② 유아를 관찰하고 증상을 기록한다.

- 증상
- 증상시작 일시, 지속시간
- 증상의 정도
- 증상의 발현 빈도
- 행동의 변화
- 체온 측정
- 기타 특이사항

③ 부모에게 알리고 심하면 비상 연락처에 연락한다. 교사는 유아교육기관에서 세운 절차에 따라 보고한다. 부모, 유아교육기관장, 부모가 명기한 의사가 보고 대상자이다.

④ 유아교육기관에서 유아를 돌볼 수 있을지의 여부를 결정한다. 다른 유아들을 교육하면서 아픈 유아를 함께 돌볼 수 있을지와 유아의 질병이 격리를 요구하는지 아닌지에 따라 결정이 내려져야 한다.

⑤ 필요하면 부모와 의사의 요구와 지시에 따라 약물을 제공한다.

유아교육기관에서 돌보게 될 경우에는 다음과 같은 조치를 한다.

① 아픈 유아가 발견되면 조용한 곳으로 데리고 가서 휴식을 취하도록 한다. 휴식과 잠을 자는 영역은 인간의 생활에 중요한 부분이다. 따라서 아픈 유아들에게는 충분히 쉬고 잠을 잘 수 있는 기회가 주어져야 한다. 유아는 잠을 잘 때 뇌도 발달하고 호르몬이나 뼈도 자란다. 유아들이 신체적으로 쉬고 회복이 될 수 있도록 잠잘 수 있는 적당한 공간을 마련한다. 안락한 담요를 준비하고 편안한 분위기를 만들어 쉴 수 있게 한다.

② 열이 날 때 임의로 해열제를 투약하지 말아야 한다. 열이 나는 원인을 찾아 질병을 치료해 주는 것이 중요하다. 반드시 부모의 동의나 부모가 인정한 유아의

주치의에게 전화 처방을 먼저 받아야 하며, 부모나 유아의 주치의가 지정하는 종류의 약을 지정한 양만큼 먹인다. 고열이 날 때는 속옷 정도만 입히고 얼음주머니를 대어 주거나 솜이나 스펀지에 알코올을 묻혀서 닦아 주어 체온을 내려준다.

③ 설사를 할 때는 나양한 원인에 의한 섯이므로 함부로 시사세를 투여해서는 안 된다. 한두 번 설사한 후 열이나 구토를 하다 괜찮아지면 이온음료나 소금을 타서 끓인 보리차를 주면서 관찰한다. 그러나 열이 나거나 구토나 설사를 계속하면서 복통이 수반되면 설사 횟수와 소변을 본 횟수를 기록하며 부모에게 연락한다.

④ 유아가 토할 때는 설사와 발열 같이 여러 가지 원인에 의해 나타나는 증상이므로 구토이완제를 함부로 투여해서는 안 된다. 관찰하는 동안 계속 토하면서 열이 난다든지 하는 다른 증상이 나타나면 곧바로 부모에게 알리고 병원으로 데리고 간다.

연구 문제

1. 유아기 질병의 종류와 특징을 조사해 보시오.

2. 유아교육기관에서 일반적인 감기의 처치방법을 연구해 보시오.

3. 유아교육기관에서 질병이 있는 유아를 다루기 위한 방안을 강구해 보시오.

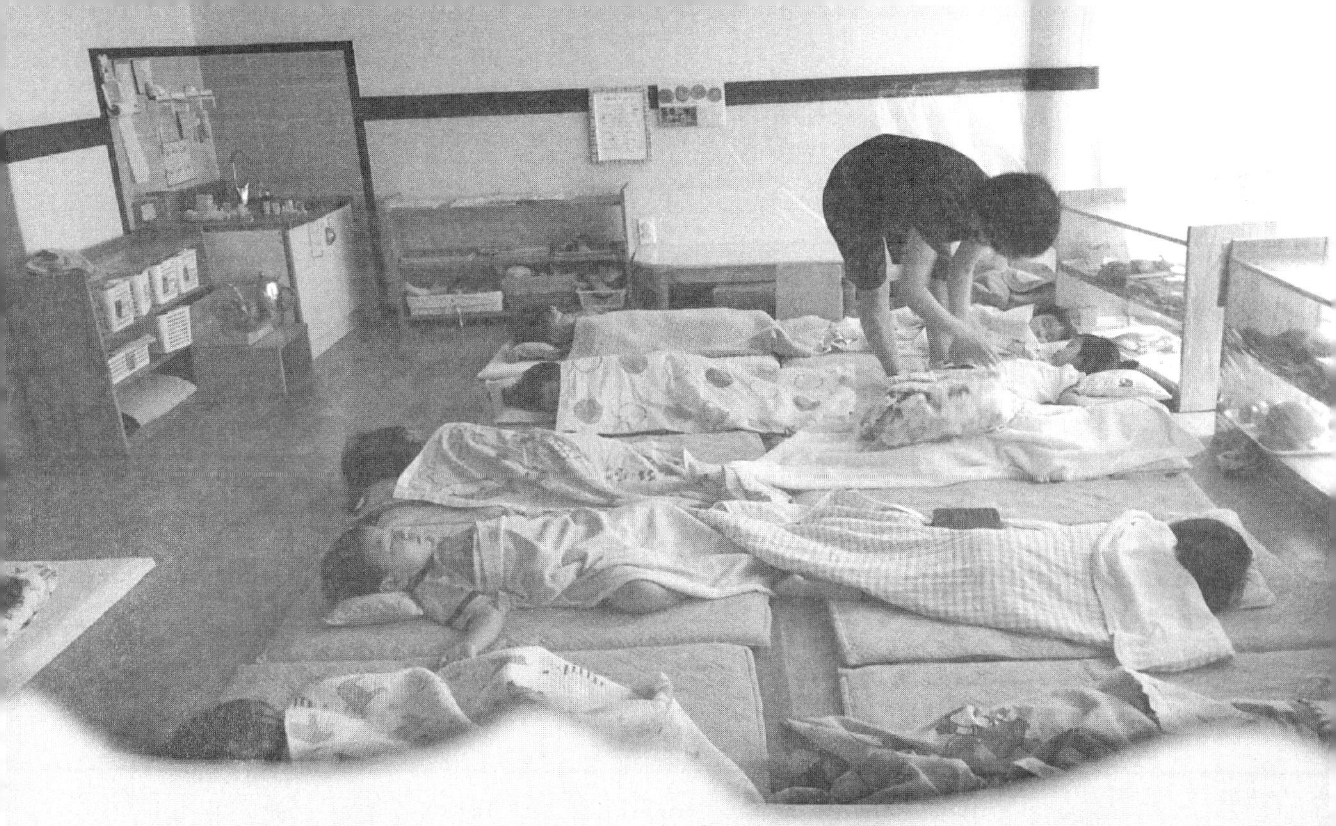

제 7 장

유아기 정신건강

1. 정신건강의 개념
2. 걸음마기·유아기의 정신건강
3. 유아기 정신건강 문제
4. 정신건강 증진을 위한 방안

정신건강은 신체건강에 영향을 받으며 부모의 애정과 양육의 질에 크게 좌우된다. 적절한 양육이 필요한 이유는 영유아의 정신건강이 부모나 교사에 의해 크게 영향을 받기 때문이다. 대부분의 사람들은 정신건강을 정신질환이 없는 상태로 이해하고 특별한 정신질환을 앓고 있지 않으면 정신적 문제가 없다고 생각하고 지나쳐 버리는 경우가 대부분이다. 그러나 정신건강이란 단순히 정신질환이 없는 상태만이 아니라 인간이 원만하고 바람직한 사회생활을 영위할 수 있는 정신적 상태를 말한다.

그러나 사회구조의 복잡화와 주거환경의 잦은 변화, 경쟁적 분위기, 유아기부터 강요되는 학습지향의 문제 등으로 인해 영유아는 다양한 종류의 심리적 갈등과 긴장을 경험하게 된다. 더구나 유아는 정서 상태 변화의 기복이 심하고 자신이 경험하는 갈등과 긴장에 적절히 대처하지 못해 다양한 형태의 정신적 문제들이 나타난다. 본 장에서는 영유아의 정신발달에 영향을 주는 사회적 변화와 그에 따른 유아의 건강문제는 무엇인지 살펴보도록 한다.

1. 정신건강의 개념

1) 건강한 유아의 정의

건강한 유아란 유아가 연령에 따라 정상적인 신체발달이 이루어지고 치료를 요하는 질병이 없으며 신체적으로 건강하고 능동적으로 활발하게 활동을 함으로써 정신발달이 순조롭게 일어나고 또래, 부모, 교사, 이웃 등 주변사람들과 바람직한 사회생활을 하는 유아를 말한다.

로크는 『교육에 관한 단상들』이란 그의 저서에서 "건강한 신체 속에 건강한 정신이 깃든다."는 표현을 통해 신체적 건강과 정신적 건강과의 관계와 그 중요성을 강조하고 있다. 따라서 정신건강을 평가할 때는 항상 신체적 요소, 심리적 요소 그리고 사회적 요소를 같이 고려해야 한다.

세계보건기구에서는 "건강이란 단지 무병하거나 허약하지 않다는 것만을 의미하는 것이 아니라, 육체적으로나 정신적으로나 사회적으로 양호한 상태를 말하는 것"이라고 하였다. 미국교육협회(NEA)의 자료에 의하면 "정신건강이란 스스로 만족과 성공, 그리고 능률감을 가지고 행복한 생활을 할 수 있는가를 의미한다."고 보고했다. Kilander(1962)는 "정신적 건강이란 인간이 환경을 바람직하게 조성하고 잘 적응하며 만족과 성공, 능률과 행복을 누릴 수 있는 능력"이라고 정리하고 있다(교육학 대사전). 인간이 일상생활에서 만족과 성공, 능률과 행복감을 느낄 수 있는 능력의 정도가 개인의 건강상태를 진단하는 척도가 되는 것이다.

즉, 정신건강이란 단순히 정신병이 없고 정신이 허약하지 않은 정도가 아니라, 육체적 · 사회적 건강과 아울러 어느 모로나 완전히 건강한 상태를 전체적인 건강으로 보아야 한다(교육학사전편찬위원회, 1989).

2) 정신건강 개념의 변천

동양의 경우 중국에서 기원전 2600년경에 정신질환자에 대한 처치방안을 모색하였고, 기원전 1140년경에 정신질환자 수용소가 설립되었다는 기록이 남아 있다. 희랍시대에는 Pythagoras가 정신질환자를 위한 식이요법, 물리요법, 오락활동 등을 처방으로 제시하였으며, 그 후 Hippocrates는 두뇌의 장애가 정신질환의 원인이라 여겨 식이요법과 약물요법을 통해 자연 상태에서의 신체와 똑같이 되도록 만들어 주기를 강조하였다.

중세부터 15세기 말에 이르기까지는 논리적 사고가 마비되어 이상행동이나 정신질환자를 악령을 가진 자라고 보고, 고문하고 처형하는 등의 비인간적인 행위가 있었으며, 실제로 정신질환에 대한 미신적인 이해에서 벗어나 과학적인 태도로 이해하려는 노력은 18세기 이후의 일이다.

특히, 정신건강운동의 시작이라 할 수 있는 Pinel(1745~1826, 프랑스)은 정신이상도 병의 한 종류라고 보고 정신증 환자를 풀어 주면서 당시 강력한 반대를 물리치고 정신병자들을 묶인 쇠사슬에서 해방시켜 주어 개방치료를 감행하였다. 이후 1800년대 후반에 와서 Beers(1876~1943)에 의해 정신위생운동이 조직적으로 전개되었는데, 비어스는 정신질환자로서 정신병원에 입원했다가 완치되어 퇴원한 후, 「다시 찾은 내 마음(A mind that found itself)」이라는 책을 써서 정신병원의 문제점을 지적하고 개선방안을 제안하였다. 그의 제안은 미국에서 정신위생협회가 탄생하게 되는 계기가 되었다.

영국에서는 1932년에 William Tuke가 York 구호소를 만들어 인간적으로 환자를 대우하였다. 20세기 접어들면서 정신위생 문제가 본격적으로 거론되고 정신질환자 치료에 대한 관심과 노력이 증대되기 시작했다.

그러나 우리나라의 경우에는 20세기에 들어와서야 정신병 환자를 위한 시설이 마련되었고, 이 분야에 관심을 기울이기 시작했다. 1913년 조선총독부 의원에 위생과 병실이 마련되었으며, 1913년 종로구 당주동에 최초의 사립 정신위생시설이 설치되었다. 국민의 정신건강 증진을 위하여 1995년 12월 30일에 정신보건법이 제정되었다.

과거에 정신건강 문제는 개인의 심리적 상태나 문제로만 생각하려고 하는 경향이 있었으나, 최근에는 가족체계, 사회 · 심리적 환경 또는 사회 · 문화적 체계와 밀접하게 관련된 것으로 이해하고 가정, 학교, 직장, 지역사회 모든 영역에서 문제나 이상심리를 예방하고 치료함으로써 정신건강을 증진하기 위해 노력이 높아지고 있다.

2. 걸음마기 · 유아기의 정신건강

1) 걸음마기 정신건강(걸음마기는 18개월부터 3세 초까지를 지칭)

(1) 정서적 발달

이 시기에는 신체적 활동이 활발하기 때문에 항상 피로감을 느끼고, 사회적 환경이 넓어짐에 따라 적응곤란이 거듭되어 정서적으로 매우 불안정한 시기다. 인간의 성장 · 발달 과정 동안 가장 불안정한 시기는 2세부터 4세까지의 제 1반항기와 사춘기의 제 2반항기이다. 유아정서의 특성을 성인과 비교해서 세분하여 보면 정서 지속시간이 짧고, 쾌 · 불쾌의 양극단 간의 동요가 심하다.

[그림 7-1] 28개월 남아의 안정된 정서

(2) 사회적 발달

유아기는 주로 성인 특히 부모와의 사회적 접촉을 즐기고 부모의 사랑을 받고 부모를 사랑하는 행동양식을 배운다. 그러나 3세경부터는 친구와의 접촉을 즐기며 비사회적 단계에서 사회적 단계로 점차적으로 발달하기 시작한다. 유아가 가정에서 부모와의 접촉이 원만하였고 애정적인 인간관계였다면, 3세경의 다른 유아와의 사회관계에서도 열등감이 없고 애정적이며 지도력이 있는 적극적인 참여자가 된다.

(3) 성격의 발달

하나의 별개 인간으로서 독립하려고 하며 주된 수단은 자기주장, 과잉운동, 항문통제를 사용한다.

① Freud

특히 이 시기를 항문기(anal stage)라고 정의하였다. 신경계통의 발달로 배설 기능 조절이 가능해짐에 따라 신체부분 중 배설이나 배설 기능과 관련된 부위가 새로운 흥미의 대상이 되고 쾌감을 주는 부위가 된다.

② Erikson

유아기의 생활에 있어 자율성의 필요는 자아의식의 현저한 특징이라고 하였다. 부모로부터 독립한 자신을 자율적 개체로서 인식할 때 자율성은 발달한다. 자율성 발달의 방해나 제지되는 상태에서는 수치감과 의심이 많은 성격이 형성된다.

2) 유아기 정신건강(유아기는 3세 초부터 6세까지 학령전 시기라 지칭)

(1) 정서적 발달

이 시기는 유아기의 정서유형으로서 사회적 환경이 넓어져 활동이 많고 또한 적응곤란 현상이 거듭되기 때문에 정서적 긴장이 매우 심하다. 이 시기의 유아들의 대부분은 공포, 분노, 질투 등의 불쾌정서를 행복, 애정, 호기심과 같은 쾌정서

보다 많이 체험한다. 그 이유는 유아의 생활에서 유아를 행복하게 해 주기보다는 화나게 하는 것이 더 많기 때문에, 특히 이 시기에는(어린이집, 유치원 입학) 등으로 유아의 환경이 가정 밖으로 확대되어감을 알 수 있다.

(2) 사회적 발달

자기중심적 이기적 행동과 사회중심적 · 이타적 행동이 나타난다.

(3) 성격발달

자율성에 대한 확고한 해결책을 발견한 후 다시 위기에 직면하게 되는데, 즉 자기가 한 인간이라는 존재에 대한 확신을 가진 후에 자기가 어떤 사람이 될 것인가를 알아야 하는 시기다. 이 시기의 유아는 부모들처럼 되기를 원하며 부모를 동일시하여 어떻게 하면 부모와 같이 될 수 있는가를 생각하며 논다.

Freud는 이 시기를 남근기(phallic stage)라고 하였으며, Erikson에 의하면 주도성 대 죄책감의 발달시기라고 하였다. 유아기 경험이 인생의 발달을 좌우하는 중요한 역할을 한다. 유아의 정신건강을 유지하고 증진시키기 위해서는 유아뿐만 아니라 유아를 에워싸고 있는 가정과 유아교육기관 및 기타 사회 환경에도 관심을 가져야 한다.

Erikson의 발달이론에 의하면, 유아는 생후 1년 동안 부모나 양육자와의 관계를 통해 자신이나 사회에 대한 신뢰감을 형성한다. 영아기에 부모와의 안정된 애착을 형성한 유아는 그렇지 못한 유아들보다 다른 사람과의 관계를 원만히 형성할 수 있고, 주도적이며 호기심이 많고 주위 환경에도 능동적으로 참여한다.

Rogers는 유아 부적응 행동의 원인을 유아들의 내적인 발달 가능성을 성인이 인정하지 않거나 적절히 도와주지 못하는 것에서 비롯된다고 보았다.

3) 정신건강의 조건

정신건강을 유지하기 위한 일반적인 조건에 관해 여러 학자들이 다양한 요인을 제시하고 있다. Mckinney는 정신건강을 내적 안정성으로 보고 정신건강 유지의 7가지 요인을 행복감, 활동성, 사회성, 통일성, 조화성, 현실세계에서의 적응성, 자기책임성으로 들고 있다. Fenten은 통일성과 일관성, 자신에 대한 승인, 사회적 승인과 유지 등을 들고 있다. 장연진(1998)은 정신건강의 조건으로 자기존중과 타인존중, 자신과 타인의 한계를 이해하고 수용하며, 모든 행동에는 원인과 결과가 있음을 이해하고 자아실현에 대한 동기를 이해하는 4가지 요인을 제시하고 있다.

3. 유아기 정신건강 문제

1) 건강한 유아의 행동 특성

"정신적으로 건강한 유아는 어떤 특성을 가졌는가."

새 세대 육영회 연수 시 교사들과 부모들에게 정신적으로 건강한 유아는 어떤 행동 특성을 가졌는가에 대한 설문을 조사하였더니 다음 〈표 7-1〉과 같은 결과를 얻을 수 있었다.

표 7-1
정신적으로 건강한 유아의 행동 특성

	교 사	부 모
1	모든 일에 적극적이고 책임감 있는 유이	밝고 명랑한 유아(씩씩하고 적극적인 유아)
2	항상 웃는 표정으로 의욕적인 유아	친구들과 명랑하게 잘 노는 유아
3	친구를 도와주는 유아	자발적이고 자신감 있는 유아
4	친구와 잘 사귀는 유아	긍정적인 생각을 하는 유아
5	자기의 의견을 분명히 표시하는 유아	자기표현을 분명하게 할 수 있는 유아
6	자기 일을 자기 스스로 하는 유아	인사성이 밝은 유아
7	선생님 말씀에 잘 순응하는 유아	정직한 유아
8	질문을 잘하는 유아	어느 환경이나 잘 적응하는 유아
9	양보심이 많은 유아	자기가 할 수 있는 일은 자기가 하는 유아
10	튼튼한 유아	건강한 유아

2) 정신건강을 위협하는 문제

다음과 같이 생활 속에서 유아가 받게 되는 다양한 종류의 스트레스는 유아의 정신건강을 위협한다.

① 부모나 교사가 유아의 특성을 인정하지 않거나 수용하지 않을 때
② 부모가 아닌 다른 사람에 의한 양육을 받게 될 때
③ 부모의 이혼으로 고독감을 느낄 때
④ 이사로 인해 친한 친구와 이별해야 할 때

유아의 정신건강을 위협하는 정서적, 행동적, 사회적 문제는 각각 별개로 일어나기보다는 서로 밀접한 관련을 가지고 있으나 분리하여 설명해 보면, 다음과 같다(정미라 외, 2009).

첫째, 정서적으로 건강한 사람은 자신의 감정을 적절히 조절하고 통제할 수 있어 분노나 슬픔과 같은 불유쾌한 감정을 느낄 때 의식적으로 기분을 좋게 하기 위해 노력한다. 그러나 유아는 자신의 감정을 바르게 표현할 수 없을 뿐만 아니라 적절히 조절하는 능력이 부족하므로 정서적 문제가 발생할 수 있다. 즉 유아의 정신을 위축시키는 위협적인 말(예, “도깨비 나온다”, “경찰 아저씨가 이놈 하고 잡으러 온다.” 등)의 말은 순간적인 효과는 있을지는 모르나 올바른 지도법은 아니다.

둘째, 유아의 바람직하거나 건강한 종류의 행동은 발달이 진행됨에 따라 다르게 규정될 수 있다. 예를 들어, 이제 막 걸음마를 시작하거나 혼자 먹는 것을 배우는 시기에는 넘어지고, 식탁에 흘리는 것과 같은 행동이 정상적인 것이지만, 학령기에도 이러한 행동이 지속된다면 문제행동으로 규정될 것이다. 또는 어떤 문화권에서는 수용될 수 있는 행동이라도 다른 문화권에서는 비정상적이거나 수용될 수 없는 것으로 이해되는 경우도 있다. 따라서 행동적 문제의 기준은 자신이나 자신이 속한 사회의 공동 윤리나 가치가 될 것이다.

셋째, 원만한 사회적 유대관계를 형성하지 못하는 유아는 자기 존중감을 상실하고 위축되고 부모나 친구, 교사들의 수용적이고 개방적 태도에 대해서도 거의 반응하지 않는다. 또한 유아기에 친구를 사귈 수 없는 유아는 소속감을 느낄 수 없으며, 나중에 파괴적 문제학생들의 집단에 합류하게 될 위험도 크다.

3) 정신건강 장애

(1) 배설장애

배설장애는 대소변을 가릴 충분한 연령이 되었음에도 불구하고 이를 가리지 못하는 것을 말한다.

① 야뇨증

5세 이상인 아동이 신체적 이상이 없음에도 불구하고 옷이나 침구에 반복적으로 오줌을 싸는 것으로, 노이로제가 원인 중에 하나다.

② 유분증

4세 이상의 아동이 옷이나 마루 같은 적절치 않은 곳에 대변을 반복적으로 배설하는 것을 말한다. 야뇨증보다 빈도수는 적지만 야뇨증에 비해서 더 심한 노이로제다. 어머니에 대한 공격이 더 적극적이고 강렬하다.

(2) 언어장애

① 말더듬이

호흡과 발음 간에 긴장적 협응장애로 인하여 언어의 유창성에 결함을 보이는 언어장애다. 유전이나 발성기능의 장애, 청각기관의 고장 등의 기질적 원인에 의한 경우가 많다.

② 무언증

언어 거부증으로 심한 정서적인 불안의 결과로 생기는 증상으로 말을 하지 않으려는 행동이다.

(3) 수면이상

유아들의 감정 중에 불안이나 두려움 같은 감정은 항상 전부가 드러나지 않는다. 특히 강렬한 불쾌 감정이 표출되지 못하면 잠버릇이 나쁘거나 깊이 잠들지 못하고 수면시간이 짧아진다.

(4) 전반적 발달장애(자폐증)

전반적 발달장애는 의사소통, 행동, 대인관계를 포함한 생활 전반에 걸쳐 현저한 결함이 나타나는 장애를 말한다. 소아, 청소년 장애 중 가장 심각한 장애다.

전반적 발달 장애 중 가장 대표적인 것으로 자폐증이 있다.

유아자폐증(infantile autism)은 유아기에 발생하는 발달장애의 한 현상으로 자폐아들은 타인과의 관계를 형성하지 못하고, 언어습득이 지연되었거나 언어발달이 되었더라도 언어가 의사소통에 쓰이지 않는 경우가 많다. 언어 중에 반향어, 즉 타인의 이야기를 그대로 앵무새처럼 되풀이하는 경우가 많으며, 사용하는 놀이나 행동을 보이며 기억력은 좋은 반면 상상력이 거의 없다. 신체적인 발달이나 외모는 정상이다.

유아자폐증의 원인은 다음과 같은 것이 대부분이다.

① 부모나 그 주위 환경의 잘못, 즉 잘못된 육아법이나 애정결핍이 원인

② 생물학적, 기질적인 원인(임신 중 산모가 풍진 등의 질병을 앓은 경력)

③ 태아기나 영아기의 중추신경계 발달시의 이상으로 뇌 작용에 이상이 있는 경우

④ 청각의 뇌 연상 중추와의 연결 등 언어를 포함하는 중추신경계의 인지작용에 어떤 결함의 원인

(5) 반응성 애착장애

한 마디로 그 핵심은 부적절하게 대인관계를 맺는 것(inappropriate social relatedness)이다. 이 사회적 관계의 문제 원인은 병적인 양육 때문으로 대개 만 5세 이전에 나타난다. 반응성 애착장애는 심리사회적으로 결핍된 환경에서 자란 경우, 부모 중 한 명에 의해서만 양육되는 경우, 가족의 붕괴 또는 심각한 경제적 어려움 등의 상황에서 많이 발생한다. 형제 중에 한 아이에서만 반응성 애착장애가 발생하기도 한다. 일부 부모들은 자신들이 아이에게 적절한 양육을 제공하고 있다고 믿고 있기도 하지만, 실제로는 아이가 진정으로 무엇을 원하는지를 모르는 경우가 많다.

아이의 고통에 대해 신체적으로 아픈 것으로 오해하기도 한다. 대개 부모는 아이와 눈 마주침이 적고, 아이의 요구에 대해 반응을 하지 않거나 일관성 없게

반응한다.

(6) 불안장애

불안이란 인간이 막연하게 인식하는 위험에 대해 정서적, 신체적, 생리적으로 나타나는 반응이다. 즉 불안은 공포, 걱정, 불쾌감, 두려움의 정서 또는 느낌의 상태를 말한다.

① 분리불안장애

유아가 자기의 주요 애착대상이거나 가정 또는 기타 친숙한 환경으로부터 분리되는 것에 대해 지나치게 불안을 나타내는 장애를 말한다.

② 회피성장애

낯선 사람과의 접촉을 지나칠 정도로 회피함으로써 또래와 교우관계의 형성이 어려울 정도의 장애다. 이들은 자기의 가족 및 친숙한 사람들과는 따뜻하고 만족스러운 관계를 유지하고자 하는 욕구가 있다.

③ 과잉불안장애

과잉불안장애를 보이는 유아는 놀이 중에 다칠까 걱정되어 미리 유아교육기관에서 할 행동을 염려한다.

(7) 주의력결핍 및 과잉행동장애(ADHD)

최근 많은 유아들에게서 가장 흔히 나타나는 정신병리적 증상의 하나가 ADHD(Attention Deficit Hyperactivity Disorder, 주의력결핍과잉행동장애)이다. ADHD 유아는 아래 14개 증상 중 8개 이상이 최소 6개월 이상 나타난 경우다.

- 앉아서도 손, 발을 가만두지 못하고 몸을 뒤튼다.

- 필요한 경우에도 계속 앉아 있기 힘들다.
- 외부 자극에 의해 쉽게 주의가 산만해진다.
- 게임이나 그룹 상황에서 차례를 기다리기 어렵다.
- 질문이 끝나기도 전에 대답이 불쑥 튀어나오는 경우가 잦다.
- 다른 사람의 지시에 따라 일을 끝마치기가 힘들다.
- 해야 할 일이나 놀이 활동에 계속 집중하는데 어려움이 있다.
- 한 가지 활동을 끝마치기 전에 다른 활동으로 자주 옮겨 간다.
- 조용히 놀기 힘들다.
- 말을 많이 한다.
- 자주 다른 사람을 방해 또는 참견한다.
- 자기에게 뭐라고 하는지 듣지 않는 것 같다.
- 필요한 물건들을 자주 잃어버린다.
- 앞길을 생각하지 않고 신체적으로 위험한 행동을 자주 한다.

ADHD는 다양한 원인으로 인하여 유사한 증세를 보이는 일종의 증후군으로 볼 수 있다. 주의력결핍과잉행동장애의 원인은 정확히 알려지지 않았으나, 생물학적인 원인으로 유전적 요인, 뇌손상, 신경해부학적 인자, 신경생화학적 인자 등이 있으며, 이외에도 염증, 식이, 독극물 등이 원인이 될 수 있다. ADHD의 원인으로 음식첨가제나 설탕 등이 거론되기도 하지만 일반적으로는 직접적 원인은 아니라고 알려졌다. 그러나 영유아기에 섭취하는 패스트푸드(fast food)같은 음식이 알레르기나 성격을 난폭하게 한다는 연구결과가 보고되고 있으며, ADHD가 생물학적 원인뿐 아니라 사회 · 심리적 요인이 상호작용하여 더욱 심해진다고 하므로 슬로우 푸드(slow food) 식단과 그에 따른 생활방식을 고려하는 것이 필요하다. ADHD는 만성적 질환으로 약물치료가 효과적이지만 약물치료만 시행하는 것은 장기적으로 큰 효과가 없으므로, 아동에 따라 적절하고 다원적인 치료가 필요하다.

(8) 틱장애

틱장애(tic disorder)는 얼굴근육이나 신체 일부를 갑작스럽게 움직임을 반복하거나 헛기침을 하거나 소리를 내는 것을 말한다. 틱증상이 지속되면 습관화되어 유아는 틱이 나타난 것을 의식하지 못하게 된다. 흔히 나타나는 틱 증상은 다음과 같다.

- **증상** : 눈 깜빡거리기, 얼굴 찡그리기, 어깨 움츠리기, 목을 경련하듯이 갑자기 움직이기, 팔을 흔들며 손짓하기, 헛기침하기, 킁킁거리기, 컥컥거리기, 엉뚱한 단어나 구절을 반복하기 등

이러한 틱 증상은 스트레스 환경이 개선되면 몇 달 내에 사라진다. 틱에 대해 자주 언급하거나 꾸중을 하면 증상이 악화되므로 마음을 편안하게 하고, 다른 놀이 환경으로 자연스럽게 유도해 주는 것이 중요하다.

4. 정신건강 증진을 위한 방안

정신건강의 문제를 성공적으로 해결하기 위해서는 무엇보다 조기에 발견하여 문제의 원인을 해결하는 것이 중요하다. 신체적 상해와는 달리 정신건강의 문제를 조기에 발견하고 대처하는 일은 쉬운 일이 아니지만 적절한 진단과 처방이 이루어지면 곧장 정상적인 상태로 회복될 수 있다.

1) 사회적 유대관계 증진

① 다른 유아들과 함께 놀 수 있는 기회를 제공한다.
② 집단 활동에 참여할 수 있게 한다.
③ 다른 사람에 대해 생각하고 고려하게 한다.
④ 지나친 애정표현이나 간섭을 하지 않는다.
⑤ 유아의 활동이나 과제수행에 대한 기대를 현실적으로 한다.
⑥ 독립성과 책임감을 길러 준다.
⑦ 유아에게 필요한 사회적 예절이나 기술을 지도한다.
⑧ 유아중심 환경을 구성한다.
⑨ 다른 사람과 긍정적 상호작용을 갖도록 격려한다.
⑩ 공간과 시간 구성을 적절히 한다.
⑪ 교사 대 유아의 비율과 전체 집단의 규모를 감소시킨다.
⑫ 원형으로 모여 앉는 활동을 충분히 계획한다.

2) 교사의 역할

유아교사는 유아의 정신건강을 증진시켜 줄 수 있는 적절한 상호작용 기술을 갖고 있어야 한다. Hendrick(2001)은 유아의 정신건강을 증진시킬 수 있는 교사의 행동을 다음과 같이 제시하였다(곽노의 외, 2010).

(1) 일관성

교사는 정서적 안정감을 가져야 하고 유아를 지도할 때 일관성을 가져야 한다. 일관성을 가질 때 유아는 자신의 행동에 대한 결과나 사건을 미리 예측할 수 있으며, 정해진 규칙이나 원칙에 따라 모든 일이 이루어짐을 알고, 그에 따라 일관된 행동을 할 수 있다.

(2) 합리성

유아를 지도할 때 유아의 각 발달단계에 나타나는 특성을 알아야 하며, 개인차에 대한 고려를 할 수 있어야 한다. 즉 유아의 발달수준에 벗어나는 과도한 과제를 성취하기를 요구하지 않고, 발달정도에 대한 기대를 과소평가하지도 않아야 한다.

(3) 신뢰성

유아의 성장 · 발달 가능성에 대해 긍정적으로 인식하고 신뢰하는 교사는 유아의 정신건강을 도와줄 뿐 아니라 교사 스스로도 성장하는 계기를 갖게 된다.

(4) 감정이입

자신의 감정보다 다른 사람이 느끼는 것과 같이 느낄 수 있는 능력으로 유아의 입장에서 상황을 보고 유아 자신이 어떻게 느끼는지 인식하게 도와 준다.

(5) 수용적 태도

교사가 온정적이고 수용적 태도를 보일 때 유아들은 교사가 자신을 좋아하고 있으며 자신이 하고 싶어하는 것을 허용해 준다고 생각하여 교사를 자신의 욕구를 이해하는 심리적 지지자로 생각한다.

연구 문제

1. 유아 정신건강의 개념을 정리해 보시오.

2. 유아의 정신건강에 미치는 요인을 생각해 보시오.

3. 유아교육기관에서 유아가 스트레스에 대처하도록 돕기 위해 교사가 할 수 있는 전략들에 대해서 생각해 보시오.

제 2 부

유아안전지도

제 1장

유아안전지도의 기초

1. 안전지도의 개념
2. 안전지도의 내용 및 방법
3. 발달단계별 안전지도
4. 안전관련법규

본 장에서는 유아안전지도란 무엇이며, 안전지도에서 다루어져야 할 내용에 대해 개괄적으로 알아보고, 영유아의 발달특성에 따른 안전사고의 특성과 지도사항에 대해 살펴보겠다.

1. 안전지도의 개념

안전이란 말은 사전적인 의미에서 '편안하고 온전함', '조금도 탈이나 위험이 없는 상태'를 뜻한다(동아새국어사전, 1994). 일상생활 속에서 안전이란 말은 광범위하고 복합적인 의미로 여러 상황에 쓰인다.

Marland(1973)는 "안전은 인간의 행동 수정을 위해, 만들어진 조건이나 상태 또는 위험 가능성을 줄일 수 있도록 물리적 환경을 고안함으로써 사고를 감소시키는 것"이라고 정의하였다. 또한 한국아동안전관리교육협회(2003)는 다양한 안전의 정의 가운데 공통적인 것으로 '사고를 사전에 방지하는 것'과 '사고의 감소를 수반하는 것'이라고 하면서, 안전이란 '위험의 가능성을 없애고 사고를 줄이는 것'이라고 정의한다. 즉, 안전이란 하나의 상태로서 위험요소가 없고, 사고가 발생되지 않을 수 있는 대책이 마련된 상태라고 볼 수 있다.

따라서 안전은 환경에 따른 잠재된 위험 가능성에 대해 다각적인 이해를 바탕으로 인적, 물적 환경의 위험요소를 제거함으로써 환경에서 살고 있는 인간의 편안함을 유지할 수 있는 상태라고 할 수 있겠다. 이러한 상황, 상태를 유지하기 위해서는 안전관리가 필요하며 보다 적극적으로 위험요소를 알고, 사고 위험에서 대처할 수 있는 조치를 취하는 것이 중요하겠다. 그리하여 안전관리와 교육은 안전이라는 말의 사전적 의미를 구현하기 위한 필요조건이라고 할 수 있겠다.

그렇다면 안전의 개념을 기초로 한 안전지도와 교육의 개념에 대해 살펴보기로 하자. 먼저 안전지도에 관한 여러 정의를 정리해 보면 다음과 같다(한국아동안전관리협회, 2003a). 여기서 안전지도는 안전교육을 포함하는 개념으로 보다 광범위한 의미로 사용한다. 안전지도에 대한 용어 정의는 다음과 같다. 먼저, 안전지도의 사전적 의미는 재해나 사고로부터 몸을 지킬 수 있는 지식, 기술 등을 터득하게 하기 위한 교육(동아새국어사전, 1994)을 뜻한다. 둘째, 상해, 사망 또는 재산의 피해를 일으키는 불의를 사고를 예방하는 것으로서 안전행동에 기여하는 습관, 기능, 태도 및 지식에 긍정적으로 영향을 미치는 경험의 총체이기도 하다(한국교육개발원, 1995). 셋째, 안전을 위해 필요한 사항을 이해시키는 지식의 교육, 위험요소를 예측하고 예방하거나 신중히 행동하는 태도의 교육, 안전하게 행동할 수 있는 기능의 교육이 포함된 것이다(한국산업안전공단, 1996).

위와 같은 안전 및 안전교육의 개념을 기초로 유아안전지도의 정의를 내린다면, 유아안전지도란 유아 스스로 위험으로부터 자신을 보호할 수 있도록 안전지식과 태도 및 기능을 익히게 하여 건강한 생활을 할 수 있도록 도와주는 것으로, 자신을 보호하는 것뿐 아니라 타인의 생명을 존중할 수 있는 인간 개개인의 존엄성을 배우는 교육이고, 유아의 환경을 안전하게 보호하는 것이다.

유아는 성인과 달리 자기 자신을 보호하는 능력이나 기술이 부족하고, 위험에 대한 인지수준이 떨어지므로 복잡한 현대사회의 다양한 환경적 문제(교통, 공해, 유아에 대한 범죄 등)로부터 자신을 스스로 보호할 필요가 높다.

따라서 유아들이 스스로 자신의 안전에 대한 지식과 기본적인 보호능력을 갖추도록 하는 것이 중요하겠다. 이러한 안전교육은 성인(부모 및 교사)의 주요 책임 중 하나로 인식하여, 가정과 유아교육기관에서 영유아를 대상으로 한 안전교육 및 지도가 필요하다. 그러므로 유아안전지도의 방향은 다음과 같다.

① 조기에 이루어져야 한다.
② 체계적으로 이루어져야 한다.
③ 생활습관화 교육이 이루어져야 한다.
④ 현장교육을 실시하여야 한다.

⑤ 반복교육을 실시하여야 한다.
⑥ 가정(부모)과의 연계지도가 이루어져야 한다.

2. 안전지도의 내용 및 방법

유아교육 및 보육기관에서 유아를 대상으로 안전지도를 할 때, 고려해야 하는 주요 내용이 무엇인지에 관해 논의해 보고자 한다. 안전지도는 유아를 둘러싼 환경을 조정하거나, 성인 스스로 모범을 보이는 것도 중요하지만, 구체적으로는 교사가 교육 및 보육과정 속에서 유아들에게 안전교육을 실시하는 것이 매우 중요하다. 따라서 유아안전교육을 실시할 경우 이루어지게 되는 안전지도의 내용은 어떻게 구성되어야 하는지 살펴볼 필요가 있다. 본 장에서는 ① 안전지식, ② 안전태도, ③ 안전기술을 중심으로 이야기하고자 한다.

1) 안전지식

유아의 발달수준에 맞는 안전사고에 대한 정보의 제공을 통해 유아가 안전사고의 유형과 원인 및 결과나 대처방법 등에 관한 기초적 지식을 학습하도록 한다. 다양한 교육 및 훈련 프로그램을 통해 유아로 하여금 안전사고에 대한 지식의 수준을 향상시키도록 한다. 유아의 인지수준이 향상됨에 따라 안전지식의 내용은 더욱 광범위하게 이루어질 수 있으며, 발달수준에 적합한 안전지식의 전달이 이루어지도록 노력해야 한다. 예를 들어 교통안전 표지판의 뜻을 이해하고, 교통안전 규칙이 하나의 안전지식이 될 수 있다. 교통안전과 관련된 신호체계, 약속, 규칙들을 아는 것이 자신과 주변을 돌볼 수 있는 안전교육의 내용이 된다.

2) 안전태도

안전에 대한 지식을 토대로 올바른 안전의식과 태도를 갖도록 한다. 이는 곧 생활 속에서 습관화하여 인진사고를 예방하고 항상 조심하며 주의를 기울일 수 있는 자세를 기르도록 한다. 이러한 태도의 형성은 곧 유아가 스스로를 보호할 수 있는 기본 자세와 습관을 의미한다. 이러한 안전태도는 자기통제력의 하나이며, 스스로 안전한 방법으로 행동하고, 자신의 신체 및 인지를 안전하게 활용할 수 있는 방법을 습관화하는 것이다. 예를 들면, 교통기관을 안전하게 이용하기 위해 횡단보도를 건널 때 안전한 태도로 건너고, 찻길이나 도로 인근지역에서는 놀이하지 않는 생활습관이 이에 해당된다.

3) 안전기술

안전에 대해 많이 아는 것도 중요하지만, 간접경험과 실습을 통해 구체적인 대처방법과 기술을 체험하는 것도 매우 중요하다. 어린 시기부터 이루어진 경험학습은 성인이 된 이후에도 지속적으로 남아 있어 쉽게 잊어버리지 않으므로, 안전기술 습득은 가장 현실적인 대처방법의 습득이라 할 수 있다. 하나의 예로 교통안전교육에서 횡단보도를 건널 때 주의를 살피고, 달려오는 차가 없을 때 손을 들고 횡단보호 안쪽으로 걸어가는 방법에 대해 알고, 실천하는 것을 말한다.

이러한 안전교육의 주요 내용인 안전지식과 안전태도, 안전기술은 다음과 같은 교육방법으로 유아에게 전달될 수 있다. ① 설명 및 시연, ② 토의, ③ 역할놀이, ④ 모델링, ⑤ 모의상황으로 구분할 수 있다(둔내초등병설유치원, 2002).

(1) 설명 및 시연

직접적인 안전교육방법으로 유아 자기통제 능력을 기를 수 있다(예 : 시범보이기,

현장견학, 예행연습, 실행연습, 반복학습).

(2) 토의

특정주제에 대한 언어적 또는 비언어적 방법으로 서로의 의견을 교환하는 간접체험방법이다.

(3) 역할놀이

다양한 역할을 수행해 보게 하여 타인의 행동과 태도를 이해하고 경험해 보는 체험방법이다.

(4) 모델링

TV, 비디오, 부모, 교사, 친구 등이 모델링 대상이 되며, 간접체험을 통해 안전에 대한 태도를 촉진시킬 수 있다.

(5) 모의상황

유아가 문제상황에 직접 참여하고 경험의 기회를 가짐으로써 올바른 안전생활 태도를 형성할 수 있다.

다시 말해서, 유아의 수준에 맞는 교수-학습 방법으로 안전교육을 실시할 수 있으며, 이러한 교육방법으로 유아들을 설득할 수 있게 된다. 사고에 대한 행동과학적인 사고예방 전략에서 볼 때, 인간은 자신의 행동을 안전하게 바꾸기 위해 설득되어야 한다고 본다. 이러한 안전행동으로의 설득은 교육을 통해 가능하며, 학습자의 수준과 성향에 따라 다양한 방식으로 설득시킬 필요가 있다고 본다(김일옥 · 이정은 · 박현정, 2013).

3. 발달단계별 안전지도

서울특별시어린이집연합회(2003a)가 서울시에 소재한 80여 개 구립 어린이집을 대상으로 2년에 걸친 안전사고일지를 분석한 결과를 통해 얻어진 안전사고의 유형과 관련 요인들을 살펴보면 다음과 같다.

먼저 사례 유형을 보면, 부딪힘(24.6%), 넘어짐(21.2%), 꼬집음(8.5%), 물림(5.0%), 탈골(4.6%), 긁힘(4.7%), 미끌어짐(4.4%), 끼임(4.1%), 이물질 삽입(3.7%), 화상(3.0%), 추락(2.5%), 좌상(2.3%), 헛디딤(2.1%), 찔림(1.6%), 뛰어내림(1.6%), 놀이기구(1.4%), 이물질 삼킴(1.1%), 놀잇감 던짐(0.4%), 발로 참(0.2%), 기타(3.0%) 순으로 나타났다.

사고 연령 및 성별 요인을 보면, 연령별로는 25~36개월(23.1%), 만 4세(21.9%), 만 5세(16.4%), 만 3세(15.2%), 13~24개월(13.6%), 0~12개월(5.6%) 순으로 나타났으며, 제일 사고율이 높은 연령은 25~36개월인 보행기 유아로 나타났다. 성별의 차이를 보면, 사고 유형 20개 중 물림과 헛디딤을 제외한 18개 유형이 모두 남아에 의한 사고가 여아보다 두 배 이상 높은 것으로 나타나 남아의 안전사고 비율이 높음을 알 수 있다.

사고발생 시기를 보면 4월(21.5%), 5월(19.9%), 3월(13.9%), 6월(11.8%) 순으로 전체 67%가 봄에 발생하고 있음을 알 수 있다. 이는 3월 학기 초 적응기간을 중심으로 바깥놀이와 현장학습이 많은 4~5월에 사고가 많이 발생한다는 것을 알 수 있었다.

사고발생 비율을 시간(오전, 오후)대로 구분해 보면 오전(24%), 오후(56.7%), 기타(19.3%)로 하루일과 중 오전보다 오후시간대에 사고율이 2배 이상 더 높은 것으로 나타났는데, 이는 오후시간대 프로그램이 오전보다 자유활동이 많아지고 혼합반 구성이 실시되는 프로그램과 관련이 있다고 보아진다.

다음은 장소(어린이집의 실내 · 실외)로 보면, 실내(78.3%), 실외(18.7%), 기타(3.0%)로 어린이집 유아의 사고가 실외보다 실내에서 거의 4배 가까운 사고가 발생하는 것으로 나타났다. 이는 그만큼 바깥놀이 활동을 할 충분한 공간이 마련되어 있지 않다고도 볼 수 있으며, 한편 안전사고의 위험을 느껴 되도록 바깥놀이를 기피하는 경향도 있는 것으로 볼 수 있다(서울특별시어린이집연합회, 2003b).

이상과 같은 유아 안전사고는 현재까지 그 추세가 이어지고 있다. 본 장에서는 유아의 안전사고를 발달단계와 관련하여 고찰해 보기로 한다. 출생부터 영아기, 유아기, 아동기를 거치면서 유아들은 발달단계에 따라 발달영역별 내용이 달라지며, 주된 생활환경도 점차 가정에서 유아교육·보육기관, 학교 등으로 변화해 가기 때문에 안전사고의 유형과 내용이 달라지게 된다.

연령변화와 함께 발달적 특성이 달라지면서 발생될 수 있는 안전사고 를 감안하여 올바른 안전지도가 어떻게 이루어져야 할지 살펴보겠다.

1) 신생아기(출생~1개월)

신생아기는 대략 출생 후 1개월까지를 말하는데, 이 시기는 주로 반사운동에 의한 신체 움직임이 신생아의 주요 활동이며, 24시간 누워 있는 상태로 수면과 그 외 수유, 배변활동이 전부다. 이 시기의 주요 사고유형과 안전지도의 내용을 살펴보면 다음과 같다.

표 1-1

신생아기의 안전사고 유형과 안전지도

사고유형	사고내용	안전지도
질식사고	· 푹신한 요나 베개에 의한 질식 · 우유에 의한 질식 · 위험물질 흡입에 의한 기도 폐쇄	· 너무 두껍거나 푹신하지 않은 요나 베개 사용 · 유아의 신체를 고려한 크기의 이불 사용 · 우유는 안아서 먹이고, 반드시 트림을 시켜 누웠을 때 토하지 않도록 함

사고유형	사고내용	안전지도
추락사고	· 안전대가 없는 침대에서의 추락 · 소파나 의자에서의 추락	· 유아용 침대는 안전대가 필수 · 유아의 머리 위에 떨어지기 쉬운 물건은 두지 않으며 치울 것 · 소파 등에 혼자 눕혀 두지 말 것
영아돌연사(SIDS, Sudden Infant Death Syndrome : 건강한 영아가 수면 중 돌연 사망하는 현상으로 생후 2주에서 3주 사이의 신생아부터 2개월에서 4개월 사이의 영아에게 많이 발생)	· 사망의 원인을 밝혀 내지 못함 · 미숙아, 체중미달아, 심장기관이 약한 영아, 특히 호흡기가 약한 영아에게 더 많이 일어남	· 미숙아, 체중미달아, 호흡기가 약한 아동은 돌연사에 주의를 기울일 것

2) 영아기(1개월~1세)

영아기는 생후 1년, 즉 돌이 되는 시기까지를 말한다. 이 시기의 특징은 첫째 움직임이 활발해지는데, 무엇보다도 앉고, 기고, 서고, 걸을 수 있는 신체적 능력의 발달로 이동이 가능하다는 것이 주요 특징이다. 둘째는 손으로 물체를 잡고, 입에 넣을 수 있는 능력이 발달하고, 셋째는 사물에 대한 호기심이 많아진다는 점이다. 따라서 화상, 추락, 충돌사고 및 위험물질 흡입사고 등이 발생할 수 있다.

영아기의 주요 사고유형과 안전지도의 내용은 다음과 같다.

표 1-2

영아기의 안전사고 유형과 안전지도

사고유형	사고내용	안전지도
이물흡입	· 이물이 식도로 넘어감 · 이물질로 인한 식도벽 상처, 위장관에 삽입 · 기도로 이물질 들어감	· 넘길 수 있는 크기의 물건, 물질 제거 · 영아의 행동 주시 · 관심보이는 물건에 대한 안내, 주의
질식사고	· 푹신한 요, 베개에 의한 질식 · 우유에 의한 질식	· 작은 장난감이나 분리되는 장난감 사용 금지

사고유형	사고내용	안전지도
	· 끈 · 비닐봉지에 의한 질식 · 장난감에 의한 질식 · 이물질(단추, 동전, 구슬 등)에 의한 질식	· 이물질에 의한 질식에 주의 · 신생아기와 동일
추락사고	· 침대에서의 추락 · 소파, 의자에서의 추락 · 계단, 현관 등에서의 추락	· 계단, 현관에는 안전망이나 울타리 설치 · 늘 성인이 보는 안전한 장소에 있게 할 것
화상	· 전열기구(라디에이터, 벽난로)에 의한 화상 · 뜨거운 액체, 음식에 의한 화상(목욕물, 정수기, 커피포트 등)	· 난로, 라디에이터 등 전열기구에는 보호막 설치 · 목욕물 온도 점검 · 뜨거운 물, 음식, 전기제품은 가까이 두지 말 것
중독사고 (위험물질 흡입)	· 일상약품, 화장품, 세제, 가구약 등 독성물질에 의한 중독	· 영아 가까이에 독성물질 두지 말 것 · 장난감은 독성이 없는 것, 빨 수 있는 것을 사용할 것
영아돌연사 증후군	· 생후 1년이내 영아의 갑작스런 사망 · 과거의 병력이 없고, 일상적 부검으로 사인을 분명히 밝히지 못함	· 태내환경을 위한 산모 안전교육 · 수면환경 및 영아의 자세 점검 · 실 · 내외 환경 청결 유지
흔들린 아이 증후군	· 영아가 심하게 흔들려 뇌출혈과 뇌부종, 망막출혈이 발생	· 공중으로 영아를 던지지 않기 · 영아를 업고 뛰지 않기 · 영아를 무릎 위에 올려놓고 툭툭 치지 않기

3) 걸음마기(1~3세)

걸음마기는 보행기라고도 하는데, 이 시기의 주요 발달특성은 걷기를 기초로 한 새로운 세계를 향한 경험의 양이 증가되는 시기다. 이러한 신체발달을 기반으로 주변을 탐색하고 관심을 보이면서 인지 · 언어 · 정서영역의 발달이 동반되며, 보다 섬세하고, 정교한 소근육 관련 동작과 주변사람과 사물을 따라하는 모방행동을 보인다.

따라서 이 시기는 다른 어떤 시기보다도 사고의 발생 빈도가 높고, 이에 대한 각별한 관심과 주의가 필요한 시기다. 이 시기의 주요 안전사고 유형과 안전시도의 내용을 보면 다음 〈표 1-3〉과 같다.

표 1-3
걸음마기의 안전사고 유형과 안전지도

사고유형	사고내용	안전지도
추락사고	· 창문, 베란다, 계단에서의 추락사고 · 놀이터(실외놀이)에서의 추락사고 · 실내놀이기구에서의 추락사고	· 창문 · 베란다에는 보호대 설치 · 계단에 혼자 두지 말 것 · 실내 · 외 놀이시 성인의 감독 필요 · 층계 꼭대기의 문은 항상 닫아둘 것 · 놀이시설 설치시 안전장치 점검
중독사고	· 약품, 화장품, 장난감 등에 의한 중독사고	· 약품, 화장품, 세제 등 따로 보관 · 장난감의 독성여부 파악할 것 · 무독성 미술재료 쓸 것
질식사고	· 동전 · 작은 장난감 · 젤리 등에 의한 질식	· 신생아기 · 영아기와 동일
화상	· 전기제품, 뜨거운 액체 · 음식 등에 의한 화상	· 전열기구에는 보호대 설치 · 전기제품의 플러그 수시 점검 · 뜨거운 액체 · 음식 등 주의
자동차 사고	· 차량 충돌 · 차 안에서의 충돌	· 찻길이나 차량이 다니는 보행길에서 성인과 손 잡고 걷기 · 카시트에 앉히고 안전벨트하기 · 교통표지판과 수신호의 의미 알기
기타	· 가구 모서리 · 틈에 의한 상처 · 사고 · 가구나 선반 · 물체 · 사람과의 충돌사고	· 가구나 모서리 · 틈에 보호장치 · 위험한 물건, 가구는 재배치

4) 유아기(4~6세)

유아기는 걸음마기에 비해 양적인 성장률은 감소하나, 전체적으로 몸의 균형이 잡히고, 자세가 안정적이고, 대근육 활동이 발달하여 이동능력도 발달하여 걸음걸이 속도와 리듬에 변화를 줄 수 있다. 또한 협응력과 균형감이 발달되면서 모험놀이와 대근육 활동이 많아지고, 사회성 발달로 인해 또래와 어울려서 놀이하는 것을 즐기게 된다.

이러한 발달적 특성으로 인해 영아기에 비해 운동과 조정능력이 향상되어 낙상의 위험은 줄어든다. 영아보다 주의력이 생기고, 어른의 지시 및 안전약속과 규칙에 대해 기억하는 양이 늘어가면서 잠재적인 위험 상황을 인식할 수 있게 된다. 그에 반해 활동반경이 넓어지면서 주변환경에 대한 탐색기회가 증가하여 자동차 사고나 동물에 물리는 사고가 급증하기도 한다.

아울러 높은 곳에서 뛰어내리는 등의 모험적인 활동이 나타나는 시기로 추락사고의 위험도 높아지며, 활동범위가 가정 밖으로 넓어지면서 교통사고나 놀이사고의 위험이 높아지는 시기다. 이 시기의 주요 안전사고 유형과 안전지도의 내용을 살펴보면 다음과 같다.

표 1-4

유아기의 안전사고 유형과 안전지도

사고유형	사고내용	안전지도
교통사고	· 보행 중 보육 및 교육기관 통학 중 교통사고(길에서 혼자 노는 상태, 차도에서의 보행사고, 자동차 · 오토바이에 의한 사고, 통원차량사고)	· 교통안전교육 및 지도 · 감독 중요(교통규칙, 교통사고의 위험성과 원인, 보행자의 안전규칙 등 교육)
추락사고	· 베란다, 옥상, 나무 등에서의 추락사고 · 엘리베이터 등 사고	· 베란다, 옥상 등의 안전사고대비(보호대 및 안전교육) · 엘리베이터, 에스컬레이터 등 안전규칙 교육 · 지도
놀이사고	· 미끄럼틀, 시소, 그네, 회전목마, 정글짐 등 놀이기구에서의 사고 · 칼, 가위 등에 의한 사고 · 자전거, 인라인 스케이트, 수영, 스키, 스케이트, 썰매 등 스포츠와 관련된 안전사고 · 다른 유아와 싸움에 의한 사고	· 놀이기구 안전지도 및 교육 · 스포츠와 관련된 기구의 안전상태 점검 및 안전수칙 교육 · 칼, 가위 사용시 성인의 감독 · 교육 · 또래와의 놀이에 대한 안전교육

사고유형	사고내용	안전지도
화재사고	· 가정, 보육 · 교육시설, 기타 수련시설 등에서의 화재사고	· 화재 안전점검 실시 · 화재 안전교육 실시
미아 · 유괴사고	· 미아 혹은 유괴에 의한 사고	· 미아 · 유괴 예방교육 실시 · 성인의 감독 · 지도가 중요

4. 안전관련법규

유아안전사고의 원인은 크게 두 가지로 생각해 볼 수 있다. 인적 요인(human factor)과 환경적 요인(environmental factor)으로 구분해 볼 수 있는데, 일반적으로 사고의 대부분은 인적 요인에 의한 것이며, 나머지가 기타 환경적 요인에 의한 것이라 할 수 있다.

인적 요인이란, 인간의 행동에 의해 사고상황에 이르게 된 것으로, 인간의 부주의, 실수, 기술이나 능력에 의한 문제 등으로 위험 상황에 노출되는 것을 의미한다. 즉 가정이나 유아보육 · 교육기관의 안전하지 못한 환경구성, 지도 및 감독의 소홀, 유아들의 부족한 지식과 태도 등으로 인한 안전사고가 예이다.

환경적 요인은 인간의 지식과 능력으로도 예방하거나 조치할 수 없는 환경적 재해로 인한 안전사고를 의미한다. 대지진, 해일 등 인간의 힘으로 자연재해를 모두 예측하고 예방하기에는 많은 어려움이 있다. 그러나 환경적 요인도 어느 정도는 인적 요인과의 상호작용에 의해 더 큰 위험이 발생할 수도 있다. 따라서 환경과 인간 간의 바람직한 공존을 위해 인간은 노력해야 한다.

이렇게 볼 때 유아 안전사고는 대부분 예방 가능하다. 그러나 실제 우리 환경 속에 내재한 모든 위험요소를 제거할 수는 없다. 그러므로 유아를 안전하게 지도할 수 있는 환경을 만드는 일, 그러기 위해서는 제도적 뒷받침이 무엇보다 중요하며, 유아 관련 종사자들의 노력과 인내가 요구된다.

우리나라의 경우 유아 안전과 관련된 법규들은 도로교통법, 소방법, 학교보건법, 건축법, 아동복지법, 영유아보육법, 유아교육법, 청소년기본법, 품질경영 및 공산품안전관리법 등 다양하다. 그러나 본 장에서는 유아들이 가장 많이 생활하는 가정 이외의 장소인 유아교육 및 보육기관을 중심으로 한 안전관련 규정에 대한 내용을 살펴보겠다.

1) 영유아보육법의 안전규정

영유아보육법은 어린이집의 안전관리에 관해 다음과 같이 규정하고 있다(영유아보육법 시행규칙 별표 8 어린이집의 운영기준 일부).

① 어린이집의 원장은 안전점검표 양식에 따라 일정기간별로 시설의 안전점검을 시행하여 화재·상해 등의 위험발생 요인을 사전에 제거하여야 한다.

② 각 놀이시설물에 대하여 적절한 점검일정을 세워 점검하여야 한다. 이 경우 놀이시설물의 볼트, 너트 등 이음장치, 울타리, 구조물의 부식여부 등은 매일 점검하고, 움직이는 부분들이 서로 맞물리는 놀이시설물의 경우 영유아의 신체 일부분이 놀이기구에 끼지 않도록 맞물림의 형태 등을 점검하여야 한다.

③ 어린이집의 원장은 소방계획을 작성하고 매월 소방훈련을 실시하여야 한다.

④ 어린이집의 원장은 「아동복지법」 제9조제3항의 규정에 의하여 매년 안전교육계획을 수립하여 보육 영유아에 대하여 안전교육을 실시하고 이를 시장·군수·구청장에게 보고하고, 어린이집 교직원에게도 안전교육을 실시하여야 한다.

⑤ 어린이집의 원장은 보호자와의 비상연락망을 확보하고, 사고에 대비하여 보육 영유아에 대한 응급처치 동의서를 받아 비치한다.

⑥ 어린이집의 원장은 영유아에 대한 사고가 발생한 때에는 즉시 영유아의 보호자에게 알리고, 사고가 중대한 경우 시장·군수·구청장에게 보고하여야 하며, 사고보고서를 작성하여 비치하여야 한다.

⑦ 어린이집 직원은 영유아에게서 아동학대의 징후들을 발견하는 때에는 「아동복지법」 제 26조2항의 규정에 의하여 즉시 아동보호전문기관 또는 수사기관에 신고하여야 한다.

2) 아동복지법의 안전규정

위에서 어린이집의 원장은 아동복지법 제 9조제 3항의 규정에 의하여 매년 안전교육 계획을 수립하고 안전교육을 실시하여 보고하도록 하고 있다. 아동복지법에 의한 안전교육의 기준을 보면 다음과 같다(아동복지법 시행령 별표 3).

표 1-5

안전교육기준

구 분	교통안전교육	약물오남용교육	재난대비교육	성폭력 예방교육
실시주기 (총시간)	· 2개월 1회 이상 (연간 12시간 이상)	· 3개월 1회 이상 (연간 10시간 이상)	· 6개월 1회 이상 (연간 6시간 이상)	· 6개월 1회 이상 (연간 6시간 이상)
교육내용	1. 올바른 교통안전 지식 2. 교통관련 법규준수 정신 3. 안전장구 착용의 생활화 4. 기타 교통안전관련 내용	1. 약물의 종류 · 중독성 및 오남용의 폐해 2. 법적 처벌기준 3. 기타 약물오남용 예방을 위하여 필요한 내용	1. 화재 · 붕괴 · 폭발 · 화생방사고 등 각종재난 예방 및 안전관리 요령 2. 위험물 취급 요령 3. 재난시 안전행동 및 대피요령	1. 아동 및 청소년 성범죄 발생현황 2. 성폭력 예방지침 3. 성폭력 예방실습 4. 성폭력 범죄 발생시 대처방법 5. 법적 처벌 및 취업제한 규정 6. 성폭력 범죄의 신고요령 및 절차
교육방법	1. 전문가(또는 담당자) 강의 2. 시청각 교육 3. 실습교육 또는 현장학습 4. 수업(프로그램) 내용에 반영 5. 일상생활을 통한 반복지도	1. 전문가(또는 담당자) 강의 2. 시청각 교육 3. 현장방문 · 학습	1. 전문가(또는 담당자) 강의 2. 시청각 또는 실습교육 3. 사고사례 분석	1. 전문가(또는 담당자) 강의 2. 시청각 교육 3. 사고사례 분석

일반적으로 유아안전정책은 다음 사항을 포함해야 한다(Robertson, 1998).

- 안전한 환경 구성 : 안전한 시설을 만들고 유지하도록 하는 사항
- 사고예방 관리 : 유아를 보호하고 사고를 예방하기 위한 안전관리 사항
- 안전계획의 수립 : 유아보호를 위한 지침을 개발하기 위한 전략
- 보호자를 위한 내용 : 안전을 최대화하고 위험을 최소화하기 위한 지도 · 교육 · 관찰 · 감독을 위한 방법과 실제

3) 어린이집 평가인증제 안전규정

어린이집 평가인증제란 보육서비스의 다양화와 질적 향상, 자율적인 서비스 개선을 할 수 있도록 하기 위한 제도로 전문가들이 동의하는 좋은 보육의 질을 나타내는 인증지표를 이용하여 기관 스스로 시설의 질을 가름해 보고 그 시설의 질을 지표처럼 향상시키고자 노력하는 과정으로 보육 서비스를 받는 영유아가 쾌적한 환경에서 서비스를 받는 것을 목표로 하고 있다. 인증 여부는 기관의 질에 대한 스스로의 판단 결과와 보육 전문가에 의한 판단과정의 타당성이 검토되며, 그리고 질을 고양하고자 하는 기관의 노력 여분에 따라 결정된다. 인증제도는 기관 스스로가 인증지표에 맞게 서비스 질을 향상시키겠다는 의지 여부에 따라 성패가 달려 있다고 해도 과언이 아니다.

표 1-6

서울시 평가점수표

평가 영역	문항수	총점	평가점수	비고(자체평가점수)
Ⅰ. 어린이집 및 보육환경(9%)	6	18		
Ⅱ. 일상적 양육과 상호작용(9%)	6	18		
Ⅲ. 보육과정 운영(15%)	10	30		
Ⅳ. 건강관리 및 안전(37%)	25	75		
Ⅴ. 가족 및 지역사회와의 협력(6%)	4	12		

평가 영역	문항수	총점	평가점수	비고(자체평가점수)
Ⅵ. 보육인력의 전문성 및 운영관리(21%)	14	42		
Ⅶ. 우수사례 및 특수시책(3%)	2	5		
총 계	67	200		

※ 총 만점 점수 : 200점(65 지표 3점 + 가산점 5점) – 평가지표당 총 3점(우수 : 3점, 보통 : 2점, 미흡 : 1점)

영유아에게 청결하고 위생적인 환경을 마련해 주고 하루 열량 섭취량의 절반 정도(1,420kcal 중 670kcal 상당)를 어린이집에서 섭취해야 하기 때문에 양질의 식사와 간식을 제공하는 것이 매우 중요하다. 어린이집 실내공간의 위생과 청결은 어릴 때부터 위생적인 생활습관을 기르는 데도 큰 역할을 할 수 있다. 보육교사는 집단생활에서 예상되는 전염성 질환에 대한 예방대책을 마련하고, 몸이 아픈 영유아에게 적절한 조치를 취해 주어야 한다. 그리고 어린이집에서는 양질의 식품으로 다양하게 조리된 식단을 계획, 제공함으로써 영유아의 성장을 도와주어야 한다.

이 영역에서는 보육실 내 · 외 각 공간의 청결과 조리 관련 위생, 영유아의 위생적 생활습관지도, 몸이 아픈 영유아에 대한 적절한 대책 수립여부, 그리고 영유아의 식사와 간식의 적절성이 주요 점검항목으로 포함되어 있다.

이 중 서울시에서 실시하는 건강관리 및 안전영역의 25문항 평가지표를 살펴보기로 하겠다. 문항은 청결과 위생(11), 영양관리(2), 질병관리(3), 안전(9)으로 구성되어 있다.

(1) 청결과 위생

① 어린이집을 포함하여 실내시설이 청결하다.

3점: 어린이집과 실내 · 외 시설이 청결하다.

2점: 전반적으로 청결해 보이기는 하지만, 보육실이나 현관, 복도, 공유공간, 화장실 등의 청결상태가 다소 미흡하다.

1점: 전반적으로 청결하지 못하고 개선이 필요하다. 현관, 교사실, 화장실, 세면대, 교재창고, 붙박이장, 식품창고, 비상계단, 실외놀이터 등 실내 활동에 불쾌감을 주지 않도록 실내 공간이 깨끗하게 유지되기 위해서는, 보육실은 물론 교사실, 현관, 복도, 자료실(참고 : 화장실과 조리실은 별도의 항목으로 점검함)을 매일 청소하여야 한다. 특히 보육실은 먼지가 많고 여러 설비가 자주 더렵혀질 수 있는 곳이므로 청소와 소독을 통하여 청결한 상태를 유지하여야 한다.

② 보육실은 환기가 잘되고, 습도가 적절히 유지된다.

3점: 보육실은 창문을 자주 열어 환기를 하고 있으며, 습도조절기 등을 이용하여 습도조절을 적절히 하고 있다(특히 실내 놀이시간 후, 식사시간 후, 낮잠 후 반드시 환기).

2점: 창문을 자주 열지 않아 환기가 미흡하고, 습도조절이 잘 안될 때가 간혹 있다.

1점: 환기가 안 되어 냄새가 나고, 습도조절을 거의 하지 않고 있다.

감기와 같은 호흡기 질환을 예방하기 위해서는 환기와 습도조절이 매우 중요하다. 영유아의 건강을 위하여 보육실에는 항상 신선한 공기가 유입될 수 있도록 적당한 크기의 창문이 설치되어 있어야 하며, 보육교사는 자주 창문을 열어 환기를 시켜야 한다(참고 : 따뜻한 실내 온도를 유지하기 위하여 창문을 자주 열지 않아 영유아가 공기가 탁한 곳에서 지내는 일이 없도록 유의해야 함). 적정 실내 습도를 유지하기 위해 필요한 가습기 및 제습기(에어컨) 등의 설비가 갖추어져 있어야 한다. 가습기는 주기적으로 관리되어 영유아가 맑은 공기 속에서 지낼 수 있도록 배려하는 것이 필요하다.

③ 화장실은 영유아의 편의를 고려하여 설치되어 있으며, 관리상태가 양호하다.

3점: 화장실은 동선이 가깝고 편리하며 영유아용 변기가 충분히 있고, 작동상태가 양호하며, 세면대의 높낮이가 적절하고 청결한 마른 수건(또는 종이 타월)과 비누가 비치되어 있으며, 영유아가 몸을 깨끗이 씻을 수 있도록 샤워시설이 잘 갖추어져 있다.

2점: 동선, 영유아용 변기 수, 관리상태, 세면대 높이, 샤워시설, 화장실 위생들이 부분적으로 미흡하여 한 가지 이상 개선해야 할 필요가 있다.

1점: 화장실 동신이 멀어 불편하며, 영유아용 변기 수가 부족하고, 화장실 바닥과 수건이 젖어 있고, 냄새가 나거나 샤워시설이 없는 등 전반적이 화장실 개선이 필요하다.

실내 · 외 놀이 활동과 식사 전후 손을 씻는 세면장은 영유아가 빈번하게 이용하는 곳이므로 항상 깨끗하게 관리되어야 한다. 화장실 역시 영유아가 자주 사용하는 곳이고 물기가 많으므로 세균이 서식하지 않도록 정기적으로 청소와 소독을 하여 위생적으로 관리하여야 한다. 변기와 세면기의 높이나 크기 등은 영유아가 사용하기 적합하게 설치되어야 하고, 화장실과 세면장의 바닥은 영유아들이 미끄러지지 않도록 젖어 있지 않으며, 비누와 수건이 위생적으로 준비되어 있어야 한다.

④ 정기적인 소독 및 방역이 이루어지고 있다.

3점: 화장실(변기 및 바닥, 세면대), 조리실 등 정기적으로 소독 및 방역이 이루어지고 있으며, 기록이 문서화되어 있다(예 : 소독점검표, 소독일지, 방역일지 등).

2점: 계절별로 1회 정도 실시하지만, 문서화되어 있지 않다.

1점: 정기적으로 소독을 실시하고 있지 않다.

⑤ 구강 위생지도를 충실히 하고 있다.

3점: 간식, 식사 후 치아를 닦는 행동을 습관화하도록 충실히 지도하고 있으며, 칫솔 소독기, 개인별 양치컵 등 양치 도구와 칫솔 관리상태가 양호하다(개인별 양치컵 사용, 칫솔 소독, 정기적인 칫솔 교체 등).

2점: 이닦기 지도를 하고 있거나, 양치 도구 관리가 다소 미흡하다.

1점: 이닦기 지도가 형식적이며, 양치 도구와 칫솔 관리상태가 비위생적이다.

⑥ 영유아가 사용하고 있는 교재 · 교구 및 놀잇감이 깨끗하다.

3점: 놀잇감은 세척이 용이한 재질로 되어 있고, 전반적으로 청결하다.

2점: 놀잇감은 세척이 용이한 재질로 되어 있으나, 청결상태가 부분적으로 미흡하다.

1점: 세척이 어려운 놀잇감이 많으며, 놀잇감의 청결 관리가 이루어지지 않아 먼지나 때묻은 놀잇감이 방치되고 있다.

영유아가 공동으로 사용하는 놀잇감의 청결은 어린이집에서 영유아의 건강을 위해 유념해야 할 사항이다. 놀잇감의 청결을 유지하기 위해서는 무엇보다도 놀잇감의 재질이 세척 가능한 것이어야 한다. 영아가 입에 넣기 쉬운 놀잇감은 매일 세척하고, 영유아가 자주 사용하는 플라스틱 블록이나 인형, 소꿉놀이 도구들은 정기적으로 세척하여 보육실 놀이환경을 위생적으로 유지하여야 한다.

⑦ 영유아는 개별 침구를 사용하며, 침구는 위생적으로 관리된다.

3점: 영유아는 개별 침구(최소한 이불의 경우)를 사용하고 있으며, 침구를 자주 일광소독하고 세탁하여 항상 청결한 상태를 유지한다.

2점: 개별 침구가 사용되고는 있으나, 전반적으로 일광소독 횟수나 청결상태가 미흡하다.

1점: 공동 침구가 사용되거나, 일광소독을 자주 하지 않으며, 청결상태도 미흡하다.

잠자리의 위생은 영유아의 건강과 직결된다. 영유아의 침구는 최소한 이불만이라도 개별적으로 사용되어야 함이 원칙이다. 침구는 자주 세탁하고 건조시켜 항상 위생적으로 관리하는 것이 필요하다. 개별 침구의 세탁은 부모가 할 수도 있고, 어린이집에서 공동으로 관리할 수도 있다.

⑧ 보육교사와 영유아는 위생과 청결을 유지하기 위해 자주 손을 씻는다.

- 3점: 보육교사와 영유아는 위생과 청결을 유지하기 위해 배변지도 후, 음식을 다루기 전(영아의 경우, 수유 전후), 실외 활동 후 반드시 손을 씻는다.
- 2점: 보육교사와 영유아는 위의 활동 후 대체로 손을 씻으나, 가끔 못씻는 경우가 있다.
- 1점: 보육교사와 영유아는 반드시 손을 씻어야 할 때 씻지 못하는 경우가 있다.

영유아들은 자주 손을 씻음으로써 각종 전염성 질환을 예방할 수 있다. 어린이집에서는 많은 영유아가 놀잇감을 공동으로 사용하는 일이 많고, 실외놀이로 손이 먼지와 세균에 오염되는 일이 잦다. 따라서 하루에도 여러 번 손을 깨끗이 씻어 청결과 위생을 유지하도록 지도해야 한다. 보육교사도 자주 손을 씻어 영유아를 위생적으로 보살피고, 청결한 생활습관의 모범이 되어야 한다.

⑨ 조리실은 환기 및 배수가 잘 되고 식기 소독상태가 양호하며, 조리원들의 위생관리가 철저하다(식기소독기, 식기보관상태, 위생모와 위생복 착용, 손소독 등).

- 3점: 전체적으로 환기가 잘 되고 조리실, 조리대, 조리도구들이 청결하며 조리원들의 위생관리가 양호하다.
- 2점: 부분적으로 조리실 환기 및 급식 설비와 식기류가 청결하지 못하거나 위생관리가 부족하여 한 가지 이상의 개선이 필요하다.
- 1점: 환기가 안 되어 냄새가 나고 조리실 환기 및 조리대와 조리도구들이 청결하지 못하며 위생관리도 미흡하다.

조리실과 조리공간은 영유아의 간식과 식사가 준비되는 곳으로, 청결하고 위생적으로 관리되어 식중독과 질병을 예방할 수 있어야 한다. 조리실은 적절하게 환기가 이루어져야 하며, 냉장고와 식기건조대, 조리도구와 식기 등이 청결하고 위생적으로 관리되어야 한다. 특히 식품과 음식의 보관상태는 위생적이어야 한다. 오래된 음식이 냉장고에 보관되고 있거나 식품이 장시간 상온에서 노출되는 경우가 없어야 한다.

⑩ 음식을 위생적으로 조리하고 있으며, 식품 보관상태가 양호하다.

3점: 음식의 조리과정이 위생적이고, 유효기간 이내의 식품들이 냉장고에 청결하게 보관되어 있으며, 용도별 도마 및 칼, 행주의 위생상태가 양호하다.

2점: 음식의 조리과정이 비위생적이거나, 유효기간 이내의 식품들이 냉장고에 청결하게 보관되어 있으나, 용도별 도마 및 칼, 행주 등의 위생상태가 하나 이상 청결치 못하다.

1점: 음식의 조리과정이 위생적이나, 유효기간 이후 식품이 냉장고에 보관되어 있거나 용도별 도마 및 칼, 행주 등의 위생상태가 양호하지 못하다.

⑪ 영유아 급 · 간식시 소독이 가능한 식판 및 위생적인 개별접시와 개별컵을 사용한다.

3점: 영유아 급식시 소독이 가능한 식판을 사용하고 있으며 간식 시에도 개별접시 · 컵을 사용하고 있다.

2점: 영유아 급식시 식판을 사용하고 간식 시에도 개별접시 · 컵을 사용하고 있으나, 소독하기 어려운 재질이다.

1점: 영유아 급 · 간식시 식판 및 개별접시 · 컵이 사용되지 않는다.

(2) 영양관리

① 식단 구성이 성장기의 영유아의 영양을 고려하여 균형을 이루고 있다(영양과 조리형태면에서 과일, 채소, 육류, 탄수화물과 단백질 등 식품의 균형을 고려).

3점: 영양사에 의해 계획 · 관리되는 식단으로 학부모에게 미리 공개(게시판, 가정통신문 등)되며, 성장기 영유아의 영양을 고려하여 과일과 채소, 탄수화물과 단백질 등의 균형을 이룬다.

2점: 전반적인 식사 내용은 적절하나, 식품의 영양적 균형, 조리 형태에서 부분적으로 미흡하다.

1점: 식단이 없으며, 식품의 균형, 조리면에서 미흡할 때가 자주 있다.

영유아의 영양상 균형있는 식사는 이들의 건강과 신체발달에 가장 중요하게 작용한다. 따라서 양질의 식품(예 : 제철 채소와 과일, 단백질이 풍부한 식품)을 재료로 하여 다양한 조리 형태로 식사가 마련되어야 한다. 영유아의 편식을 방지하고, 변화있는 식단은 식품이나 화학조미료가 가미된 조리는 피해야 하며, 라면이나 인스턴트식품으로 식사를 대체하는 것도 적절하지 않다. 음식을 조리할 때는 기름에 튀기거나 다량의 설탕과 소금을 넣는 조리방법을 피한다.

② 영유아의 발달에 필요한 양질의 급 · 간식이 제공된다.

3점: 제철식품이 포함된 질 높은 음식이 제공되며, 다양한 식품과 조리방법 등으로 충분한 양의 급 · 간식이 제공된다.

2점: 다양한 충분한 음식이 제공되어지고 있으나, 인스턴트식품이 가끔 포함되고 제철식품(예 : 과일)이 부족하다.

1점: 다양한 음식과 충분한 양이 제공되어지지 않거나, 주로 인스턴트식품 위주로 제공된다.

- 급 · 간식에서 제외시켜야 할 인스턴트식품의 예를 들면 햄, 게맛살, 라면, 햄버거용 고기, 청량음료, 튀김옷을 입혀 파는 냉동식품 등

어린이집에서의 간식은 영유아의 성장에 필요한 열량 보충과 영양의 균형차원에서 중요한 일과로 다루어져야 한다. 간식으로 제공되는 식품은 가능한 식사와 중복되지 않아야 하며, 내용과 양이 식사를 방해하지 않아야 한다. 특히 비타민과 무기질이 풍부한 제철과일이나 견과류, 채소 등을 간식으로 자주 제공하는 것이 바람직하다. 지나치게 당분이 많거나, 탄수화물 위주의 인스턴트식품, 과자류 등은 피해야 할 것이다.

(3) 질병관리

① 전염성 질환에 대한 관리 지침이 구체적으로 마련되어 있으며, 연 1회 의료기관을 지정하여 건강검진을 하고 있다.

3점: 영유아에게 발생할 수 있는 전염성 질환의 예방과 관리를 위한 체계적인 지침이 마련되어 있으며, 의료기관과 협조체제를 유지하여 연 1회 이상 영유아 건강검진을 정기적으로 실시하고 있다.

2점: 의료기관과 협조체제를 유지하여 연 1회 이상의 영유아 건강검진을 하고 있고 전염성 질환의 예방 및 관리지침이 마련되어 있으나, 구체적이지 않아 교사가 실천하기가 어렵다.

1점: 전염성 질환에 대한 예방 및 관리대책이 마련되어 있지 않다.

보육교사는 영유아에게 자주 발생할 수 있는 전염성 질환(예 : 수두, 볼거리, 홍역, 수족구, 독감, 뇌염), 예방접종, 건강검진에 대한 지식이 있어야 한다. 어린이집 차원에서 전염성 질병을 앓고 있는 영유아에 대한 대책을 문서로 마련해 두고, 이에 관해 부모에게 홍보해야 한다.

② 몸이 아프거나 다친 영유아에게 취할 절차가 문서화되어 있고, 문서화된 지침에 따라 실행한다.

3점: 아프거나 다친 영유아에게 적절한 조치를 취할 수 있도록 규정(투약의뢰체계, 비상연락망 등)이 마련되어 있고, 이를 시행한다(예 : 상황에 따라 격리보호, 부모에게 연락, 귀가, 출석 제한, 병원 후송, 부모의 서면 요구가 있을 때만 투약을 하는 등).

2점: 아프거나 다친 영유아를 위한 규정은 있으나, 그 내용이 구체적이지 못하여 일관성 있게 시행되지 않는다.

1점: 아프거나 다친 영유아를 위한 규정이 없거나 불분명하다.

어린이집에서 장시간 생활하는 영유아들은 호흡기와 소화기 계통의 질환을 앓는 일이 자주 있다. 이 외에도 심각한 질병에 걸려 영유아에 대한 개별적인 간호가 필요한 경우, 원장과 보육교사는 영유아의 상태를 파악하여 그에 따른 조치를 취하여야 한다. 또한 사고로 영유아가 상해를 입었을 때 미리 준비된 절차에 따라 적절한 조치를 취하는 것은 영유아의 안전을 위하여 매우 중요한 일이다. 따라서 모든 어린이집은 몸이 아프거나 다친 영유아에 대한 안전관리 절차를 구체적으로 문서화시켜 놓고, 사고발생시 그에 따라 조치를 취할 수 있어야 한다.

③ 비상약품은 안전하게 관리, 보관되고 있다.

3점: 비상약품이 충분히 준비되어 있으며, 영유아의 손이 닿지 않는 곳에 안전하게 보관되어 있다.

2점: 비상약품은 다양하게 구비되어 있거나, 관리상태가 다소 소홀하다.

1점: 비상약품의 부족, 유효기간 경과, 관리 장소 부적절 등 비상의약품 관리가 제대로 되어 있지 않다.

(4) 안전

① 실내시설이 영유아에게 안전하다.

3점: 실내 바닥과 계단은 미끄럽지 않으며, 출입문에는 안전장치가 설치되고 창문은 영유아의 안전을 고려하여 설치되어 있는 실내시설이 영유아에게 안전하다.

2점: 실내 바닥, 계단, 출입문, 창문 가운데 개선이 필요한 부분이 한 가지 있다.

1점: 위의 사항 중 개선이 필요한 부분이 두 가지 이상이다(예 : 출입문 안전장치 설치(도어 체크, 손끼임 방지장치 등), 창문 추락 방지장치, 계단의 높이와 폭, 계단과 난간의 안전도, 놀이기구와 가구의 모서리 처리 등 확인).

② 실외시설 · 설비는 안전하게 설치되고, 안전지침에 따라 정기적으로 관리되고 있다(전기, 가스, 소방, 생활안전).

3점: 실외시설 · 설비는 규정상의 안전지침을 잘 지키고, 정기점검을 실시하며, 날카로운 면이나 돌출 부위, 위험 무리 없고 견고하여 수리할 부분이 없다.

2점: 실외시설물에 대한 정기적인 자체 안전점검은 실시되고 있으나, 영유아의 안전을 위해 더 개선할 부분이 있다.

1점: 정기점검이 이루어지지 않거나, 실외시설 · 설비 가운데 위험 요인이 있다.

③ 위험한 물건은 영유아의 손이 닿지 않는 곳에 보관한다.

3점: 약품이나 교사용 가위, 세척제 등의 위험한 물건은 영유아의 손이 닿지 않는 곳에 보관하며, 전기 콘센트에는 안전덮개가 있다(예 : 문어발식 전기 콘센트를 사용하여 누전의 위험이 없는지 관찰).

2점: 위험한 물건을 영유아의 손에 닿지 않는 곳에 보관하나 가끔 지켜지지 못할 때가 있으며, 낮은 위치의 전기 콘센트에 안전덮개가 없는 곳이 1~2개 정도 있다.

1점: 영유아의 손이 닿는 곳에서 위험한 물건이 자주 발견된다.

④ 직원과 영유아에게 정기적으로 안전교육을 실시한다.

3점: 사고나 위험한 상황에 대비해 직원과 영유아에게 월 1회 이상 안전교육을 실시한다.

- 아동복지법 시행령 제4조1항 : 교통안전교육(2개월에 1회 이상), 소방훈련(20인 이상 시설 매월), 약물 오 · 남용교육(3개월에 1회 이상), 재난대비교육(6개월에 1회 이상)

2점: 안전교육을 실시하고 있으나, 정기적이지 않다.

1점: 안전교육을 거의 실시하지 않는다.

⑤ 영유아의 안전을 위한 비상재해 대피시설 및 장비를 갖추고 있다.

3점: 비상시 긴급히 대피할 수 있는 시설 및 장비가 구비되어 정상적으로 작동되고 있으며, 비상구로 이동하는 통로에 적치물이 없어 안전하게 이동할 수 있다(화재감지기 및 경보기, 유도등 작동, 분말소화기, 랜턴 등).

2점: 비상재해 대피시설 및 장비는 있으나, 제대로 작동되어지지 않고, 비상구 앞에 적치물이 쌓여 있는 등 관리가 다소 부족하다.

1점: 비상시 재해 대피시설 및 안전장치가 형식적으로만 갖추어져 있거나, 거의 없다(작동 불량, 비상구가 있으나 형식적이어서 외부와 통해져 있지 않음 등).

⑥ 영유아를 보호자에게 인계하는 과정에 대한 규칙을 정하고 실시한다.

3점: 영유아의 인계과정에 대한 규칙을 정하고, 이를 철저히 지킨다(예 : 서면으로 명시, 지정된 보호자에게만 영유아를 인계하고, 차량운행 시 교직원이 반드시 탑승하여 지도한다).

2점: 영유아의 인계과정에 대한 규칙이 있고, 대체로 이에 준하여 실시하나 간혹 지키지 못한다.

1점: 영유아의 인계과정에 대한 규칙이 없다.

⑦ 영유아의 사고에 대해 어린이집이 갖는 책임의 한계를 문서로 정하고 이에 대한 부모의 동의를 받는다.

3점: 영유아의 사고에 대해 어린이집이 갖는 책임의 한계가 명확하게 문서로 규정되어 있고, 이를 학부모에게 충분히 설명하고 동의서를 받고, 사고처리 보고서를 기록한다.

2점: 어린이집의 책임한계 규정이 있으나 학부모에게 정식으로 동의서를 받지 않는다.

1점: 영유아의 사고에 대한 책임의 한계나 규정이 정해져 있지 않다.

⑧ 비상시 연락처를 전화기 근처에 게시하며, 대처방안이 마련되어 있다.

3점: 비상시 연락처(예 : 병원, 소방서, 경찰서, 구조대)를 전화기 근처에 게시하며, 대처방안(예 : 대피요령, 응급처치 요령, 신고방법)이 구체적으로 마련되어 있다.

2점: 비상시 연락처가 게시되어 있거나, 대처방안이 구체적이지 못하다.

1점: 비상시 연락처가 게시되어 있지 않거나, 게시되어 있어도 형식적이며 대처방안도 구체적이지 못하다.

⑨ 안전에 필요한 보험에 모두 가입되어 있다.

3점: 모든 영유아에 대한 상해보험과 건물에 대한 화재보험에 가입되어 있으며 차량이 있는 경우 자동차 종합보험에 가입되어 있다.

2점: 상해보험에 가입되어 있지 않은 영유아가 있거나, 한 가지 이상 미가입되어 있다.

1점: 상해보험과 화재보험 및 자동차 종합보험에 가입되어 있지 않다.

연구 문제

1. 유아안전지도의 개념과 구체적인 안전지도의 방법에 대해 논의해 보시오

2. 유아안전과 관련된 법규가 무엇인지 이야기하고, 이를 잘 지킬 수 있는 방안이 무엇인지 논의해 보시오.

제 2 장

가정 및 유아교육기관의 안전지도

1. 가정에서의 안전지도
2. 유아교육기관의 안전지도

유아들의 생활에서 가장 중요한 것은 놀이이다. 놀이는 유아의 발달에 중요할 뿐 아니라 교육 및 보육과도 직결된다. 따라서 유아가 놀이하는 환경, 즉 가정환경과 유아교육 및 보육기관의 환경(시설 및 설비)은 매우 중요하다.

본 장에서는 유아가 놀이를 하는 환경인 가정에서의 안전과 유아교육 및 보육기관의 시설 및 설비환경을 통해, 유아안전의 내용은 무엇이며 어떻게 지도해야 하는지 등에 관해 고찰해 보기로 한다.

1. 가정에서의 안전지도

가정은 유아 특히 3세 미만의 유아가 대부분의 시간을 보내는 장소다. 교육이나 보육기관에 다니는 유아라 하더라도 가정은 여전히 중요한 장소임에 틀림없다. 따라서 어린 유아의 경우 안전지도의 최우선은 안전한 가정환경의 구성이다. 아무리 유아에게 교육과 훈련을 시킨다 하더라도 유아는 성인과 달리 위험에 대한 인지수준이 낮고, 대처방법이 미숙하므로, 가정에서의 안전사고의 발생률을 낮추기 위해서는 가정환경의 구성과 아울러 적절한 지도 · 감독이 필요하다.

특히 어린 유아의 안전사고의 대부분은 가정에서 발생하고, 부모 및 성인의 부주의로 비롯되는 경우가 많으므로 조금만 주의를 기울인다면 가정 내의 안전사고는 예방이 가능할 것이다. 따라서 가정 내의 다양한 환경, 즉 방과 거실, 욕실, 부엌, 베란다, 계단 등 가정 내의 생활공간들을 중심으로 유아의 안전지도가 어떻게 이루어져야 하는지에 관해 살펴보기로 한다.

1) 창문이나 베란다에서의 안전

창문이나 베란다에서는 추락사고가 발생할 수 있다. 따라서 부모와 교사는 다음과 같은 안전관리 및 교육을 통해 창문이나 베란다에서 일어날 수 있는 우발적인 추락사고를 예방하도록 해야 한다. 잠깐 하는 사이에 유아는 매우 위험한 상황에 빠질 수 있는 것이다.

① 집 안에서도 유아는 항상 감독 하에 있어야 한다. 잠깐 소홀한 동안에 추락사고가 발생할 수 있다.

② 창문이나 베란다에서는 창문 보호대나 난간을 반드시 설치한다.

③ 유아가 창문 밖으로 몸을 내밀거나 베란다 난간에 기대지 않도록 한다.

④ 베란다 난간에 화분을 놓지 않도록 하며, 난간에 설치된 구조물은 단단히 고정시킨다.

⑤ 창문 가까이에 침대나 가구를 배치하거나 영유아의 시선을 끄는 물건을 두지 않는다. 아이들이 침대 위에서 놀다가 창문 밖으로 떨어지거나, 물건을 꺼내기 위해 가구 위나 의자 위에 올라가게 되어 잘못하면 창문 밖으로 떨어질 수 있다.

⑥ 아주 어린 영아도 닫힌 창문이나 문을 열 수 있으므로, 문이나 창문에는 잠금장치를 하여야 한다.

⑦ 공기순환을 위해 창문을 연다면 반드시 위에서부터 열도록 한다. 아래쪽의 창문을 열어야 할 경우에는 10~13cm 정도만 열고 안전장치를 한다.

⑧ 베란다에는 유아가 물건을 놓고 높이 올라가지 못하도록 발판이 될 수 있는 물건, 예를 들어 의자나 선반과 같은 것을 두지 않는다.

⑨ 부모들은 아이를 안고 고층건물이나 아파트의 베란다에 나가 바깥이나 아래에 있는 사람들에게 인사하거나 이야기하지 않도록 한다. 이러한 경험이 반복될 때 아이들은 부모가 없을 때도 베란다에서 바깥을 내려다 볼 수 있으며, 이로 인해 위험한 상황에 놓일 수 있기 때문이다.

⑩ 유아의 인지수준에 맞게 항상 창문이나 베란다에 대한 안전교육을 시켜야 한다.

2) 계단에서의 안전

계단을 설치할 때 다음의 안전규칙을 준수함으로써 유아의 추락사고를 방지할 수 있어야 한다.

① 계단의 표면은 미끄러운 건축자재를 사용하지 않는다.
② 계단에는 충분한 높이의 난간을 양쪽에 설치한다.
③ 계단의 난간이 튼튼한지 수시로 점검한다.
④ 계단 각 발판의 폭과 높이는 계단의 경사에 따라 조절되어야 한다. 또한 발판에는 눈에 띄는 표시가 있어 계단의 위치를 쉽게 알 수 있게 한다.
⑤ 각 층을 잇는 계단에는 상 · 하부에 문을 설치하고 필요하지 않을 때에는 문을 닫아둠으로써 아이가 계단에서 떨어지는 것을 방지한다. 특히 아파트나 빌라 등 고층건물의 옥상으로 통하는 문은 항상 닫아 두고 관리하여야 한다.
⑥ 계단은 항상 밝게 조명되어야 하며, 사고가 날 위험이 있는 불필요한 물체나 물이 흘러 있지 않아야 한다.

또한 안전하게 계단을 이용하는 것도 사고를 줄이기 위해 중요하다. 따라서 유아가 다음과 같은 안전규칙을 준수하여 계단을 이용할 수 있게 지도해 주어야 한다.

① 계단을 오르내릴 때에는 반드시 난간을 잡고 한 칸씩 오르내리게 해야 하며, 순서를 지키도록 한다.
② 자기 발보다 큰 신발을 신거나, 신발의 끈을 매지 않은 채 계단을 오르내리지 않도록 한다. 넘어질 위험이 크다.
③ 앞사람을 밀거나 방해하지 않도록 한다. 여러 사람들이 함께 다칠 위험이 있다.

④ 스커트나 바지 등 옷의 길이가 너무 길어도 아이가 옷자락에 걸려 넘어질 수 있으므로, 이런 경우 성인의 도움을 받아 오르내리도록 하거나 옷 길이를 조절해 주도록 한다.

⑤ 계단을 오르내릴 때 주머니에 손을 넣지 않게 한다. 넘어질 수 있다.

⑥ 유아가 계단의 난간을 이용하여 미끄럼을 타는 경우가 많은데, 사고의 위험이 높으므로 삼가시켜야 한다.

⑦ 계단에서는 뛰어다니거나 장난을 하지 않도록 한다.

⑧ 영아가 보행기를 타고 계단 가까이 접근하지 못하도록 한다.

3) 침대나 가구에서의 안전

가정에서 안전사고가 일어날 수 있는 위험이 있는 장소로 창문이나 베란다 외에도 침대나 실내 가구 등을 들 수 있다. 특히 만 3세 미만의 유아는 대부분의 시간을 가정에서 보내므로 침대, 책상, 소파, 탁자 등과 같은 가구 위에서 떨어져 부상을 입는 경우가 많다. 침대나 가구에서의 사고를 예방하기 위한 구체적인 지침을 제시하면 다음과 같다.

① 탁자나 의자 등 가구 위에 어린 유아를 혼자 두지 않는다.

② 탁자 위에 무거운 물건을 많이 두지 않도록 한다. 지탱하는 힘이 약해 탁자가 넘어지거나 물건이 떨어질 경우 주위에 있던 유아가 다칠 수 있다.

③ 침대 및 가구의 모서리는 뾰족하거나 돌출된 부분이 없이 둥근 것이 좋다. 뾰족한 부분으로 인해 아동이 위험하다고 판단되는 곳은 보호장치를 하여야 한다.

④ 거울이나 유리로 된 탁자나 가구는 위험하므로 유아의 손이 닿지 않는 곳에 배치하거나 없앤다.

⑤ 유아가 의자를 이용하여 높은 곳에 올라가는 것을 방지하기 위해서는 의자를 항상 탁자나 식탁 안으로 밀어 넣어 정리해 둔다.

⑥ 실내의 가구들이 불안전하여 넘어질 경우가 있다. 따라서 키가 크고 무거운

책장은 벽에 붙여 두고, 유아가 옷장이나 가구의 문을 열지 못하도록 잠금장치를 하는 것도 필요하다.

⑦ 유아의 관심을 끄는 물건을 높은 곳이나 위험한 곳에 두지 않는다. 유아가 만지려고 올라가거나 시도하다가 다칠 수 있다.

⑧ 벽에 무거운 물건을 걸지 않는다. 특히 아동의 손이 닿는 곳에는 아무것도 걸지 않는다.

⑨ 보행기는 타면서 심한 사고를 당할 우려가 있으므로 되도록 사용하지 않는 것이 좋다. 만약 사용한다면 보행기의 폭이 넓고 좌석이 단단하게 고정되어 있는지 확인하여야 한다. 그리고 유아가 보행기를 타고 추락할 수 있는 위험한 위치로 이동하는 것을 주의 깊게 관찰하여야 한다.

⑩ 유아용 식탁의자는 안전해야 한다. 그릇을 올려놓거나 아이가 앞으로 나오지 못하게 막아 주는 탁자가 붙어 있어야 하며, 유아의 자세를 안전하게 고정시키는 장치도 있어야 한다.

4) 방 · 거실에서의 안전

방이나 거실에서 일어날 수 있는 유아의 사고를 예방하기 위한 구체적인 방법은 다음과 같다.

① 유아가 자고 있거나 혼자 있을 때는 에어컨, 선풍기, 난로 등을 켜두지 않는다.

② 콘센트는 덮개가 있는 것을 사용하고, 전기가 잘 통하는 물건은 유아의 손이 닿지 않는 곳에 두며, 아무 물건이나 콘센트에 넣어서는 안 된다는 훈련을 지속적으로 시킨다.

③ 위험한 전기제품은 유아의 손이 닿지 않는 곳에 둔다(전기다리미와 헤어드라이기 등).

④ 난방기구나 선풍기에는 보호망을 설치하여 유아의 손이 닿지 않도록 한다.

⑤ 어린 유아가 양말을 신을 경우 바닥에서 미끄러지기 쉽다. 미끄럼방지 처리가 된 양말 또는 실내화를 신게 한다.

⑥ 가전제품은 사용 후 반드시 스위치를 끄고, 플러그를 뽑아 놓아야 한다.

⑦ 바닥이나 탁자 위에 놓인 전등은 위험하므로 되도록이면 유아의 손이 닿지 않는 곳으로 치우도록 한다.

⑧ 젖은 손으로 전기제품을 만지지 않도록 지도한다.

⑨ 거실이나 방의 바닥재가 타일이나 나무인 경우 미끌어지지 않도록 처리하여야 하며, 깔개는 미끄럼방지 처리가 된 것을 사용하여야 한다. 유아가 깔개로 인해 넘어지는 사고가 종종 있다.

⑩ 문의 손낌방지나 발낌방지 장치를 하여 유아가 다치지 않도록 한다.

[그림 2-1] 문의 손낌방지

5) 화장실에서의 안전

화장실에서도 유아의 안전사고가 많이 일어난다. 화장실에서의 사고를 방지하기 위해 부모는 다음과 같은 점에 유의해야 한다.

① 욕실 바닥재인 타일은 표면이 매끄럽지 않은 것으로 선택하여야 하며, 미끄

럼방지 매트를 깐다.

② 욕실 바닥은 항상 물기가 없게 닦고 건조하게 유지한다.

③ 욕조 속에서 유아가 수도꼭지에 머리를 부딪칠 위험이 있으므로 보호덮개를 씌우고 주의시킨다.

④ 슬리퍼는 미끄러지지 않는 재질로 된 것을 사용한다.

⑤ 어린 유아가 욕실에 있을 때는 성인이 항상 같이 있어야 한다. 특히 3세 미만의 유아는 욕조에서 익사할 우려도 있으므로 항상 함께 있어야 한다.

⑥ 비누, 치약, 샴푸는 쓰고 난 뒤에 제자리에 두고, 모든 종류의 세제는 유아의 손이 닿지 않는 곳에 보관한다. 특히 화장실 세척제나 변기를 청소하는 솔 등은 아동의 손이 닿지 않는 곳에 둔다.

⑦ 유아가 혼자 화장실에 들어가거나 갇히는 일이 없도록 안전장치를 문에 설치하거나 열쇠를 가까운 곳에 준비해 준다.

⑧ 화장실에서 사용가능한 헤어드라이기나 전기면도기 등은 유아의 손이 닿지 않는 곳에 보관하고, 감전사고의 예방을 위해 젖은 바닥에 서서 맨발로 서서 사용해서는 안 되며, 몸에 물기가 있는 상태에서 사용하면 안 된다.

6) 부엌에서의 안전

부엌 역시 유아에게는 위험한 공간이 될 수 있다. 가스레인지나 전자레인지, 각종 조리도구(칼, 가위 등), 가전기구(믹서기, 전기밥솥, 대형 냉장고) 등은 유아의 안전에 위협이 될 수 있다. 부엌에서의 안전을 위해 지켜야 할 사항에 대해 정리해 보면 다음과 같다.

① 바닥이 미끄럽지 않아야 하며, 물기가 있을 경우 즉시 닦아야 한다.

② 칼이나 포크, 가위 등 위험한 물건은 아동의 손이 닿지 않는 곳에 보관하도록 한다.

③ 유아가 가스레인지를 만지지 않도록 하며, 항상 중간 밸브를 잠그고 가스

누출 자동차단 장치를 반드시 설치한다.

④ 냄비의 손잡이는 항상 안쪽으로 향하도록 하여 유아의 손이 닿지 않게 하고, 유아가 쳐서 내용물이 유아에게 쏟아지는 것을 예방하여야 한다.

⑤ 싱크대 문을 열고 닫을 때 유아의 손가락이 문에 끼이지 않도록 한다.

⑥ 모든 찬장과 서랍은 잠금장치를 하거나 유아가 쉽게 열 수 없는 버튼용 개폐방지 손잡이를 부착한다.

⑦ 싱크대 중에서 유아가 자유롭게 가지고 놀 수 있는 한 곳을 지정하여 놀 수 있도록 한다. 무조건 못만지게 하는 것이 아니라, 안전한 용품을 넣어 놓은 한 곳을 마련해 유아의 호기심을 충족시키고 놀 수 있는 공간을 마련해 주도록 한다.

⑧ 튀김요리를 할 때는 유아가 부엌에 들어오는 것을 막도록 하고, 사용한 기름은 유아의 손이 닿지 않는 곳에서 식힘으로써 화상사고를 방지하여야 한다.

⑨ 비상용 소화기를 설치한다.

⑩ 락스나 각종 세제 등의 용품은 유아의 손이 닿지 않는 곳에 보관한다.

⑪ 깨지기 쉬운 그릇은 별도로 보관한다.

⑫ 정수기를 사용할 경우, 뜨거운 물에 화상을 입지 않도록 온도를 조절해 둔다.

7) 가정 내 안전지도 방향

가정에서의 안전지도를 다음과 같이 이루어질 수 있다(허혜경 · 김정희, 2004).

(1) 유아의 발달에 따른 지도

안전지도를 행할 때 가장 기본이 되는 것으로서, 유아 초기의 경우는 언어적인 이해 능력이 부족하기 때문에 경우에 따라서는 경미한 실제 체험도 필요하다. 예를 들어, 다리미가 얼마나 위험한지 알게 하기 위하여 다리미판에 유아의 손이 데지 않을 정도의 열을 가해 직접 만져 보도록 한다.

(2) 개별지도

유아의 개인차 또는 행동의 특성에 따른 지도를 말한다. 부산한 유아, 민첩성이 둔한 유아, 호기심이 매우 왕성한 유아 등 각자의 개별적 특성에 맞는 안전지도를 하여야 한다.

(3) 환경에 따른 지도

유아를 둘러싼 환경 조건에 맞는 지도로서 거주지역(주택가 또는 상업지역 등), 거주 형태(아파트 또는 주택 등), 거주 층수, 실내 환경물의 조건 등에 따른 지도다. 기타 이사나 개조 등으로 인해 새로운 주거 공간이 변화되었을 때 이에 대한 배려와 관심이 필요하다.

(4) 도덕성의 육성

가정에서 약속한 일이나 규칙은 반드시 지키는 습관을 갖는 것도 안전지도의 중요한 과제다. 손을 대어서는 안 되는 것, 들어가서는 안 되는 장소, 놀이할 때 순서와 규칙을 지키는 것 등 유아와 부모의 약속은 어느 가정에서나 볼 수 있는데, 평소에 그러한 약속을 잘 지키는 습관을 기르는 것이 유아의 안전 확보에 불가결하다.

(5) 적극적인 위험 대처능력의 육성

유아기에서 아동기로 나아감에 따라 스스로 위험에 적극적으로 대처해 가는 능력을 길러야 한다. 예컨대, 불에 대해서 그 무서움을 알아야 할 뿐 아니라, 일단 불이 난 경우 물을 쏟아부으면 꺼진다는 극히 간단한 것을 가르치는 것만으로도 유아의 위험 대처능력은 길러지는 것이며, 소화기 등의 기본적인 사용법에 대해서도 가르침이 필요하다.

2. 유아교육기관의 안전지도

유아교육기관에서의 물리적 환경, 즉 시설 · 설비에서의 안전이란 기관의 구조와 입지조건은 물론 실내 및 실외의 시설과 설비가 유아에게 적합하고 안전한지를 통해 안전사고를 예방하고 바람직한 교육 및 보육환경을 구성하도록 하는 것이다. 이러한 기관의 환경은 유아가 안전하게 생활할 수 있도록 하는 가장 기본적인 전제조건이며, 기관을 설립할 때 가장 먼저 고려하게 되는 필수조건인 셈이다. 그리고 이러한 기관의 환경적 요인에 대해서는 관련법을 통해 명시하고 있어 유아를 위한 적절한 환경을 구성하도록 하고 있다.

1) 기관의 구조 및 입지조건

유아는 가정 외의 기관, 즉 유아교육기관에서 보내는 시간이 연령의 증가와 더불어 더욱 커진다. 아울러 맞벌이 부부의 증가로 인해 매우 어린 시기부터 가정 아닌 기관에서 하루 중 대부분의 시간을 보내는 경우가 점차 증가하고 있다. 따라서 기관의 시설과 설비는 유아안전과 직결되는 것이며, 유아교육기관이 보육을 잘 실천하기 위한 기본요건이다.

일반적인 기관의 입지조건을 말하자면, 유아교육기관은 되도록이면 유아들의 집과 거리가 멀지 않은 곳에 위치하여야 한다. 아파트 단지 안이나 주택가 안이 바람직하고, 차도와 접해 있거나 배수가 잘 안 되는 곳, 빛이 잘 들지 않는 곳, 자연재해의 위험이 많은 곳 강이나 연못, 호수 근처, 주위에 유흥가가 있는 곳 등은 피해야 한다.

건물 형태는 단독건물이 바람직하며, 2층 이상에 보육실을 설치하는 것은 바람직하지 않다. 단 하나의 건물 전체를 어린이집으로 운영하는 경우는 가능하다고 규정하고 있다(영유아보육법시행규칙). 시설에는 보육실, 조리실, 목욕실, 화장실, 놀이터, 급배수시설, 비상재해시설을 갖추어야 하며 사무실, 양호실, 수유실, 기타 영유아교육 및 보육에 필요한 시설을 갖추어야 한다. 최근에는 장애유아 통합교육과 보육이 이루어지기 시작하면서 장애아를 위한 시설의 구조를 강조하고 있다.

(1) 어린이집의 시설 안전규정

① 입지조건

가) 어린이집은 보육수요 · 보건 · 위생 · 급수 · 안전 · 교통 · 환경 및 교통편의 등을 충분히 고려하여 쾌적한 환경의 부지를 선정하여야 한다.

나) 어린이집은 위험시설로부터 50m 이상 떨어진 곳에 위치하여야 한다. 이 경우 위험시설이라 함은 「주택건설기준 등에 관한 규정」 제9조제 2항 각 호의 시설을 말한다.

다) 어린이집은 「건축법 시행령」 별표 1에 따라 각 어린이집을 설치할 수 있는 곳에 설치한다. 다만, 영유아 20인 이하를 보육하는 직장어린이집과 부모협동어린이집은 가정어린이집을 설치할 수 있는 곳에도 설치할 수 있다.

② 시설 구조 및 설비기준

가) 일반기준

- 어린이집의 구조와 설비는 그 시설을 이용하는 영유아의 특성에 맞도록 하여야 한다.
- 어린이집에는 다음의 설비를 하여야 한다. 이 경우 보육실을 포함한 시설면적(놀이터 면적을 제외한다)은 영유아 1인당 4.29제곱미터 이상으로 한다.

㉠ 보육실

- 보육실은 1층에 설치하여야 한다. 다만, 사업장 내에 직장어린이집을 설치

하는 경우와 건물 전체를 하나의 어린이집으로 사용하는 경우 및 그 밖에 불가피한 사유가 있다고 여성부장관이 인정하는 경우에는 2층과 3층에 보육실을 설치할 수 있되, 건물 전체를 하나의 어린이집으로 사용하는 경우에도 영아반 보육실은 반드시 1층에 설치되어야 한다.

- 보육실은 거실, 포복실 및 유희실을 포함하여 영유아 1인당 2.64제곱미터 이상으로 한다.
- 보육실에는 침구, 놀이기구 및 쌓기놀이활동, 소꿉놀이활동, 미술활동, 언어활동, 수 · 과학활동, 음율활동 등에 필요한 교재 · 교구를 갖추어야 한다.
- 어린이집은 환기 · 채광 · 조명 · 온습도가 적절히 유지 · 관리되도록 하여야 한다.
- 보육실은 바닥난방시설을 갖추어야 한다.

㉡ 조리실

- 조리실은 채광이 잘 되도록 하고, 기계 환기시설을 하여 청정한 실내환경을 유지하도록 하며, 창문에는 방충망을 설치하여야 한다.
- 식기를 소독하고 위생적으로 취사 및 조리할 수 있는 설비를 갖추어야 한다.
- 공공기관이나 사회복지관 안에 설치된 어린이집의 경우에는 동일 건물에 있는 조리실을 함께 사용할 수 있다.

㉢ 목욕실

- 목욕실은 난방을 하여야 한다.
- 바닥은 미끄럼방지 장치를 하여야 한다.
- 샤워설비, 세면설비 및 냉 · 온수 공급을 위한 설비를 갖추어야 하며, 수도꼭지는 온수 사용시 화상을 입지 아니하도록 온도 고정장치를 설치하여야 한다.
- 목욕실은 보육실과 인접한 공간에 위치하여야 한다.

㉣ 화장실

- 바닥은 미끄럼방지 장치를 하여야 한다.
- 세정장치와 수도꼭지 등은 냉온수의 온도를 조정 및 고정할 수 있어야 한다.
- 화장실은 수세식 유아용 변기를 설치하고, 보육실과 동일한 층의 인접한 공간에 설치하여야 한다.

㉤ 놀이터(영유아 50인 이상을 보육하는 시설에 한한다)

- 영유아(12개월 미만 영아를 제외한다) 1인당 2.5제곱미터 이상의 규모로 모래밭(천연 및 인공잔디, 고무매트, 폐타이어 블록도 가능함)에 대근육 활동시설 등 놀이시설물 3종 이상이 설치된 옥외놀이터를 설치하여야 한다. 다만, 업무용시설 밀집지역 등 지역적 특수성에 따라 옥외놀이터를 설치하는 것이 불가능한 경우에는 옥내놀이터(지하 또는 옥상에는 설치 불가)를 설치하거나 인근놀이터를 활용할 수 있고, 인근놀이터를 활용할 경우에는 인근놀이터 이용 계획서를 어린이집 인가를 신청하는 때에 제출하여야 한다.
- 옥외놀이터에 설치하는 놀이시설물은 「품질경영 및 공산품안전관리법」에 의하여 놀이기구 안전검사를 필한 제품을 사용하여야 한다.
- 놀이터에 설치하는 놀이시설물은 안전을 고려하여 다음과 같이 설치하여야 한다.
- 놀이시설물은 영유아의 신장 및 체중을 고려하고, 표면도색의 독성여부를 확인하여야 한다.
- 영유아가 추락할 가능성이 있는 놀이시설물 아래와 주변의 공간은 충격을 흡수할 수 있도록 안전장치를 설치하여야 하며, 영유아가 걸려 넘어지거나 부딪칠 수 있는 방해물이 없도록 하여야 한다.
- 놀이시설물의 어떠한 부분에도 영유아의 살을 베거나 찌를 수 있는 날카로운 부분, 모서리, 뾰족한 부분이 없도록 하여야 한다.
- 놀이시설물의 돌출부분이 볼트와 너트는 위로 튀어나오지 아니하도록 하여야 하며, 볼트와 너트가 위를 향하고 있는 때는 그 높이가 3.2밀리미터를

넘지 아니하도록 하여야 한다.

• 놀이시설물에 구멍이나 틈이 있는 경우 영유아의 몸이 빠지거나 끼는 사고가 없도록 조치하여야 한다.
• 놀이시설물은 안전하게 설치하여야 하며, 제조업자의 취급설명서에 따라 설치하여야 한다.

ㅂ 급배수시설

• 상수도 또는 간이상수도에 의하여 먹는 물을 공급하는 경우에는 저수조를 경유하지 아니하고 직접 수도꼭지에 연결하여 공급하여야 한다. 다만, 직접 수도꼭지에 연결하기가 곤란한 경우를 제외한다.
• 어린이집에서 음용수로 지하수를 사용할 경우에는 저수조 등의 시설을 경유하여야 한다.
• 더러운 물, 빗물 등이 잘 처리되도록 배수설비를 하여야 한다.

ㅅ 비상재해 대비시설

• 소화용 기구를 비치하고 비상구를 설치하는 등 비상재해에 대비한 시설을 갖추어야 한다. 이 경우 비상구는 상단에 비상구 유도등을 달고 잠금장치를 문쪽에 설치하여야 한다.
• 어린이집이 2층 이상인 경우 비상계단 또는 영유아용 미끄럼대를 반드시 설치하고, 그 밖에 안전사고 및 비상재해에 대비한 대피시설, 장비 등을 구비하여야 한다.
• 그 밖의 소방시설의 설치는 「소방시설설치유치 및 안전관리에 관한 법률시행령」 별표 4의 규정에 의한다.
• 가스를 사용하는 때에는 「도시가스사업법」, 「액화석유가스의 안전관리 및 사업법」에서 정한 규정에 따라 설치하고 관리하여야 한다.

ㅇ 그 밖에 실내 설비는 다음의 기준을 갖추어야 한다.

• 영유아가 접근할 수 없는 안전한 장소에 응급조치를 위한 비상약품 및 간이

의료기구 등을 비치하여야 한다.

- 비상구를 제외한 모든 출입문 및 창문은 안쪽에서 잠길 우려가 없어야 하고, 밖에서 쉽게 열 수 있어야 하며, 출입문 및 창문의 가장자리에는 영유아의 손이 끼지 아니하도록 손끼임 방지 고무패킹이나 완충장치를 설치하여야 한다.
- 돌출형 방열기(라디에이터)는 영유아의 신체가 직접 닿지 아니하도록 울타리를 설치하여야 하며, 이와 유사한 온열기를 사용하는 경우에는 영유아가 직접 온열기에 닿지 아니하도록 적절한 보호장치를 설치하여야 한다.
- 책상, 의자 등 가구의 모서리는 둥글고 표면이 매끄럽게 처리된 것이나, 고무 등으로 모서리에 보호장치를 설치하여야 한다.
- 보육실에 설치된 교구장, 선반을 설치하는 때에는 물건이 추락하지 아니하도록 지지대를 설치하여야 하며, 무거운 물건은 너무 많이 쌓아 놓아서는 안 된다.
- 보일러 설비, 퓨즈박스(두꺼비집), 화기, 소독수, 살충제, 조리실의 칼, 가위, 포크, 랩 등은 영유아의 손이 닿지 아니하는 위치에 배치되어야 한다.
- 어린이집 내부(벽, 천장 등)의 마감재료는 「건축법 시행령」 제2조 규정에 의한 불연재, 준불연재 또는 난연재를 사용하여야 하며, 실내장식물과 창문에 설치하는 커텐류 및 카펫 등 「소방시설설치유지 및 안전관리에 관한 법률」 제12조의 규정에 의한 방염대상물품은 「소방시설설치유지 및 안전관리에 관한 법률」의 규정에 의한 방염성능이 있는 것으로 설치하여야 한다.

나) 장애아만을 20명 이상 보육하기 위한 장애아 전담어린이집을 설치하는 경우에는 「장애인 · 노인 · 임산부 등의 편의증진보장에 관한 법률」에서 정한 시설 및 설비 외에 다음의 설비를 갖추어야 한다.

- 장애아가 활동하기에 충분하도록 어린이집은 장애아 1인당 7.83제곱미터 이상, 보육실(교실, 거실, 포복실, 유희실, 치료교실, 집단활동실을 포함한다)은 장애아 1인당 6.6제곱미터 이상의 면적을 확보하여야 한다.

- 집단활동실(강당, 놀이실)은 문턱없이 접근이 가능한 통로에 연결되어야 하고 휠체어 · 보행기 등의 출입에 장애가 없어야 한다.
- 출입구는 비상재해시 대피하기 쉽도록 복도 또는 넓은 공간에 직접 연결되게 설계되어야 하며, 시각장애아를 위한 점자블록이나 유도장치를 갖추어야 한다.
- 옥외 피난계단의 유효폭은 0.9미터 이상이어야 한다.
- 회전문과 자재문은 금하며 자동문 설치시 문의 개폐시간은 3초 이상을 확보하여야 한다.
- 휠체어에 앉은 영유아가 문의 손잡이를 잡을 수 있어야 한다.
- 계단 외에 엘리베이터 또는 기울기 1/12 이하의 경사로를 설치하여야 한다.

다) 장애아 3명 이상을 보육하는 장애아통합시설은 다음과 같은 설비를 갖추도록 노력하여야 한다.

- 2층 이상의 시설에는 엘리베이터를 설치하거나 적어도 한 곳 이상에 기울기 1/12 이하의 경사로를 설치하여야 한다.
- 출입구는 비상재해시 대피하기 쉽도록 복도 또는 넓은 공간에 직접 연결되도록 하고, 시각장애아를 위한 점자블록이나 유도장치를 설치하여야 한다.
- 복도, 문, 화장실은 휠체어의 출입에 장애가 없어야 한다.
- 옥외 피난계단의 유효폭은 0.9미터 이상이어야 한다.

(2) 유치원의 시설 안전규정

최근에는 유아교육기관의 급식시설 · 설비기준(유아교육법 시행규칙, 2007)에 대한 법적 근거도 마련되어, 어린이집은 물론 유치원의 시설에 대한 엄격한 규제가 이루어지고 있다. 2007년 신설된 유아교육기관의 급식시설 · 설비기준은 다음과 같다(유아교육법 시행규칙 별표 1).

<급식시설 · 설비기준(제3조제1항 관련)>

1. 조리실

가. 조리실은 교실과 떨어지거나 차단되어 유아의 학습에 지장을 주지 않는 시설로 하되 식품의 운반과 배식이 편리한 곳에 두어야 한다.

나. 조리실은 작업과정에서 교차오염(交叉汚染)이 발생하지 않도록 벽과 문을 설치하여 전처리실(前處理室), 조리실 및 식기구 세척실로 구획한다. 다만, 100인 이상 급식을 실시하는 경우로서 이러한 구획이 불가능한 경우와 100인 이하 급식을 제공하는 경우에는 교차오염을 방지할 수 있는 다른 조치를 취하여야 한다.

다. 조리실의 내부벽, 바닥 및 천장은 내화성(耐火性), 내수성(耐水性) 및 내구성(耐久性)이 있는 재질로 하여, 청소와 소독이 쉽고 화재예방이 되도록 하여야 한다.

라. 출입구와 창문에는 해충 및 쥐의 침입을 막을 수 있는 방충망 등 적절한 설비를 갖추어야 한다.

마. 조리실 내의 증기, 불쾌한 냄새 등을 빨리 배출할 수 있도록 환기시설을 설치하여야 한다.

바. 조리실의 조명은 220룩스(lx) 이상이 되도록 하여야 한다.

사. 조리실에는 필요한 위치에 손세척(洗滌)시설이나 손 소독시설을 설치하여 손에 의한 오염을 막아야 한다. 다만, 100인 이상 급식을 제공하는 경우에는 손 세척시설과 손 소독시설을 모두 설치하여야 한다.

아. 조리실에는 온도 및 습도관리를 위하여 적정용량의 급배기(給排氣)시설 또는 냉 · 난방시설 등 적절한 시설을 갖추거나 적절한 조치를 취하여야 한다.

2. 설비 · 기구

가. 냉장실 또는 냉장고와 냉동고는 식재료의 보관, 냉동 식재료의 해동(解凍), 가열 조리된 식품의 냉각 등에 충분한 용량과 온도(냉장고 5℃ 이하, 냉동고 -18℃ 이하)를 유지하여야 한다.

나. 조리, 배식 등의 작업을 위생적으로 하기 위하여 식품 세척시설, 조리시설, 식기구 세척시설, 식기구 보관장, 덮개가 있는 폐기물 용기 등을 갖추어야 하며, 식품과 접촉하는 부분은 내수성 및 내부식성 재질로 씻기 쉽고 소독 · 살균이 가능한 것이어야 한다.

다. 식기구를 소독하기 위하여 전기살균소독기 또는 열탕소독시설을 갖추거나 충분히 세척 · 소독할 수 있는 세정대(洗淨臺)를 설치하여야 한다.

라. 냉장식품 검수(檢收) 시와 가열조리 식품의 중심온도를 잴 수 있는 전자식 탐침(探針) 온도계를 구비하여야 한다.

마. 조리작업을 하는 위치에 사용하는 쓰레기통은 뚜껑이 있는 페달식으로 하여 파리와 같은 해충의 접근을 막아야 한다.

3. 식품 보관실

가. 식품 보관실은 환기와 방습(防濕)이 쉬워 식품과 식품재료를 위생적으로 보관하는데 적합한 곳에 두되, 해충 및 쥐의 침입을 막을 수 있는 방충망 등 적절한 설비를 갖추어야 한다.

나. 식품과 소모품은 별도로 구분된 장소에서 보관하여야 하나, 부득이하게 함께 보관할 경우 서로 섞이지 않도록 분리하여 보관하여야 한다.

다. 환기시설이나 환기창 등 통풍을 위한 적절한 시설이나 조치를 취하여야 한다.

4. 이 기준에서 정하지 않은 사항에 대하여는 「식품위생법 시행규칙」에 따른 집단급식소 시설기준에 따른다.

2) 실내시설 및 설비

앞에서 우리는 영유아보육법상의 어린이집 구조와 입지조건에 관해 살펴보았다. 여기서는 유아교육시설의 구조를 실내와 실외로 구분하여 각 시설과 설비에 관해 보다 구체적으로 고찰해 보기로 한다. 먼저 실내시설 및 설비에 관해 살펴보기로 한다.

(1) 실내시설

① 출입구 및 현관

기관의 출입구는 많은 영유아가 동시에 등·하원할 수 있도록 충분한 공간이 필요하다. 10명 정도의 영유아들이 안전하게 함께 신을 신고 벗을 수 있어야 한다. 부득이 협소한 현관을 사용해야 할 경우에는 영유아를 시간차 등·하원하게 하는 것이 안전에 도움이 된다.

현관문은 자동문이 아닌 수동문으로 설치하는 것이 바람직하며, 여닫이문보다는 미닫이문이 안전상 바람직하다. 유리로 된 현관문을 설치할 경우에는 유리가 현관문 아랫부분까지 연결되어 있으면 위험하다. 그리고 충격에 강한 특수유리로 만들어야 한다.

또한 현관문에는 손 끼임 방지 장치나 문을 서서히 닫히게 하는 속도 늦춤장치를 다는 것이 좋다. 또한 잠금 장치를 하여 유아가 혼자 열 수 없도록 해야 한다.

② 통로

통로는 충분한 공간을 확보하여야 하며, 바닥 재료는 미끄럽지 않는 자재를 사용하여야 한다. 또한 큰 가구나 비품 등은 배치하지 않는 편이 좋다. 또한 비상사태가 발생했을 때 비상구나 외부 출구로 향하는 대피 경로가 명확히 표시되어 있어야 하며 비상등이 설치되어 있어야 한다. 또한 유아들에게 안전교육을 통해 대피경로를 익히도록 해야 한다.

③ 계단

모든 계단은 유아가 오르내리기 적당한 폭과 높이를 유지하여야 하며, 조명은 밝아야 한다. 계단의 표면은 미끄럽지 않은 자재를 사용해야 하며, 발바닥 모양의 표시를 붙여 놓으면 유아들이 안전하게 계단을 오르내리는 데 도움이 된다. 그리고 계단 밑에는 떨어지더라도 충격을 줄여줄 수 있는 깔개를 깔아 놓는 것이 좋다. 또한 안전을 위해서 계단이 시작되는 지점부터 끝나는 지점까지 난간을 설치해야 한다. 또한 영유아가 계단에서 떨어지는 것을 방지하기 위해서 계단 안전문을 설치하는 것이 안전하다.

계단 안전문

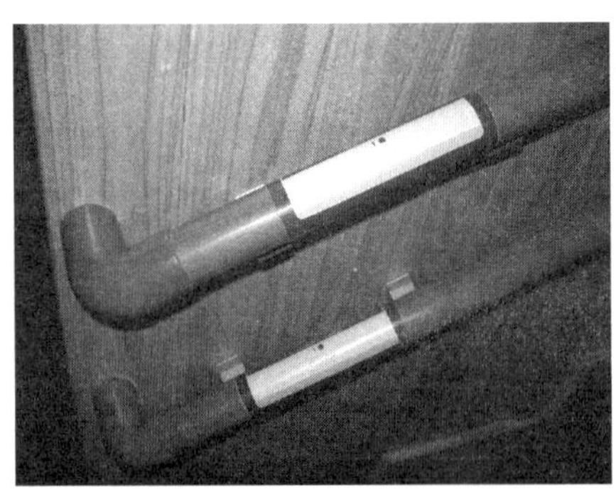

계단 안전 손잡이

계단 구분 표시

[그림 2-2] 계단 안전

④ 보육실

보육실은 유아들이 실제 생활하는 가장 중심 공간이다. 보육실에는 침구, 놀이기구 및 영역별 활동에 적합한 교재와 교구가 비치되어 있어야 한다. 또한 환기 · 채광 · 조명 · 온습도가 적절히 유지 · 관리되도록 하여야 하며, 바닥난방시설을 갖추어야 한다.

가) 침구류

유아의 신체적 발달에 맞는 크기와 재질의 침구류를 준비하고 청결하게 유지하여야 하며, 너무 푹신한 것은 위험하므로 약간 딱딱한 매트리스가 적당하다. 그리고 영아용과 유아용을 구분하여 사용하여야 한다.

나) 책상 및 걸상

책걸상은 튼튼하고 재질이 안전한 것으로 칠이 벗겨지거나 너무 무거운 것은 좋지 않다. 모서리는 둥글고 매끈하게 처리되어 있어야 하며, 유아의 신체를 고려한 크기와 높이여야 한다.

⑤ 화장실 및 욕실

화장실과 목욕실은 실내와 실외에서 바로 연결되어야 하며 세균이 많은 곳이므로 조리실과 멀리 설치하는 것이 좋다. 특히 안전사고가 빈번하게 발생하는 곳이므로 항상 건조하게 유지하고, 반드시 바닥재는 미끄럽지 않은 것을 사용하여야 한다. 또한 항상 성인이 지도 · 감독하여야 한다.

가) 세면대

세면대는 영유아의 키에 맞게 설치되어 있어야 한다. 키에 맞지 않아 받침대를 사용할 경우에는 미끄러질 위험이 있으므로 세숫대야에 물을 받아 바닥에서 몸을 씻도록 한다. 세면대 거울에 달린 유리는 후크가 풀리지 않도록 단단히 고정시키고, 김서림 방지가 된 안전 유리를 사용한다.

나) 욕조

욕조가 설치된 벽면에는 손잡이를 부착하여 미끄러지는 사고를 예방하고, 욕조에 설치된 수도꼭지에는 영유아의 머리가 부딪칠 수 있으므로 보호 덮개를 씌우는 것이 좋다. 또한 욕조 안에 영유아를 혼자 두지 않아야 한다. 욕조에서 어린 유아가 익사할 수 있기 때문이다.

다) 변기

화장실은 수세식을 원칙으로 하되, 수세식이 아닌 경우에는 방수처리를 하고 소독수와 살충제를 비치하여야 하며, 영유아의 보육에 지장이 없도록 필요한 변기를 설치하여야 한다. 만약 이동식 변기나 아기용 변기 의자를 사용할 경우에는 항상 깨끗이 하고 자주 소독하여야 한다. 성인용 변기를 써야 할 경우에는 발디딤대를 놓아 높이를 조절한다.

[그림 2-3] 화장실 안전

⑥ 조리실

조리실은 채광이 잘 되도록 하고, 기계 환기시설을 하여 청정한 실내환경을 유지하도록 하며, 창문에는 방충망을 설치하여야 한다. 또한 식기를 소독하고 위생적으로 취사 및 조리할 수 있는 설비를 갖추어야 한다. 조리실의 위치는 서북향이 좋으며, 벽면 및 바닥은 타일 또는 콘크리트로 시공하여 물청소가 용이해야 한다.

조리실 내의 쓰레기는 항상 깨끗하게 비우고 유아가 쓰레기통을 뒤질 수 있으므로, 반드시 뚜껑이 있는 쓰레기통을 사용한다. 조리실 주변에 개, 고양이 등의 사육을 금한다. 조리실은 화재와도 연결될 수 있는 장소이므로, 화재에 대비하여 가스 누출 경보기나 화재 경보기를 설치해 두어야 한다.

가) 싱크대

싱크대에 보관하는 모든 물건들은 유아에게 매우 위험할 수 있다. 전기믹서, 전기밥솥 등 전기제품, 칼, 유리그릇 등 조리용품, 락스, 세제 등도 유아가 만지지 않도록 해야 하며, 심지어 비닐봉지, 쿠킹호일 등도 위험할 수 있다. 따라서 이러한 위험한 물건들은 유아의 손이 닿지 않는 안전한 곳에 두며, 걸쇠나 잠금장치 등을 설치하는 것이 좋다.

나) 냉장고

냉장고도 잠금장치를 하여 유아가 쉽게 열 수 없도록 해야 한다. 특히 의약품이나 유아가 먹어서는 안 되는 음식을 냉장고에 보관하는 경우, 유아가 먹지 않도록 손이 닿지 않는 곳이나 상자 안에 넣은 뒤 보관하여야 한다.

다) 전기밥솥

전기밥솥은 취사 중일 때는 영유아가 접근하지 못하게 하여 증기로 인한 화상사고가 발생하지 않도록 주의하여야 한다. 보온 중이라도 취사가 끝난 직후에는 열지 못하도록 한다.

라) 전자레인지

전자레인지는 환경 호르몬 유발 위험이 있으므로 되도록이면 많이 사용하지 않는 것이 좋다. 그러나 사용시에는 반드시 전자레인지용 그릇만을 사용해야 한다.

마) 가스레인지

가스레인지로 조리할 때에는 냄비의 손잡이나 주전자의 주둥이 부분이 벽쪽을 향하게 한다. 또한 유아가 가까이 접근하지 못하도록 하며, 항상 중간 밸브를 잠그고 가스 누출 자동 차단 장치를 설치하며, 유아가 가스레인지를 돌리지 않도록 지도하고 상품화된 안전캡을 사용하는 것이 좋다. 가스레인지 옆에서는 장난치지 않도록 주의시켜야 한다.

바) 오븐

가스레인지 대신 오븐을 사용할 수 있는데, 오븐 사용 중 영유아가 문을 열고 손을 넣어 화상을 입지 않게 하여야 하며, 오븐 근처에 오는 것을 방지하여야 하며, 전원을 끈 상태라도 오븐을 사용한 직후에는 살짝만 대어도 심한 화상을 입을 수 있으므로 항상 주의를 시켜야 한다.

[그림 2-4] 조리실 환경

(2) 실내설비

① 환경설비

가) 환기

기관의 실내 공간은 맑고 깨끗한 공기를 유지하는 것이 중요하다. 그러나 대부분의 경우 공기청정기 등으로 인공환기를 하지 않더라도 창문을 통해 자연환기를 해 주는 것만으로도 실내 공기를 쾌적하게 할 수 있으므로 항상 자연환기에 신경을 써야 할 것이다.

나) 채광

채광은 창문의 넓이, 높이, 태양의 고도 등에 의해 좌우되는데, 비가 오거나 구름이 낀 날은 인공조명을 사용하며, 특히 독서영역이나 조작활동 영역은 밝은 조명이 필요하다.

다) 창문

창문의 크기는 적어도 바닥의 10% 이상은 되어야 한다. 창문의 높이는 안전의 측면에서 70~80cm 이상이 좋다. 창문의 높이가 낮을 경우에는 창이 완전히 열리지 않게 해야 하고, 15cm 이상 열리지 않게 하는 것이 안전하다. 또한 창문의 유리에 스티커를 붙여 주면 유아가 창문을 인식하며 위험 방지에 도움이 된다. 창문 유리의 재질은 안전유리나 깨지지 않는 플라스틱 유리도 좋다. 그리고 모기나 파리 등 해충을 피하기 위해 방충망을 설치하여야 하며, 방충망이 추락사고를 방지하지는 못한다는 사실에 유의하여, 유아가 방충망에 기대거나 창문 밖으로 몸을 내밀지 못하도록 교육시켜야 한다.

라) 바닥

바닥재는 방염성이 있는 것을 사용한다. 표면이 미끄럽지 않는 바닥재료를 사용하고, 미끄러질 우려가 있는 곳에는 고무 매트 등을 깐다. 특히 바닥이 나무일 때에는 갈라진 부분이나 튀어나온 가시가 있을 수 있으므로 실내화를 신게 하는 것이 안전하다.

마) 벽과 천장

벽은 무독성 페인트로 칠해야 하며, 벽과 천장은 방음 및 방염 처리가 되어 있어야 한다.

② 전기설비

전기는 안전하게 사용하면 매우 편리하지만 잘못 사용하면 화재나 감전사고 등을 일으킬 수 있는 매우 위험한 요인이다. 반드시 누전차단기를 설치하고 월 1회 이상 누전차단기의 작동 유무를 점검하여야 한다.

가) 전기제품

전기제품은 'KS' 또는 '전' 표시와 품질보증서를 확인하고 구입하며, 사용설명서를 잘 읽어 본 후 사용한다. 전선과 전기제품 등은 정기적으로 점검하여야 하며, 물기가 있는 곳(예 : 욕실)에서는 사용을 금하는 것이 좋으며, 젖은 손으로 전기제품을 만지거나 전기제품과 수도를 동시에 만지지 않도록 한다. 전기용품을 사용하다가 물에 빠뜨렸을 때에는 플러그를 먼저 뽑고 나무집게 등의 절연체를 이용하여 건져 낸다.

나) 콘센트 및 플러그

콘센트는 가구 뒤로 숨기거나 영유아의 손이 미치지 않는 높은 곳에 설치하는 것이 좋다. 만약 유아의 손이 닿는 곳에 콘센트가 있다면 콘센트 덮개를 씌워 주거나, 안전캡을 사용한다. 또한 전기제품을 사용하지 않을 때에는 플러그를 뽑아 둔다.

[그림 2-5] 전기 안전캡

다) 연장 코드

연장 코드(multi tap)는 과부하 방지가 되어 있는 것을 구입하며, 임시적인 용도로만 사용하는 것이 좋으며, 영유아가 걸려서 넘어지지 않도록 주의해야 한다.

라) 퓨즈

두꺼비집 퓨즈는 반드시 정격 퓨즈를 사용한다. 퓨즈가 자주 끊어지는 것은 과도한 전력을 쓰고 있다는 표시이므로 사용량을 즉시 줄이고 이상 유무를 확인한다.

③ 가스설비

가스설비는 경제적이나 관리나 점검을 소홀히 하면 화재, 화상, 질식 등을 일으킬 수 있는 위험이 있다. 따라서 주의해서 사용하고 정기적으로 점검을 받음으로써 사고를 예방하여야 한다. 가스는 LP가스와 도시가스가 있으며, 도시가스가 사용이 더 편리하고 경제적이다. LP가스는 가스 용기가 따로 있는데, 유아의 손이 닿지 않고 눈에 띄지 않는 안전한 곳에 보관하여야 한다. 가스 용기가 있는 곳은 통풍이 잘 되는 그늘진 곳에 두어야 한다. 그리고 중간 밸브는 항상 잠그는 습관이 필요하며, 수시로 점검하여야 한다.

④ 냉난방설비

냉난방설비는 더운 여름이나 추운 겨울에 유아를 위해 꼭 필요한 설비이지만 잘못 사용하면 화재, 화상, 질식, 세균 및 바이러스 감염, 호흡기 질환 등을 일으킬 수 있다. 따라서 냉난방 설비를 사용할 경우에는 각별한 주의가 필요하다.

가) 에어컨

선풍기보다 에어컨이 안전하지만 에어컨 바람이 유아의 몸에 직접 닿지 않도록 에어컨의 위치를 정해야 한다. 사용하지 않는 시기에는 에어컨 덮개를 씌워 보관하며, 필터는 자주 먼지를 털고 청소해 주어야 한다.

나) 선풍기

반드시 안전망을 설치하며, 유아가 손가락이나 젓가락 등을 넣지 않도록 주의시킨다. 유아의 손가락이 끼지 않도록 개발된 타워형 선풍기도 안전할 수 있다.

다) 난방설비

난방은 온돌이 가장 바람직하다. 전기장판이나 이동식 난방기구, 즉 석유나 가스, 전기 난방의 사용은 좋지 않다. 부득이하게 이동식 난방기구를 설치해야 하는 경우에는 난방기구 주변에 울타리 등을 쳐서 경계를 표시하여 유아가 가까이 다가가는 것을 방지하여야 하며, 가까이에 인화성 물질을 두어서는 안 되며, 반드시 소화기나 모래를 비치해야 한다. 또한 이동식 난방기구를 사용도중 옮기는 것은 화재의 원인이므로 절대 삼가야 하며, 라디에이터를 사용할 경우에는 덮개를 하여 유아가 데이는 일이 없도록 해야 한다.

⑤ 급배수설비

유아교육기관의 급수시설은 기본적으로 상수도에 의한다. 상수도 또는 간이상수도에 의하여 먹는 물을 공급하는 경우에는 저수조를 경유하지 아니하고 직접 수도꼭지에 연결하여 공급하여야 한다. 다만, 직접 수도꼭지에 연결하기가 곤란한 경우를 제외한다. 또한 어린이집에서 음용수로 지하수를 사용할 경우에는 저수조 등의 시설을 경유하여야 한다. 더러운 물, 빗물 등이 잘 처리되도록 배수설비를 하여야 한다(영유아보육법 시행규칙).

⑥ 재해설비

비상재해 대비 시설로 소화용 기구의 비치와 비상구 설치를 들 수 있다.

가) 소화용 기구

소화용 기구는 바닥 면적 200제곱미터마다 1개 이상 비치하며, 연면적 2,100제곱미터 이상에는 층마다 옥내 소화전을 1개 이상 설치한다. 또한 액화석유가스를 40킬로그램 이상 사용하는 경우에는 분말소화기를 1개 이상 둔다.

나) 비상구

비상구는 상단에 비상구 유도등을 달고 잠금장치를 문쪽에 설치하여야 한다. 시설이 2층 이상인 경우 비상계단 또는 영유아용 미끄럼대를 반드시 설치하고, 그 밖에 안전사고 및 비상재해에 대비한 대피시설, 장비 등을 구비하여야 한다.

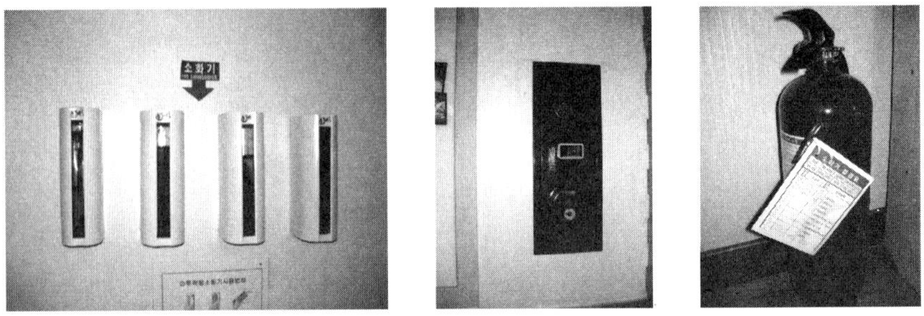

[그림 2-6] 소화기와 비상벨

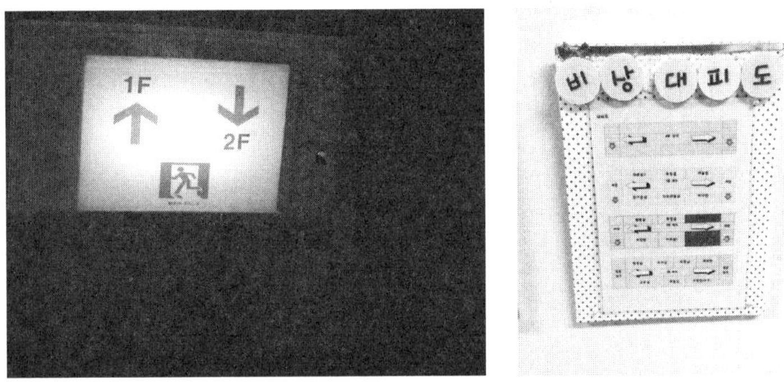

[그림 2-7] 비상등과 비상대피도

3) 실외시설 및 설비

기관의 실외시설은 실외 기본시설과 놀이터를 중심으로 살펴볼 수 있다. 실외시설 역시 유아가 바깥놀이를 하거나 등하원시 이용하는 중요한 공간으로 안전한 시설과 설비를 갖추어야 한다.

(1) 실외 기본시설

① 실외 출입문

성인의 감독 없이 유아가 바깥으로 나가지 않도록 실외 출입문은 높게 설치해야 한다. 또한 유아가 갑자기 바깥으로 뛰어나가 자동차 등과 부딪치는 상황을 방지하기 위해서는 자동 잠금장치가 되어 있는 문을 설치하는 것이 안전하다.

② 울타리

울타리는 유아들이 오를 수 없도록 계단이나 돌출부 없이 적어도 120센티미터 이상으로 해야 한다. 또한 실외 공간 내부에도 울타리를 설치하는 경우가 있는데, 식물을 보호하기 위해 낮게 울타리를 만들기도 하며, 그네 영역 주변에 울타리를 침으로써 지나가는 영유아가 움직이는 그네에 부딪치지 않도록 할 수 있다.

③ 통로

통로는 영유아들이 충분히 비켜 지나갈 수 있을 정도의 폭으로 실내 공간은 물론 실외 공간의 각 영역들을 서로 연결할 수 있도록 설계해야 하며, 완만한 곡선 형태의 통로가 안전하다. 또한 통로와 놀이영역 경계에 타이어나 낮은 관목을 심는 것도 안전하다.

④ 바닥

바닥의 재료는 흙, 진흙, 모래, 자갈, 잔디, 시멘트, 아스팔트, 벽돌이나 타일, 나무판 등 다양한 재료가 사용될 수 있고, 영역에 따라 다르게 처리되어야 한다. 특히 놀이 영역의 바닥은 충격을 흡수할 수 있는 재질로 하는 것이 좋다. 아스팔트, 콘크리트뿐 아니라 진흙, 잔디도 낙상 및 추락시 충격을 흡수하지 못하므로 별도의 재질로 된 바닥재가 필요하다.

⑤ 동 · 식물 기르기 영역

가) 동물 기르기 영역

동물을 기르는 영역은 건조한 곳에 설치하는 것이 바람직하며, 사육하는 모든 동물은 유아에게 해를 입히거나 감염 또는 알레르기 반응을 일으키지 않는 안전한 것이어야 한다. 반드시 전염병 예방접종을 하고, 정기적으로 건강검진을 받게 한다. 모든 동물은 항상 청결하게 하며, 정기적으로 사육장을 소독해 주어야 한다.

나) 식물 기르기 영역

식물을 기르는 영역을 만들 때는 모든 식물에 이름표를 붙이고, 유아에게 안전한지를 알아보고 독성이 있는 식물은 피하도록 한다. 신체에 해를 끼칠 수 있는 식물로는 옻나무, 담쟁이덩굴, 철쭉, 등나무 등이 있다. 그리고 유아가 식물을 함부로 만지거나 먹지 않도록 지도하여야 한다.

(2) 실외 놀이터

영유아보육법 시행규칙에 의하면, 놀이터(영유아 50인 이상을 보육하는 시설에 한한다)는 영유아(12개월 미만 영아를 제외한다) 1인당 2.5제곱미터 이상의 규모로 모래밭(천연 및 인공잔디, 고무매트, 폐타이어 블록도 가능함)에 대근육 활동시설 등 놀이시설물 3종 이상이 설치된 옥외놀이터를 설치하여야 한다. 다만, 업무용시설 밀집지역 등 지역적 특수성에 따라 옥외놀이터를 설치하는 것이 불가능한 경우에는 옥내놀이터(지하 또는 옥상에는 설치불가)를 설치하거나 인근놀이터를 활용할 수 있고, 인근놀이터를 활용할 경우에는 인근놀이터 이용계획서를 어린이집 인가를 신청하는 때에 제출하여야 한다.

옥외놀이터에 설치하는 놀이시설물은 「품질경영 및 공산품안전관리법」에 의하여 놀이기구 안전검사를 필한 제품을 사용하여야 한다. 놀이터에 설치하는 놀이시설물은 안전을 고려하여 다음과 같이 설치하여야 한다. 놀이시설물은 영유아의 신장 및 체중을 고려하고, 표면도색의 독성여부를 확인하여야 한다.

① 영유아가 추락할 가능성이 있는 놀이시설물 아래와 주변의 공간은 충격을 흡수할 수 있도록 안전장치를 설치하여야 하며, 영유아가 걸려 넘어지거나 부딪칠 수 있는 방해물이 없도록 하여야 한다.

② 놀이시설물의 어떠한 부분에도 영유아의 살을 베거나 찌를 수 있는 날카로운 부분, 모서리, 뾰족한 부분이 없도록 하여야 한다.

③ 놀이시설물의 돌출부분이 볼트와 너트는 위로 튀어나오지 아니하도록 하여야 하며, 볼트와 너트가 위를 향하고 있는 때는 그 높이가 3.2밀리미터를 넘지 아니하도록 하여야 한다.

④ 놀이시설물에 구멍이나 틈이 있는 경우 영유아의 몸이 빠지거나 끼는 사고가 없도록 조치하여야 한다.

⑤ 놀이시설물은 안전하게 설치하여야 하며, 제조업자의 취급설명서에 따라 설치하여야 한다.

또한 실외놀이터에서의 안전사고를 예방하기 위해서는 안전점검 일정을 세우고 이를 준수해야 한다. 안전점검은 교사의 관찰을 통한 평상시의 점검과 1~3개월마다 자체적으로 실시하는 세밀한 점검, 그리고 전문가에 의한 연간 점검 등 세 가지로 이루어질 수 있다.

실외설비는 실내설비보다 기후의 영향을 받게 되므로 주의를 요하는데, 다양한 놀이 기구들은 설비 자체의 기능이나 형태에 따른 개별적인 관리방법 외에도 설비의 재질(목재, 금속, 플라스틱 등)에 따른 관리법을 알고 있어야 한다.

마지막으로, 유아교육기관에서의 시설 · 설비와 관련한 교사의 역할은 무엇인지 살펴보기로 한다.

① 교사는 안전교육을 계획하고 실시하는 역할을 수행하여야 한다. 교사는 유아를 보육하고 교육하는 과정에서 자연스럽게 안전교육을 실시하여야 하며, 이러한 안전교육은 교육 및 보육과정 속에 포함된다. 또한 교육의 효과를 높이기 위해 다양한 교구와 교재를 중심으로 흥미롭게 진행되어야 한다.

② 교사는 안전한 환경을 구성하는 역할을 수행하여야 한다. 교사는 항상 유아의 안전을 위해 주의를 기울일 필요가 있는데, 교육시설 및 설비의 문제가 발생할 경우 즉시 원장에게 이야기를 하여 점검하도록 하고, 교사가 만드는 교실 환경의 구성 역시 안전성을 고려하여 꾸며져야 할 것이다.

③ 교사는 안전한 생활태도 및 행동의 모델을 제시하는 역할을 수행하여야

한다. 교사가 먼저 모델이 되어 유아들로 하여금 위험한 행동이나 생각, 혹은 태도를 갖지 않도록 유도한다. 아울러 위험한 상황에서의 대처방법을 가상적으로 보여줄 수 있는 모델이 된다.

④ 교사는 안전사고가 발생하였을 때 적절히 판단하고 대처하는 역할을 수행하여야 한다. 교사의 역할 중 중요한 것 중의 하나는 위험한 상황이 발생하였을 때 적절하게 대처하는 것이다. 이를 위해 교사 자신이 유아안전에 대한 지식과 기술을 습득하고 있어야 하며, 적절한 도움을 얻을 수 있는 방법을 알고 있어야 한다.

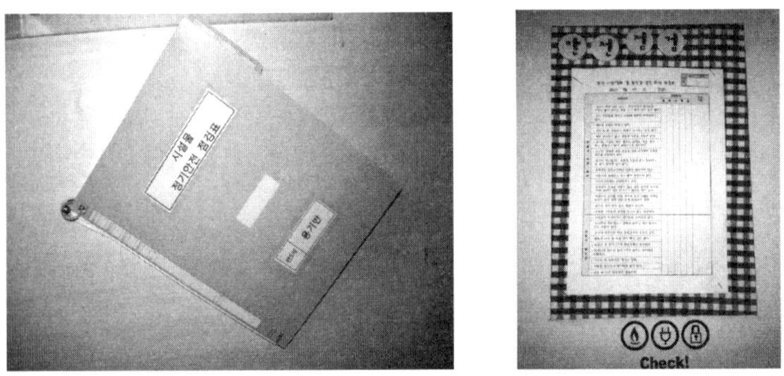

[그림 2-8] 안전점검 기록

[그림 2-9] 비상약품

참고로, 아동복지법 시행령에 규정된 아동용품의 안전기준은 아래와 같다.
첫째, 주요 시설물은 피난시설 및 화제방지시설을 갖추어야 한다.
둘째, 다치거나 병든 사람에 대한 응급조치를 할 수 있는 비상약품, 구호설비,

기구 등을 갖추어야 한다.

셋째, 위험한 장소에는 위험표지물 등 안내물을 설치하여야 한다.

넷째, 안전사고나 응급환자 발생 등에 대비하여 긴급수송대책을 마련하여야 한다.

다섯째, 비상시의 대피경로를 잘 볼 수 있는 장소에 안내문을 게시하여야 한다.

여섯째, 아동복지시설 직원에 대하여 정기적으로 안전교육을 하여야 한다.

일곱째, 사고발생 후 발생요인을 분석하여 시정조치계획 등 재발방지대책을 마련하여야 한다.

표 2-1

아동용품의 안전기준 (아동복지법 제27조)

구 분	안 전 기 준
아동을 위한 제품	1. 제품의 성분 · 함량 · 구조 등에 대한 정보를 제공하여야 한다. 2. 제품사용이 적당한 연령을 표시하여야 하며 연령에 따른 주의사항을 명기하여야 한다. 3. 제품의 사용방법 및 안전사고와 관련된 정보를 제공하여야 한다. 4. 기타 위해방지를 위하여 필요한 사항을 표시하여야 한다.
아동이 이용하는 놀이시설물	1. 놀이시설물의 어떠한 부분에도 아동의 살을 베거나 찌를 수 있는 날카로운 부분, 모서리, 뾰족한 부분이 없도록 하여야 한다. 2. 놀이시설물의 돌출부분이 볼트와 너트는 위로 튀어나오지 아니하도록 하여야 하며, 볼트와 너트가 위로 향하고 있는 때는 그 높이 3.2밀리미터를 넘지 아니하도록 하여야 한다. 3. 아동이 추락할 가능성이 있는 놀이시설물 아래와 주변의 공간(안전지대)은 충격을 흡수할 수 있도록 하여야 하며, 아동이 걸려 넘어지거나 부딪칠 수 있는 방해물이 없도록 하여야 한다. 4. 움직이는 부분들이 서로 맞물리는 놀이시설물의 경우 아동의 신체 일부분이 끼지 아니하도록 그 맞물림의 형태 및 그 힘을 점검하여야 한다. 5. 놀이시설물에 구멍이나 틈이 있는 경우 주의 깊게 디자인하여 아동의 몸이 빠지거나 끼는 사고가 없도록 하여야 한다. 6. 놀이시설물 사이에 연결되거나 바닥과 놀이시설물에 45° 이내로 연결된 줄은 아동이 많이 다니는 곳에 설치하지 말아야 한다. 7. 놀이시설물은 안전하게 설치하여야 하며, 제조업자의 취급설명서에 따라 설치하여야 한다. 8. 안전사고 예방을 위하여 관리인은 각 놀이시설물에 대한 적절한 점검일정을 세우고 이를 지켜야 하며, 안전관리를 위한 모든 행위는 기록으로 보관하여야 한다.

표 2-2

유아교육기관 시설 및 설비 환경 규정

■ 실내 환경

항 목	예	아니오
1. 마루는 부드럽되 미끄럽지 않고, 카펫도 미끄러지는 소재가 아니다.		
2. 영아의 출입이 가능한 장소의 문은 성인이나 유아의 바깥쪽에서 쉽게 열 수 있게 되어 있다.		
3. 영아들이 생활하는 곳의 문에는 투영창이 있어 문을 열고 닫을 때 영아의 유무를 알 수 있다.		
4. 문은 천천히 닫히는 장치가 되어 있거나, 문 모서리에 영아의 손가락 보호를 위한 고무소재의 틈막이가 있다.		
5. 창은 바닥에서 15cm 이상 떨어진 곳에 설치되어 있다.		
6. 모든 창은 닫힐 수 있게 되어 있고, 창에는 안전망이 설치되어 있다.		
7. 벽과 천장은 칠이 벗겨지거나 금이 가지 않고 시멘트 조각이나 조각이 떨어져 나간 곳이 없다.		
8. 유독성 페인트와 잘 부서지는 벽재(시멘트 혹은 석고)를 사용하지 않았다.		
9. 모든 콘센트에는 안전 마개가 씌워져 있다.		
10. 전등의 밝기가 시력에 악영향을 주지 않을 만큼 충분히 밝다.		
11. 전기 코드는 영아의 손이 닿지 않는 곳에 있으며 문과 출입이 잦은 곳에서 멀리 떨어진 곳에 설치되어 있다.		
12. 세워 놓은 형태의 난방기는 사용하고 있지 않다.		
13. 모든 열기구나 난방기구는 영아의 손이 닿지 않는 곳에 보관되어 있으며 덮개가 있다.		
14. 기관 내에서는 담배를 피우지 않으며 영아 주변에는 불이 붙어 있는 담배나 성냥, 라이터가 없다.		
15. 기관 내에 비상시 영아를 안전하고 신속하게 대피시킬 수 있을 만큼 인원의 성인이 있다.		
16. 영아를 책상이나 높은 곳에 혼자 앉혀 두지 않는다.		
17. 슬라이드나 OHP 등의 교수자료를 사용하지 않을 때는 치워 놓는다.		
18. 영아가 사용하는 모든 영역은 성인의 눈에 쉽게 관찰될 수 있다.		
19. 수돗물의 온도는 40~50℃ 이하다.		
20. 복도 등의 영아가 지나는 길은 비상시를 위해 깨끗이 정리해 둔다.		
21. 쓰레기는 쌓여 있지 않고 뜨거운 기구나 물건으로부터 멀리 둔다.		
22. 서랍은 영아가 걸려서 넘어지거나 부딪히지 않게 닫혀 있다.		
23. 비상등의 작동에 이상이 없다.		
24. 실내 · 외 모두 독이 있는 식물이 없다.		
25. 가구 모서리나 가장자리는 완충효과가 있는 것으로 덮여 있다.		
26. 애완동물은 병이 없고, 위생적으로 사육되고 있다.		

항 목	예	아니오
27. 모든 성인의 가방은 영아의 손이 닿지 않는 곳에 보관되어 있다.		
28. 모든 유독, 유해성 물품은 영아의 손이 닿지 않는 장에 문이 잠긴 상태로 보관되어 있다.		

■ 시설물 및 놀잇감

항 목	예	아니오
1. 뾰족한 모서리나 날카로운 부분, 깨진 부분이 있는 놀잇감이 없으며, 칠이 벗겨져 있거나 나사가 헐거운 놀잇감이 없다.		
2. 모든 놀잇감은 납 성분이 들어 있지 않은 페인트로 칠해져 있다.		
3. 놀잇감은 사용하지 않을 때는 정리해 놓는다.		
4. 입에 넣었던 놀잇감은 사용 후 세척한다.		
5. 영아는 비닐팩이나 풍선류의 놀잇감을 가지고 놀 수 없다.		
6. 놀잇감은 영아의 입에 들어가지 않을 만큼의 크기이며, 작게 분리되는 부분이 없다.		
7. 영아에게는 작은 조각이나 동그란 모양의 모형 음식물을 주지 않는다.		
8. 놀잇감은 공기구멍과 뚜껑 지지대가 있는 상자나 뚜껑이 없는 상자에 보관한다. 뚜껑이 있는 상자는 영아의 머리를 다치게 하거나 질식시킬 위험이 있다.		
9. 발사용 놀잇감이 없다.		
10. 경첩은 손가락이 다치지 않게 덮여 있다.		
11. 카펫, 커튼, 베개, 담요, 천으로 만들어진 장난감은 불에 잘 타지 않는 섬유로 만들어졌다.		
12. 전선이나 끈은 영아용 침대, 영아용 식탁 · 의자와 멀리 떨어뜨려 놓는다.		
〈영아용 침대〉		
13. 침대 난간의 간격은 6cm 정도다.		
14. 나뭇조각이 떨어졌거나 금이 간 것이 없다.		
15. 영아의 머리와 발이 빠질 염려가 없다.		
16. 매트리스는 안락하고 포근하며 침대와 잘 맞는다.		
17. 빗장이 영아의 힘으로 쉽게 느슨해지지 않는다.		
18. 침대를 연결하는 나사가 빠짐없이 있고 단단히 조여 있다.		
〈침대용 놀잇감〉		
19. 매달려 있는 놀잇감은 엉키지 않도록 줄 길이 30cm 미만이다.		
20. 침대에서 잡아당겨도 떨어지지 않도록 단단히 고정되어 있다.		
21. 장난감의 부착물은 영아가 삼키지 않을 정도의 크기다.		
〈식탁용 의자〉		
22. 쟁반이 떨어지지 않도록 끈이 연결되어 있다.		

항 목	예	아니오
23. 벨트나 허리끈은 묶고 풀기에 용이하다.		
24. 의자 바닥이 넓어서 안전성이 있다.		
25. 조립식이라면 잠그는 장치가 효율적으로 되어 있다.		
〈무 젖꼭지〉		
26. 리본이나 줄, 살이 없다.		
27. 영아의 입 크기에 비해서 고무받침이 크고 단단히 고정되어 있다.		
28. 고무 젖꼭지에 공기 구멍이 있어서 아기가 물고 있어도 숨을 쉴 수 있다.		
29. 영아 입에 상처를 낼 만한 구멍이나 조각이 없다.		
〈딸랑이, 누를 수 있는 놀잇감, 치아 발육기〉		
30. 딸랑이나 치아 발육기는 영아가 삼키지 않을 정도의 크기다.		
31. 딸랑이가 단단하게 연결되어 있어 사용 중에 일부분이 떨어지지 않는다.		
〈유모차〉		
32. 바닥이 넓어서 뒤집힐 염려가 있다.		
33. 허리 벨트와 다리 사이의 끈이 몸체에 단단히 연결되어 있다.		
34. 허리 벨트를 묶고 풀기에 쉽다.		
35. 브레이크 기능이 잘 작동된다.		

■ 복도와 계단

항 목	예	아니오
1. 계단은 환하고, 계단과 복도는 떨어질 만한 물건이 없이 깨끗하다.		
2. 안전 유리를 사용하고 있다.		
3. 계단에는 영아의 키에 맞는 손잡이가 있으며 영아가 난간을 잡았을 때 흔들리지 않고 난간은 영아의 머리가 통과하지 못할 만큼의 간격이다.		
4. 계단 양쪽에는 손잡이가 있고, 오르내리는 영아의 오른쪽에 있다.		
5. 계단에 있는 문은 접이식이 아니고, 영아가 가까이 있을 때는 잠겨 있다.		
6. 비상문은 쉽게 열린다.		
7. 비상문이 아닐 경우 감독하는 사람이 없거나, 위험한 곳은 닫혀 있거나 잠겨 있다.		
8. 낯선 사람이 드나드는 것을 쉽게 볼 수 있다.		

■ 목욕실 및 화장실

항 목	예	아니오
1. 영아들이 사용하기 용이한 수도꼭지를 부착한다.		
2. 전기 콘센트는 안전 마개를 씌운다.		

항 목	예	아니오
3. 세척제, 비누, 소독약은 영아의 손이 닿지 않는 곳에 보관하고 보관함의 문을 잠가 놓는다.		
4. 휴지통은 자주 비워서 깨끗이 닦는다.		
5. 물의 온도는 40~50℃를 넘지 않도록 한다.		
6. 미끄럼방지 매트가 있다		
7. 영아가 갇히는 일이 없도록 화장실 문고리를 설치하지 않았다.		
8. 화장실의 문의 높이는 영아의 시선을 차단하되 교사가 관찰 가능하도록 설계되어 있다.		

■ 조리실과 식당

항 목	예	아니오
1. 음식을 조리하거나 저장하는 장소와 휴지통은 분리되어 있다.		
2. 쓰레기는 가스레인지와 온수기로부터 떨어진 곳에 모아 둔다.		
3. 해충약은 사용하지 않는다 : 소독은 공인된 전문가가 한다.		
4. 세척제나 유독성 물질은 음식물 가까이나 영아의 손이 닿는 곳에 두지 않는다.		
5. 주방의 벽면은 깨끗하고 갈라진 곳이 없다.		
6. 영아의 손이 닿는 곳에 날카롭고 위험한 식기를 놓지 않는다.		
7. 주전자 주둥이는 가열대의 뒤쪽을 향해 놓는다.		
8. 소화기는 위급시 쉽게 사용할 수 있는 장소에 있으며 사용 가능한 것이다.		
9. 모든 직원은 소화기 사용법을 정확히 알고 있다.		
10. 뜨거운 음식이나 음료는 영아의 손이 닿지 않는 곳에 보관한다.		
11. 교사는 영아를 안은 채로 요리를 하지 않는다.		
12. 조리대, 식기구는 금이 가거나 이가 나간 것이 없다.		
13. 영아는 뜨겁다는 것에 대한 의미를 알고 있다.		

■ 실외놀이터

항 목	예	아니오
1. 볼트, 너트, 나사 등은 테이프로 싸여 있다.		
2. 금속 시설물은 녹슬거나 벗겨지지 않는다.		
3. 나무제품의 시설물은 갈라지거나 거친 표면, 뾰족한 모서리, 쪼개진 면이 있다.		
4. 너트와 볼트, 나사는 단단히 조여 있다.		
5. 영아용 시설물은 연령과 발달 수준에 적절해야 한다.		
6. 각종 시설물의 설비는 적절한 장소에 위치하며 용이하게 사용된다.		

항 목	예	아니오
〈놀이터 바닥〉		
7. 모든 놀이 시설물의 바닥은 두께 20~30cm의 충격 흡수재를 깐다(작은 자갈 · 모래 · 나뭇조각 등).		
8. 흙이 단단해지는 것을 방지하고, 위험한 물건을 찾아 내기 위해 비질을 한다.		
9. 물이 괴어 있는 웅덩이가 없다.		
10. 시설물이 묻힌 곳의 콘크리트는 노출되어 있지 않다.		
〈공간〉		
11. 모든 오르내리기 시설과 미끄럼틀의 높이는 땅에서 2.5m 이하다.		
12. 모든 실외놀이 기구 사이의 간격은 적어도 2.4m 이상이다.		
13. 시설물 간의 울타리는 영아가 넘겨 볼 수 있는 높이이다.		
14. 자전거 타는 길, 게임하는 곳 등의 영역은 다른 시설물과 분리되어 있다.		
15. 그네는 담장, 통로, 다른 놀이 영역에서 1.8m 떨어져 있다(영아가 그네 타는 곳에 들어가는 것을 방지하기 위하여 울타리를 설치한다).		
〈 미끄럼틀 〉		
16. 높이는 1.8m가 적당하다.		
17. 팔걸이의 턱은 적어도 7.5m 높이다.		
18. 미끄럼틀을 타기 전에 기다리기 위한 공간이 있다.		
19. 계단 양쪽에는 난간이 있다.		
20. 천천히 내려올 수 있는 방지턱이 있다.		
21. 철재인 경우 햇볕에 뜨거워지지 않게 관리한다.		
22. 나무인 경우 왁스칠을 하거나 기름칠을 한다.		
23. 경사면의 경사는 30° 이하다.		
24. 계단의 폭은 영아의 다리와 팔에 알맞은 21~33cm가 적당하다.		
〈 오르기 시설물 〉		
25. 잡을 수 있는 난간이 있다.		
26. 영아가 뛰어내릴 수 있는 최대 높이는 60~90cm이다.		

표 2-3

안전생활 태도 평가지(교사, 부모용)

반(　) 이름(　　　) 관찰 시기(　　　　) 둔내초등병설유치원

안전영역	평 가 항 목	평 가 기 준		
		잘함	보통	노력 요함
교통 안전	1. 신호등을 지키며 횡단보도를 건너는가?			
	2. 차를 타고 내릴 때 자세는 바른가?			
	3. 횡단보도에서 안전수칙을 지키는가? (선다, 본다, 손을 들고 천천히 건넌다)			
	4. 안전띠를 착용하는가?			
	5. 차 앞, 뒤에서 놀지 않는가?			
	6. 자전거를 안전한 곳에서 타는가?			
놀이 안전	1. 그네, 시소를 바르게 타는가?			
	2. 미끄럼틀을 바르게 타는가?			
	3. 모래놀이를 안전하게 하는가?			
	4. 실내 놀잇감으로 장난하지 않는가?			
	5. 조형놀이 도구를 바르게 사용하는가?			
	6. 가위, 송곳 등을 안전하게 사용하는가?			
위험한 상황에서의 안전	1. 높은 곳, 계단에서 뛰지 않는가?			
	2. 전기콘센트를 만지지 않는가?			
	3. 공사장에서 놀지 않는가?			
	4. 낯선 사람을 따라가지 않는가?			
	5. 물놀이는 어른과 함께 하는가?			
	6. 불장난을 하지 않는가?			
평가 척도	* 잘함 : 각 항목 중 5~6개 * 보통 : 각 항목 중 3~4개 * 노력 요함 : 각 항목 중 2개 이하			

자료 : 강원도 둔내초등학교 병설유치원(2002). 상황별 체험활동을 통한 안전생활 습관 형성. p. 40.

표 2-4

안전사고 대장

번호	날짜	성명	생년월일	사고내용			처리사항					비고	기록자	확인
				시간	장소	내용	어린이집	의료기관	치료기간	금액	보험처리여부			

표 2-5

안전사고 일지

이 름		성 별		생년월일		반 명	
사고일시				사고유형		기록자	
사고장소							
사고경위							
응급처리 상황							
후속조치							
사고예방을 위한 지침 및 안전교육							
비 고							

표 2-6

어린이집 안전점검 체크리스트(일별)

결재	담당	원장

20 년 월 주, 점검자:
(점검상태 : 양호 ○, 보통 △, 불량 ×)

구분	점 검 항 목	점검결과						조치사항
		/	/	/	/	/	/	
		월	화	수	목	금	토	
실외 환경	- 어린이집 보호벽 및 주변의 관리 상태는 양호한가?							
	- 실외놀이 공간 주변의 돌, 유리조각, 요철, 녹슨 부분, 벗겨진 페인트, 돌출된 모서리가 방치되어 있지는 않은가?							
	- 확인되지 않는 식물이나 잡초는 모두 제거하였는가?							
	- 놀이터 바닥에 오물, 방치된 물 웅덩이가 없는가?							
실내 환경	- 문과 창문 등의 추락 위험은 없는가?							
	- 바닥에는 다칠 수 있거나 미끄러운 곳이 없는가?							
	- 복도, 계단, 비상계단, 미끄럼대 등에 방치된 물건이 없어 피난계단, 미끄럼대 등을 사용하기에 양호한가?							
	- 모든 보육용품과 비품이 제자리에 있는가?							
	- 보육용품이나 비품 유리창 등에 날카로운 모서리 등이 없는가?							
놀잇감 및 놀이 기구	- 망가져 날카롭고 위험한 것은 없는가?							
	- 유해 색소가 칠해진 놀잇감은 없는가?							
	- 영유아가 삼킬만한 작은 놀잇감이나 부품은 없는가?							
	- 부품이 빠지거나 작은 볼트 등이 빠진 것은 없는가?							
	- 놀잇감 및 놀이기구의 수납 상태가 양호한가?							
화장실 · 세면대	- 화장실 내 세제나 락스 등 위험한 물건이 영유아들의 손이 닿는 곳에 방치되어 있지 않는가?							
전기· 화기· 위험물 ·	- 콘센트는 안전덮개로 보호되어 있는가?							
	- 전선이 늘어져 있지 않는가?							
	- 화기에 의한 안전사고 위험은 없는가?							
	- 위험물에 의한 안전사고 위험은 없는가?							
	- 가스밸브와 가스 중간밸브 잠금은 양호한가?							
차량 안전	- 차량 내 소화기 · 비상약품 비치여부 및 비치상태가 양호한가?							
	- 차량 내 안전벨트 등 안정장비의 상태는 양호하며 영유아와 보호자는 차량 내 안전벨트를 착용하는가?							
	- 차량에 영유아를 보호할 수 있는 사람(보육교사 등)이 탑승하는가?							
기타	- 응급전화번호 및 비상연락망 등이 잘 관리되고 있는가?							

작성 Tip

◎ 점검결과란 아래에 점검한 날짜를 기록하고 일별로 체크한다.
◎ 점검 결과 관리상태가 양호하면 ○표, 보통은 △표, 불량은 ×표로 표시한 후 조치사항에 기록하고 불량한 부분은 즉시 보수하도록 한다.
◎ 1주일간의 일일점검표를 비교, 확인하고 불량한 부분이 계속 누적되지 않도록 해야 한다.
※ 출처 : 보건복지부(2014). 2014년도 보육사업안내 부록 p. 193(서식 II-5)

표 2-7

어린이집 안전점검 체크리스트(월별)

결재	담당	원장

20 년 월 주, 점검자:
(점검상태 : 양호 ○, 보통 △, 불량 ×)

구분	점 검 항 목	점검결과	조치 시항
		월	
안전관리	- 안전관리의 책임 및 위기관리 체계가 적합한가?		
	- 일별 안전점검 체크리스트에 의해 관리되고 있는가?		
실외 환경	- 어린이집 주변에 감전 위험은 없는가?		
	- 위험한 적치물, 축대 붕괴, 맨홀 등에 대한 위험은 없는가?		
실내 환경	- 모든 설비는 움직이거나 떨어지지 않도록 바닥과 벽면에 단단히 고정되어 있는가?		
	- 창문, 방충망의 상태는 안전한가?		
	- 어린이집 내 비품 및 보육용품에 풀린 나사나 못은 없는가?		
현관·통로·계단·비상구	- 출입문, 현관문 등의 안전장치는 정상 작동하는가?		
	- 계단, 통로부분에 미끄럼 방지처리가 되어 있는가?		
	- 계단의 안전 상태는 양호한가?		
화장실·세면대	- 화장실 내 전기콘센트 등 전기용품은 안전한가?		
	- 세면대의 고정 상태는 안전한가?		
조리실·식당	- 환기가 잘 되고 있는가?		
	- 조리용 칼이나 기타 위험한 주방기구는 지정된 안전한 장소에 보관하고 있는가?		

구분	점 검 항 목	점검결과 월	조치시항
	– 영유아의 출입이 잘 통제되고 있는가?		
	– 급식담당직원의 위생 상태는 양호한가?		
	– 배수가 잘 되고 배수구에는 덮개가 설치되어 있는가?		
실외놀이 기구 및 공간	– 모든 놀이기구가 바닥에 안전하게 고정되어 있는가?		
	– 놀이 시설물의 상태(틈새나 간격)가 영유아의 몸에 끼이지 않는 넓이인가?		
	– 기초대, 지지대 등 매설부분이 노출되지 않았는가?		
	– 모든 놀이기구 아래와 주위(안전지대)의 충격흡수재 성능은 양호한가?		
	– 보수가 필요한 놀잇감 및 놀이 기구가 방치되어 있는가?		
	– 놀이기구의 높이가 영유아에게 적합한가?		
	– 품질경영 및 공산품 안전관리법에 의한 안전검사를 필한 제품인가?		
전기·가스·위험물 안전관리	– 전선, 콘센트, 플러그 등 손상된 부분은 없는가?		
	– 한 개의 콘센트에 용량을 초과해 사용하고 있지 않은가?		
	– 전기기구는 규격 전선을 사용하고 있는가?		
	– 각종 전기기구의 접속 상태가 노후, 파손된 곳은 없는가?		
	– 분배전반 및 각종 전기기구의 노후 및 파손된 것은 없는가?		
	– 가스경보기의 설치상태가 양호한가?		
소방시설 관리	– 대피를 위한 대피도가 잘 관리되어 있는가?		
	– 소화기, 스프링쿨러 등 소화장비의 작동 및 관리상태는 양호한가?		
	– 자동화재 탐지설비의 설치상태가 양호한가?		
	– 옥내소화전의 관리 및 작동이 양호한가?		
비상대피 시설관리	– 비상계단 및 미끄럼대 등이 화재 등 유사시 사용이 가능한가?		
	– 피난유도등 유도표지 등이 잘 갖추어져 있고 정상 작동하는가?		
	– 건물 내 대피경로에 장애가 되는 요소는 없는가?		
차량 안전관리	– 차량은 점검기준에 의해 정기적으로 안전점검을 실시하고 있는가?		

구분	점 검 항 목	점검결과	조치 시항
		월	
석면안전 관리	- 석면조사를 실시하였는가?		
	- 석면조사를 미실시한 경우 석면조사 생략대상 건축물에 해당하는가?		
	- 석면조사 관련 자료(조사결과보고서, 석면지도 등)는 잘 관리되고 있는가?		
	- 석면 함유자제가 파손되거나 노출된 곳은 없는가?		
	- 위의 경우에 경고문 등을 설치하고 철거 또는 개보수 조치는 하였는가?		
	- 석면관리정보가 가정통신문 등을 통해 학부모에게 제공되고 있는가?		

연구 문제

1. 유이에게 적합한 놀잇감의 조건을 찾아 유아 놀이환경을 구성해 보시오.

2. 유아교육기관의 시설 및 설비가 적절하게 관리되기 위해 교직원이 해야 할 역할에 대해 생각해 보시오.

3. 유아를 위한 놀이지도시 필요한 안전교육 내용에 대해 논의하시오.

제 3 장

놀이환경과 안전지도

1. 놀이활동에서의 놀잇감 안전
2. 놀이활동에서의 스포츠 안전

본 장에서는 영유아와 관련된 놀이상황에서의 안전지도 및 교육에 대해 알아보겠다. 놀이가 학습이고 동시에 삶인 영유아들에게 놀이상황에 잠재된 위험은 항상 주의사항이 된다. 영유아가 안전하게 놀이활동을 하여 놀이를 통해 얻을 수 있는 긍정적인 효과를 체득할 수 있도록 안전사고를 미연에 방지하는 놀이환경 및 놀이안전지도가 필요하겠다.

1. 놀이활동에서의 놀잇감 안전

유아들의 생활은 대부분 놀이로 이루어진다. 가정에서 뿐 아니라 유아교육기관에서의 다양한 프로그램도 모두 놀이와 연관되어 있거나 놀이를 매개로 한다. 따라서 유아들이 즐기는 다양한 놀이활동과 놀잇감에 대한 안전지도 역시 유아들에게 있어 매우 중요하다.

1) 놀잇감의 조건

먼저 놀잇감에 대해 살펴보면, 안전과 관련하여 놀잇감의 제작, 구입시 가장 중요한 기준은 다음과 같다(조경자 · 이현숙, 2004).

- 유아의 발달 수준에 적합할 것
- 안전도가 높을 것
- 견고하고 내구성이 있을 것
- 독자적 조작이 되고 이동이 가능할 것
- 상상력을 유발할 것
- 유아의 흥미 개성에 맞을 것

• 다양한 놀이활동을 조장하고 여러 발달영역을 자극할 것
• 저렴하고 경제적일 것

한편, 부적절한 놀잇감의 기준은 다음과 같다(김성희, 2000 재인용).

• 쉽게 망가지거나 깨지는 놀잇감
• 어른의 취향에 맞는 놀잇감
• 다양성이 없는 놀잇감
• 성인의 도움을 받을 정도로 너무 복잡한 놀잇감
• 색채나 형태, 난이도 등이 너무 단조로운 놀잇감

다음은 놀잇감 선정 및 지도 시 유의사항에 관한 내용이다(한국아동안전관리교육협회 편, 2003).

• 구슬, 작은 집짓기 놀잇감, 작은 바퀴, 단추 등 질식의 위험이 있는 작은 놀잇감은 위험하다.
• 뾰족한 모서리, 끝이 날카로운 것, 갈라지거나 쪼개어져서 긁히거나 베이거나 찔릴 위험이 있는지 살펴본다.
• 지나치게 무거운 것은 좋지 않으며, 지나치게 소리가 큰 것은 청각장애를 유발할 수 있다.
• 공기총이나 BB총 등 위험한 총기류들은 절대로 가지고 놀지 않도록 한다.
• 자동차, 기계 놀잇감의 기어와 장치들은 손가락이나 옷 등이 끼일 위험이 있으므로 반드시 덮개에 싸여 있어야 한다.
• 뚜껑이나 문이 달린 놀잇감에는 손이나 손가락이 끼이는 것을 방지할 수 있는 장치가 있어야 한다.
• 유리나 깨어지기 쉬운 플라스틱으로 만들어진 놀잇감은 피해야 한다.
• 헝겊으로 된 인형 등의 놀잇감은 불연성이어야 한다. 화학섬유로 만든 장난감

이나 합성 머리카락이 달린 인형은 구입하지 않는 것이 좋다.

- 인형의 옷이나 머리카락 장식들이 핀이나 스테플러로 엉성하게 붙여진 것들은 위험하다.
- 액체가 들어 있는 치아발육 촉진용 장난감은 찢어질 위험이 있다.
- 놀잇감 상자의 뚜껑이 갑자기 닫혀서 유아의 머리나 목이 낄 수 있고 영아는 안에 갇힐 수도 있다. 그러므로 놀잇감 상자의 뚜껑을 없애거나 안정된 받침대와 환기구멍을 설치한다.
- 30센티미터 이상의 끝이 달린 놀잇감은 2세 이하의 어린이에게는 위험하며, 특히 이런 놀잇감을 유아의 침대에 걸어 놓은 것은 매우 위험하다. 유아가 질식할 위험이 있기 때문이다.
- 폭발물이 부착되어 있는 장난감이나 불꽃놀이기구는 위험하므로 절대로 사용하지 않도록 한다.
- 쉽게 떼어낼 수 있는 뾰족한 핀, 끈 등으로 만들어진 놀잇감은 안전하지 않다.
- 모든 영유아용품의 페인트는 무독성이어야 한다. 헌 유아기구나 놀잇감의 경우는 납성분의 페인트가 사용되었는지 확인해야 한다. 심각한 뇌 손상의 위험을 일으킬 위험이 있기 때문이다.
- 발사되는 놀잇감들은 눈에 상처를 줄 위험이 있다. 단, 허용할 경우는 8세 이상의 아동이어야 하며 충분히 넓은 공간이 필요하다. 그리고 화살(발사되는 물체)의 끝부분은 부드러운 고무나 코르크로 고정되어 싸여 있어야 한다.
- 질식사는 다른 놀잇감보다 풍선에 의해 가장 많이 발생한다. 영유아가 풍선을 불도록 허락하여서는 안 되며, 6세 이하의 유아는 성인의 보호 하에서만 풍선을 사용하도록 해야 한다. 어린 유아들에게 불지 않은 풍선과 터진 풍선조각은 위험하다.
- 8세 이하의 유아에게는 전기로 작동되는 놀잇감을 주어서는 안 되며 건전지를 이용하는 것만 사용하도록 한다. 또한 모든 전기 놀잇감은 반드시 안전검사에 합격된 것이어야 한다. 잘못 만들어진 장난감으로 인해 유아가 화상을 입거나 전기 쇼크의 위험이 있기 때문이다.

놀잇감의 조건을 기능적인 측면과 교육적인 측면으로 나누어 살펴보면 〈표 3-1〉과 같다.

표 3-1
놀잇감의 조건

기능적 조건	교육적 조건
〈안전성〉 · 재료 : 염료나 도료의 무해성(無害性), 내연성(耐然性), 금속, 유리, 플라스틱 등의 적절한 재료 · 구조 : 부착물이나 부품의 견고성, 전기나 태엽의 안전한 사용, 나사나 못의 안전한 부착	〈지적 발달의 촉진〉 · 유아의 호기심을 유발하고 탐색 행동을 자극 · 구체적 경험 제공 · 다양한 감각 경험 제공 · 사고력과 문제해결력 촉진
〈내구성(耐久性)〉 · 기상 조건에 대한 내구성 · 빈번한 사용에 대한 내구성 · 간편한 보관과 관리	〈신체발달의 증진〉 · 다양한 동작의 구사 · 행동의 자유 허용 · 근육 발달과 협응력 촉진
〈적합성〉 · 놀잇감의 형태, 크기, 난이도가 어린이 발달 수준에 적합 · 유아의 흥미와 개성에 적합 · 놀잇감이 다양한 용도로 활용 · 고정된 성역할 개념에서 탈피 · 유아의 문화와 환경에 적합	〈사회 · 정서발달의 촉진〉 · 자신과 타인에 대해 우호적 태도를 갖도록 추진 · 상상력과 창의력을 고취 · 다양한 개별 행동과 집단 활동 경험을 제공 · 놀이의 즐거움을 추구
〈경제성〉 · 저렴한 가격	

자료 : 이숙재(1997). 유아를 위한 놀이의 이론과 실제, 김성희(2000), p. 151. 재인용.

놀잇감 구입시 유독물질(카드뮴, 납, 수은 등)의 함유량이 안전기준을 준수하고 있는지 확인 후 구입하는 것이 바람직하며, 유해원소가 인체에 미치는 영향에 대한 기초지식이 필요하다. 다음 〈표 3-2〉는 놀잇감에 함유될 수 있는 유해원소가 인체에 미치는 영향에 대한 내용을 제시한 것이다.

표 3-2

유해원소가 인체에 미치는 영향

구 분	내 용
납(Pb)	· 과다 섭취시 위장·신장·신경계통의 장애 유발, 특히 어린이의 중추신경계 손상은 정신적·신체적 성장을 방해함 · 중독시 구토·복통을 동반한 설사, 갈증, 피로, 허약 등
안티몬(Sb)	· 구토, 설사, 위장장애, 혈관, 호흡, 중추 마비, 흑피증·각화증 등 피부암 유발 가능성
비소(As)	· 근육통, 고혈압, 신장병을 유발
바륨(Ba)	· 구토, 설사, 신장장애 등
카드뮴(Cd)	· 구토, 설사, 복통, 배뇨량 감소, 경련, 쇼크, 혼수, 요독증 야기, 피부·폐·기도
크롬(Cr)	· 부착에 의한 궤양이나 폐암 유발 등
수은(Hg)	· 신경계통, 간장, 신경장애, 복통, 토혈 등
셀레늄(Se)	· 위장장애, 신경과민, 빈혈, 저혈압 등

자료: 한국소비자보호원(1994), 임미혜 외(2005), p. 115. 재인용.

영유아의 연령별 놀이의 특징과 적절한 놀잇감은 다음 〈표 3-3〉과 같다.

표 3-3

연령별 놀이특징과 놀잇감

	놀이의 특징	적절한 놀잇감
만 0~1세	· 소리 나는 것, 움직이는 것에 호기심을 보인다. · 손에 닿는 것은 입에 넣으려고 한다. · 색, 촉감 등에 민감하다. · 주위의 성인이나 유아들이 주관하는 놀이(짝짝꿍, 까꿍놀이 등)에 참여한다.	· 밝은 색의 모빌 · 눌러서 소리 나는 놀잇감 · 세탁이 가능한 인형 · 깨지지 않고 소독이 가능한 입으로 깨무는 놀잇감 · 모서리가 둥근 블록 · 목욕통에 띄워 놀 수 있는 놀잇감
만 1~2세	· 호기심이 강하고 탐색을 즐긴다. · 또래에게 관심을 보이지만 상호작용은 하지 못한다. · 여전히 손에 닿은 것을 입으로 가져간다.	· 세탁이 가능한 인형 · 그림이 큰 그림책 · 끌거나 밀 수 있는 놀잇감. 단, 끈이 길면 질식의 위험이 있으므로 30센티미터 이하의 짧은 끈, 긴 끈은 끊어 줄 것

	놀이의 특징	적절한 놀잇감
	· 계단을 오르내린다. · 공놀이를 즐긴다. · 블록 쌓기놀이를 한다. · 크레파스나 볼펜, 연필 등을 잡고 긁적거리는 놀이를 한다. · 흔들 목마 타기를 좋아한다. · 끌고 돌아다니는 놀잇감을 좋아한다. · 일상생활의 단순한 역할놀이를 한다. · 찰흙, 밀가루 반죽, 모래, 물 등을 이용한 발전된 감각운동 놀이를 한다.	· 유리가 아닌 것으로 만들어진 거울 · 큰 조각들로 분해, 조립할 수 있는 놀잇감 · 안전한 주전자, 팬 등 · 흔들 목마 · 상자에 포개 넣거나 쌓아올릴 수 있는 놀잇감(블록세트 등) · 넘어지지 않는 유아용 자동차 · 크레파스, 종이, 찰흙, 밀가루 등
만 2~3세	· 호기심과 상상력이 풍부하다. · 대근육 운동이 발달하며, 소근육 운동은 제한적이지만 가위질, 그림그리기 등을 할 수 있다. · 언어 능력의 발달로 동물의 소리나 행동을 모방하고 반복한다. · 그림책, 사진 등에 관심을 보인다. · 과정 자체를 즐기는 놀이를 한다. · 자신의 행동의 결과에 관심을 갖는다. 자신이 직접 만들고 꾸민 것을 자랑하며 만족해한다. · 또래와의 놀이에 관심은 가지나 병행놀이를 한다. 상호작용이 제대로 이루어지지 않는다. · 역할놀이를 많이 하나 제한적이다.	· 조각이 크고 단순한 퍼즐 · 숫자, 문자가 쓰인 블록, 쌓기블록 · 가정생활과 관련된(인형, 인형옷, 소꿉놀이 등) 역할놀이 용품 · 칠판, 먼지 없는 분필, 크레파스, 종이, 가위, 밀가루 반죽 등 · 부드러운 공 · 흔들 목마 · 간단한 악기 · 세발자전거, 그네, 시소, 낮은 평균대 등 실외 놀잇감
만 3~4세	· 대근육 운동뿐 아니라 소근육 운동이 발달하여 자르고, 풀칠하고, 바느질 놀이 등을 잘한다. · 손과 눈의 협응력의 발달로 작은 조각들의 조립놀이를 즐긴다. · 상상력과 창의력이 풍부하여 모방놀이나 표현놀이를 많이 한다. · 놀이를 시작할 때 계획을 세우기도 한다. · 숫자놀이, 문자놀이 등에 관심을 보인다. · 병원, 시장, 경찰 및 소방서 놀이 등 역할놀이의 내용이 다양해진다.	· 조작할 수 있는 놀잇감(블록 등) · 조각이 큰 퍼즐 · 구슬이 큰 숫자세기판 · 화판, 크레파스, 물감, 가위, 풀, 신문지, 도화지, 스티커 등 · 장난감 전화기 · 기차, 자동차, 비행기 등(전기가 아닌 건전지 사용이 가능한 것) · 단순한 옷을 입힐 수 있는 인형 · 굵은 나무구슬 꿰기 · 단순한 카드 또는 판게임 · 컴퓨터 · 동화 테이프, CD 및 그림책

	놀이의 특징	적절한 놀잇감
	· 또래와 기초적인 대화를 나눌 수 있으며, 함께 어울려 놀려고 한다. 그러나 상호작용이 오래 지속되지는 않는다.	· 자석, 프리즘, 망원경 및 간단한 기계류 · 자전거, 간이농구대, 매트, 고리던지기 등 · 간단한 악기
만 4~6세	· 또래와 상호작용하면서 협동놀이를 한다. · 보다 발전되고 확장된 역할놀이를 한다. · 사전에 놀이 계획을 세우고, 역할을 분담하며 놀잇감도 다양해진다. · 쌓기놀이로 복잡한 형태의 구조물을 만들기도 하고, 블록을 가지고 보다 정교하게 만든다. · 자신이 꾸민 동화, 동요를 다른 사람에게 들려주기도 한다. · 인지능력의 발달로 규칙이 있는 게임(바둑판게임, 주사위게임, 운동게임 등)을 한다. · 돋보기나 저울, 온도계 등을 사용하여 실험놀이를 즐긴다.	· 다양한 모양의 블록들 · 모래놀이용 놀잇감 · 손인형, 손가락인형 · 떼어낼 수 있는 종이로 된 인형 · 자석으로 된 숫자, 글자 놀잇감 · 연 · 그림책 · 입을 수 있는 옷들(역할놀이) · 테이프, 비디오, 컴퓨터 등 · 바느질 자료(헝겊, 부직포, 커다란 플라스틱 바늘, 털실 등) · 물감, 점토, 크레파스 등 미술재료
만 6~8세	· 역할놀이가 더욱 활발해진다. · 놀이시 또래간의 상호작용이 더욱 활발해지고, 초보적인 수준의 규칙이 생기며, 이를 따르려고 노력한다. · 놀이를 즐길 수 있게 된다. 그네, 시소, 미끄럼틀 등 놀이기구의 사용이 보다 다양해지고 만족감을 얻으려고 한다. · 놀이에서 승패의 정서를 맛본다.	· 복잡한 퍼즐 · 간단한 읽기능력이 필요한 게임 등 · 인형 및 무대장식들 · 공구세트 · 역할놀이에 필요한 도구 · 자석, 확대경, 망원경, 기타 간단한 과학적 개념을 길러 줄 수 있는 놀잇감 · 리듬악기 등 · 만들기 자료(종이, 풀 등) · 테이프, 비디오, 컴퓨터 등 · 유아용 자전거 · 작은 공

2) 놀이시 안전지도

부모 및 교사는 유아가 안전하게 놀이할 수 있도록 유아의 연령에 따라 다음과 같이 지도하여야 한다.

- **1세 미만** : 하루 종일 성인이 보호해 주어야 한다.
- **1~2세** : 이 시기는 호기심이 왕성하여 위험에 대한 인식이 전혀 없으므로 성인이 항상 유아의 놀이상황을 감독해야 한다.
- **2~4세** : 놀잇감과 놀이기구와 관련된 상처를 가장 많이 입는 시기이므로 항상 가까이에서 감독하여야 하며, 특히 남아일 경우 더욱 주의해야 한다. 이 시기에 남아가 여아보다 사고의 위험이 더욱 높기 때문이다.
- **4~6세** : 이 시기가 되면 위험상황과 그에 따른 대처방법에 대한 인식과 학습을 통한 이해가 가능하므로 놀이시 안전규칙에 대해 지속적인 교육을 실시하여야 한다.
- **6~8세** : 대부분의 아동이 유아교육기관이나 초등학교에 다니는 시기로서 아동들이 안전규칙을 습관화하고 있는지 확인하고 일관성 있게 지도하여야 한다.

다음은 유아교육기관을 중심으로 실내·외의 놀이안전수칙을 살펴보기로 한다(한국아동안전관리교육협회, 2003; Robertson, 1998; Brandenburg, 2000).

(1) 놀이터에서의 안전수칙

놀이터에서 발생하는 가장 빈번한 사고는 미끄럼틀, 철봉, 정글짐, 구름다리 등의 오르기 기구에서의 추락사고와 움직이는 그네에 부딪쳐서 사고를 당하는 경우, 회전대와 관련된 사고, 시소에 부딪히거나 찍히고 떨어지는 사고 등이 있다.

그렇다면 유아들이 지켜야 할 놀이터의 일반적인 놀이 안전규칙에는 무엇이 있는지 살펴보기로 하자.

- 다른 사람을 밀지 않는다. 특히, 오르기 기구에 올라가거나 미끄럼틀을 내려올 때 다른 사람을 밀지 않는다.
- 순서를 지켜 이용한다.
- 놀이기구를 이용할 때는 싸우거나 장난치지 않는다.
- 흙이나 장난감 등의 물건을 던지지 않는다.
- 동물과 함께 또는 손에 물건을 들거나 가방을 메고 놀이기구를 이용하지 않는다.
- 자전거나 롤러스케이트 등을 타고 놀이기구에 올라가지 않는다.
- 여름이나 겨울에 놀이기구가 너무 뜨겁거나 얼었을 때 이용하지 않는다.
- 놀이기구에 거꾸로 매달리지 않는다.
- 다른 유아가 타고 있을 때 빼앗아 타려고 하지 않는다.
- 함부로 다루어 손상을 주거나 고장내지 않는다.
- 놀이터의 옷차림은 간단해야 한다. 목도리나 끈이 달린 옷 등은 피해야 한다.

(2) 소꿉놀이(역할놀이)를 위한 안전수칙

- 소꿉놀이 영역에서 사용하는 놀잇감은 안전한 재질로 제작된 것을 선택하여야 한다.
- 장난감의 상태를 정기적으로 점검하여 고장이 나거나 망가진 것은 즉시 수리하거나 교체해 준다.
- 위험한 재질로 된 놀잇감은 주지 않는다.
- 모형음식은 입에 넣지 않도록 주의시켜야 한다.
- 병원놀이를 할 때 눈, 코, 입, 귀 등에 물건을 넣지 않도록 주의시킨다.

(3) 블록놀이를 위한 안전수칙

- 유아가 블록을 안전하게 꺼낼 수 있는 높이의 정리장에 놀잇감을 둔다.
- 블록으로 친구를 때리거나 던지지 않는다.
- 블록으로 총·칼 등을 만들어 위험한 놀이를 하지 않도록 한다.
- 블록을 밟고 다니지 않도록 한다.
- 부서진 블록은 바로 치운다.
- 블록을 가지고 뛰어다니지 않는다.
- 작은 블록을 입 속에 넣지 않도록 한다.
- 블록은 끝부분이 날카롭거나 끼우기에 빡빡하지 않은 것으로 선택한다.
- 놀이가 끝나면 놀잇감을 정리하여 제자리에 놓아 둔다.

(4) 조작놀이와 책보기를 위한 안전수칙

- 책장이나 책꽂이에 올라가지 않도록 한다.
- 책을 던지거나 책으로 친구를 때리지 않도록 한다.
- 책장을 넘길 때 손이 베이지 않도록 조심하고, 베일 경우 손을 깨끗이 씻도록 한다.
- 작은 물건은 입, 코, 귓구멍에 넣지 않고 만약 들어갔을 때는 꺼내려고 하지 말고 즉시 교사나 주변 성인에게 알리도록 한다.
- 헤드폰이나 이어폰 소리를 너무 크게 하지 않도록 한다.
- 듣기영역의 전선줄은 보이지 않게 처리한다.
- 구슬을 꿴 끈을 돌리고 다니거나 목이나 팔에 감지 않도록 한다.
- 연필과 같이 길고 끝이 뾰족한 물건을 손에 들고 장난치지 않도록 한다.

(5) 미술놀이를 위한 안전수칙

- 색종이, 점토 등의 색소는 유해할 수 있으므로 입에 대지 않도록 한다.
- 가위는 가볍고 안전한 것을 준비한다.
- 연필, 크레용, 붓, 펜 등은 입에 넣지 않도록 한다.
- 가위, 스테플러, 펀치 등의 도구에 대한 안전한 사용법을 이야기하고, 사용 후에는 반드시 정해진 장소에 갖다 두도록 한다.
- 접착제, 특히 본드의 안전한 사용법을 알려 준다.
- 미술재료는 기본적으로 먹거나 마시거나 피부에 닿아도 해롭지 않은 것으로 안전품질표시가 있는 것의 사용을 원칙으로 한다.
- 미술놀이를 할 경우에는 쉽게 바닥을 닦을 수 있는 비닐이나 종이를 깔되 물기가 생기면 즉시 닦아 미끄러지지 않도록 유의한다.
- 락스나 파라핀 종류는 반드시 성인의 감독 하에 사용하도록 한다.
- 바늘을 사용한 후에는 스티로폼이나 스펀지 등으로 만든 바늘꽂이에 안전하게 정돈한다.
- 재활용품 및 자연물 등의 재료는 깨끗하고 안전하게 처리한 후 사용한다. 예를 들어, 우유통은 깨끗이 씻어 사용하고, 깡통 끝은 테이프로 말아 주고, 미술활동에 사용될 식물은 깨끗하게 씻어 주어야 한다.

(6) 과학놀이를 위한 안전수칙

- 측정도구(자, 저울, 시계 등)를 위험하게 사용하지 않도록 한다.
- 동물, 곤충, 식물류를 함부로 만지지 않도록 한다.
- 기계류를 조작할 때, 잘 조작되지 않을 때는 교사가 도와주어야 한다.
- 요리활동시 휴대용 가스는 가능한 사용하지 않도록 한다.
- 기름에 튀기는 요리활동은 가능한 하지 않도록 한다.
- 요리활동시 사용하는 칼은 끝이 무딘 플라스틱 칼을 선택한다.

- 컴퓨터를 설치할 경우에는 스위치를 별도로 두는 것이 안전하며 보안 화면경을 설치하도록 한다.
- 전기기구를 사용하여 요리를 할 경우 전선은 유아가 다니지 않는 공간에 처리한다.
- 여러 가지 탐색도구(거울, 자석, 프리즘, 확대경, 현미경, 청진기, 스포이트 등)를 안전하게 사용한다.

(7) 음률놀이를 위한 안전수칙

- 악기 사용법을 올바르게 지도하여 악기로 장난을 치지 않도록 한다.
- 피아노 등의 뚜껑을 닫을 때 손이 끼지 않도록 주의시킨다.
- 몸을 많이 움직이는 놀이를 할 경우 서로 부딪치지 않도록 충분한 공간을 마련한다.
- 헤드폰을 사용할 때 음향크기를 적절하게 조절한다.
- 악기로 장난을 치거나 고장내지 않도록 한다.

[그림 3-1] 실외 종합놀이기구

2. 놀이활동에서의 스포츠 안전

유아들이 즐기는 다양한 스포츠, 즉 자전거, 인라인케이트, 스키, 썰매, 수영 및 물놀이 등에서의 안전지도에 관해 살펴보기로 한다.

1) 자전거

자전거는 아주 어린 유아부터 청소년에 이르기까지 지속적으로 즐기는 대표적인 스포츠다. 또한 세발자전거에서부터 기능이나 조정방법이 상당히 복잡한 형태까지 유아들이 사용하는 자전거의 유형은 매우 다양하다. 그러나 쉽게 어디서나 즐길 수 있는 스포츠이므로 그만큼 안전사고의 위험도 크다고 할 수 있다.

따라서 안전하게 자전거를 타기 위해서 가장 우선되어야 할 것은 자전거 자체가 안전성이 확보되어 있어야 하며, 자전거를 사용하는 유아의 안전수칙의 준수가 필요하며, 성인의 적절한 지도 · 감독이 중요하다. 자전거는 신체적 크기에 알맞은 것을 선택하여야 하며, 지속적으로 관리를 하여 제대로 기능할 수 있도록 점검해 주는 것이 중요하다.

자전거를 안전하게 타기 위해서 부모와 교사 및 유아들이 알고 있어야 하는 안전수칙은 다음과 같다.

(1) 부모와 교사의 안전수칙

• 유아의 발달단계에 알맞은 자전거를 구입한다.
• 자전거의 핸들, 바퀴, 체인, 브레이크 등을 자주 점검해 준다.

- 자전거를 타기 위한 기본 기술을 단계적으로 가르치고 자전거 탈 때의 유의사항을 항상 일러 준다.
- 헬멧이나 무릎보호대 등 보호장치를 착용하도록 지도한다.
- 위험한 장소에서 타지 않도록 지도한다.
- 과속하지 말고, 자전거로 장난치지 말며, 많은 유아들이 한꺼번에 타지 않도록 한다.

(2) 유아의 안전수칙

- 차가 다니지 않는 곳에서만 탄다.
- 주차장, 특히 지하주차장에서는 타지 않는다.
- 양손을 잡고 바른 자세로 타며, 한 손으로 타거나 손을 놓고 타는 것은 위험하다.
- 두 명이 함께 타거나 장난하지 않는다.
- 자전거 뒤에 사람을 태우지 않는다.
- 서로 경주하지 않는다.
- 밤에는 자전거를 타지 않는다.
- 자전거를 탈 때에는 바지를 입고, 무릎보호대와 팔꿈치보호대를 하고, 헬멧을 착용하고 운동화를 신는 것이 안전하다.
- 엘리베이터를 이용할 경우에는 자전거를 탄 채 엘리베이터를 타지 않는다.
- 보도와 차도의 구별이 없는 도로에서는 자전거는 우측으로 통행하여야 한다.
- 내리막길에서는 위험하므로 자전거에서 내려 걸어온다.
- 자전거를 타고 골목길에서 큰길로 나갈 때에는 반드시 멈추어 서서 전후 좌우를 살펴야 한다.
- 도로의 미끄럼방지턱이나 인도와 차도와의 구분턱을 주의하여 탄다.
- 서 있는 차 옆으로 지나갈 때에는 차문이 갑자기 열릴 수 있으므로 멈추어 서서 살피고 지나간다.

• 자전거를 타기 전 부모나 교사의 허락을 받고, 자전거를 미리 점검하여 이상이 있을 경우에는 어른에게 알린다.

2) 수영 및 물놀이

수영과 물놀이는 유아들이 가장 좋아하는 놀이요 스포츠 중의 하나다. 유아의 건강과 운동능력의 발달에 매우 중요한 스포츠이면서 동시에 안전사고의 위험이 높은 놀이다.

물놀이 안전사고의 주요 원인을 보면, 안전부주의가 50%를 넘는다. 특히 유아는 교사 및 부모 등 성인의 지도가 각별히 필요한 시기며, 이들에게서 발생하는 사고의 대부분은 안전부주의에 의해 일어난다고 볼 수 있다.

표 3-4

물놀이 안전사고 주요원인

(단위 : 명, %)

구 분	계	안 전 부주의	수영미숙	음주수영	수상레저 기구전복	높은파도 (급류)	기 타
사고자 (사고율)	291 (100%)	148 (50.9%)	56 (19.2%)	29 (10.0%)	17 (5.8%)	15 (5.2%)	26 (8.9%)

자료 : 소방방재청, 물놀이 안전 매뉴얼, 2008, p. 14.

먼저 수영 및 물놀이의 안전수칙에 관해 살펴보기로 한다.

(1) 부모와 교사의 안전수칙

• 물놀이와 수영 전에는 반드시 준비운동을 시킨다.
• 안전용품(구명조끼 등) 및 비상약을 준비한다.
• 깊은 계곡은 피하고 수심을 점검하여 얕은 곳에만 놀 수 있도록 지도한다.
• 유아를 돌보는 사람을 정하여 책임을 분명히 지도록 한다.

• 수영장소가 아닌 곳에서 수영을 하지 않도록 지도한다.
• 수영장에서는 유아용 수영장소에서만 수영을 하도록 하고 항상 살펴야 한다.
• 강이나 계곡에서 다이빙을 하지 못하게 지도한다.
• 장난을 치거나 다른 사람에게 방해되는 행동은 삼가도록 한다.
• 응급상황이 발생시 적절한 응급처치를 하고, 안전요원이나 119의 도움을 받도록 한다.

(2) 유아의 안전수칙

• 수영을 위한 준비를 철저히 한다. 준비운동, 수영복 입기, 수영모와 물안경 등을 착용한다.
• 음식을 먹고 난 후에 바로 물에 들어가지 않는다.
• 위급한 경우에는 한쪽 팔을 최대한 높이 들고 흔들어 도움을 청한다.
• 수영 후에는 항상 깨끗이 씻고 옷을 갈아 입어 체온을 유지하도록 한다.
• 수영장 내에서 소변을 보지 않는다.
• 친구와 장난치거나 다른 사람을 방해하지 않아야 한다.
• 팔다리에 경련이 일어나면 즉시 밖으로 나온다.
• 강이나 계곡에서는 다이빙을 해서는 안 된다.
• 물놀이 중에는 껌이나 사탕을 먹어서는 안 된다.
• 물 근처에서 혼자 놀아서는 안 된다.

수영 및 물놀이 안전에서 가장 중요한 것은 물에 빠졌을 때의 대처방법과 그 예방법이다. 물에 빠졌을 경우 대처방법에 대해 알아보면 다음과 같다.

• 유아가 물에 빠졌을 경우, 안전요원의 도움을 받도록 하고 그렇지 못한 경우 즉시 119에 신고하여야 한다.
• 수영을 잘하지 못하는 경우, 물에 함께 들어가면 위험하므로 긴 끈이나 옷,

튜브, 긴 막대기 등을 이용하여 유아를 꺼내도록 한다.

- 유아를 구하기 위해 물에 들어간 경우에는 반드시 뒤쪽에서 접근하여 한 팔로 유아의 머리와 팔을 껴안고 다른 팔로 헤엄쳐 나오도록 한다.
- 물에서 구한 경우에는 체온이 떨어지지 않도록 몸을 따뜻하게 감싸 주고 마사지를 해 주며 안전한 장소로 옮긴다.
- 만약 의식이 없다면 호흡을 하는지 확인하고 인공호흡을 실시하여야 한다.
- 인공호흡을 한 경우에는 즉시 병원으로 옮겨야 한다.

[물놀이 안전에 대한 안내문]

♣ 부모가 알아두어야 할 물놀이 안전지침 ♣

1. 아이들끼리만 물 속에 있지 않게 한다. 아이가 물 속에 있지 않더라도 아이 혼자 물가에 있게 하지 않는다.
2. 도너츠 모양의 튜브는 안전보호 장구가 아니다. 미끄러워서 튜브 밑으로 빠질 위험이 높다.
3. 음식을 먹은 직후에는 물 속에 들어가지 않는다.
4. 껌이나 음식을 먹으면서 물놀이를 하면, 질식사의 위험이 있다.
5. 수영을 할 때의 물의 깊이는 배꼽높이 정도가 적당하다.
6. 강이나 바닷가에서는 발이 다치지 않도록 신발을 신게 한다. 하지만 물에 벗겨지지 않도록 슬리퍼가 아닌 뒤가 막힌 신발이나 샌들을 신게 한다.
7. 물놀이가 끝난 후에는 꼭 샤워를 해야 한다. 눈도 조심스럽게 손가락 끝으로 닦아 준다.
8. 아래와 같은 증상을 보이면 휴식을 취하도록 해야 한다.
   · 몸이 떨릴 때
   · 얼굴과 피부가 창백해질 때
   · 피부에 소름이 돋고 차가워질 때
   · 손발이 저리고 마비 증상이 올 때

자료 : 소방방재청(2008)

3) 스키

스키는 점차 많은 사람들이 즐기는 스포츠의 하나로 자리잡아 가고 있다. 따라서 성인은 물론 유아들도 스키를 배우고 타는 수가 증가하고 있는 추세다. 그러나

스키가 안전한 스포츠라고 할 수는 없다. 해마다 스키로 인한 사망자가 발생하고 부상자가 증가하고 있기 때문이다.

스키 사고의 대부분은 다리를 다치는 것이라는 보고(Miller, 1995)는 특히 스키를 타다가 부딪히거나 넘어짐으로써 다치는 사고가 빈번함을 말해 준다. 물론 제설기로 적절한 눈의 양을 조절해 주고, 스키를 안전하게 탈 수 있는 수준별 슬로프가 개발되어 있어 보다 안전하게 스키를 즐길 수 있으나, 스키어들이 스키를 탈 때의 안전수칙을 지키지 않는다면 사고의 위험성은 계속 존재하게 된다. 유아의 안전사고는 적절한 교육과 지도를 통해 충분히 예방 가능하다. 특히 유아들의 스키타기는 주로 방학을 이용한 가족단위의 스포츠를 통해 이루어지는 경우가 대부분이므로 가족 전체의 안전사고 예방교육이 강화될 필요가 있으며, 이들에 대한 적절한 안전지도가 필요하다. 또한 최근에는 유아들이 다니는 기관이나 학원 등에서 단체로 스키여행을 하는 경우도 있으므로 각별한 주의가 필요하다.

(1) 부모 및 교사의 안전수칙

- 전문가의 지도를 받도록 하고 항상 유아와 함께 한다.
- 무리한 훈련이나 수준에 맞지 않는 스키타기는 위험하다.
- 리프트를 탈 때 안전규칙을 꼭 설명하고 항상 성인이 동반한다.
- 슬로프를 타기 전에 충분한 훈련이 되었는지 점검하고 타도록 한다.
- 스키는 혼자 하는 스포츠인 동시에 다른 사람과 영향을 주고받는 스포츠이므로 항상 충돌에 주의하고, 타인을 배려하는 자세를 기르도록 지도한다.
- 슬로프 중간에 멈추어 서지 않도록 한다. 뒤에서 내려오는 사람과 충돌의 위험이 크다.

(2) 유아의 안전수칙

- 지도교사 및 부모의 지시에 따라 해야 한다.
- 불편한 점이 있거나 아플 경우에는 즉시 성인의 도움을 청한다.

• 정해진 곳에서만 타고, 가족이나 일행이 있는 곳을 벗어나서는 안 된다.
• 리프트를 탈 때 장난을 해서는 안 된다.
• 다른 사람을 방해하거나 스키를 타다가 장난을 쳐서는 안 된다.

4) 스케이트, 썰매

스케이트와 썰매는 과거 유아들의 대표적 겨울 스포츠였다. 그러나 현재는 실내 스케이트장이 있어 겨울철 외에도 언제나 이용 가능한 스포츠가 되었다. 또한 썰매는 놀이공원의 대표적 겨울놀이 프로그램으로 자리잡고 있어 유아들이 즐기는 중요한 스포츠라 할 수 있다.

그러나 위험한 것은 겨울철 강이나 언덕 등 살얼음판에서 스케이트나 썰매를 타다가 목숨을 잃는 경우가 종종 있으며, 어른의 지도 없이 유아들끼리 타다가 다치는 경우도 많다. 따라서 이와 관련된 안전수칙을 유아에게 알려주고 지키도록 해야 한다.

(1) 부모 및 교사의 안전수칙

• 항상 성인의 보호 하에 스케이트나 썰매를 타도록 한다.
• 특히 야외에서 스케이트나 썰매를 탈 때는 공식적인 장소나 유료시설 외에는 함부로 들어가지 않도록 한다.
• 안전장치, 즉 헬멧이나 무릎 및 팔보호대 등을 착용하도록 지도한다.
• 긴소매와 긴바지를 입도록 한다.
• 스케이트나 썰매, 구두 등이 안전한지 점검한다.
• 스케이트를 탄 채 빙상바닥이 아닌 곳을 다니지 않도록 한다.
• 장난을 치거나 경주를 하지 않도록 지도한다.

(2) 유아의 안전수칙

• 항상 스케이트를 타기 전에 안전한 복장이나 보호대 등을 착용하도록 한다.

- 반드시 같은 방향으로 타야 한다.
- 신발의 끈은 꼭 끝까지 매야 한다.
- 앞 사람과 적절한 거리를 유지한다. 너무 가까이에 있지 않도록 한다.
- 앞에 넘어진 사람이 있다면 우선 멈추도록 한다.
- 턱이나 벽쪽으로 세게 달리지 않는다.
- 부모나 교사의 허락이 없이는 아무 곳에서나 타지 않는다.
- 썰매를 타다 물에 빠진 사람이 있어도 절대 구하러 들어가지 않는다. 빨리 주위 어른의 도움을 청한다.
- 친구와 장난을 치거나 경쟁을 하지 않는다.

5) 롤러스케이트, 킥보드

롤러스케이트 및 킥보드 사고의 원인은 과속, 충돌 등이 대부분이다. 이러한 사고의 대부분이 골절상이다. 따라서 롤러스케이트나 킥보드를 처음 배울 때 우선 넘어지는 방법을 배워야 한다. 팔을 모으고, 옆으로 굴러 충격이 몸통, 어깨, 엉덩이 부분으로 흩어지게 하는 것이 좋다. 그러나 롤러스케이트나 킥보드 등 유아들이 즐겨 타는 기구의 안전은 무엇보다도 중요한 것이 안전하게 탈 수 있는 장소의 확보다. 따라서 유아들이 좋아하고 많은 수의 유아들이 즐기는 스포츠이긴 하나 위험성으로 인해 종종 부모와의 심리적 갈등이 많이 발생하는 스포츠이기도 한다. 반드시 안전한 장소에서 성인의 지도 하에 타도록 하는 것이 가장 중요하다.

(1) 롤러스케이트

① 부모 및 교사의 안전수칙
- 유아들이 안전하게 탈 수 있는 장소를 정해 주고, 항상 함께 한다.
- 보호대 및 복장을 점검하고 보호대는 항상 착용하는 습관을 갖도록 지도한다.
- 바퀴나 신 등이 안전한 지를 점검한다.

• 차도에서는 절대 타지 않도록 지도한다.
• 충분한 안전교육을 수시로 실시한다.

② 유아의 안전수칙
• 헬맷과 무릎 및 팔 보호대를 반드시 착용한다.
• 차도에서는 절대 타지 않는다.
• 인도에서는 다른 사람이 다치지 않도록 주의한다.
• 정해진 장소에서만 탄다.
• 타기 전 부모 및 교사의 허락을 받는다.
• 손에 무엇인가를 들고 타지 않는다.
• 자전거나 자동차 등을 잡고 타지 않는다.
• 차도를 건널 때는 반드시 벗어 들고 건너야 한다.

(2) 킥보드

① 부모 및 교사의 안전수칙
• 킥보드를 구입할 때는 반드시 안전성을 점검하고 불량품을 구입하지 않도록 주의한다.
• 반드시 정해진 장소에서만 타도록 하고, 부모 및 교사가 항상 유아를 지도·감독할 수 있어야 한다.
• 차도에서는 타지 않도록 지도하고 인도에서도 주의하도록 해야 한다.
• 킥보드를 타기 전 반드시 부모 및 교사의 허락을 받도록 한다.

② 유아의 안전수칙
• 부모 및 교사의 허락을 받고 타야 하며, 정해진 장소에서만 탄다.
• 장난을 쳐서는 안 되고 다른 사람에게 방해가 되어서는 안 된다.
• 속력을 너무 내서는 안 된다.

• 작동이 되지 않거나 이상이 발견되면 즉시 타지 말고 부모에게 이야기한다.

다음은 유아 놀이안전과 관련한 안전교육활동의 예다. 다음을 참고로 유아 놀이 안전교육을 계획할 수 있다.

[놀이안전] 구슬이 코(귀)에 들어갔어요(만 3세)

❖ **잠재위험** : 놀잇감이 몸 안에 들어갈 수 있다.
몸 안에 들어간 놀잇감을 꺼내려다 더 깊이 들어갈 수 있다.

❖ **준 비 물** : 그림자료(구슬이 코에 들어가서 우는 장면), 작은 구슬

❖ **활동방법**

〈도입〉

① 작은 구슬을 보여주며 관심을 유발한다.
- 이것이 무엇일까?
- 작은 구슬로 어떤 놀이를 할 수 있을까?

〈전개〉

① 그림자료를 보며 이야기 나누기를 한다.
- 어떤 그림일까?(친구가 울어요)
- 왜 울고 있을까?(코피 나요, 아파서요)
- 왜 이 친구가 코에 피가 날까?
- 뭐가 들어 갔나 봐요. 코를 팠어요.

② 작은 구슬이 코에 들어가서 위험한 상황을 이야기한다.
- 코나 신체에 무엇인가를 넣어서 위험했던 적이 있었니?
- 코에 작은 구슬을 넣으면 왜 안될까?
- 코에 구슬이 들어갔을 때 어떻게 해야 할까?
(혼자 꺼내려고 하지 말고 선생님께 알린다)

〈마무리〉

① 교실에 있는 작은 놀잇감에는 어떤 것이 있는지 이야기해 본다.

② 활동을 회상하며 신체에 들어갈 수 있는 작은 물체를 넣지 않기로 약속한다.

❖ **유 의 점** : 생활 속에서 발견되는 조그만 물건들에 대해 이야기 나눈 후 안전한 생활태도를 인식하도록 한다.

연구 문제

1. 유아에게 적절한 놀잇감의 조건은 무엇이며, 연령별로 적합한 놀잇감에 대해 논의해 보시오.

2. 유아교육기관의 시설 및 설비가 유아에게 적합하게 마련되기 위해서는 어떠한 노력이 필요한 지에 관해 논의해 보시오.

3. 유아들이 즐기는 스포츠에 관해 이야기하고, 교사로서 적절히 지도하는 방법에 대해 구체적으로 논의해 보시오.

제 4 장

생활환경과 안전지도

1. 교통안전
2. 화재 및 화상에 대한 안전
3. 미디어 안전
4. 동 · 식물에 대한 안전

본 장에서는 유아가 생활하는 환경을 교통, 화재, 미디어, 동·식물 등으로 구분하여 그 위험성과 안전지도의 방법에 관해 살펴보고 있다. 실제로 유아들은 이러한 생활환경 속에서 발생하는 위험에 대한 대처능력이 미숙하고 관련 지식이 부족하기 때문에 스스로를 보호할 잠재력이 성인에 비해 적다. 따라서 성인의 적절한 보호와 대처가 중요하며, 아울러 유아들에 대한 적절한 안전교육을 통해 위험을 예방하고, 사고발생시 손상이나 충격을 줄이기 위한 지도가 필요한 것이다.

1. 교통안전

우리나라는 1903년 처음으로 자동차가 한 대 도입된 이래 1985년도에 100만대 등록 후 1993년도부터는 매년 100만대씩 증가하여 1997년도에는 1,000만대로 크게 증가하였다. 2004년 2월 말 현재 전국의 자동차는 114,659,449대(10년 평균증가율 10.3%)로 인구 3명당 1대, 세대 당 1대의 자동차를 보유하게 되었다. 이제 도시 및 농촌을 불문하고 전 국민이 자동차와 기타 대중교통안전의 대상이 되었다. 따라서 운전자 본인은 물론 보행자의 안전을 위한 교통질서 확립이 무엇보다도 시급하다. 특히 교통사고의 발생률이 높은 우리나라의 경우 교통안전에 대한 교육은 예방차원에서 매우 중요한 대책이며, 특히 유아를 대상으로 하는 교통안전교육은 유아안전지도의 중요 내용이 된다. 2003년 말 기준으로 우리 유아 10만 명당 교통사고 사망자는 4.1명으로 미국 3.5명, 일본 1.3명, 영국 1.3명 등 경제협력개발기구(OECD) 회원국 평균 사망자 2.5명을 크게 웃돌고 있다(세계일보, 2005년, 11월 29일).

먼저 교통사고의 원인에 대해 살펴보면, 교통사고의 3대 요인은 사람, 자동차, 도로환경이라 할 수 있으며, 단일요인보다는 둘 이상의 복합요인에 의하여 발생한다.

첫째, 인적 요인으로 우리나라 교통사고의 99% 이상은 인적 요인에 의해 발생하고, 이 중 97%가 운전자의 교통법규 위반 및 안전운전 의식부족에 원인이 있고, 이외에 운전자의 잘못된 운전 습관이나 가정생활, 질병, 신체장애 등도 직·간접적으로 영향을 준다.

둘째, 차량요인으로 자동차의 정비불량이나 구조적 결함 등 차량 요인으로 인한 교통사고는 근래 기술의 향상으로 감소 추세에 있으나, 교통사고 시 자동차가 훼손된 상태이기 때문에 차량과 관련된 교통사고의 원인분석이 곤란한 경우가 대부분이다.

셋째, 환경요인으로 도로구조나 교통안전시설 등 운전자로서 불가항력적인 교통안전상의 미비점 및 기상상태, 즉 비, 눈, 일광에 의한 명암 상태나 도로상태도 교통사고의 원인이 되며, 또한 사회전체 및 구성원의 보편화된 안전의식이 사고발생의 주요한 요인으로 작용한다.

유아의 교통사고 발생 현황에 관해 보면, 영유아 교통사고는 오후 2시부터 6시까지 가장 많이 발생하고 있으며, 오후 4~6시는 전체사고의 30%를 차지하고 있다고 한다. 또한 부모와 자녀들의 봄나들이가 잦은 4~5월에 집중 발생하는 것으로 드러났다.

교통사고로부터 영유아를 보호하려면 안전을 최우선으로 하는 교통법규 및 정책과 운전자의 의식제고가 무엇보다 선행되어야 한다(박성옥 외, 2003).

〈표 4-1〉에서 보는 바와 같이 영유아기의 안전사고 중 가장 큰 비중을 차지하고 있는 것은 교통사고이며, 유아의 교통사고의 대부분은 보행 중(75%)에 발생하므로 교통안전교육에 대한 철저한 지도가 필요하다(임미혜 외, 2005; 통계청, 2006).

표 4-1
어린이 연령계층별 사망원인 순위

(단위 : 인구 10만명당)

연 령	1위		2위		3위		4위		5위	
1~9	운수 사고	4.9	암(악성 신생물)	3.2	익수 사고	1.9	선천 기형	1.4	추락 사고	1.0
10~19	운수 사고	4.7	자살	4.2	암(악성 신생물)	3.6	익수 사고	1.5	심장 질환	0.8

출처 : 통계청, 2005년 사망원인통계결과, 2006.

다음은 유아기에 가장 많이 나타나는 교통사고의 유형(김연진, 2007)이다. 이러한 유형들은 우리의 일상생활에서 쉽게 예방할 수 있는 사항이나, 소홀하기 쉬운 예들이기도 하다.

① 뛰어들기

6세 이하 유아의 70% 정도는 주거지역의 폭이 좁은 이면도로, 특히 보도가 없는 도로에서의 뛰어들기로 인하여 교통사고가 발생한다.

② 횡단할 때

유아들은 몸이 작기 때문에 차에 가려서 다른 차의 운전자에게 잘 보이지 않을 뿐 아니라 유아도 다른 차를 볼 수 없기 때문에 주 · 정차한 차량 바로 앞으로 건너다가 교통사고를 당하는 경우가 많다.

③ 도로상의 놀이

길거리에 주차한 자동차 근처에서 놀다가 교통사고를 당하는 경우도 10% 이상을 차지한다.

④ 보호자와 동반 시 사고

보호자가 데리고 다닐 때에 발생하는 사고도 20% 정도나 된다.

⑤ 자전거나 롤라스케이트를 탈 때

유아들이 보호자 없이 골목길이나 길거리에서 자전거나 롤라스케이트를 타다가 부주의하여 교통사고를 당하는 경우가 많다.

⑥ 자동차를 탔을 때

유아들은 아직 미숙하기 때문에 자동차를 타거나 내릴 때 충분한 주의를 기울이지 못하며, 자동차 안에서의 안전사고로 다치거나 생명을 잃는 경우도 어른에 비해 훨씬 많다.

1) 교통안전 규칙 및 지도

유아의 교통안전을 지도할 때 고려하여야 할 교통안전규칙과 지도방법에 관해 정리해 보면 다음과 같다.

(1) 승용차 탑승 안전규칙

- 승용차를 탈 때 유아들은 뒷좌석에 앉게 하며 안전벨트를 매도록 해야 한다. 유아들이 앞자리에 앉는 것은 매우 위험하므로 반드시 뒷좌석에 앉도록 한다.
- 운전자가 유아를 안고 운전하는 경우는 아이와 성인 모두에게 위험하므로 유아들은 뒷좌석에 앉도록 한다.
- 자동차 문이나 창문을 열었다 닫았다 하거나, 자동차 내 스위치로 장난하지 않도록 한다.
- 창문 밖으로 머리나 손을 내밀지 않도록 한다.
- 운전 중인 성인에게 장난을 하거나 조르지 않도록 한다.
- 승용차에서 내릴 때는 차가 완전히 멈춘 후 문 바깥을 살펴본 후 문이 닫히지 않도록 조심하면서 내린다. 내릴 때 절대 재촉하지 않도록 한다.
- 자동차 문이나 창문에 손이나 발 등이 끼이지 않도록 한다.

(2) 등 · 하원 버스 안전규칙

유아들은 유아교육기관을 등 · 하원할 때 버스를 이용하는 경우가 많다. 따라서 버스를 탈 때의 규칙은 유아들의 교통안전의 중요한 규칙이 아닐 수 없다.

- 버스는 정해진 장소에서 기다리며, 버스가 도착하기 5분 전에 미리 도착하여 여유있게 기다린다.
- 버스를 탈 때는 차례를 지키고, 천천히 순서를 기다리며 탄다.
- 버스 안에서 왔다 갔다 하지 말고 안전벨트를 하고 앉도록 한다.
- 신을 신은 채로 의자에 올라가지 않는다.
- 버스 안에서 크게 떠들거나 심하게 장난치지 않도록 한다.
- 버스 창문 밖으로 손을 내밀거나 머리를 내밀지 말며, 쓰레기를 함부로 버리지 않는다.
- 버스에서 내릴 때는 버스가 완전히 정차한 후, 교사가 내려도 좋다는 신호를 보내면 하차한다.
- 버스에서 내릴 때는 친구들과 밀지 않고 계단을 조심히 내려온다.
- 버스를 오르거나 내릴 때는 긴 옷자락이 밟히거나 버스의 계단에 넘어지지 않도록 옷자락을 잘 들고 내린다.
- 버스에서 내려 길을 건널 때는 교사가 길 건너까지 데려다 주거나 좌우 양쪽이 안전한지를 확인한 후 건너도록 한다.
- 고속버스를 이용하는 경우 반드시 안전띠를 맨다.

한편 버스를 타거나 대중교통 수단을 이용할 때 정류장에서의 주의점을 보면 다음과 같다(박성옥 외, 2003).

- 정류장은 버스나 택시를 타기 위한 장소이다. 어떤 경우에도 장난을 치며

놀지 않도록 한다.

- 정류장으로 버스가 들어올 때까지 인도 가장자리에서 기다리도록 한다.
- 차례를 꼭 지키도록 한다.
- 버스에서 내린 후에는 앞을 잘 보고 걸어가도록 한다. 만일 길을 건너야 한다면 버스가 떠날 때까지 기다리도록 한다. 그런 후 횡단보도나 육교 또는 지하도를 이용하여 길을 건너가도록 한다.
- 차가 완전히 멈춘 뒤에 차례차례 내리고 타도록 한다.
- 차에 타고 있을 때는 다른 사람에게 방해가 되는 행동을 하지 않도록 한다.

이와 함께 유아교육기관에서의 차량운행시 교사가 지켜야 할 사항은 아래와 같다.

- 차량운행시에는 반드시 교사가 동승하여야 한다.
- 유아들이 차량에 오르내릴 때 교사가 안전하게 타고 내릴 수 있도록 도와주어야 한다.
- 유아들이 차례를 지켜 오르내리도록 지도한다.
- 안전벨트를 매도록 하고, 안전벨트로 장난을 하거나 한 개의 벨트를 함께 착용하지 않도록 지도한다.
- 차 안에서는 장난치지 않도록 하고, 돌아다니거나 일어서거나 의자 위에 올라가지 않도록 한다.
- 어떤 경우든 차 안에 유아를 혼자 두지 않도록 한다.
- 차 안에는 위험한 물건이나 장난감을 두지 않도록 한다.
- 차량에서 내린 후 건널목을 건널 경우 안전하게 지나도록 함께 하여야 한다.
- 차량에서 내린 후 보호자에게까지 유아를 안전하게 인계하여야 한다.
- 하원시 보호자가 유아를 데리러 나오지 않은 경우 혼자 돌려보내지 말고, 기관에 데려와서 보호하는 것이 안전하다.
- 버스 가까이에 물건을 떨어뜨린 경우 운전자에게 말하고, 교사가 주워 주도록 한다.

영유아 교통안전과 관련한 어린이통학차량 안전관리에 관한 내용은 다음과 같다(영유아보육법 시행규칙 별표 8).

- 차량은 11인승 이상 승합자동차에 한하며 「도로교통법」 제48조4의 규정에 의하여 미리 어린이통합버스로 관할 경찰서장에게 신고하고 신고필증을 교부받아야 한다.
- 운전기사는 채용시 건강진단서를 제출하여야 한다.
- 어린이집에서 운행 중인 모든 차량에는 차량 내에 안전수칙을 부착하고, 차량용 소화기 및 구급상자를 비치하여야 하며, 차량안전점검표에 의한 안전점검을 실시하여야 한다.
- 차량운행시 보육교사 등 영유아를 보호할 수 있는 사람이 동승하여야 하고, 36개월 미만 영아를 탑승시에는 보호자가 동반하거나 보호장구를 착용하는 것을 원칙으로 한다.
- 교사와 영유아는 차량운행 시작 전 안전벨트를 착용하여야 한다.
- 운전자는 음주, 휴대폰 또는 이어폰 사용 등 운전판단 능력에 영향을 미치는 행위를 하여서는 안 된다.
- 퇴원 차량운행시 보육교사 등 차량에 동승하는 자는 영유아가 안전하게 부모 등 보호자에게 인도될 수 있도록 조치하여야 한다.

(3) 통학버스 요건

다음은 유아교육기관에서 이용할 통학버스에 대한 법적 근거는 〈표 4-2〉, 〈표 4-3〉, 〈표 4-4〉에서 참고할 수 있다.

표 4-2

어린이 통학버스 요건 규정(1)

관련조항	구 분	내 용
도로교통법 제2조16의 2	어린이 통학버스 신고대상	· 초 · 중등교육법에 의한 유치원, 초등학교, 특수학교의 자동차, 영유아보육법에 의한 어린이집의 자동차
도로교통법 시행규칙 제24조의 4	어린이 통학버스 신고요건	· 어린이 통학버스 11인승 이상의 승합자동차 · 자동차의 색상 : 황색, 뒤용 2개 · 자동차의 앞면 유리 우측상단과 뒷면 유리 중앙하단에 부착하며, 어린이 또는 유아를 태우지 않고 운행할 경우에는 뗄 수 있어야 한다. ① 바탕은 청색, 글씨는 노란색으로 한다. ② 재질은 1mm 이상의 아크릴이어야 한다. ③ 앞면 표지는 앞면 유리 우측상단에, 뒷면 표지는 뒷면 중앙하단에 각각 부착한다. · 좌석안전띠 : 어린이 신체구조에 적합하게 조절될 수 있을 것 · 통학버스 승강구 발판 높이는 제1단 : 지면에서 30cm 이하, 제2단 이상 : 바로 밑 발판에서 20cm 이하다. · 어린이 통학버스 표시등 : 자동차 앞면과 뒷면에 각각 2개의 적색 표시등과 황색표시등을 차량중심선으로부터 좌우 대칭이 되도록 설치(적색 : 바깥쪽, 황색 : 안쪽) 앞면 표시등은 앞면 창유리 위로 가능한 높게, 좌우의 높이 같도록 설치할 것 · 도로에 정지하려고 하거나 출발하려고 하는 때에는 황색표시등이 점멸되도록 하고, 차량이 정지할 때에는 적색 표시등이 점멸되도록 하되 운전자가 그것을 작동할 수 있을 것. 단, 적색표시등과 황색표시등이 동시에 점멸되어서는 안됨 · 차체 바로 앞에 있는 장애물을 확인할 수 있는 장치를 설치할 것(자동차 안전기준에 관한 규칙 제50조제2항 3호) · 종합보험에 가입되어 있을 것. 교통사고로 인한 피해를 전액 배상할 수 있는 보험업법 제5조, 제7조의 규정에 인한 보험 또는 공제에 가입되어 있을 것(도로교통법 시행규칙 제24조의 4 제2항3호) · 어린이 통학버스가 유치원 등 기관의 등록자 명의로 되어 있을 것 · 자동차 등록 원부에 있는 어린이 통학버스 신고대상시설의 등록자 명의로 등록되어 있을 것(도로교통법 시행규칙 제24조의 4 제2항4호)

표 4-3

어린이 통학버스 요건 규정(2)

관련조항	구 분	내 용
도로교통법 시행규칙 제24조의 2	어린이 통학버스 신고절차	① 법 제48조의 4 제1항의 규정에 의하여 어린이 통학버스를 운행하고자 하는 자는 제24조의 3의 규정에 의한 자동차의 요건을 갖추어 별지 제20호의 2서식의 어린이 통학버스 신고서를 법 제2조제16호의 2의 규정에 의한 시설의 소재지를 관할하는 경찰서장에게 제출하여야 한다. ② 관할 경찰서장은 제1항의 규정에 의한 신고서를 접수한 경우 구비요건을 확인한 후 기준에 적합한 때에는 별지 제20호의 3 서식의 어린이 통학버스 신고필증을 교부하여야 한다. ③ 제2항의 규정에 의하여 교부받은 어린이 통학버스 신고필증은 그 자동차의 앞면유리 우측상단의 보기 쉬운 곳에 부착하여야 한다. ④ 어린이 통학버스 신고필증을 잃어버리거나 헐어 못쓰게 된 때에는 별지 제20호의 4 서식의 어린이 통학버스 신고필증 재교부 신청서를 관할경찰서장에게 제출하여 다시 교부받아야 한다. 다만, 어린이 통학버스 신고필증이 헐어 못쓰게 되어 다시 신청하는 때에는 어린이 통학버스 신고필증을 첨부하여 제출하여야 한다. [본조신설 97. 12. 6]
도로교통법 시행규칙 제24조의 4	어린이 통학버스 신고필증 회수	제24조의 4(어린이 통학버스 신고필증의 회수)에 따르면 관할 경찰서장은 어린이 통학버스가 다음 각 호의 1에 해당하는 경우에는 신고필증을 회수하여야 한다. 1. 어린이 통학버스가 제24조의 3 제2항 제1호, 제3호 및 제4호의 규정에 의한 요건에 적합하지 아니한 경우 2. 법 제2조제16호의 2의 규정에 의한 시설이 폐쇄된 경우 3. 고장 그 밖의 사유로 인하여 어린이 통학버스로 사용할 수 없게 된 경우 [본조신설 97. 12. 6]
도로교통법 시행규칙 제48조의 4	어린이 통학버스의 신고 제1, 2항	① 어린이 통학버스를 운행하고자 하는 자는 미리 관할 경찰서장에게 신고하고 신고필증을 받아 이를 어린이 통학버스 안에 상시 비치하여야 한다. ② 제1항의 규정에 의하여 어린이 통학버스로 신고할 수 있는 자동차는 행정자치부령이 정하는 승합자동차에 한하되, 도장이나 표지, 보험가입, 소유관계 등 행정자치부령이 정하는 요건을 갖추어야 한다.

표 4-4

어린이 통학버스 요건 규정(3)

관련조항	구 분	내 용
도로교통법 제48조의 3	어린이 통학버스의 특별보호	① 어린이 통학버스가 도로에 정차하여 점멸등 등 어린이 또는 유아가 타고 내리는 중임을 표시하는 장치를 가동 중인 때에는 어린이 통학버스가 정차한 차로와 그 차로의 바로 옆 차로를 통행하는 차의 운전자는 어린이 통학버스에 이르기 전에 일시정지하여 안전을 확인한 후 서행하여야 한다. ② 제1항의 경우 중앙선이 설치되지 아니한 도로와 편도 1차로인 도로에서는 반대방향에서 진행하는 차의 운전자도 어린이 통학버스에 이르기 전에 일시정지하여 안전을 확인한 후 서행하여야 한다. ③ 어린이 통학버스가 어린이 또는 유아를 태우고 있다는 표시를 하고 도로를 통행하는 때에는 모든 차는 어린이 통학버스를 앞지르지 못한다. [본조신설 97. 8. 30]
도로교통법 제48조의 5	어린이 통학버스 운전자의 의무	① 어린이 통학버스의 운전자는 어린이 또는 유아가 타고 내리는 경우를 제외하고는 제48조의 3 제1항의 규정에 의한 장치를 가동하여서는 아니되며, 어린이 또는 유아를 태우고 운행 중인 경우를 제외하고는 제48조의 제3항의 규정에 의한 표시를 하여서는 아니된다. [본조신설 97. 8. 30]
도로교통법 제48조의 4	어린이 통학버스의 신고 제1, 2항	① 어린이 통학버스를 운행하고자 하는 자는 미리 관할경찰서장에게 신고하고 신고필증을 교부받아 이를 어린이 통학버스 안에 상시 비치하여야 한다. ② 제1항의 규정에 의하여 어린이 통학버스로 신고할 수 있는 자동차는 행정자치부령이 정하는 승합자동차에 한하되, 도장이나 표지, 보험가입, 소유관계 등 행정자치부령이 정하는 요건을 갖추어야 한다.

(4) 지하철 및 기차 탑승 안전규칙

- 안전선 안에서 반드시 기다린다.
- 반드시 성인과 함께 승차하도록 한다.
- 경보기가 울리거나 차단기가 내려져 있으면 절대로 철길 건널목에 들어가지 않도록 한다.
- 차단기가 없는 철길 건널목에서도 우선 멈춘 다음 눈으로 좌우를 살펴보고

귀로 잘 확인한 뒤 건너가도록 한다.

- 지하철을 탈 때는 철로 주변과 지하철 탑승문 사이에 발이 빠지지 않도록 조심시킨다.
- 유아들이 단체로 지하철을 이용할 때는 복잡하지 않은 시간을 택하도록 한다.
- 지하철 안의 좌석은 제한되어 있으므로 영유아들이 한꺼번에 앉지 않고 차례를 지키도록 한다.
- 기차를 탈 때 유아들이 오르고 내리는 기차의 계단에서 미끄러지지 않도록 주의시킨다.
- 창문이 열려 있을 경우, 창밖으로 손이나 머리를 내밀지 않는다.
- 문이 닫히려고 할 때에는 타지 말고 다음 열차를 기다린다.
- 지하철역 안에서도 우측 통행을 하도록 한다.
- 지하철 및 기차 바퀴가 지나가는 철로에 뛰어내리지 않도록 한다.
- 철로 주변에 오물을 버리지 않도록 한다.
- 지하철을 타고 내릴 때 보호자를 잃어버렸을 경우, 역무원이나 매점으로 가서 도움을 청한다.

(5) 승강기 탑승 안전규칙

유아들과 함께 공공장소 및 견학을 갈 때 에스컬레이터나 엘리베이터를 이용할 때가 있다. 또한 엘리베이터는 유아가 항상 이용하는 중요 시설이다. 에스컬레이터나 엘리베이터를 이용할 때 지켜야 할 몇 가지 유의사항을 살펴보면 다음과 같다.

- 에스컬레이터를 탈 때는 한 사람씩 오르도록 한다.
- 에스컬레이터를 타면서 장난하지 않도록 한다.
- 에스컬레이터를 타면서 뛰지 않도록 한다.
- 에스컬레이터의 계단에 옷자락이 끼지 않도록 주의시킨다.

- 나이 어린 영유아는 성인과 함께 에스컬레이터를 타도록 한다.
- 만 3세 이하의 유아는 되도록이면 엘리베이터를 성인과 함께 이용하도록 한다.
- 엘리베이터는 인원 초과를 하지 않도록 한다.
- 에스컬레이터를 사용할 때 난간에 발이 빠지지 않도록 한다.
- 엘리베이터의 버튼을 장난삼아 누르지 않도록 한다.
- 엘리베이터 안에서 영유아들이 뛰지 않도록 한다.

(6) 보행자 안전

한국산업안전공단(1996)이 제시한 보행자의 안전규칙과 지도사항을 살펴보면 다음과 같다.

① 등 · 하원 길의 보행안전

유아들이 걸어서 등원하는 경우 가장 안전한 코스, 즉 신호등과 건널목이 가장 적고 공사장 등 위험한 장소가 없거나 적은 곳을 선택하여 그 길만을 이용하도록 한다. 이 때 부모나 교사는 그 길이 왜 안전한지, 그 길에서 일어날 수 있는 위험이 무엇인지에 대해서도 자세히 알려 준다. 등원 시간은 충분한 시간적 여유를 갖고 다니며, 항상 다니던 길로 다닌다. 반드시 인도로 걷도록 하고, 교사의 인솔 하에 갈 때에는 뒤돌아 걷거나 장난하지 않도록 한다.

② 골목길과 주차장에서의 보행안전

좁은 골목에서 차도로 나올 때는 앞뒤, 좌우를 살펴보며 천천히 걸어 나오고, 골목에서 차도로 나올 때는 뛰지 않는다. 차가 다니는 좁은 골목에서는 차가 지나갈 때까지 기다렸다 가고, 주차장에서 차들 사이를 빠져 나갈 때에도 뛰어나가지 말고 앞뒤, 좌우를 살펴 천천히 걸어 나간다. 또한 차가 다니는 좁은 골목길이나 주차장에서 공놀이를 하거나 자전거, 롤러스케이트를 타지 않도록 한다.

③ 시간 · 상황의 변화에 따른 보행안전

시간이 늦어 어두워지면 집에 돌아와야 함을 알려주고 늦게까지 유아 혼자 다니지 않도록 한다. 비가 올 때는 모퉁이 길을 조심하고 우산보다는 노란색 비옷을 입도록 하거나, 시야를 확보할 수 있는 투명한 비닐우산을 들게 한다. 눈이 올 때는 우산을 사용하되 주위를 살펴볼 수 있도록 가방은 손에 들지 않고 등에 메며, 우산은 높이 들고 차도 가까이로 걷지 않는다. 귀마개는 추운 날씨라도 주변의 소리를 들을 수 없으므로 착용하지 않는다. 인도에서는 밝은 곳으로 다니며 평상시에 밝은 색(흰색, 노란색, 형광색 등)의 옷을 입는다. 또 자동차는 손을 들어도 항상 멈추지 않으며 멈춰 있는 차도 움직일 수 있다는 것을 이해하도록 하고 항상 차 앞쪽으로 걷도록 한다. 해가 저물면 자동차, 특히 트럭이나 승합차 뒤에서는 놀지 않아야 하며 그런 차들의 뒤를 지나갈 때에는 빨리 지나간다.

④ 신호등이 있는 횡단보도에서의 보행안전

길을 건널 때는 가능한 한 육교나 지하도, 신호등이 있는 횡단보도를 이용한다. 또한 횡단할 때는 차의 바로 앞이나 뒤, 횡단보도가 아닌 도로, 장애물 때문에 앞을 잘 볼 수 없는 곳, 정지한 자동차 사이 등을 피하여 횡단하도록 한다.

• 반드시 정면에 있는 보행자 신호를 보고 건넌다.
• 녹색 신호등이 켜지더라도 왼쪽을 보고 차가 멈춘 것을 확인한 후 건넌다. 손에 물건을 들지 않았을 때는 왼손을 들고 차가 오는 방향을 바라보면서 걷다가 중앙선의 위치를 넘으면 오른쪽을 보면서 천천히 걷도록 한다.
• 녹색 신호등으로 바뀌자마자 앞만 보고 건너가는 것은 위험하다는 것을 알려주며, 차가 오는 방향을 바라보고 차가 정차된 것을 확인하면서 건너가는 것이 안전하다는 것도 알려 준다.
• 녹색 신호가 깜빡일 때는 무리하게 건너가려고 하지 말고 다음 신호를 기다린다(건너는 시간이 모자라기 때문임을 알려 준다).
• 안전 횡단의 3원칙 '선다 → 살핀다 → 건넌다'를 반드시 지킨다.
• 도로를 횡단할 때는 뛰지 않는다.

⑤ 신호등이 없는 횡단보도에서의 보행안전

• 가까운 육교나 지하도를 이용하며 길을 건널 때는 성인을 따라 건넌다.
• 교통정리하는 사람의 신호에 따라 건넌다.
• 운전자의 얼굴을 보면서 차와 가까운 쪽의 손을 들고 건넌다.

⑥ 횡단보도가 없는 도로에서의 보행안전

• 뛰거나 서두르지 말고 운전자가 잘 보이는 위치에 서서 손을 들어 차를 멈춘다.
• 좌우를 살핀 후 차가 완전히 멈춘 것을 확인하고 천천히 걷도록 하며 건넌 다음 손을 흔들어 고마움을 표시한다.

[그림 4-1] 교통안전지도

제공: 진호유치원

(7) 유아교육기관에서의 차량관리

① 유아교육기관에서 운행하는 안전한 자동차 조건

- 법에 의해 허가받은 차량이어야 한다.
- 상비의약품이 반드시 비치되어 있어야 한다.
- 응급시 필요한 유아에 대한 정보가 담긴 기록지를 비치하여야 한다.
- 차량 안에는 안전점검사항, 수리사항, 운행상황 등을 기록하는 기록지가 비치되어 있어야 한다.
- 냉방 및 난방이 되는 차량이어야 한다.
- 비상시 연락할 수 있는 무전기나 카폰이 있어야 한다.
- 응급시 예비차량을 즉시 대치할 수 있어야 한다.
- 모든 좌석에 안전벨트가 설치되어 있어야 한다.
- 교사는 매주 차량의 청결을 점검하여야 하며, 전문가에 의한 안전점검을 받아야 한다.

교통사고 대처요령

교사는 교통사고 발생시 유아가 다쳤을 경우 다음과 같이 대처하여야 한다.

- 119번을 통해서 구급차를 부른다.
- 다친 유아를 안심시켜 주어야 한다.
- 유아의 상태를 안전하게 유지할 수 있어야 한다.
- 부모 및 가족들에게 연락하고 필요한 정보를 알려주도록 한다.
- 다치지 않거나 경미한 상처를 입은 유아들은 재빨리 대피시키고 안심시킨다.
- 경증의 증상이라도 의사의 명확한 진단을 받도록 한다.
- 간단한 처치가 필요한 유아에게 도움을 준다.

② 유아교육기관의 자동차를 운행하는 운전기사 조건

- 유아 승하차시 주의사항과 안전장치 및 비상사태시 대처방법에 대한 교육을 받아야 한다.

- 응급상황 발생시 유아를 응급처치할 수 있는 기초적인 교육을 받아야 한다.
- 운행기록방법을 익혀야 한다.
- 운전시 이어폰 사용을 금지하며, 유아를 수송하기 12시간 전부터 음주를 해서는 안 된다.
- 운전기사는 운행하는 코스에서 가장 가까운 병원의 위치와 전화번호 등을 알고 있어야 한다.

표 4-5

교통안전 수칙 안내문

교통수단 이용 안전수칙 안내문

교통사고는 늘 아무런 예고 없이 다가옵니다.

승용차 이용시, 부모님의 가정은 안전한 승객인지 아래의 내용을 한 번 체크해 보며, 가정에서도 자녀와 함께 교통수단을 이용, 안전에 대해 생각해 보는 시간을 가져 보세요.

♣ 다음은 교통수단 이용 안전수칙입니다 ♣

가족들과 교통수단 이용 안전에 대해 이야기 나누어 보세요. 잘 실천하고 있으시면 'O' 아니면 'X'를 표시해 주세요.

1. 움직이는 차 안에서 항상 앉아 있습니다. ( )
2. 아이가 차창 밖으로 팔, 다리 같은 신체의 일부를 내밀지 않도록 합니다. ( )
3. 차에 타고 있는 모든 사람에게 안전띠를 매라고 알려 줍니다. ( )
4. 유아는 항상 뒷자리에 앉습니다. ( )
5. 짧은 시간이라도 차 안에 자녀만 남겨 두고 내리지 않습니다. ( )
6. 7세 미만의 유아를 차에 태울 때에는 유아용 카시트를 꼭 사용합니다. ( )

· 모두를 다 실천하고 있다면 귀댁은 안전가족입니다.

· 1~2개 지키지 못하고 계시다면 조금만 더 가족의 안전을 생각해 주세요.

· 3~4개 지키지 못하고 계시다면 늦지 않았습니다. 이제부터라도 가족의 안전을 위해 꼭 실천해 주세요.

자료 : 서울시 용산구 C 어린이집.

2) 어린이 보호구역 설치

어린이 교통안전을 위한 대책 중 하나는 도로교통법에 의해 어린이 보호구역을 지정하고 관리하는 것이다. 현재 전국 초등학교 및 유치원 7,065개 전역을 지정하여 운영하고 있으며, 특별 및 광역시 교육감, 시 · 군교육장의 건의에 따라 관할 지방경찰청 또는 관할 경찰서장이 초등학교 주출입문을 중심으로 반경 30미터 범위 내 도로 중 일정부분을 지정, 관리하도록 하고 있다(김연진, 2007).

다음은 유아 교통안전과 관련한 안전교육활동의 예다. 다음을 참고로 유아 교통안전교육을 계획할 수 있다.

[교통안전] 차 주변은 노는 곳이 아니에요(만 2세)

❖ **잠재위험** : 차 앞, 뒤에서 놀다가 사고가 날 수 있다.
자동차 사이에서 뛰어나와 사고가 날 수 있다.
주 · 정차된 차는 언제든 움직일 위험이 있다.

❖ **준 비 물** : 교통안전 관련 그림자료

❖ **활동방법**

〈도입〉

① 자동차들이 있는 곳에서 놀았던 경험에 대해 이야기 나눈다.

〈전개〉

① 그림자료들을 보며 이야기 나눈다.

② 멈춰 있는 차는 언젠가는 반드시 움직인다는 것을 이야기해 준다.

- 차 주변에서 놀이를 하게 되면 어떻게 될까?
- 갑자기 차가 움직이게 된다면 어떻게 될까?

③ 자동차가 다니는 사이에서 놀면 사고가 일어날 수 있음을 이야기해 준다.

④ 차 밑으로 공이 들어갔을 때 대처방법을 생각해 본다.

〈마무리〉

① 차도로 나갈 때는 꼭 멈춘 후 차가 오는지 확인하고 건너가도록 한다.

② 주차장 등 차가 있는 곳에서는 놀이하지 않도록 한다.

❖ **유 의 점** : 안전한 놀이장소를 알아본다(놀이터, 공원 등).

골목길에서 큰 길로 나갈 때는 멈춘 후, 좌우를 살핀다.

※ 참고 : 교통안전 이야기나누기 그림자료.

2. 화재 및 화상에 대한 안전

우리는 간혹 유아교육기관에 다니는 유아들이 화재로 인해 생명을 잃는 사건을 접한다. 유아들을 교육하고 보육하는 기관들은 이러한 위험으로부터 유아를 보호하기 위해 화재를 예방할 수 있는 시설 · 설비를 갖추어야 할 뿐만 아니라, 정기적으로 점검을 하여야 하며, 유아 및 교사들에게 적절한 예방교육이 이루어져야 한다. 또한 캠프나 견학 등 기관 밖으로 나갈 경우, 방문하는 장소의 화재 안전조치나 상황을 정확히 파악하여야 한다.

가정 역시 화상사고가 가장 많이 발생하는 장소다. 한국소비자보호원이 유아화상사고를 분석한 결과 전체의 61%가 2살 이하의 영유아에게 집중되어 있으며, 발생장소는 69%가 가정이었다. 특히 부엌에서 발생한 경우가 39%로 가장 많았는데, 화상의 원인 중 뜨거운 물이 36%, 국 · 찌개 등 뜨거운 음식이 22%, 전기용품이 13% 등이었다. 사고발생 시간대는 오후 6시~9시인 경우가 29%로 가장 많았고, 점심 시간대가 25%이었다(한국소비자보호원, 2002).

1) 화재의 종류와 예방

화재는 겉으로 보기에는 같아 보이지만, 사실은 무엇이 타는가에 따라 몇 가지의 종류로 나뉘어진다. 바꾸어 말하면, 연료가 무엇이냐에 따라 불의 종류가 구분된다는 것인데, 이는 불을 끄는 방법과 직접적인 관계가 있으므로 꼭 알아 두어야 한다(이기숙 외, 2002 재인용).

- A형: A형 불은 우리가 쉽게 접하는 종이, 나무, 옷 등이 타는 것을 말한다. A형의 불은 그 연료가 무엇이든 재를 남기는 유형의 불을 지칭한다. 이런 유형의 불을 끄고자 할 때는 온도를 낮추는 것이 좋으므로 대개 물을 사용하여 끈다.
- B형: 석유, 휘발유 등 친화성 높은 액체 연료에 의해 발생하는 것이 B형 불이다. B형 불은 급속도로 번지는 특징이 있는데, 이 유형의 불을 끄고자 할 때는 산소를 차단시키는 것이 좋다. 따라서 범위가 작은 경우에는 담요 등을 덮어서, 범위가 큰 경우 소화기를 사용하여 불을 끈다. 물을 부으면 불꽃이 사방에 튀어 불이 번지게 되고 이는 더 큰 불을 초래하므로 절대로 물을 부어 끄지 않는다.
- C형: C형 불은 전기에 의해 발생한 불이다. 과전류가 흘러 전선이나 전기제품이 과열되거나 하나의 콘센트에 너무 많은 가전제품을 연결하여 쓸 때 발생한다. C형 불도 B형과 마찬가지로 물로 끄면 안 된다. 물은 전기를 통해 주는 도체이므로 감전의 위험이 있기 때문이다. C형이 불이 났을 때는 전원을 차단해야 하며 반드시 소화기를 이용하여 불을 꺼야 한다.

시중에 나와 있는 소화기도 불의 종류에 따라 구분되어 있다. 소화기의 종류는 크게 A형, B형, C형, ABC형의 네 가지로 나뉘어지는데, A형 소화기는 A형 불, B형 소화기는 B형 불, C형 소화기는 C형 불, ABC형 소화기는 모든 종류의 불을 다 끌 수 있는 것임을 뜻한다. 따라서 불의 종류에 따라 적절한 소화기를 선택하여야 하는데, 가정이나 유아교육기관에 비치해 두기에 적절한 것은 ABC형, 즉 다목적형 소화기다.

한편, 화재사고의 원인에 대한 조사에서는 1981년도 이후로 전기로 인한 화재가 발생순위 중 우위를 차지하고 있는데, 이는 그만큼 전기가 우리 생활에 필수불가결한 존재이지만 안전사고의 원인이 될 수 있음을 잊지 않아야 하는 사항이기도 하다. 그러므로 실생활에서 유아가 전기를 안전하게 다루고 화재시 안전하게 대피할 수 있는 기술에 대한 안전교육이 필요하다.

화재 및 화상사고는 시설물에 화재 경보기, 가스 누출 탐지기, 소화기 및 비상구 표시등을 설치하고 화재 발생시에 대한 적절한 비상대피훈련 방법을 익히도록 반복하여 경험한다면 사고로 인한 피해를 최소화할 수 있을 것이다.

개정된 소방법(2004. 5 개정)에서는 방염관리 사항이 일부 개정되어 노유자시설(영아, 어린이집, 유치원, 노인복지시설)에서 사용하는 실내장식물과 대통령령이 정하는 방염대상 물품은 방염성능 기준 이상의 것으로 설치해야 한다고 정하고 있다(임미혜 외, 2005).

위와 같은 분류 외에 화재의 종류를 일반적으로 전기 화재, 유류 화재, 가스 화재, 불장난 화재, 담뱃불 화재, 방화(放火) 등으로 구분해 볼 수 있다.

(1) 전기 화재

① 전기 화재의 원인

전기 화재의 원인은 합선에 의한 화재가 가장 많고, 그 다음이 누전, 과부하, 절연 불량, 스파크 등으로 나타나고 있다. 발화 원인은 배선불량, 전기 기구 과열, 전기 기구의 절연 불량 또는 방갈로에서의 전기 누전 등이 있다.

② 전기 화재의 예방

전기 화재를 미연에 방지하기 위해 알고 있어야 하는 유의사항을 살펴보면 다음과 같다.

- 플러그와 콘센트, 스위치를 항상 점검한다.
- 가전제품을 넘어뜨리지 않는다.
- 제품 사용 설명서를 잘 읽어 보아야 한다.
- 사용하지 않을 때는 스위치를 끄고 플러그를 뽑아 둔다.
- 가전제품은 KS마크 표시가 있는 제품을 선택하여야 한다.
- 하나의 전원에 여러 가지 가전제품을 연결하여 쓰지 않는다.
- 전열기 근처에 타기 쉬운 가연물을 두지 말아야 한다.
- 전기제품 위에는 물이 든 주전자, 물컵, 금속판 등을 올려놓지 않도록 한다.
- 덮개는 수시로 먼지를 제거한다.

(2) 유류 화재

① 유류 화재의 원인

유류는 가연성 액체로서 상온 이하의 인화점을 갖고 있어 가연성 증기를 발생시키며, 이 증기가 공기와 적절히 혼합된 상태에서 불씨와 접촉하면 쉽게 인화되어 화재가 발생하게 된다. 유류는 불이 붙으면 급격히 확산되어 소화 활동이 매우 어려우므로 항상 주의하여야 한다.

몇 가지 주요 원인을 보면 다음과 같다(박성옥 외, 2003).

- 석유난로 등 유류 기구를 과열시켜 놓고 장시간 자리를 뜨거나 하여 가연물질에 착화되는 경우
- 유류의 증기가 공기와 적당히 혼합된 상태에서 점화원과 접촉했을 경우
- 주유 중 흘린 기름이나 유류 기구에서 새어 나온 기름에 불씨가 닿을 경우
- 기타 연소기구의 전도, 가연물 낙하 등에 의한 발화 등

② 유류 화재의 예방

유류 화재의 예방을 위해 가정과 유아교육기관에서 지켜야 할 사항을 보면 다음과 같다.

- 유류 화재는 물로 소화하지 않고 모래 등으로 소화한다. 따라서 모래를 비치해 둔다.
- 열기구 가까이에 가연성 물건을 놓아서는 안 된다.
- 유류 저장소, 취급소에는 환기가 잘 되도록 하여 인화성 기체가 체류하지 않도록 한다.
- 열기구는 본래의 사용 목적 이외의 다른 용도로 사용하지 않는다.
- 난로는 점화가 된 상태에서는 기름을 넣거나 옮기지 않는다.
- 석유난로, 버너 등은 불씨를 완전히 끈 후 기름을 넣는다.
- 외출을 할 때나 잠자리에 들기 전 반드시 열기구를 점검하는 습관을 가져야 한다.

(3) 가스 화재

① 가스 화재의 원인

가스 또한 많이 사용하는 연료로 편리한 만큼 위험도 크다. 잘못 취급하면 연소 또는 폭발하기 때문에 매우 위험하며, 이러한 사고는 생명을 잃는 대형사고를 불러 올 수 있다. 그러나 가스 사고는 불량제품 및 시설로 인한 사고를 제외하면, 사람들의 취급부주의에 의한 것이 대부분이므로 안전수칙만 준수하면 문제가 없다.

② 가스 화재의 예방

가스 화재를 예방할 수 있는 방법을 살펴보면 다음과 같다.

- 사용 전 가스가 새고 있는지 냄새로 확인하도록 한다.
- 사용 후에는 콕과 중간밸브를 확실히 잠가야 하며, 외출할 때에는 밸브를 잘 잠가 두어야 한다.
- 가연성 물질은 가스레인지 가까이에 두지 않는다.
- 가스 누출 자동차단기 및 가스 경보기를 설치하고 정기적으로 점검하여야 한다.
- 화재경보기를 반드시 각 층마다 설치하여야 하며, 6개월마다 점검하여야 한다.
- 켜 놓은 상태에서 절대 이동시키지 않도록 한다.
- 가스가 샐만한 연결 부분을 비누거품 등을 발라서 가스가 새고 있는지 확인하여야 한다.
- 가스가 샐 때는 창문을 열어 환기를 시킨 후 바닥에 깔려 있는 가스를 빗자루나 방석 등을 이용하여 쓸어 내듯이 밖으로 내보내야 한다.
- 유아가 가스레인지를 함부로 만지지 않도록 한다.

(4) 불장난 화재

① 불장난 화재의 원인

유아들은 특히 불에 관심이 많다. 그리고 그 위험성에 대해 심각하게 인식하고 있지 못하다. 그러나 불장난에 의한 화재가 화재 원인 중 가장 많은 부분을 차지하고 있다. 유아의 경우 성냥을 가지고 놀다가 일어나는 경우가 가장 많으며 난롯불, 모닥불, 라이터, 전기다리미, 전자레인지, 양초, 불꽃놀이, 화약놀이, 촛불놀이, 소꿉장난 등에 의해서도 일어나고 있다(박성옥 외, 2003).

② 불장난 화재의 예방

유아들이 불장난을 하지 않도록 지도해야 할 사항을 살펴보면 다음과 같다.

• 유아들이 성냥, 라이터, 유류 등을 가지고 놀지 않도록 해야 한다.
• 불장난을 할 수 있는 위험한 물건은 유아들의 손이 닿지 않는 곳에 두어야 한다.
• 성냥, 라이터 등 위험한 물건을 발견하면 즉시 부모님이나 교사에게 알리도록 지도한다.
• 어른이 불장난 하는 모습을 보여주어서는 안 된다.
• 집, 기관이나 그 주변 및 밖에서 불을 피우거나 불장난을 하지 않도록 한다.
• 화재의 위험성에 대해 항상 인지시키고 교육한다.

(5) 담뱃불 화재

① 담뱃불 화재의 원인

담뱃불로 인한 화재 역시 전체 화재에서 차지하는 비중이 높은 편이며, 주요 원인으로는 술에 취한 채 잠자리에서 흡연하는 것, 무심코 버린 담배꽁초가 발화하는 것, 담뱃불씨를 완전히 끄지 않은 채 쓰레기통에 버리고 퇴근하여 발화하는 것 등 다양하다.

② 담뱃불 화재의 예방

담뱃불 화재를 예방하기 위한 요령은 다음과 같다.

• 인화성이 강한 물질이 있는 장소에서는 금연하고, 이러한 곳에는 '금연구역' 표지판을 붙여 놓도록 한다.
• 잠자리에서 담배를 피우지 않도록 한다.
• 담배꽁초는 아무데나 버리지 않는다.
• 흡연은 지정된 장소에서 하도록 한다.
• 담뱃불씨를 완전히 끄도록 한다.

(6) 방화(放火)

① 방화의 원인

최근 증가하고 있는 화재의 유형으로 공공안전에 대한 범죄인 방화를 들 수 있다. 방화는 의도적으로 발생하기 때문에 초기진압이 어렵고, 대형사고를 불러올 가능성도 매우 크다. 방화의 주요 원인으로는 개인의 심리 · 정서적 문제, 사회관계에서의 갈등문제, 보험과 관련된 방화 등 다양하다.

② 방화의 예방

방화를 예방하기 위한 방법을 고려해 보면 다음과 같다.

• 빈 집 또는 건물의 화재예방을 위해 소화기 설치 및 화재관련 설비를 철저히 한다.
• 주변의 수상한 행동을 하는 사람을 예의주시하고 신고하도록 한다.
• 성냥이나 라이터, 휘발유 등의 보관에 유의한다.
• 실내청소 후 내다버린 쓰레기 중 타기 쉬운 물건을 방치하지 않도록 주의한다.

2) 화재시 대처방법

화재시 적절한 대처방법은 다음과 같다.

① 화재가 난 사실을 알면 가장 먼저 할 일은 바깥으로 나오는 일이다. 만약 건물 안에 갇히게 되면 매우 위험하므로 즉시 건물 밖으로 나오도록 한다.

② 유아들 중에는 화재시 침대 밑 등에 숨는 경우가 많다. 그러나 이는 적절한 방법이 안 되므로 유아들에게는 불이 날 경우 "불이야" 하고 큰 소리를 외치며, 가장 빠른 경로를 통하여 바깥으로 나와야만 한다는 사실을 기억하도록 교육하여야 한다.

③ 건물 밖으로 피신할 때 중요한 물건이나 애완동물 등을 가지고 나오려고 애써서는 안 된다.

④ 일단 밖으로 나온 후에는 어떤 이유에서라도 다시 건물 안으로 들어가면 안 된다. 꼭 들어가야 하는 일이 있으면 소방대원에게 부탁한다.

⑤ 연기가 꽉 찬 곳에서는 코와 입을 막아 연기를 들이마시지 않도록 하며, 팔과 무릎으로 기어서 나간다. 맑은 공기는 바닥에서 30~60cm 사이에 떠 있으므로 배로 기어 나가서는 안 된다.

⑥ 방 밖에서 불이 난 경우 방문을 열고 나가기 전에 손잡이를 조금 만져 보고 뜨겁지 않으면 천천히 문을 열고 나간다. 손잡이가 뜨거우면 문 바로 바깥에 불길이 있다는 것을 의미하므로 다른 문이나 창문을 통하여 대피한다.

⑦ 대피하지 못하여 건물이나 방 안에 갇힌 경우 불길이 번져 들어오지 못하게 문을 닫고, 연기가 들어오지 못하게 문 틈새를 이불이나 옷 등으로 막은 후, 창문을 통해서 도움을 청한다. 이 때는 소방관들이 잘 볼 수 있는 밝은 색의 옷이나 수건을 사용한다.

⑧ 베란다가 있는 건물에서 불길 때문에 바깥으로 대피하지 못한 경우 베란다로 대피하고 반드시 베란다로 통하는 문을 닫아 불길이나 유독가스가 새어 나오지 못하게 한다.

⑨ 건물 바깥으로 나올 수 있는 여러 경로의 출구를 익혀 두도록 하고, 비상구의 표시를 익혀 둔다.

⑩ 엘리베이터를 타지 않는다. 정전으로 멈출 위험이 있으며, 그로 인해 유독가스에 질식될 수 있다.

⑪ 비상구의 표시등을 따라 질서있게 대피한다.

⑫ 옷에 불이 붙었을 때에는 절대로 뛰지 말고 눈과 입을 손으로 가리고 바닥에 뒹굴어 끈다.

⑬ 만약 옆 사람의 옷에 불이 붙었으면 전기에 의해서 불이 붙은 경우를 제외하고는 바닥에 눕히고 물을 부어서 끈다.

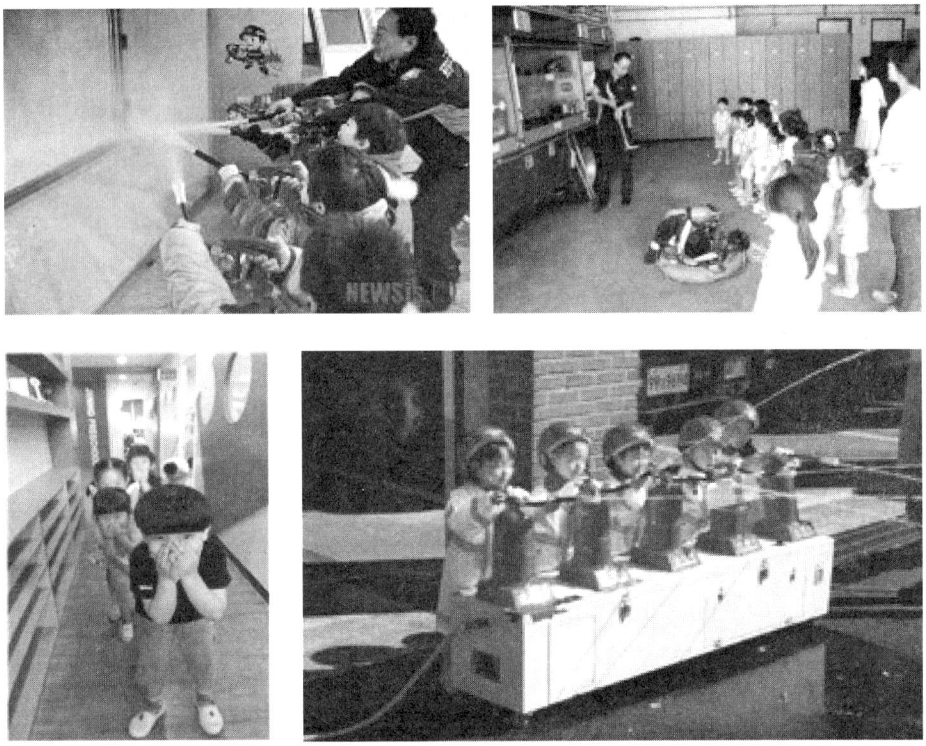

[그림 4-2] 소방안전교육

제공 : 진호유치원

3) 소화기의 사용방법

화재시 작은 불은 물이나 모래, 담요 등을 이용해서 끌 수도 있다. 그러나 기름이나 전기에 의한 화재이거나 불길이 커지기 시작한 경우에는 소화기를 사용해야 한다. 그러므로 가정이나 유아교육기관에 소화기를 비치해 두고 소화기 사용법에 대해 숙지해야 한다.

먼저, 소화되는 원리는 다음과 같다.

(1) 가연물의 제거

불이 다른 곳에 옮겨 붙거나 번지는 것을 차단하는 것을 말한다. 화재현장 주위의 물체를 치우거나 다른 곳으로 옮겨야 하며, 산불이 났을 때 주위의 나무나 풀을 잘라 내는 것이나 석유난로에 연결된 호스의 안전장치를 잠그는 것은 연료를 제거하여 불을 끄는 방법이다.

(2) 냉각소화

불타고 있는 물체의 온도를 떨어뜨리기 위해서 물을 끼얹어 열을 제거해 버리는 방법이다. 물이 수증기를 변하면서 흡수하는 열량은 다른 소화약제보다 10배에 가까운 효과를 지니고 있다. 그러나 유류 화재, 전기 화재, 화공약품과 같은 화재는 물을 사용해서는 안 된다.

(3) 산소의 차단

화재시 산소의 공급을 차단하여 불이 꺼지게 하는 방법으로 '질식에 의한 소화'라고도 한다. 부대에 담긴 모래나 담요 그리고 소화기를 사용하여 산소의 공급을 막으면 불은 꺼지게 된다. 유류나 전기 화재시 이러한 방법으로 불을 꺼야 한다.

소화기 사용과 관련해서는 다음과 같은 원칙들이 있다(이기숙 외, 2002; 한국산업안전공단, 1996).

① 가스레인지나 석유난로 등과 같이 기름에 의해서 불이 났거나, 전기에 의해서 불이 난 경우, 또 그 이외의 원인에 의해서 불이 난 경우라도 불길이 커졌거나 빠른 속도로 불길이 번지는 경우 등에는 소화기를 사용하여 불을 꺼야 한다는 것을 이해한다.

② 소화기는 잘 보이는 곳, 잘 꺼낼 수 있는 곳, 그늘진 곳, 습기가 없는 곳에 보관해야 한다. 소화기는 여러 개를 묶어 두지 않아야 하며, 사용 후에는 반드시 재충전하고 한 달에 한 번 이상 점검을 해야 한다.

③ 평소에 소화기를 가지고 장난하지 않아야 하며, 소화기는 항상 있던 자리에서 옮기지 않아야 한다.

④ 소화기는 어떤 종류의 불이나 끌 수 있는 것(ABC로 표기한 것)과 불의 종류에 따라 구분되어 있는 것도 있다(A : 나무, 옷, 종이에 의한 화재용, B : 휘발유, 페인트 등에 의한 화재용, C : 전기에 의한 화재용). 따라서 소화기를 선택하거나 사용할 때에는 다목적용을 고르는 것이 가장 좋다.

⑤ 소화기는 가정의 경우 부엌과 각 층에 하나씩 비치해야 하며, 유아교육기관의 경우 부엌과 각 교실에 하나씩 비치해야 한다.

⑥ 교사는 소화기의 사용법을 반드시 알고 있어야 하는데, 소화기의 사용법은 그림과 같다.

[그림 4-3] 소화기 사용법

4) 화재 신고하기

올바른 화재 신고에 관하여 알고 있어야 할 사항은 다음과 같다.

① 불이 나면 119에 전화로 신고해야 한다.
② 신고시에는 불이 난 곳의 위치를 정확하게 알려 준다.
③ 현재의 화재 상황에 대해 구체적으로 알려 준다.
④ 소방서에서 불이 난 곳의 소재를 파악하여 알았다고 할 때까지 전화를 끊지 않는다.
⑤ 공중전화의 경우 긴급통화용 빨간색 단추를 누르면 동전 없이 화재 신고가 가능하다.

5) 화재 대피훈련

유아교육기관에서는 화재안전을 예방하기 위하여 대피훈련을 실시하게 된다. 이 때 유아들에게 알려주어야 하는 내용과 원칙은 다음과 같다.

① 대피훈련의 중요성을 먼저 설명한다.
② 화재경보기 소리를 식별하도록 해 준다.
③ 화재발생시 유아가 함께 대피하지 못하는 경우를 대비하여 바깥에서 모이는 장소를 평소에 정해 두고 화재가 나면 즉시 그 장소로 가야 한다는 것을 알려 준다. 그리고 이를 상기시킨다.
④ 화재경보기가 울리면 재빨리 하던 것을 멈추고 교사에게로 간다.
⑤ 화재경보기가 울리면 교사의 지시대로 신속하게 움직인다.
⑥ 자기 소지품이나 옷 등을 챙기려 하지 않는다.
⑦ 만약 건물 밖에 있었다면 그대로 바깥에 있으면서 평소에 모이기로 약속해

둔 장소로 간다.

⑧ 대피훈련을 할 때에는 장난을 치지 않는다.

6) 화상의 종류와 예방

(1) 화상의 종류

화상이란 뜨거운 열, 액체, 증기, 화학물질, 햇볕, 전기 등에 피부가 노출되어 손상을 입는 것을 말한다. 화상의 종류와 원인에 대해 살펴보면 다음과 같다.

① 원인에 따른 화상의 분류

- **열에 의한 화상** : 뜨거운 물, 열, 증기, 햇볕 등에 의한 화상
- **화학약품에 의한 화상** : 부식성 화학물질에 의한 화상
- **전기에 의한 화상** : 과전류에 의한 화상

② 전도에 따른 화상의 분류(손상을 입은 부위의 깊이에 따른 분류)

- **1도 화상** : 피부가 빨갛게 붓고 화끈거린다.
- **2도 화상** : 피부가 빨갛게 붓고 물집이 생긴다.
- **3도 화상** : 피하조직과 신경까지 손상되어 피부가 말라 쪼그라든다.

(2) 화상의 예방

① 열에 의한 화상

화상 중 유아에게 가장 많이 발생하는 것은 열에 의한 화상으로 햇빛, 불, 뜨거운 액체나 기체 등에 살갗이 직접 접촉했을 때 발생한다. 열에 의한 화상을 예방하기 위한 유아들의 안전수칙에 관해 살펴보면 다음과 같다.

- 뜨거운 그릇이나 음식은 유아의 손이 닿지 않는 곳에 두고 만지지 않도록 주의시킨다.

- 뜨거운 음식을 담은 그릇이나 냄비의 손잡이는 반드시 안쪽으로 향하게 둔다.
- 정수기 사용시 더운 물을 만지지 않도록 유아들을 조심시키고, 되도록이면 더운물의 온도를 조절하여 화상의 위험을 없앤다.
- 목욕물은 찬물을 먼저 받아 두고, 그 다음에 더운물을 받아 적절한 온도(43도 이하)를 맞춘다.
- 유아를 절대로 욕실에 혼자 두지 않는다.
- 전기밥솥 가까이에 가지 않도록 하고, 김이 나는 곳을 만지거나 밥솥 뚜껑을 함부로 열지 않도록 주의한다.
- 전자레인지에서 데운 음식 그릇을 함부로 만지지 않는다.
- 식탁보는 되도록이면 사용하지 않는다. 만약 식탁보를 사용해야 하는 경우라면 유아가 식탁보를 절대 잡아당기지 않도록 한다.
- 난로나 다리미 등 열을 발생하는 가전제품은 만지지 않도록 하고, 가까이 가지 않으며, 근처에서는 장난을 하면 안 된다.
- 성냥, 라이터, 촛불을 가지고 장난하지 않으며, 만지지 말아야 하며, 발견시에는 반드시 어른에게 알린다.
- 여름철에는 햇빛에 의한 화상에 대비하여 더운 낮 시간에는 밖에 나가 장시간 노는 것을 삼가야 하며, 놀이터의 놀이기구 중 스테인리스로 만든 미끄럼틀 등은 화상을 입을 수 있으므로 주의해서 이용한다.

열에 의한 화상시 응급처치법은 다음과 같다.
- 열을 제거한다.
- 화상부위를 찬물로 식힌다.
- 호흡을 점검한다. 지혈시킨다.
- 살균붕대나 깨끗한 천으로 화상부위를 덮는다.
- 체온을 유지시키고 환자를 가까운 병원으로 이송한다.
- 심한 화상부위에는 오일, 연고 등을 바르지 않는다.
- 햇빛에 의한 화상도 찬물로 식힌다.

② 전기에 의한 화상

우리의 일상생활은 전기가 없으면 안 될 정도로 전기에의 의존도가 매우 크다. 전기는 안전하게 사용할 수 있으나, 감전사고와 같이 치명적인 결과를 가져올 수도 있는 위험한 에너지원이기도 하다. 전기에 의한 화상을 예방하기 위한 안전 수칙은 다음과 같다.

- 젖은 손으로 전기용품, 전깃줄 등을 만지지 않는다.
- 가전제품이나 전깃줄, 전기용품 등으로 장난하지 않는다.
- 전기용품을 사용하다가 물에 떨어뜨렸을 때에는 플러그를 먼저 뽑고 나무집게 등의 절연체를 이용하여 건져 낸다.
- 벗겨진 전선은 손으로 만지지 않는다.
- 전원에 열쇠나 핀 등의 쇠붙이를 꽂거나 젖은 손으로 전원을 만지지 않는다.
- 전원은 뚜껑을 덮어 두는 것이 좋다.
- 물기가 많은 욕실에서는 헤어드라이어 등의 전기용품을 사용하지 않으며, 비데 등의 사용은 각별히 주의하도록 한다.
- 플러그를 꽂거나 뺄 때에는 전깃줄을 잡지 말고 반드시 플러그를 잡고 꽂거나 뺀다.
- 정기적인 점검을 통해 사고를 예방한다.

전기에 의한 화상시 대처방법은 다음과 같다.

- 플러그를 뽑거나 전류를 차단한다.
- 전기와 접촉된 상태의 사람은 만지지 않는다.
- 반드시 의사의 검진을 받도록 한다.
- 호흡을 점검하고, 체온을 유지시키며, 화상부위를 천으로 덮고 병원으로 이송한다. 다음은 유아 화재안전과 관련한 안전교육활동의 예다. 다음을 참고로 유아 화재안전교육을 계획할 수 있다.

[화재 안전]

화재 안전수칙 알기(만 4, 5세)

❖ **잠재위험** : 화재시 안전수칙에 대해 안다.

❖ **준 비 물** : 불이 난 여러 가지 상황 그림, 불이 난 장면의 자료사진

❖ **활동방법**

〈도입〉

① 화재가 날 수 있는 여러 가지 상황에 대해 이야기한다(담뱃불을 잘 끄지 않았을 때, 다리미를 끄지 않은 채 옷 위에 올려 두었을 때, 성냥이나 라이터로 장난했을 때, 촛불을 켜고 잠이 들었을 때, 모닥불이나 산불, 방화로 인한 사고 등).

② 뉴스에 소개된 정도의 큰 불도 있지만, 우리 주변에서도 크고 작은 화재의 위험이 있음을 이야기한다.

③ 실제 경험해 본 적이 있는 유아는 발표하도록 한다.

- 엄마가 행주로 냄비를 잡다가 행주에 불이 붙었어요.
- 김을 구울 때 김에 불이 붙었어요.

〈전개〉

① 화재시 안전수칙에 대해 이야기 나눈다.

- 교사나 어른의 지시에 따르며 소지품을 챙기지 않으며, 신발을 신지 말고 빨리 밖으로 대피한다.
- 불이 났을 때는 엘리베이터를 타지 않는다.
- 미처 빠져 나가지 못했을 때에는 창가에서 수건이나 옷을 흔든다.
- 연기가 날 때 수건이나 옷에 물을 적셔서 코에 대고 숨을 쉰다.
- 옷에 불이 붙을 땐 '멈춘다 - 엎드린다 - 구른다' 방법으로 대처한다.

〈마무리〉

① http://119fire.co.kr(불이 나는 상황) 등의 동영상을 보고 정리한다.

3. 미디어 안전

미디어는 현대사회에서는 없어서는 안 되는 생활의 필수품이 되었다. 오락과 여가를 위해, 교육이나 직업을 위해, 또는 생활의 정보와 인간 간의 교류를 위해서 등 그 용도는 매우 다양하다. 특히 자라는 유아들에게 미디어가 미치는 영향력은 절대적이다. 따라서 미디어가 지닌 순기능 외에 역기능적 요소를 최대한 통제하고 유아들에게 교육적인 효과를 갖도록 하기 위해서는 미디어를 어떻게 활용할 것이며, 미디어의 사용을 어떻게 지도할 것인가에 대해 고민하여야 한다.

여기서는 TV와 비디오, 컴퓨터와 인터넷 환경이 유아에게 미치는 영향과 이를 안전하고 교육적으로 활용할 수 있는 방안을 모색해 보도록 한다.

1) TV와 비디오

TV와 비디오는 성인은 물론 유아들의 생활에 없어서는 안 되는 중요한 일부가 되고 있다. 유아를 돌보는 베이비시터의 기능은 물론, 유아용 학습자료의 활용이 TV와 비디오를 통해 많이 이루어지고 있으므로, 이러한 매체가 지닌 순기능과 역기능을 알고 적절히 지도하는 것만이 최선의 방법이다. 뿐만 아니라 TV와 비디오는 유아의 건강을 해치는 안전사고의 원인이 될 수도 있으므로, 부모와 교사 등 유아를 돌보는 성인은 항상 유의사항을 인식하고 있어야 한다.

(1) TV와 비디오 시청방법

박성옥 외(2003)가 제시한 TV와 비디오의 바람직한 시청방법을 참고로 유아지도시 유의사항을 제시하면 다음과 같다.

① 화면에서 적당한 거리에 앉아 시청하도록 한다. 너무 가깝거나 멀리 앉으면 화면이 잘 보이지 않을 뿐 아니라 눈과 목의 피로가 생기며, 전자파로 인한 피로도 증가시킨다. 작은 화면인 경우에는 최소한 화면 크기의 3.5배, 20인치 이상인 경우에는 3.7~4배 정도 떨어져 앉도록 한다.

② 화면을 15° 정도 내려다 볼 수 있게 한다. 너무 높게 올려다 보면 눈의 피로와 자세 및 목 등에 무리가 오게 하므로 가장 편하게 앉은 자세에서 약 15℃ 정도 내려 볼 수 있는 곳에 TV 화면을 놓이게 하는 것이 좋다.

③ 일상적인 조명 아래에서 시청한다. 방 안의 전등을 모두 끄고 보는 것은 눈의 피로를 가중시키므로 피해야 하며, 직사광선이 직접 비치지 않게 배치하거나 창문에서 햇빛이 직접 비치는 시간대에 시청할 경우에는 커튼을 치는 것이 바람직하다.

④ TV나 비디오를 볼 때 간식을 주는 것은 식습관 형성에 좋지 않으며, 비만의 원인이 될 수 있다.

(2) TV와 비디오 시청지도

바람직한 TV 및 비디오 시청지도를 정리해 보면 다음과 같다.

① 유아와 함께 시청기간과 프로그램을 정하고 지키도록 한다. 하루에 1~2시간을 넘지 않는 것이 좋다.

② 유아와 함께 시청한다. 유아와 함께 시청하면서 언어적 상호작용을 활발히 한다. 단순히 TV를 베이비시터로 활용하지 않고 능동적으로 활용할 수 있어야 한다.

③ 함께 본 내용에 대하여 이야기 나눈다. 유아와 함께 본 내용에 대해 대화를 나누고, 유아의 지식과 태도의 형성에 도움이 되는 내용에 대해서는 아동들의

의견을 들으면서 자연스럽게 교육이 이루어지도록 할 수 있다.

④ 좋은 모델이 되도록 한다. 부모 및 교사 자신도 매우 사려 깊게 시청할 프로그램을 선택하고, 시청시간을 자율적으로 제한하는 모습을 보인다. 또한 유아에게 부적절한 프로그램은 아동이 있는 경우 시청을 자제한다.

⑤ 유아에게 무조건 보지 말라고 강요하기보다는 금지하는 프로그램에 대한 적절한 이유를 설명하고 아이와 함께 이야기를 나누도록 한다.

⑥ 식사시간이나 대화시간에는 켜지 않도록 한다.

2) 컴퓨터

컴퓨터는 TV와 비디오 못지않게 유아에게 매우 중요한 영향을 미치는 매체가 되고 있다. 이제 컴퓨터는 아주 어린 시기부터 인간의 생활 속에 깊숙이 자리하고 있어 우리 생활의 일부가 되어 버렸다. 따라서 컴퓨터의 사용은 현대인의 삶에 필수이지만 그 폐해는 또한 매우 크다. 각종 사회문제의 온상이 되고 유아들의 건전한 놀이문화의 발달과 정서 및 인지발달에 부정적인 영향을 줄 수 있으며, 중독과 같은 심각한 문제를 유발시키고 있는 상황이다. 따라서 유아기부터 컴퓨터를 올바르게 사용하고 활용하는 방법과 태도를 익히도록 한다면 컴퓨터가 주는 생활의 편리함을 적절히 활용할 수 있을 것이다.

(1) 컴퓨터의 바람직한 사용방법

유아가 컴퓨터를 활용하는 이유는 크게 ① 학습을 위한 도구, ② 게임도구, ③ 교사나 또래와의 대화도구로 구분할 수 있다. 그러나 최근 컴퓨터나 인터넷에 대한 유아교육 전문가들의 견해를 종합해 보면, 너무 이른 시기에 컴퓨터에 노출시키게 되면 유아의 발달에 부정적 영향을 준다는 사실에 의견이 일치되고 있다.

아동청소년으로 성장하는 과정에서 인터넷 사용과 관련해 중독성향이 보이는 비중이 증가하면서 바른 컴퓨터 이용에 대한 예방교육의 중요성이 대두되고 있다.

영유아를 위한 바람직한 컴퓨터 사용방법의 내용은 다음과 같다.

① 발달에 적합한 교육프로그램 활용

교사, 부모, 유아를 대상으로 하는 다양한 정보 중 유익한 것만을 선택하여 활용할 수 있어야 한다. 인터넷은 많은 정보를 검색할 수 있도록 하나, 그 중에서 유익한 정보를 활용하는 능력은 더욱 중요하다.

② 컴퓨터 활용에 대한 적절한 교육

교사는 부모나 유아를 대상으로 컴퓨터 활용에 대한 적절한 교육을 통해 유아로 하여금 스스로 통제하는 능력을 기르고, 컴퓨터의 장 · 단점을 이해하도록 하여야 한다.

③ 규제 및 감시활동에 대한 이해

교사 및 부모는 유아를 보호하기 위해 제정되거나 운영 중인 법적 규제나 인터넷 등급제, 민간 자율감시 단체활동 등에 대한 정보를 알고 있어야 하며, 이를 유아교육현장에서 활용할 수 있어야 한다.

(2) 컴퓨터와 인터넷 안전지도

교사 및 부모 등 유아의 보호자와 교육자가 유아를 대상으로 미디어 안전교육을 실시할 시 다음과 같은 사항들을 고려해야 한다.

① 유아에게 적합한 소프트웨어를 선택하여 제공하도록 한다.

② 온라인상에서 개인에 대한 정보를 제공하지 않는다. 유아의 진짜 이름 대신 별명이나 비밀번호와 같은 이름을 지어 사용한다.

③ 온라인상의 정보를 믿지는 않는다. 많은 정보를 얻을 수는 있으나 그로 인한 정보들이 모두 옳은 것은 아니며, 잘못된 정보 혹은 왜곡된 정보일 수도

있음을 인지하도록 한다.

④ 모르는 사람으로부터 파일을 내려받지 않는다. 좋지 못한 내용의 편지나 바이러스 등 문제성 전자우편이 많으므로 어른과 상의하지 않고 함부로 열거나 내려받지 않는다. 그리고 이를 다시 친구들에게 보내지 않도록 한다.

⑤ 항상 건전하고 바른말을 사용하도록 한다. 욕설, 은어, 마음을 상하게 하는 말 등은 사용하지 않도록 한다. 인터넷상의 기본예절을 지키도록 해야 한다.

⑥ 이상한 사이트를 보게 되면 어른에게 이야기하고 얼른 나오도록 한다.

⑦ 부모나 교사 등 어른의 지도에 따르도록 한다. 정해진 시간이나 장소에서 정해진 사이트를 이용하도록 한다.

4. 동 · 식물에 대한 안전

유아들은 성인과 달리 면역력도 떨어지며, 개나 고양이와 같은 동물들을 어떻게 다루는지, 위험한 동물들을 만났을 때 대처하는 방법이 부족하다. 이는 성인도 마찬가지일 수 있으나, 유아는 물리력이 약하므로 간혹 위험한 상황에 노출되기도 한다. 또한 독성이 있는 식물에 대한 기초지식과 대처방법이 미숙하다. 특히 최근에는 애완동물들의 종류가 다양해지고 있고, 희귀식물에의 노출 가능성도 높기 때문에 동 · 식물에 대한 안전지도가 더욱 필요하다.

1) 동물에 대한 안전

(1) 개에 대한 안전

개에게 공격을 당했을 경우 물린 상처도 심각할 수 있지만 위험한 것은 광견병에 걸릴 수 있다는 것이다. 따라서 집에서 기르는 개라고 하더라도 물릴 수 있으며, 사람에게 위험할 수 있음을 인식하는 것이 중요하며, 적절한 대처요령을 알고 있어야 할 것이다. 특히, 최근 들어 많은 가정에서 애완용으로 기르는 크고 작은 개들이 유아들에게 쉽게 노출되고 있는 상황이므로 각별한 수의가 필요하다. 개에 대한 안전지식은 곧 동물에 대한 올바른 지식과 태도를 기르는 데 기본이 되는 사항이다.

① 낯선 개에 대한 안전

낯선 개에 대한 안전지도의 사항을 정리해 보면 다음과 같다.

- 낯선 개에게는 묶여 있는 개라도 다가가지 않는 것이 좋으며, 특히 먹을 것을 가지고 개 가까이 가지 않는다.
- 낯선 개의 주위에서는 뛰지 않는다.
- 밥 먹는 개는 절대 만지지 않는다.
- 어떠한 종류의 물건으로라도 절대로 개를 약 올리지 않는다.
- 만약 개가 공격적이지 않은 태도로 다가오면 움직이지 않고 가만히 서 있는다. 소리를 지르거나, 공격하는 자세를 취하거나, 등을 보이고 달아나면 개에게 공격당할 수 있으므로 가만히 있어야 한다.
- 낯선 개를 피하는 방법은 천천히 뒷걸음질쳐서 개에서 떨어지는 것과, 가까운 곳의 자동차 안이나 가게, 집 등으로 들어가 도움을 청하는 방법이다.
- 만약 개 앞에서 넘어지게 되면 몸을 둥글게 구부리고 손으로 목과 머리를 감싼다.
- 개에게 물리게 되면 작은 상처라고 즉시 주위 어른에게 알리고 도움을 받도록 한다.

② 집에서 기르는 개에 대한 안전

자신의 집에서 기르는 개라고 하더라도 각별한 주의와 관리가 필요하다. 특히 어린 유아가 있는 가정은 더욱 그러하다. 아주 어린 영아가 있는 가정은 되도록이면 개를 키우는 일을 영아가 어느 정도 성장한 이후로 미루는 것이 바람직하다. 집에서 기르는 개에 대한 안전지도 사항은 다음과 같다.

- 아이와 개가 한 방에서 잠을 자는 것은 질병이나 기생충의 감염 가능성과 개에게 눌려 질식사 할 수 있는 등의 위험이 있으므로 삼가야 한다.
- 집에서 기르는 개라 하더라도 공격적인 본능은 있으므로, 아이에게 개를 적절하게 다루는 방법을 알려주고 항상 성인의 지도·감독이 필요하다.
- 가족 중 개의 털에 대한 알레르기가 있는 경우 개를 키우는 것은 바람직하지 않다.
- 목욕을 자주시켜 청결을 유지하도록 한다.
- 정기적으로 의료적 검진을 통해 감염이나 질병을 예방하여야 한다.
- 배설물 처리를 잘해서 청결을 유지하도록 한다.

(2) 실내에서 사육하는 동물에 대한 안전

최근들어 유아교육기관이나 가정에서 파충류나 다람쥐나 햄스터, 거북이, 뉴우기니아 피그 등 작은 동물을 사육하는 경우가 증가하고 있다. 그리고 유아들이 집에서 기르던 이러한 동물을 며칠간 유아교육기관에 데리고 와 관찰하게 하는 경우가 증가하고 있다. 그러나 이러한 동물 사육의 경험이 유아들의 정서나 인지발달에 도움이 될 수 있으나 반면, 질병 및 사고의 위험도 함께 지니고 있다. 따라서 이들에 대한 적절한 지도가 필요하다.

- 동물에 대한 알레르기가 있는 유아들이 있는지 조사하고, 한 명이라도 있다면 기관에서 기르는 것은 피해야 한다.
- 집에서 기르는 동물을 잠시 데리고 오는 경우 그 동물이 건강한지, 예방주사는 접종하였는지 등을 확인하여야 한다.

- 질병을 옮기는 경우가 많은 동물, 예를 들어 새나 거북이 등은 관찰대상 동물로는 적절치 않다.
- 만약 동물들을 기른다면, 청결한 관리와 적절한 의료적 처치를 통해 유아들에게 해가 되지 않도록 해야 한다.

(3) 곤충에 대한 안전

곤충은 파리나 모기를 비롯하여 벌 등 실내·외의 유아놀이 공간에서 쉽게 접하는 것으로, 가려움이나 상처는 물론 심각한 경우 생명을 잃는 경우까지 다양한 위험이 존재한다. 따라서 이에 대한 안전지도 사항은 다음과 같다.

- 아무 곤충이나 직접 만지지 않는다.
- 벌이 가까이 날아오면 손이나 팔을 저어 쫓지 않는다. 가만히 있거나 몸을 조금씩 움직여 다른 곳으로 피해 간다.
- 야외에서는 벌이 좋아해서 날아들 수 있는 단음식(특히 사이다나 콜라와 같은 청량음료)은 되도록 먹지 않는다.
- 야외에 나갈 때에는 가능하면 긴소매 옷, 긴바지를 입는다.
- 캠프를 갈 경우 주변에 먹을 것을 두지 않아야 하며, 둘 경우에는 잘 포장하여 보관한다.
- 여름이나 초가을에 야외활동을 할 때에는 모기가 왕성하게 활동하는 초저녁 무렵을 피하는 것이 좋으며, 몸에 약을 바르거나 모기향을 피워 둔다.

(4) 기타 동물에 대한 안전

유아교육기관에서는 유아의 교육을 위해 실제 동물을 기르는 경우도 있다. 그리고 소풍이나 견학 및 바깥놀이를 통해 유아들이 쉽게 동물들과 접하고 있다. 따라서 이에 관한 안전지도가 필요하다. 그 주요 내용은 다음과 같다.

- 유아교육기관에서 기르는 동물이나 야외에서 만나는 동물들에게 너무 가까이 가지 말고 필요 이상 만지지 말아야 한다.
- 동물에게 유아가 직접 먹이를 주는 것은 제한해야 하며, 필요한 경우라면 교사나 부모가 지켜보면서 주게 한다.
- 야외에 나갈 때에는 되도록 긴소매 옷, 긴바지를 입고 반드시 양말을 신게 한다. 특히 산이나 숲으로 나갈 때는 뱀 등의 위험한 동물에 노출될 위험이 있으므로 목이 긴 운동화를 신도록 한다.
- 야외에 나갔을 때는 유아가 혼자 돌아다니지 않도록 해야 하며 항상 성인이 함께 하도록 한다.

2) 식물에 대한 안전

유아들은 자주 식물에 접한다. 나무, 꽃, 풀 등 우리 주변의 식물에 항상 노출되어 있다. 그러나 이러한 식물 중에는 인체에 해로운 독을 가진 것들이 있으며, 잘못 먹었을 경우 치명적일 수도 있다. 따라서 가정이나 유아교육기관에서 식물을 기를 때, 혹은 야외에 나갈 때 항상 주의를 기울이지 않으면 안 된다. 유아의 안전 분야 중 가장 소홀히 다루어질 수 있는 분야이면서도 종종 식물과 관련된 사고가 발생하기도 하므로 각별한 주의가 필요하다.

숲이나 야산에 가면 몸이 붓고 발진이 생기는 옻나무류도 있으며, 모양과 색이 예쁜 열매와 버섯류가 있어 먹었을 때 생명에 심각한 위해를 끼치는 것도 있다. 특히 가시나 바늘로 자신을 방어할 수 있도록 되어 있는 식물들은 사람의 피부를 자극하거나 위해하는 독성을 가지고 있는 경우가 많으므로 주의해야 한다. 따라서 유아들과 함께 숲이나 산으로 갈 경우에는 평소 교육을 통해 이러한 식물들을 함부로 만지거나 먹지 못하게 하여야 하며, 만약 이러한 식물로 인해 상처를 입거나 먹었을 경우에는 의심되는 식물을 가지고 병원으로 가서 적절한 치료를 받을 수 있어야 한다. 또한 이러한 식물에 대한 기초지식을 유아들에게 알려줌으로써 유아 스스로 자신의 안전을 지킬 수 있도록 해야 한다. 식물과 관련하여 다음과 같은 안전지도 사항을 지켜야 할 것이다.

- 유아교육기관이나 가정에는 독성이 있는 식물을 두지 말아야 한다.
- 유아들에게 식물의 잎이나 줄기 등을 빨거나 먹어서는 안 된다는 것을 알려 준다.
- 독성이 없는 식물이라도 유아들이 쉽게 만지거나, 직접 닿을 수 없는 곳에 둔다.
- 야외에 나갔을 때 유아가 아무 열매나 따먹지 않도록 하고, 특히 색이 예쁜 버섯 종류는 만지지 않도록 한다.
- 야외에 나갔을 때는 아무 곳에나 앉지 않도록 하며, 깔개를 깔고 앉도록 지도 한다.
- 식물에 의해 사고가 발생하면 취하여야 할 응급처치방법에 대해 알아 둔다.
- 만약 식물에 의한 중독사고가 일어나면 유아가 먹었을 것이라고 추정되는 식물을 함께 병원에 가지고 간다.
- 식물명을 알고 있거나 인체에 해로운 식물에 대한 기초지식을 갖고 있다면 유아들의 지도와 교육에 도움이 될 수 있을 것이다.
- 독성식물에 접촉된 피부는 즉시 비누와 물로 닦아 내야 한다.

유아들에게 가까이에서 기를 수 있는 독성이 없는 식물들로는 소나무, 라일락, 대추야자나무, 층층나무, 작은 잎 고무나무, 베튜니아, 유까, 아프리칸 바이올렛, 베고니아, 다알리아, 들국화, 민들레 등이 있다. 우리가 잘 알고 있지 않지만, 식물 중에는 독성이 있는 식물이 많다. 식물의 모든 부분 또는 특정한 부분에 독성을 지니고 있어 먹거나 빨았을 때 치명적인 영향을 미치기도 한다(이기숙 외, 2002).

[애완동물] 개를 안전하게 키워요(만 4, 5세)

❖ **잠재위험** : 개의 특징을 알고, 위험한 일이 생기면 대처할 수 있는 방법을 알 수 있다.

❖ **준 비 물** : A4용지 또는 도화지

❖ **활동방법**

〈도입〉

① 개의 생김새나 특징에 대해 이야기를 나눈다.

- 개는 어떻게 생겼니?
- 개는 성질이 어떠니?
- 만약 개가 화가 나면 어떻게 달라지니?

〈전개〉

① 우리가 개를 안전하게 키울 수 있는 방법을 써 보자.

개를 안전하게 키워요	
종 류	
키우고 싶은 이유	
어떻게 키울까?	
이름을 짓는다면?	
이럴 땐 위험해요.	

〈마무리〉

① 개를 안전하게 키우는 방법 소개하기

- 약 올리지 않기, 때리지 않기, 꼬리 잡아당기지 않기, 올라타지 않기, 먹는 것 건드리지 않기 등등

❖ **유 의 점** : 집에서 기르는 개라 하더라도 동물로서의 공격적인 본능을 무시할 수 없다. 따라서 유아에게 개를 거칠게 다룬다든지, 약을 올려서는 안 된다는 것을 강조해서 이야기해 주어야 한다.

연구 문제

1. 교통사고 예방을 위한 안전교육 프로그램에는 어떤 것들이 있는지 논의해 보시오.

2. 화재안전을 위해 유아에게 가르쳐 주어야 할 안전지도의 내용에는 어떤 것이 있는지 이야기해 보시오.

3. 미디어가 유아에게 미치는 긍정적 및 부정적 영향을 논의해 보고, 유아가 적절하게 사용할 수 있도록 지도하는 방법에는 무엇이 있는지 생각해 보시오.

4. 위험한 동물에게서 유아를 보호하는 방법에는 어떤 것이 있는지 논의해 보시오.

제 5 장

자연환경과 안전지도

1. 물의 오염
2. 대기오염
3. 토양오염
4. 자연재해

환경은 인간과 자연, 생태계를 말하며 생물의 생활에 영향을 미치는 모든 것을 의미한다. 특히 자연환경은 대기, 대양, 물, 생태계 등이 있고, 이러한 환경은 인간의 생활에 영향을 미친다. 산업화가 진행되는 가운데 자연환경은 파괴되었고, 그러한 자연환경 또한 환경오염으로 인간의 삶에 영향을 미치고 있다.

환경오염은 사건과 원인이라는 측면에서 인과관계를 시간적, 공간적으로 명확하게 구분하기가 곤란하다. 배출되는 오염물질은 또한 누적적인 효과를 갖고 있고 각종 오염물질은 복합적으로 작용할 가능성이 높고, 피해가 대형화, 가속화될 수 있다. 그러므로 환경오염에 따른 피해를 예방하고, 오염상황에 입게 되는 피해에 대해서 대처하는 것이 중요하게 강조된다.

이러한 환경오염의 심각성과 자연환경에 대한 이해가 높아가면서 자연환경 교육의 필요성이 유아교육에서도 대두되고 있다. 그러므로 유아를 대상으로 하는 환경오염에 대한 안전교육에 대한 이해를 높여 유아교육현장에서 일상적인 교육의 하나로 진행하도록 하는게 필요하다.

환경오염에 대한 안전교육의 목적은 다음과 같다. 첫째, 환경오염의 발생과 인과적으로 따라오는 피해상황에 대해 정확하게 인식한다. 둘째, 환경오염에 대한 예방법을 알고, 실천하는 태도를 기른다. 셋째, 환경오염으로만 자연환경을 바라보기보다 환경의 아름다움을 알고, 환경을 보존할 수 있는 행동을 습관화하는 것이다.

이러한 자연환경 교육을 진행할 때에는 교사가 유아의 수준에 맞게 용어 선택에 신중하며, 유아에게 자연을 대상화하기보다 우리의 삶에 중요한 동반자적 관계의 대상임을 알려주는 차원에서 자연교육이 이루어지도록 한다. 인간과 자연이 더불어 살 때보다 만족스러운 인간의 삶이 될 수 있음을 전달할 수 있도록 지도하는 것이 중요하다.

1. 물의 오염

물은 모든 생명체의 근원이며, 생존을 위한 필수적인 자원이다. 인체는 약 65%가 수분으로 구성되어 있는데, 세포 내에 약 40%, 조직 내에 약 20%, 혈액에 약 5%가 존재하여 인체를 형성하고 있기 때문에 우리 몸에서 물의 역할은 매우 중요하다.

우리가 사용할 수 있는 물은 빗물, 강물, 지하수, 바닷물 등이 있는데, 이 중에서 우리가 가장 많이 사용하고 있는 지하수와 하천수는 생활하수, 농약, 공장폐수 등에 의하여 심각하게 오염되고 있는 실정이다. 특히 먹는 물이 점점 오염되면서 이제는 물을 사먹지 않고는 안심할 수 없을 정도로 각 가정에서 사용하는 수돗물에 대한 불신이 크다.

따라서 물의 오염은 성인은 물론 자라나는 유아들의 건강과 직결되고 있으므로 이와 관련된 적절한 대응이 필요하다. 아울러 유아교육의 현장에서 물에 대한 올바른 지식을 갖고 유아들을 지도하여야 하며 교육을 시켜야 할 것이다.

물의 오염을 막을 수 있는 실천적인 교육을 위해서는 교사 뿐만 아니라 부모가 알아야 할 물 보존 방법을 숙지해야 한다. 첫째, 우리 생활에서 편리하게 사용할 수 있는 물은 여러 단계의 정수과정을 거쳐야 한다. 정수과정에서는 많은 노력과 비용이 들어가므로 일상생활 속에서 사용하는 물을 조금씩 아껴서 사용해야 한다. 세수, 설거지, 변기용 물 사용에 대한 낭비를 줄이는 것이 필요하다.

둘째, 음식을 남기지 않는 습관이 필요하다. 먹다 남은 음식을 하수구에 버리지 않는 행동도 습관화해야 하겠다.

셋째, 폐식용유는 수질 오염에 큰 영향을 주므로 모아서 재생비누를 만들어 쓰고, 기름찌꺼기는 종이에 흡수시켜 버린다.

넷째, 하천에서 세차하지 않고, 산이나 강에서 취사하지 않는다.

다섯째, 일상적으로 쓰는 세제를 측정컵을 두어 정량 이상은 사용하지 않도록 한다.

2. 대기오염

인간은 물과 마찬가지로 공기가 없으면 살 수 없다. 그러나 심각한 환경오염으로 인해 머지 않아 물과 마찬가지로 공기도 사마셔야 할지 모른다. 공기는 인간은 물론 살아 있는 모든 생명체에 중요한 영향을 미칠 뿐 아니라 건물이나 재산 등에도 피해를 줄 수 있으며, 산성비, 지구의 온난화, 오존층의 파괴 등의 문제를 발생시킨다. 따라서 이러한 대기의 오염은 눈에 보이는 심각한 안전사고를 유발하기보다는 서서히 인간의 생활에 악영향을 미치고 있다.

1) 산성비

산성비란 수소이온농도(PH)가 5.6 이하인 빗물을 말하며, 식초와 같이 시다고 할 수 있다. 산성비는 건축물을 부식시키기도 하고, 흙과 물을 산성화시킴으로써 생태계를 파괴시킨다. 토양을 산성화하여 식물의 성장에 심각한 영향을 주고, 수중 플랑크톤, 녹색식물, 어류 등에도 심각한 영향을 준다. 산성비의 원인은 주로 공장이나 자동차 등으로 인한 아황산가스와 질소산화물의 방출이다. 이들이 결국 대기 중에서 황산이나 질산을 형성하고 빗물과 함께 내려오는 것이다.

현대문명의 이기가 또다른 문제를 동반하고 있는 셈이다. 공장이나 자동차가 사라지지 않는 한 산성비의 문제를 줄일 수는 없겠으나, 이러한 문제를 해결하기 위한 구체적인 실천방법의 하나로 개인이 노력할 수 있는 방안들을 알고 실천하는 것이 중요하며, 이는 곧 유아를 위한 안전지도의 내용이 될 수 있을 것이다.

2) 지구 온난화

지구의 온난화란 대류권의 기온이 상승하여 지구가 더워지는 현상을 말하는데, 햇빛이 지표에 닿아 복사열을 발생시키는데 이 복사열이 탄산가스층에 의해 차단됨으로써 지구의 온도가 상승하는 것으로 복사열이 차단되는 층은 마치 온실의 유리같은 효과를 내고 있는 것이다. 주원인은 석탄, 석유, 천연가스 등의 과다사용과 삼림의 파괴로써 탄산가스가 증가하고 그 결과 온실효과가 가속화되는 것이다.

지구의 온난화가 지속되면서 열대지방에서는 가뭄이 증가하여 사막화가 가속되고 있어 식량난이 발생하게 되며, 또한 빙하가 녹게 되어 해수면이 상승하고 육지의 침수가 발생하며 열대성 저기압의 영향으로 폭풍이나 홍수 등에 의한 피해가 증가하여 지구전체의 재해발생 위험이 더욱 커지게 된다.

따라서 지구의 온난화에 대한 전세계적인 차원의 대책을 지속적으로 수립하는 것은 물론 인간 개개인의 실천과 노력 또한 중요하다. 특히 자라나는 유아들에게 이에 대한 지식과 태도를 올바르게 심어 준다면 미래에 닥쳐올 위험한 상황에 대한 준비가 가능하리라 본다.

3) 오존층의 파괴

오존층이란 태양으로부터 지구로 들어오는 햇빛 중 유해한 자외선을 거의 모두 흡수해 주는 보호막 역할을 하고 있는 층으로써 지구상에 생물이 살 수 있게 해 주는 보호막 역할을 하고 있다. 또한 자외선 흡수로 인해 피부암의 유발을 차단하고 있다. 이러한 오존층의 파괴로 인해 피부암과 백내장의 발병이 증가할 수 있다.

원인은 우리가 사용하는 냉장고, 에어컨, 스프레이 등에서 많이 나오는 염화불

화탄소라는 물질이 대기 중에 방출되어 10~50킬로미터의 성층권으로 올라가 분해되면서 오존층을 파괴하게 된다. 그러므로 이러한 프레온 가스의 사용을 줄여야 하며, 대체 물질을 개발하여야 한다.

1990년 이후부터 대기오염이 심각해지기 시작하여 1995년부터 오존경보제를 실시하고 있다. 대기 중의 오존농도가 일정기준 이상 높게 나타났을 때 경보를 발령함으로써 피해를 줄이기 위하여 실시하는 제도로서 오존주의보가 내려지면 유아들의 실외놀이를 삼가고 바깥출입을 자제시켜야 한다.

대기오염과 관련된 유아안전지도의 방법을 정리해 보면 다음과 같다.

① 고무, 플라스틱, 비닐 등 유독가스를 내뿜는 물질은 태우지 않는다.

② 에어컨, 냉장고, 스프레이, 무스 등 프레온가스를 사용하는 기구의 사용을 줄이거나 사용하지 않도록 한다.

③ 유아가 에너지를 절약하는 습관을 형성하도록 지도하고 적절한 모델이 되어야 한다.

④ 직사광선을 오래 쬐지 않도록 하고 실외놀이를 할 때는 모자를 쓰도록 한다. 특히 여름철에는 오후 2~4시 사이에 밖에서 노는 것을 삼가도록 한다.

⑤ 오존 경보령이 내려지면 실외로 나가지 않도록 한다. 또한 중대 경고시에는 휴원을 통해 유아들의 안전을 유도한다.

⑥ 자동차 사용을 줄이고, 정비를 철저히 하여 매연을 줄인다.

⑦ 나무를 많이 심고 가꾸며, 유아들에게 나무의 중요성을 알려 준다.

⑧ 냉·난방기구를 청결하게 하고 신선한 공기를 유지하도록 환기를 자주 한다.

4) 황사

황사는 주로 중국 북부의 황토지대에서 바람에 의해 전달되는 물질이다. 미세한 모래 먼지가 대기 중에 퍼져서 하늘을 뒤덮었다가 서서히 내려오는 모래흙이다. 황사 발원지는 중국과 몽골의 경계에 걸친 넓은 건조지역과 그 주변에 있는 반건조 지역이다. 황사발생 초기에는 황하 상중류지역에서 주로 황사가 왔지만 최근에는 내몽골 고원 부근에서도 황사가 생성되어 우리나라로 날아오고 있는 상황이다. 내몽골 고원은 우리나라와 더욱 가까워 황사의 피해가 더 심해질 수 있다.

황사는 태양빛을 막고, 산란시켜 가시거리를 짧게 하며 농장물이나 나무들의 기공을 막아 잘 자라지 못하게 한다. 또한 반도체나 항공기 등 정밀기계 작동에도 문제를 일으킬 수 있다. 또한 사람에게는 기관지염을 일으키거나 눈에 닿으면 결막염이나 안구 건조증을 유발할 수 있다.

황사 발생 전후로 다음과 같은 예방과 대처방법이 있다.

첫째, 황사 발생 전에는 기상예보에 맞춰 휴원, 단축교육을 검토한다.

둘째, 원아 비상연락망을 점검하고 연락체계를 유도한다.

셋째, 황사 발생시 실시간 미세먼지 농도를 확인하고 상황에 맞게 행동한다.

넷째, 황사 발생시 외출을 삼가고 황사마스크, 신소재 의복 등을 착용한다.

다섯째, 공기 중에 개방이 된 물건과 농수산물은 충분히 세척한 후에 섭취한다.

황사 뿐만 아니라 대기오염에 대처하는 방법을 다음과 같다. 아래의 내용을 대기오염과 관련한 대책이다.

첫째, 유독가스를 내뿜는 물질을 태우지 않는다.

둘째, 연료는 고체연료보다 유류로, 유류연료 대신 가스류를 사용한다.

셋째, 대중교통을 이용하여 이동한다.

넷째, 나무를 많이 심어 자연 정화가 되도록 한다.

다섯째, 성층권의 오존층을 보호하기 위해 헤어 젤, 헤어 스프레이, 무스 등을 사용하지 않는다.

위와 같은 내용을 근거로 하여 다음과 같은 안전교육을 계획할 수 있다.

첫째, 대기오염 물질의 발생원과 종류를 알려 준다.

둘째, 대기오염으로 인한 현상과 원인, 과정, 결과를 교육한다.

셋째, 직사광선을 오래 쬐지 않고, 오후 시간 2-4시 사이에는 바깥 출입을 줄인다.

다섯째, 실외놀이를 할 경우에는 모자를 착용하고 자외선차단 제품을 사용한다.

여섯째, 오존주의보가 내려지면 실외활동을 자제하고 경보령이 내려지면 실외활동을 모두 금한다.

3. 토양오염

대기오염 및 수질오염은 곧 토양오염과도 직결된다. 특히 농약으로 인한 토양의 오염은 생태계를 파괴시키고, 중독현상으로 인해 인간에게 많은 피해를 유발한다. 또한 산업화로 인해 각종 중금속이 함유된 폐기물이 증가하여, 이로 인해 수질, 대기, 토양 등의 오염이 큰 문제로 제기되고 있는데, 특히 수은, 카드뮴, 납, 비소, 구리, 크롬, 아연 등은 사람에게 심각한 피해를 주는 것이다.

토양오염을 줄이기 위해서는 다음과 같은 대책이 필요하다. 천연비료를 이용한 유기농법을 실천하고 썩지 않는 쓰레기는 매립하지 않는다. 또한 산업폐기물은 정화 후에 버리도록 법적 기준을 강화하고 방사능 폐기물은 안전하게 처리하는 것이 중요하다. 한편, 모든 제조업체들이 더 깨끗한 방법의 생산과정을 개발하고 실천하는 것이 필요하다.

토양오염과 관련한 유아 안전교육 내용은 다음과 같은 내용을 포함할 수 있다.

첫째, 쓰레기를 줄이도록 한다.

둘째, 일회용 상품을 사용하지 않도록 한다.

셋째, 과다하게 포장된 상품이나 코팅된 포장지는 사용하지 않는다.

넷째, 들판이나 잔디밭 등에서 맨발로 걷지 않도록 지도한다. 농약이나 쓰레기 등으로 인한 피해가 발생될 수 있기 때문이다.

다섯째, 농약이나 비료의 사용을 최대한 줄이도록 노력한다.

여섯째, 항상 유아들에게 모델이 되고 적절한 교육을 통해 생활화하도록 한다.

4. 자연재해

홍수, 태풍, 지진, 산불 등의 자연재해는 인간으로서는 어찌할 수 없는 생명의 위협상황이다. 그러나 점차 과학의 힘으로 인해 이러한 자연재해도 예측하고 대비할 수 있게 되었다. 물론 모든 자연재해를 다 대비할 수는 없으나 조금만 관심과 주의를 기울인다면 엄청난 피해를 줄일 수 있는 경우가 많다. 따라서 어린 시기부터 이러한 자연재해에 대한 적절한 교육과 훈련이 이루어진다면 더 큰 위험을 막을 뿐 아니라, 성인이 된 후에도 이와 관련된 지식과 경험은 다음 세대의 안전에 주의를 기울이는 효과를 보게 될 것이다.

1) 홍수 및 태풍

홍수 및 태풍은 전세계적으로 가장 발생빈도가 높은 자연재해다. 특히 홍수는 많은 인명과 재산을 한꺼번에 잃게 되는 무서운 재해이며, 우리나라도 집중호우가 있는 7~9월경에는 인명 및 재산상의 많은 피해를 보이고 있는 대표적 재해다. 또한 태풍은 강풍과 폭우를 동반하기 때문에 짧은 시간에 가장 큰 피해를 주는 재해로써, 인공위성에 의한 일기예보가 가능해지면서 태풍의 진행방향을 예견하고 이를 알려주기 때문에 사전에 대비를 하여 그 피해를 줄일 수 있게 되었다.

태풍 예보시 유아교육기관에서는 기관 주변에 위험지역이나 시설을 사전에 점검해 두는 것이 필요하다. 하천 범람이나 침수지역이 어디인지 확인하고, 감전사고 위험지역 등을 살피는 것이 좋다. 또한 원아 비상연락망을 점검하고 연락체계를 유지한다. 원아 및 부모를 대상으로 태풍 대비 행동요령을 지도하거나 홍보한다.

태풍주의보나 태풍경보 같은 태풍의 영향권에 있을 경우에는 기상예보를 수시로 보면서 확인하고 지역실정에 맞게 휴원이나 단축보육을 검토할 수 도 있으며, 만약을 대비해 부모와 기타 재해발생구조단과 연락망을 갖고 있도록 한다.

교사와 교육기관의 대비뿐만 아니라 유아에게도 평상시 태풍대비 교육을 실시하여 인명피해를 예방하는 것이 중요하다. 이에 유아에게 태풍시 대피 요령은 외출을 삼가고, 가족간의 연락방법, 대피방법을 미리 알려 준다. 또한 위험요인 발생시 119 및 시 · 군 · 구청에 즉시 연락할 수 있다는 것을 교육하는 것이 필요하다.

이와 관련해 홍수 및 태풍관련 유아 안전교육내용은 다음과 같다.

① 유아는 되도록이면 밖에 나가지 않도록 하고, 잠깐 나가는 경우에도 비옷이나 장화를 착용하도록 한다.

② 맨홀이나 하수구 및 웅덩이 등에는 절대로 가까이 가지 않도록 한다.

③ 침수된 도로나 모르는 길은 절대로 혼자 들어가지 않도록 한다.

④ 일기예보를 계속 들으면서 진행상황을 파악하여야 한다.

⑤ 차를 타고 있을 경우에는 즉시 차에서 나와 높은 지역으로 대피하여야 한다.

⑥ 정전에 대비하여 건전지를 사용하는 라디오와 손전등 및 초와 성냥을 준비한다.

⑦ 비상약을 준비한다.

⑧ 천둥과 번개가 동반되는 경우에는 전기제품의 플러그를 빼 놓는다.

⑨ 들판이나 야외에서 천둥과 번개를 만났을 경우에는 나무 밑이나 높은 지대는 위험하므로 피해야 하며, 야구방망이, 낚싯대, 우산 등은 번개가 칠 수 있으므로 가까이 두지 않도록 한다.

⑩ 날씨가 좋다고 하더라도 홍수나 태풍의 예고가 있을 경우에는 야외로 나가지

않도록 한다. 특히 계곡에서 야영을 하거나 잠시 머무는 경우에도 일기예보에 주의를 기울여 가지 않도록 한다.

⑪ 기관이나 집의 벽, 울타리, 축대 등을 미리 점검하고 보수하도록 한다.

⑫ 집안의 창문이나 출입문을 잠가 둔다.

⑬ 감전의 위험이 있으니 집 안팎의 전기수리는 하지 말며, 유아가 감전위험이 있는 물건을 만지지 않도록 한다.

2) 지 진

지진은 지표면의 지각변동에 의해 발생하는 자연재해로, 약한 경우에는 지진의 발생을 인지할 수 없으나 건물의 흔들림에서부터 붕괴에 이르는 대형사고를 유발하기도 하는 매우 위험한 재해다. 따라서 지진은 예방이 무엇보다도 중요하나 실제 발생하였을 경우의 대처요령을 알아 둔다면 큰 피해를 줄일 수 있을 것이다.

지진에 대한 각 국가의 대책은 지진에 견딜 수 있는 건축물의 내진설계와 예측방법의 발전 및 빠른 경보와 대피체계의 정비 등을 들 수 있다. 이러한 노력으로 지진피해의 상당부분을 줄일 수 있으며, 예방할 수 있다. 유아를 지도하는 교사와 부모는 지진에 대한 사전교육을 통해 지진에 대한 안전지도를 해야 한다.

지진에 대한 안전지도의 방법은 다음과 같다.

① 지진시에는 머리를 보호하도록 웅크리고 앉아 머리를 묻고, 양손과 팔을 감싸는 자세를 취하도록 한다. 이를 유아들에게 교육하여야 한다.

② 출구나 대피소를 살펴두고, 현관문을 열어 놓아야 한다.

③ 건물을 빠져 나올 때는 엘리베이터는 더 위험하므로 계단을 이용하도록 한다.

④ 지진시에는 천장이나 위에 높이 올려져 있는 물건이 떨어지면서 사고가 발생할 수 있으므로 위험한 물건은 아래로 옮겨야 하며, 특히 유리와 같이 깨지기 쉬운 물건을 내려놓아야 한다.

⑤ 실외에 있을 경우에는 건물이나 전선 등에서 멀리 떨어져 있어야 하며, 실내에 있을 경우에는 테이블이나 침대 밑 등으로 몸을 피하도록 한다.

⑥ 화재가 동반될 수 있으므로 가스밸브 및 가전제품의 플러그를 빼 놓아야 한다.

⑦ 1차 지진 이후에 여진이 있을 수 있으므로 이에 대비하여야 하며, 안전한 곳으로 신속하게 대피하여야 한다.

⑧ 지진에 대비한 교육을 통해 아동들로 하여금 지진에 대처하는 요령을 습득하도록 한다.

[그림 5-1] 지진시 대피자세

제공: 진호유치원

지진 발생시 유아교육기관에서 실시하는 대피요령은 다음과 같다. 유아들을 모두 교실책상 밑에 들어가도록 한다. 창문이나 출입문, 전등 등 떨어지기 쉬운 물건 주위는 피한다. 크게 흔들리는 시간은 1분에서 2분 정도이므로 중심이 낮고 튼튼한 책상 밑에 들어가 다리를 붙들고 대피한다. 그러나 피할 곳이 없을 경우에는 방석 등으로 머리를 보호하면서 기다리는 것도 방법이다.

그 밖에 지진 발생시 알아 두어야 할 행동 요령은 아래와 같다.

첫째, 집 안에서 지진을 느끼면 가족과 자신의 안전을 위해 안전한 테이블 아래에서 몸을 숨긴다.

둘째, 불이 날 수도 있으니 최소한의 피해를 줄이기 위해 지진으로 불이 발생하면 소화기로 불을 끈다.

셋째, 지진 발생시 불을 끌 수 있도록 '불을 꺼'라고 고함을 질러 소통하도록 한다.

넷째, 서둘러 건물 밖으로 나갈 필요는 없다. 최근 건물은 내진성을 고려해 지어져서 일부러 급하게 나갈 필요는 없고, 상황을 살피는 것이 좋다. 서둘러 나가다 유리와 간판 등에 피해를 입을 수도 있다.

다섯째, 지진이 나면 문을 열어 출구를 확보한다. 만일 갇힐 사태에 대비하는 방법이다.

여섯째, 길거리의 낙하물을 주의해야 한다. 주변 거리가 복잡하고 외부간판이 많이 있는 곳이면 건물 안에서 대피하는 것이 낫다.

일곱째, 고정되어 있는 시설이나 물건을 잡고 대피한다.

3) 폭 염

사계절이 있는 우리나라는 각 계절마다의 생활패턴과 문화가 있지만 환경오염으로 인해 기존의 계절적 특성을 넘어 생명에 위협을 가할 수 있는 정도의 기온현상이 발생된다. 그와 관련한 것이 폭염이다. 지구 온난화로 여름철에는 폭염사태가 자주 발생된다.

국가재난 정보센터에서는 다음과 같은 폭염 대비 국민행동요령을 발표하였다.

첫째 한낮의 뜨거운 햇볕은 피한다. 온도가 높은 한낮에는 격렬한 운동을 삼가고 야외활동은 되도록 피하고 시원한 장소에서 더위를 식히는 것이 필요하다.

둘째, 식사 및 물 섭취를 적절하게 하여 몸 안의 수분이 부족하지 않도록 한다. 특히 탄산, 알코올, 카페인이 들어있는 음료는 피하고 물은 갈증이 나지 않더라도 규칙적으로 자주 마신다.

셋째, 위생적인 생활습관을 유지한다. 물은 끓여 먹거나 정수가 잘 된 물을 먹고, 날 음식은 삼간다. 손과 얼굴을 깨끗이 닦고, 음식은 오래 보관하지 않는다.

넷째, 올바른 냉방기 사용법을 숙지한다. 실내 · 외 온도 차이는 5도씨 내외로 유지하여 냉방병을 예방한다. 에어컨의 필터를 2주에 한 번씩은 청소하여 쾌적한 공기를 유지한다.

다섯째, 동료, 이웃의 건강에 관심을 갖는다. 주변에 혼자 생활하는 노약자와 장애인, 환자들이 있다면 관심을 주고, 주거환경과 건강상태를 보살핀다. 야외 현장이나 고온 작업장에서는 동료 간의 몸 상태를 서로 살펴 주고, 필요시 도움을 준다.

여섯째, 정전사태에 대비한다. 과다 전력사용으로 정전이 될 경우 손전등, 비상 식음료, 부채 등을 준비하여 만약의 사태에 대비한다. 정전시 휴대용 라디오를 이용해 사태수습에 대한 뉴스를 전해 듣도록 한다.

이와 같은 폭염 발생에 대한 안전교육에서는 유아들에게 폭염의 원인과 문제점, 발생시 중요한 대비요령 등에 대해 알려주는 내용을 계획해야 한다. 또한 영유아의 수준에 맞는 다양한 매체를 활용하여 유아들의 폭염에 대한 이해를 높이도록 한다. 마지막으로 가정과 연계되어 폭염특보 시 대비요령 등에 관한 가정통신문을 전달하여 숙지하도록 한다.

연구 문제

1. 무더운 여름에 유아의 안전을 위해 할 수 있는 안전교육 프로그램을 구상하시오.

2. 환경오염과 자연재해에 대한 안전교육을 실시할 때 교사의 자연관은 어떠해야 하는지 이야기해 보시오.

3. 재난대비 교육에 관한 가정연계 프로그램을 구상하시오.

제 6 장

대인환경과 안전지도

1. 아동학대에 대한 안전
2. 유괴 및 미아에 대한 안전

1. 아동학대에 대한 안전

우리나라에서 학대에 대한 관심은 1990년대부터 시작되어, 최근에 와서는 「아동복지법」의 개정으로 인해 아동학대와 관련된 법적인 대처가 강화되고, 관련 전문기관이 증가하고 신고에 대한 일반인의 인식이 변화되어 가정문제가 아닌 사회문제로서 받아들여지고 있다.

아동학대 관련 법률로는 「아동복지법」 외에 「성폭력범죄의 처벌 및 피해자보호 등에 관한 법률」, 「가정폭력범죄의 처벌 등에 관한 특례법」, 「형법」, 「청소년보호법」, 「청소년 성보호에 관한 법률」, 「교육기본법」, 「초·중등교육법」, 「정신보건법」 등이 있다.

학대는 신체적 학대는 물론 정서적, 성적 학대 및 방임과 유기 등 다양한 형태로 발생하고 있으며, 한 가지 형태로만 이루어지는 것이 아니라 두 가지 이상의 학대가 함께 이루어질 수도 있다. 아동학대의 유형과 발생률을 살펴보면 다음 〈표 6-1〉과 같다. 가장 많이 발생되는 학대에는 방임으로 38.8% 수준이고, 그 다음으로는 정서학대가 29.8%, 신체학대 24.9%, 성학대가 5.1%로 발생되었다. 각각의 학대와 방임이 발생되기도 하지만 현실적으로는 중복학대로 다중의 학대사건이 동시에 발생되는 비율도 높게 나타난다.

표 6-1

아동학대 유형

학대 유형	신체학대	정서학대	성학대	방임	계
건수	476	114	86	672	1,344
비율(%)	24.9	30.5	5.8	38.8	100

출처: 중앙아동보호전문기관, 2012 재인용.

신체학대, 정서학대, 방임, 유기에서 학대행위자는 대부분 부모(83%)로 가장 높은 비율을 차지하고 있으며, 성학대도 부모에 의해 발생하는 경우가 30% 이상을 차지하고 있어, 부모로 인한 아동학대가 매우 심각한 것으로 보고되었다(중앙아동보호전문기관, 2008). 학내의 유형별로 살펴보기로 한다.

1) 신체적 학대

학대 하면 가장 먼저 생각하는 것이 신체적인 학대로 가장 대표적인 학대의 유형이라 할 수 있다. 신체적 학대란, 아동에게 고의적이거나 우발적으로 신체에 상처를 입히는 것을 말한다. 즉 부모나 양육자가 아동에게 의도적 또는 고의적인 공격으로 때리거나, 화상을 입히거나, 폭력을 사용하여 가해하는 등 신체적 손상과 고통을 주는 것을 말한다.

우리나라 소아과병원을 중심으로 아동학대의 현황을 조사한 연구에 따르면, 구타를 당한 아동은 여아에 비해 남아가 3배 정도 많으며, 이러한 아동의 평균 연령은 6.6세였다. 일반적으로 0~2세, 5~6세, 10세의 연령군에서 높은 발생률을 보이고 있으며, 손상의 정도는 0~2세에서 가장 심각하다고 보고되고 있다. 0~2세 아동들에게 일어나는 학대는 주로 애착형성의 실패에 의한 것이며, 5~6세 아동이나 10세 아동들에게 일어나는 학대는 동양문화권의 양육태도나 훈육방식과 관련이 있는 것으로 보고 있다(한국아동안전관리교육협회, 2003).

신체적인 학대는 다른 학대의 유형에 비해 외형적인 상처가 남을 수 있으므로 비교적 쉽게 발견될 수 있으나, 발견 시기를 놓치는 경우 잘 발견되지 않을 수도 있다. 또한 보이지 않는 곳의 상처는 그냥 지나치는 경우가 많다. 그러나 학대는 일회적인 경우보다 지속적으로 발생하는 경우가 많기 때문에 아동들이 보이는 행동 및 정서상의 문제를 통해서도 학대를 의심할 수 있다. 다음과 같은 사항이 발견될 때 우리는 신체적인 학대를 의심할 수 있으며, 신체적인 학대의 상황에서 나타나는 아동의 특징에 대해 기술하면 다음과 같다.

① 아동의 입술이나 눈, 귀 등 얼굴의 특정부분이 찢겨진 자국이 있을 때
② 머리카락이 뽑히거나 머리카락이 뽑혀 생긴 상처가 있을 때
③ 치아가 빠지거나 흔들리는 현상이 나타날 때
④ 채찍, 벨트 등에 맞은 자국이나 멍이 들 때
⑤ 입술이나 뺨 등 얼굴이나 눈 주위에 멍이 들 때
⑥ 특별한 도구에 의한 상처나 이빨에 물린 자국이 있을 때
⑦ 담뱃불, 전기다리미 등에 의해 지져진 것 같은 화상을 입었을 때
⑧ 유아가 신체적 고통이나 가혹한 대우를 받았다고 호소할 때
⑨ 상처를 숨기기 위해 계절이나 날씨에 맞지 않는 옷을 입고 있을 때
⑩ 지각이나 결석을 자주할 때
⑬ 아동이 성인이나 부모에 대해 비정상적인 공포감을 가질 때
⑭ 아동이 지나치게 의기소침하거나 공포 및 불안감을 갖고 다른 사람들과 자연스럽게 대화를 하지 못할 때, 특히 이런 행동이 갑자기 생긴 변화일 때, 이전과 다른 행동 특성을 보일 때
⑮ 상처나 부상의 원인이나 과정에 대해 대답을 회피하거나 설명을 하지 못할 때

2) 정서적 학대

정서적 학대에는 아동에게 협박을 가하거나 언어적 폭력, 경멸, 수치심 등을 주거나 감금하는 행위와 같이 적대적이며 거부적인 처우, 또는 아동을 부당하게 대우하거나 아동에게 무관심한 형태가 포함된다.

정서적 학대는 신체적 학대와 같이 겉으로 분명하게 드러나는 증상이 없을 뿐만 아니라 그 영향도 서서히 나타나므로 이를 발견하기가 더욱 어렵다. 그러나 정서적 학대 역시 신체적 학대 못지않게 아동에게 미치는 부정적 영향은 매우 크다고 할 수 있다(한국아동안전관리교육협회, 2003).

정서적 학대로 피해를 받는 아동의 특징을 제시하면 다음과 같다.

① 다른 사람의 말이나 행동에 대한 정서적 반응이 거의 없다.
② 손가락을 빨거나 손톱을 물어뜯는 등의 신경증적인 증상을 보인다.
③ 불안해하기도 하고 웃음이 거의 없다.
④ 부모가 아동을 지나치게 낮게 평가하거나 부정적으로 평가한다.
⑤ 자존감이 낮고 성인을 지나치게 두려워한다.
⑥ 공격적인 행동을 보이거나 반대로 지나치게 위축되고 의기소침하다.
⑦ 성장속도가 느리거나 정서적 · 지적 발달이 늦다.

이러한 신체적, 정서적 학대 상황에서 부모 및 교사로서 행할 수 있는 안전지도의 방법을 정리해 보도록 한다.

① 먼저 부모 및 교사 스스로 학대에 대한 올바른 인식과 신고의 자세를 가지고 있어야 한다.
② 학대가 의심되거나 발견되면 즉시 신고하도록 한다(국번없이 129 또는 1577-1391).
③ 학대에 대한 예방교육을 실시한다.
④ 아동들이 학대를 받고 있는 동안 교사나 부모에게 이야기를 할 수 있도록 신뢰로운 관계를 형성하고, 무엇이든지 이야기 나눌 수 있음을 알려 준다.
⑤ 학대로 인한 상담이나 치료를 받고 있는 아동이나 학대의 경험이 있는 아동들을 보육 및 교육하는 기관에서는 각별히 주의하여 관찰하여야 한다. 만약 학대가 다시 발생할 경우 즉시 관련 기관에 알릴 필요가 있다.
⑥ 또래간의 폭력이나 지나친 공격성은 적절하게 지도하여야 한다.

3) 성적 학대

성적 학대는 성적 폭행과 성적 착취로 나누어 볼 수 있는데, 그 중 성적 폭행은 만 18세 미만의 아동을 상대로 강간, 윤간, 근친상간, 외설적이거나 음란한 행동 및 아동을 지분거리는 행동을 의미한다. 성적 착취란 외설적인 행위를 시키기 위해 아동을 고용하거나 외설적인 물건을 배포하거나 상업적인 포르노 필름 등을 제작하는데 아동을 이용하기 위해 협조를 구하거나 설득, 강압하는 자나 그들의 행동을 포함한다(한국아동안전관리교육협회, 2003).

최근 우리나라에서도 아동 성폭력 사고가 많이 밝혀짐에 따라 사회적 관심을 받고 있으며, 그 원인을 규명하고 예방 프로그램을 개발하기 위한 노력이 활발히 이루어지고 있다. 유아교육기관은 유아의 성폭력 예방을 위한 교육 프로그램의 실시기관으로 적절하며, 교사 역시 이를 예방하고 발견 및 치료하는 데 결정적인 역할을 할 수 있다. 따라서 이와 관련된 지식은 물론 예방교육이 매우 중요하다.

일반적으로 성적으로 학대된 아동은 다음과 같은 행동이나 증상을 보인다.

첫째, 생식기 부분의 고통이나 가려움을 호소하거나 실제 살펴보면 상처가 있다.

둘째, 소변 볼 때 고통을 호소하거나 화장실 갈 때 다른 사람과 함께 가지 않으려 한다.

셋째, 유아가 성적 폭행을 당했다고 말한다.

넷째, 자주 우울해하고 의기소침해 있다.

다섯째, 밤에 악몽을 꾸거나 잘 때도 불을 켜놓으라고 하고 잠자는 것을 두려워 한다.

여섯째, 낮에도 혼자 있는 것을 두려워하고 문을 꼭꼭 닫아 두려고 한다.

일곱째, 속옷을 바꾸어 입지 않으려 한다.

여덟째, 걷거나 앉을 때 신체적으로 어려움을 보인다.

아홉째, 속옷이 찢어져 있거나 더럽혀져 있고 피가 묻어 있다.

열째, 음식을 잘 먹지 않으려고 하고, 친구와 어울리지 않는 등의 행동을 보인다.

열하나째, 퇴행행동을 보이거나 공격적인 행동을 보인다.

열둘째, 성에 대해 비정상적인 관심을 보이거나 많은 지식을 알고 있다.

열셋째, 나이에 맞지 않는 성적 행동특성을 보인다.

유아 성폭력 사고의 예방을 위한 부모 및 교사 등 성인의 안전지도는 다음과 같다.

① 사전에 연령에 맞는 성교육 프로그램을 개발 · 실시하고, 발달 수준에 맞게 설명해 준다.

② 자신의 느낌을 자연스럽게 이야기할 수 있는 분위기를 조성한다.

③ 싫거나 불쾌할 때 거절할 줄 아는 태도와 방법을 가르쳐 준다.

④ 부모 및 교사들이 성폭령 예방교육을 받고 예방 프로그램에 참여하도록 한다. 또한 적절한 아동교육의 방법을 터득하도록 노력한다.

⑤ 성과 관련된 문제를 지닌 아동을 발견 즉시 신고, 의뢰할 수 있는 기관에 대해 알아둔다(경찰서 및 아동학대예방센터 및 성학대상담센터 등).

⑥ 교사는 항상 아동을 주의 깊게 관찰하고 아동으로 하여금 지원을 받고 있다는 인식을 갖도록 노력해야 한다.

⑦ 성에 대해 호기심이 있거나 어떤 어려움을 겪을 때 즉시 이야기하고 도움을 청하도록 지도한다.

⑧ 모르는 사람이 친구를 데리고 가는 것을 보게 되면 즉시 가까운 곳의 어른에게 알려야 함을 가르친다.

4) 방임

보호자가 자녀양육 및 보호책임을 완수하지 못함으로써 아동의 건강 혹은 복지에 해를 끼치거나 정상적인 발달을 저해하는 모든 행위를 방임이라고 볼 수 있다. 이러한 방임은 3가지 차원에서 볼 수 있다.

(1) 신체적 방임

이는 건강보호를 거부하거나 지연하는 것으로 신체 상해, 질병, 장애 등에 대한 필요한 처치를 제공하지 않고 지연시키는 행위다. 또한 유기도 신체적 방임으로 적절한 보호나 감독없이 아동을 방치하는 것도 이에 해당이 된다. 그 밖에 부적절한 영양공급 및 의복이나 위생 등에서 아동이 안전하지 못하게 하는 경우도 이에 해당된다.

(2) 교육적 방임

이는 아동에게 적절한 교육을 시키지 않는 것으로 장기간 계속되는 무단 결석을 허용하거나 의무교육 기간 내에 있는 아동을 학교에 보내지 않고자 학교 등록을 포기하거나 아동에게 필요한 특수교육에 무관심하고 교육 제안을 거부하는 것이 이에 해당된다.

(3) 정서적 방임

정서적 방임은 적절한 양육과 사랑을 제공하지 않고, 가정폭력에 노출시키며, 심리적인 불안감을 조성하면서 양육하는 것을 말한다. 이에 해당되는 내용으로 아동에게 비합법적인 약물이나 술을 허용하는 행위, 부적응적인 행동을 허용하는 행위, 아동에 대한 적절한 심리적 보살핌을 주지 않고, 소홀히 대하는 행위가 있다.

아동복지법 제26조에 의하면, "누구든지 아동학대를 알게 된 때에는 아동보호전문기관 또는 수사기관에 신고할 수 있으며, 신고의무자들은 직무상 아동학대를 알게 된 때에는 즉시 아동보호전문기관 또는 수사기관에 신고하여야 한다."고 규정하고 있다. 학대신고는 경찰 뿐만 아니라 '한국성폭력상담소', '아동학대예방센터', '해바라기상담센터'를 대상으로 성학대 및 성폭력 피해상황을 신고할 수 있다.

아동복지법에 규정된 신고의무자는 다음과 같다(중앙아동보호전문기관, 2008).

신고의무자	
· 교원	· 학원 및 교습소 종사자
· 의료인	· 소방구급대원
· 아동복지시설의 종사자	· 성매매 피해상담소 및 지원시설 종사자
· 장애인 복지시설의 종사자	· 한부모 가족복지 상담소 및 시설종사자
· 어린이집 교직원	· 가정폭력 관련 상담소 및 시설종사자
· 유치원 종사자	· 아동복지지도원 및 사회복지전담 공무원

아동복지법은 신고인들의 신고의무 인식을 고양시키기 위하여 관계 중앙행정기관의 장이 아동학대 신고의무자의 자격취득 교육과정을 실시함에 있어 아동학대예방 및 신고의무와 관련된 교육내용을 포함하도록 규정하고 있으며, 또한 신고인의 신분이 보호되어야 함을 명시하고 있으며, 비밀보장의 원칙을 기본으로 하고 있다.

표 6-2

신고자 유형

(단위 : 건)

기간	유형	신고의무자							비신고의무자										
	계	시설종사자	전담공무원	교사	의료인	학원교사**	소방구급대대원**	소계	부모	이웃친구	친인척	경찰	종교인	사회복지관련종사자*	낯선사람	아동본인	익명	기타	소계
2008. 4~6	2,017	131	279	281	20	13	1	725	360	220	130	88	20	340	25	13	0	96	1,292

* 2003년부터 복지관종사자 → 사회복지관련종사자로 변경.
** 2007년부터 신고의무자에 학원교사, 소방구급대 대원 추가.
자료 : 중앙아동보호전문기관, 2008(www.korea1391.org).

2. 유괴 및 미아에 대한 안전

1) 미아 발생현황

미아의 발생과 유괴의 발생빈도는 적으나 그것이 가져오는 결과는 치명적이다. 특히, 미아의 발생은 대부분 성인의 부주의에 의해 발생하는 경우가 많으므로 각별한 주의가 필요하다. 유아기는 호기심이 많고 운동능력이 발달하여 부모나 교사가 잠시 방심하는 사이에 시야를 벗어나는 경우가 많다. 그러나 대체로 미아나 유괴가 발생하는 곳은 집 근처가 전체의 63%로 파악되고 있어 예방이 중요함을 알 수 있다. 경찰청 자료(2003)에 의하면, 지난해 미아 아동이 2,871명 발생했으며 이 중 17명은 미아가 되었고 2,854명은 부모 품으로 돌아왔다고 한다(임미혜 외, 2005).

표 6-3

미아 발생장소

집 근처	역, 터미널	친척집	시장	기타	계
63%	9%	4%	3%	21	100%

출처: 임미혜 외, 2005.

미아 발생장소를 보면 집 근처(63%), 역과 터미널(9%), 친척집(4%), 시장(3%) 순으로 나타났다. 이 외에도 또한 백화점, 대형 슈퍼, 놀이공원, 공중 화장실 등 유아가 성인과 함께 자주 가는 장소에서 많이 발생할 수 있다.

그러나 유괴는 언제 어디에서 발생할지 예측하기가 매우 힘들다. 그러나 유아가 주로 활동하는 장소인 놀이터, 집 근처 등지에서 발생할 가능성이 가장 크고 혼자 있는 경우 혹은 두려움 없이 쉽게 따라가는 유아에게서 발생 가능성이 높다. 따라서 적절한 교육과 지도를 통해 어느 정도 위험한 상황은 피할 수 있을 것이다.

2) 안전지도방법

유괴 및 미아발생을 예방하기 위해 부모 및 교사 등 성인은 물론 유아 자신도 주의를 기울일 필요가 있다. 유아들의 예방수칙은 유아들 스스로 자신을 보호할 수 있는 능력을 배양시켜 주는 것이다. 유아가 알고 있어야 하는 유괴에 대한 안전교육 내용은 다음과 같다.

첫째, 낯선 사람을 절대 따라가지 않는다. 누군가가 도와 달라고 하거나 함께 가자고 할 때 어떤 이유에서든 따라가서는 안 된다. 또한 낯선 사람의 차에 절대 타지 않는다.

둘째, 집 전화번호와 부모님의 직장 전화번호를 알아 두고, 할머니 집, 가까운 친척, 친한 친구의 전화번호 등도 함께 기억해 두도록 한다.

셋째, 두 명 이상 함께 다니도록 노력한다. 등하교시, 놀이터, 학원 갈 때 항상 두 명 이상이 같이 다니도록 노력한다. 특히 집과 거리가 멀고 인적이 드문 곳을 지나야 할 때는 혼자 다니지 않도록 한다.

넷째, 집에 혼자 있을 때 누가 찾아오면, 문이나 창문을 열지 말고 "누구세요?"라고 묻는다. 모르는 사람이면 "엄마가 바쁘셔서 지금은 문을 열 수가 없어요."라고 말하고 나중에 오라고 한다. 그 사람이 가지 않으면 부모님이나 잘 아는 이웃집에 전화하고, 아파트인 경우 경비실에 연락한다. 모르는 사람은 절대 집에 들여서는 안 된다.

다섯째, 친구 집이나 이웃집에 놀러가게 될 경우 반드시 부모에게 이야기하고 허락을 받는다.

여섯째, 낯선 사람이 따라오면 사람이 많은 곳(가게 등)으로 가서 도움을 청한다.

일곱째, 아는 사람이 같이 가자고 해도 부모님의 허락 없이는 따라가지 않는다.

여덟째, 대형 마트나 백화점, 공원이나 전시관 등 복잡하고 사람이 많은 장소에 어른과 함께 갈 때는 항상 어른 옆에 있고 손을 잡는다.

아홉째, 과자나 사탕, 장난감 등을 주면서 말을 거는 사람이 주는 것은 받지 말아야 하며, 어른과 함께 있을 때는 어른의 허락을 받고 받도록 한다.

열째, 사람이 많은 장소(쇼핑센터나 백화점, 공원 등)에서 길을 잃었을 때는 가장 가까운 곳에 있는 점원이나 아이를 데리고 있는 여자, 안내원 등에게 도움을 청한다.

열하나째, 강제로 납치되었을 대 저항하고 도움을 청하는 방법을 안다.

한편, 유아교육기관이나 부모들이 실행할 수 있는 안전지도 방법도 있다. 아동유괴, 미아사고를 방지하기 위해 다음 사항을 실천해야 한다.

① 유아가 열쇠를 휴대해야 하는 경우 보이지 않게 휴대하도록 가르친다.
② 유아가 문과 창문의 여닫는 방법을 알고 있는지 확인하고 가르친다.
③ 유아를 자동차에 잠시라도 혼자 두지 않는다.
④ 유아가 있는 곳을 항상 체크한다.
⑤ 유아에게 이름이 새겨져 있는 옷을 입히지 않는다.
⑥ 외출시 공중 화장실에 유아를 혼자 보내지 않는다.
⑦ 사람이 많은 장소에서는 항상 유아의 손을 잡는다.
⑧ 유아에게 집주소와 전화번호(지역번호 포함)를 알려 준다.
⑨ 저녁 늦게까지 밖에서 놀지 못하게 하고, 귀가 시간을 지키도록 일러 둔다.
⑩ 유아의 의료진료기록(가정), 신상명세서(유아교육기관) 등을 잘 보관한다.
⑪ 유아의 컬러 사진을 자주 찍어 두어 만약 미아 및 유괴 발생시 최근의 유아의 모습을 알아볼 수 있도록 대비한다.
⑫ 집 주변을 살펴 안전하지 못한 곳이 있다면 유아에게 가지 않도록 지도한다.
⑬ 유아들에게 항상 친구들과 함께 다니도록 지도한다.
⑭ 유아와 함께 안전한 상황과 안전하지 못한 상황에 대한 역할극을 해 본다.

⑮ 유아에게 낯선 사람이 길을 물으면 말로만 알려주고, 절대 따라가지 않도록 한다.

⑯ 유아에게 나쁜 사람들도 옷을 잘 차려입고, 친절하게 접근할 수 있음을 설멍해 준나. 이런 사람들은 남자일 수도 여자일 수도 있으며, 전혀 모르는 사람일 수도 있지만 아는 사람일 수도 있음을 알려 준다. 아울러 교사나 부모의 허락 없이 낯선 사람을 따라가지 않도록 한다.

⑰ 유아가 밖에서 혼자 놀지 않도록 한다.

⑱ 유아에게 공중전화를 걸 수 있는 방법과 비상시에 신고나 도움을 요청하기 위한 전화번호 '119'를 알고 있는지 확인한다.

⑲ 집주소나 전화번호를 정확하게 말하기 어려운 유아들에게는 이름이나 집 전화번호 등이 기재된 이름표나 팔찌를 달아 줄 수도 있다.

⑳ 소풍이나 견학시 유아가 다른 유아들과 떨어져 혼자 행동하지 않게 한다. 또래끼리 짝을 정해 주고 같이 다니게 지도한다.

3) 유괴 및 미아발생시 대처방법

다음은 유괴 사고가 발생되었을 때, 부모나 교사는 다음과 같이 대처한다.

① 즉시 경찰에 신고한다.

② 경찰관이 집으로 찾아오기 전까지는 외부인의 출입을 막고 집 안의 물건에 손을 대지 않고 기다린다. 만약 유아가 집 안에서 납치 또는 실종되었다면 증거가 남아 있을 수 있으므로 그대로 보존한다.

③ 자녀의 실종이나 납치와 관련된 정황을 자세하게 설명하고 모든 증거물들을 경찰에 넘겨 준다.

④ 자녀가 실종되거나 납치 당시 입었던 의복과 같은 소지품들을 상세하게 설명해 주고, 아이에 대한 모든 정보, 즉 이름, 생년월일, 신체특징, 키, 몸무게, 버릇, 병력 등을 알려주고 가장 최근에 찍은 사진도 준다.

⑤ 언론이나 관련 단체에 알리거나 도움을 받는다.

⑥ 항상 노트나 메모지를 휴대하면서 자녀의 실종과 관련된 정보가 떠오를 때마다 적도록 한다.

⑦ 경찰에 요구하여 전화에 발신자 추적 장치를 하고, 녹음기를 연결해서 전화 건 사람의 음성을 녹음한다.

⑧ 항상 연락이 가능하도록 휴대전화를 마련해 둔다.

⑨ 부모 자신의 건강을 돌본다. 신체적 · 정신적 고통과 욕구를 숨기지 않는다.

⑩ 진찰기록이나 X-ray 필름이 필요할 수도 있으므로 자녀가 다니던 소아과나 치과에 연락해 둔다.

다음은 미아사고가 발생되었을 때 대처할 수 있는 방법이다.

① 미아를 발견했을 경우에는 우선 발견 장소에서 미아를 멀리 이동하지 않도록 한다.

② 미아가 된 유아는 몹시 당황하고 두려워하는 상황이므로 마음을 진정시킨다.

③ 미아에게 집주소나 전화번호 또는 아는 사람의 연락처를 알고 있는지 물어보고 알고 있을 경우에는 연락한다.

④ 미아가 연락처를 모르고 있는 경우에는 소지품을 확인해 보고, 연락처 단서가 없을 경우에는 가까운 파출소 및 행정관서(읍 · 면 · 동사무소, 아동임시보호소)에 인계한다.

⑤ 미아를 인계할 경우에는 발견 당시 상황과 장소를 정확하게 설명하고 발견자의 연락처를 알려주도록 한다.

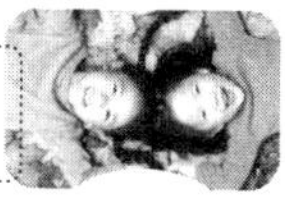

[성교육 안전] **안돼요! 싫어요! 하지 마세요!**(만 4, 5세)

❖ **잠재위험** : 성희롱, 성폭력 위기상황에 적절히 대처할 수 있다.

❖ **준 비 물** : 인형(놀라미, 아저씨), 아이스크림 가게

❖ **활동방법**

〈도입〉

① 교사가 준비해 온 인형극을 보여 준다.

놀라미가 가게에 갔어요. 아저씨는 놀라미를 앞에 앉히고 한 손으로 팬티 속을 만지고, 한 손으로는 아이스크림을 집어 주었어요. 놀라미는 아저씨가 만지는 것이 싫었지만 아이스크림 때문에 억지로 참고 있었어요. 놀라미는 시무룩한 표정으로 아이스크림을 들고 집으로 왔어요. 엄마는 놀라미가 아이스크림을 들고 있으면서도 기쁜 표정이 아닌 것을 보고 이상하게 생각했어요. 그래서 놀라미에게 무슨 일이 있었냐고 물어 봤지만, 놀라미는 아무 얘기를 하지 않았어요.

〈전개〉

① 유아의 대처방법에 대해 이야기 나눈다(자기 느낌의 분명한 표현).

- 아저씨가 팬티 속을 만지려 할 때 어떻게 해야 할까?
- 싫어요, 안돼요, 하지 마세요!라고 이야기해요.

② 도움을 청하는 방법에 대해 이야기 나눈다.

- 어떻게 도움을 청해야 할까?
  선생님, 엄마, 아빠, 어른들께 도움을 청해요.
- 엄마가 물었을 때 놀라미는 어떻게 해야 했을까?
  솔직히 이야기해야 해요.

③ '싫어요! 안돼요!'라는 표현을 글이나 그림으로 표현하기

④ 동시지어 보기

〈마무리〉

① 남자, 여자의 다른 점과 신체구조 등에 대해 인형과 책자, 비디오를

통해 다시 한 번 교육하는 시간을 갖는다. 우리의 몸을 소중하고 함부로 해서도 안 된다는 점을 이야기하고, 누가 보여 달라고 하여도 절대 보여 주어서는 안 된다는 점을 강조한다.

❖ **유 의 점** : 성에 대한 위기상황시 아이들이 대처하는 여러 방법들에 대해 함께 토론해 보고 그 방법들이 적절한 방법인지 알려 준다.

연구 문제

1. 유아 성교육을 위한 동화 중 하나를 선정해 동화중심의 프로젝트 수업을 구상하시오.

2. 학대신고 이후 유아의 후유증 예방을 위한 유아교육기관의 노력에 대해 이야기해 보시오.

3. 바쁜 가정의 부모 방임에 대한 학생의 입장은 어떠한지 발표하시오.

제 7장

사고와 응급처치

1. 응급처치의 개념 및 필요성
2. 응급처치의 순서와 기본지침
3. 응급처치의 기본방법
4. 증상에 따른 응급처치

어떤 사고와 위험에 대한 예방과 함께 실제 사고가 난 경우, 유아를 적절하게 치료할 수 있는 응급처치의 방법을 알아두는 것은 교사와 부모 및 유아를 돌보는 성인에게는 매우 필수적인 부분이다. 응급처치는 유아가 병원에서 치료를 받기 전까지 유아를 돌보고 안정시키는 일 뿐 아니라 직접적으로 필요한 조치를 취함으로써 상처나 손상이 더욱 악화되는 것을 방지하고, 적절한 치료를 통해 병원에 가지 않고도 충분하게 완치를 시킬 수 있는 과정이 된다. 따라서 본 장에서 기본적으로 알아 두어야 할 응급처치의 내용과 방법에 관해 살펴보기로 한다.

1. 응급처치의 개념 및 필요성

우리는 언제 어디서 돌발적인 사고나 사건으로 인해 생명을 위협받을지 모른다. 특히 자신을 적절하게 방어할 능력을 갖추지 못한 유아의 경우 항상 성인의 주의 깊은 관찰과 도움 및 적절한 조치가 필요한 대상이다. 유아가 가장 많이 생활하는 공간인 가정은 물론 유아교육기관에서 위험한 상황에 처한 유아들을 돌보기 위해서는 무엇보다도 응급처치에 관한 기초지식을 습득하고 있어야 한다.

유아교사로서 꼭 알아 두어야 하는 응급처치와 관련된 내용을 본 장에서는 다루고자 한다.

먼저 응급처치는 돌발적인 사고나 질병이 발생되었을 때 병원에서 전문적인 치료를 받기 전까지 행해지는 즉각적이고 임시적인 처치로서 인명구조, 고통경감, 상처나 질병의 악화방지, 심리적인 안정을 목적으로 한다(박성옥 외, 2003). 즉 다친 사람이나 급성 질환자에서 사고현장에서 즉시 조치를 취하는 것을 말하며, 이는 병원치료를 받을 때까지 일시적으로 도와주는 것일 뿐 아니라 적절한 회복상태에 이르도록 하는 것까지를 포함한다.

전문적인 의료적 처치가 의료진에 의해 이루어지기 전까지 이루어지는 응급처치야말로 환자의 질병이나 상황을 더 이상 악화시키지 않게 할 뿐 아니라, 이후에 이루어지는 의료적 처치를 더욱 원활하게 하고 위급한 상황에서 생명을 구할 수 있는 것이다.

따라서 응급처치에 관한 지식은 어릴 때부터 기본적으로 습득하고 있어야 할 뿐만 아니라 유아 및 아동과 관련된 기관의 직원들에게는 더욱 중요한 안전지식이다.

2. 응급처치의 순서와 기본지침

1) 응급처치의 일반적 순서

먼저 응급처치의 일반적 순서에 관해 살펴보기로 한다. 유아에게 사고가 발생한 경우 다음과 같이 대처해야 한다. 사고발생에 의한 응급환자가 생기면 먼저 당황하지 말고 다친 유아와 다른 유아들을 안심시킨 후, 첫째, 맥박 및 출혈의 유무 확인, 둘째, 호흡의 유무 확인, 셋째, 의식의 유무 확인, 넷째, 손상부위 등을 관찰 · 확인한다.

출혈이 확인되면 지혈에 의한 응급처치 후 의사나 응급차를 부르거나 구조보조자와 더불어 병원으로 운반하며, 호흡이 정지되었으면 인공호흡에 의한 응급조치를 실시하여야 한다. 환자가 의식이 있을 때는 환자 자신이 가장 편하다고 하는 자세를 취하도록 도와주고, 의식이 없으면 안색이나 손상부위 등을 고려하여 조치한다.

안색이 창백하면 머리를 낮게, 다리를 높게 하여 뇌에 혈액공급이 많아지도록 하며, 자색이면 호흡이 정지된 상태를 의미하므로 인공호흡을 실시한 후 환자의 운반, 치료, 보호가 이루어지도록 한다. 그러나 응급처치의 순서는 사고의 종류나 경중에 따라 다를 수도 있다(한국선, 2000). 응급처치를 하는 상황에서는 교사가 당황하지 않고 적절한 응급처치를 실시하여 사고 피해를 줄여야 한다.

(1) 응급구조 활동의 수칙

다친 유아를 진정시키면서 침착하게 필요한 응급처치를 하도록 다음의 원칙을 기억하는 것이 중요하다.

첫째, 당황하지 말고 다친 유아와 남은 유아를 안심시킨다.
둘째, 어떤 사고인지 파악하고, 응급처치를 할 수 있는 교사에게 빨리 연락한다.
셋째, 다친 유아는 다른 사고의 위험이 없다면 옮기지 말아야 한다. 즉 의사의 치료가 가능할 때까지 다른 장소로 옮기지 않는다.
넷째, 의식의 유무를 파악하고 의식이 없다면 호흡을 할 수 있도록 기도를 열어 준다.
다섯째, 출혈이 있다면 지혈하고 소독한다. 의식이 있는 유아에게는 이야기를 시켜 본다.
여섯째, 부모에게 연락하고 필요한 경우 119구조대나 응급실에 연락한다.
일곱째, 다른 상처의 유무를 살피고 가능한 응급처치를 한다.
여덟째, 보온과 충격방지에 유의하며, 병원으로 후송한다.

(2) 응급구조 활동의 수칙

① 현장조사
- 현장은 안전하고 무슨 일이 일어났는가?
- 몇 명이 다치고 도움을 줄 수 있는 사람은 있는가?

② 응급의료서비스 기관에 연락
- 2명 이상이 전화하도록 하고 번호(119, 1339 : 응급의료정보센터)를 알려 준다.

• 응급상황을 정확히 알려 준다.

③ 처치 및 도움
• 부상자나 환자의 생명이 위급한지 조사하고 적절한 응급처치를 실시한다.
• 심장, 폐, 뇌, 척추 등 생명 위급 판단부위 이상여부 평가가 중요하다.
• 주변상황 안전과 가장 고통스러워하는 곳을 중심으로 상태를 파악한다.
• 환자정보 종합 : 구급차가 올 때까지 지속적으로 환자상태 파악 후 구급차가 오면 응급 의료진에게 지금까지 파악한 환자상태를 알려 준다.

2) 응급처치를 위한 기본지침

유아에 대한 응급처치가 필요한 경우 응급처치를 하기 위해 알아 두어야 하는 기본 사항에 대해 살펴보도록 한다. 이는 응급상황에 대비하여 미리 시설이나 교사가 준비하고 숙지하고 있어야 하는 내용으로 응급상황 발생시 매우 필요한 지침이 된다.

첫째, 응급상황이 발생하였을 때 교사 간의 역할을 분담하여야 한다. 응급상황에서는 역할분담이 중요하다. 전화연락하는 사람, 응급처치하는 사람, 유아들을 안심시키고 주변을 정리하는 사람 등, 적절한 역할 분담을 통해 신속하게 대처하는 것이 무엇보다도 중요하므로 미리 이와 관련된 준비가 필요하다.

둘째, 응급상황시 연락하여야 할 중요한 기관 및 관련자에 대한 전화번호를 미리 준비해 두어야 한다. 그리고 즉시 연락이 가능하도록 연락처를 보기 쉽고 알기 쉬운 장소에 보관하거나 공개되어 있어야 한다.

셋째, 응급처치법에 대해 평소에 알아두고 비상시 손쉽게 참고할 수 있는 자료를 준비해 두어야 한다. 전화신고시 필요한 대화법도 손쉽게 비치한다.

넷째, 상비의약품을 준비해 두어야 한다. 구급약품은 찾기 쉬운 장소에 배치해 두고 정기적으로 점검하여야 할 것이며, 이와 관련된 중요 지식을 교사들이 반드시 숙지하고 있어야 한다.

다섯째, 응급상황에서 유아에 대한 적절한 처치를 하기 위해서는 부모의 동의가 필요하다. 응급상황 발생 시 부모에게 연락하여 동의를 받는다는 일은 쉽지 않다. 매우 급한 경우나 연락이 되지 않은 경우를 대비하여, 동의를 미리 받아두고 필요한 정보를 준비해 두는 것이 중요하다. 또한 부모 및 가까운 친척에게 연락이 되지 않을 경우 부모역할을 대신해 줄 친지의 전화번호 등을 가지고 있어야 할 것이다.

다음은 유아안전과 사고발생시 처리과정의 하나로 사전에 유아교육기관에서 갖추어야 할 서류들의 예들이다. 먼저, 비상연락 및 응급처치 동의서를 부모에게 미리 받아 놓아 안전사고 발생시 대처방안을 마련해야 하는 것이다. 다음은 안전사고가 발생될 경우 사고처리와 응급상황에 대한 대처 상황을 기록해 놓는 안전사고 보고서 양식이 있다. 각 유아교육기관은 아래의 서류를 마련해 놓고, 서류 작성과 관련한 응급처치 사안에 대해 숙지하고 있어야 한다.

한편 유아교육기관의 일과 중에 투약하게 될 경우를 대비하여 매일 부모가 유아를 대상으로 한 투약에 대한 의뢰서를 작성하고, 유아교육기관에서는 투약을 실시했다는 것을 보고할 수 있는 양식을 마련해 놓고, 매번 기입하도록 하고 있다. 투약의뢰서와 투약확인서도 유아교육기관의 안전 점검 및 안전한 운영의 하나로 기억해 두어야 할 부분이다.

표 7-1

비상연락망 및 응급처치 동의서

반 명		생년월일	
성 별	남 여	성 명	

사고 발생시 응급처치는 부모의 동의를 얻어야 합니다.

따라서, 귀 유치원에서는 사고시 응급처치에 대한 신속한 동의가 이루어질 수 있도록 다음의 연락처로 연락을 취해 주시고, 귀 유치원에서 다음의 절차에 따라 응급처치를 하는 경우, 그 권한을 귀 유치원에 위임할 것을 동의합니다.

날짜 : 2014 . . 부모이름 : (서명 또는 인)

〈 응급처치 절차 〉

1. 사고 발생 시 가장 먼저 부모님께 연락합니다.

(시간/기간) (전화번호)

어머니와는 ____________동안에 _______________________로 연락됩니다.
____________동안에 _______________________로 연락됩니다.

아버지와는 ____________동안에 _______________________로 연락됩니다.
____________동안에 _______________________로 연락됩니다.

2. 부모님과 신속하게 연락되지 않을 경우, 부모님이 정해 주신 다음의 연락처로 연락 드립니다.

(이름) (전화번호)

① ____________는 _______________________로 연락할 수 있습니다.
유아와의 관계 ____________________

② ____________는 _______________________로 연락할 수 있습니다.
유아와의 관계 ____________________

3. 필요한 경우 119 구급대에 연락할 것이며 (유치원에서 지정하는 의료기관이나, 부모님이 정하신 ________________________의료기관)으로 응급 수송할 것입니다.

4. 의료기관 수송 후에는 다음의 의료보험 관련 정보를 주어 신속하게 치료받을 수 있도록 합니다.

의료보험 종류__________________ 주민등록번호 __________________

출처: 진호유치원 운영보고서(2014).

표 7-2

안전사고 보고서

<table>
<tr><td>기관명</td><td colspan="2"></td><td>전화번호</td><td colspan="2"></td></tr>
<tr><td>기관 주소</td><td colspan="5"></td></tr>
<tr><td>상해 유아명</td><td></td><td>성별</td><td>남 여</td><td>생년월일</td><td>년 월 일</td></tr>
<tr><td>사고일자</td><td colspan="3">20 년 월 일</td><td>사고시간</td><td>am/pm</td></tr>
<tr><td>목격자명</td><td></td><td colspan="2">부모에게 연락한 사항</td><td colspan="2"></td></tr>
<tr><td>연락시간</td><td>am/pm</td><td>119 신고여부</td><td colspan="3">안함 신고함 (am/pm)</td></tr>
<tr><td>사고발생 장소</td><td colspan="5">□수송 중 □견학 중 □실외놀이터 □실내놀이실
□화장실 □복도 □주방 □대근육활동실
□교사실 □식당 □계단 □기타</td></tr>
<tr><td>사고당시 활동내용</td><td colspan="5">□배변시간 □교실활동 □계단오르내리기
□실내자유놀이 □점심/간식시간 □실외자유놀이
□물놀이 □현장학습
□기타 ( )</td></tr>
<tr><td>상해를 입힌 시설 · 설비</td><td colspan="5">□실내고정물 ( )
□체육시설물 ( )
□실외놀이물 ( )
□놀잇감 ( )
□책상 등 비품 ( )
□기타 ( )</td></tr>
<tr><td>상해의 유형</td><td colspan="5">□화상 □쇼크/질식 □추락/강타 □물체에 끼임
□찢어짐 □뼈가 부러지거나 탈구 □압박, 눌림
□베임 □찰과상(벗겨짐) □삠 □중독
□호흡곤란 □기타 ( )</td></tr>
<tr><td colspan="3">상해를 입은 다른 유아가 있는가?</td><td colspan="3">예 아니오</td></tr>
<tr><td>사고원인</td><td colspan="5">바닥으로 떨어짐 : 떨어진 높이 약 ( )m 바닥의 형태 :
□뛰거나 발을 헛디뎌 넘어짐 □다른 유아에게 물림
□다른 유아에게 맞거나 밀림 □바퀴달린 탈것(인라인 스케이트 등)
□물체에 의해 다침 □음식물에 의한 질식
□곤충에게 물리거나 쏘임 □동물에게 물림
□열, 추위에 노출 □기타 ( )</td></tr>
<tr><td>다친 부위 (좌, 우 표시)</td><td colspan="5">□머리 □눈 □귀 □코
□입 □목 □가슴 □등
□엉덩이 (L, R) □생식기 □팔 (L, R) □손 (L, R)
□다리 (L, R) □발 (L, R)</td></tr>
<tr><td colspan="6">유치원에서 행해진 응급처치
(상술 예: 압박붕대, 세척, 붕대, 위로 등)</td></tr>
<tr><td>응급처치자</td><td colspan="2"></td><td>의료기관 진료여부</td><td colspan="2">□안함 □함</td></tr>
<tr><td>의료기관 진료를 한 경우</td><td colspan="5">외래 진료를 받음 (예 : 진료실, 응급실)
입원 (밤새 혹은 시간)</td></tr>
<tr><td colspan="3">유아의 보호(치료)를 위한 추후 계획</td><td colspan="3"></td></tr>
<tr><td colspan="3">재발방지에 필요한 교정활동</td><td colspan="3"></td></tr>
<tr><td>교직원 서명</td><td colspan="5">(인) 날짜 : . . am/pm</td></tr>
<tr><td>부모 서명</td><td colspan="5">(인) 날짜 : . . am/pm</td></tr>
</table>

표 7-3

투약의뢰서 · 투약확인서

투약의뢰서

금일 본 자녀의 투약을 ○○유치원 선생님께 의뢰합니다.

이 름 :
증 상 :
약의 종류 및 용량 :
투약 의뢰 시간 :
비 고 :

년 월 일
보호자 :

※ 투약으로 인한 책임은 의뢰자가 집니다.

투약확인서

구 분	투 약 시 간	용 량	투 약 자
1			
2			
비고			

위와 같이 투약하였음을 확인합니다.

년 월 일

담당교사 (인)

다음은 유아교육기관에서 기본적으로 갖추어야 할 구급의약품과 기구에 대한 내용이다. 구급용품은 유아교육기관에 상비해 두고 행사시를 대비해 휴대용품의 두 세트를 늘 준비하고 내용물이 부족하지 않도록 점검해 둔다.

유아교육기관은 구급함을 만들어 응급처치에 필요한 구급용품을 관리할 때, 효과적이면서도 약품안전에 신경을 써야 할 것이다. 구급함에 있는 재료와 약품 등에 대한 사용법을 바르게 기입하고, 개봉일과 유효기간을 표시하여 약품사용의 오남용과 안전에 책임있는 관리가 되도록 한다.

기타 사항으로 소풍이나 견학 등의 행사시는 응급처치를 위한 구급용품을 반드시 준비해 가야 하며 목적지 주변의 의료기관이나 보건소, 소방서, 경찰서 등을 사전에 확인해 두는 등의 배려가 필요하다. 만일 사고가 발생했을 때는 적절한 응급처치를 행하는 동시에 구급차를 요청해서 의료기관으로 운반하고, 보호자와 유치원에 연락을 하고 사고의 상황에 따라서는 일정을 변경하는 것도 필요하다(김성희, 2000). 응급처치에 필요한 구급약품과 용품은 〈표 7-4〉와 같다.

표 7-4

유아교육기관에서 갖추어야 할 구급약품 및 용품

분류		종류	효용
구급약품	외용약	· 소독약 · 항히스타민연고 · 방충제 · 기타 : 피부연고제, 관장약, 파스 등	· 상처 소독 · 벌레물린 곳 · 벌레가 무는 것을 예방
	구급 내용약	· 해독제 · 식염수 · 중조 · 해열제 · 소화제	· 독극물을 마셨을 때, 토한 후에 사용 · 구토, 설사, 화상, 출혈, 열, 피로로 인한 탈수방지나 열 경련이 일어났을 때 사용 · 탈수가 있을 때, 수액 대용으로 사용 · 열이 날 때 사용 · 소화 촉진에 사용
구급용품	붕대류	· 일회용 반창고, 탈지면패드, 멸균거즈, (구급) 붕대, 삼각건, 지혈대, 안대 및 안대용 패드 등	
	기타	· 얼음	· 화상, 탈골, 골절, 벌레에 물린 경우, 삔 경우, 멍들었을 때 사용, 항상 준비하고 있도록 함
		체온계, 물베개, 얼음주머니, 비닐봉지(얼음주머니 대용), 생리식염수, 일회용 장갑, 탈지면, 면봉, 안전핀, 침, 가위, 핀셋, 족집게, 성냥(라이터), 손전등과 여분의 건전지, 비누, 화장지, 종이컵, 스푼, 메모용지, 필기용구, 특별한 문제를 가진 유아를 위한 용품(예를 들어, 천식유아를 위한 inhaler), 부목으로 쓸 수 있는 나무판	

3. 응급처치의 기본방법

응급처치는 작은 상처부터 생명이 위급한 상황까지 모든 경우에 대한 대처를 의미한다. 따라서 응급처치와 관련된 기본 지식 중의 하나는 응급환자를 볼 때 환자의 상황이 생존을 위협하는 상황인지, 위급하긴 하나 생명에는 지장이 없는지를 살피는 것이 매우 중요하다. 따라서 인간이 생존함에 있어 가장 중요한 생존의 기본조건은 무엇인지를 알 필요가 있다. 인체의 모든 세포가 생존하려면 반드시 산소가 필요하며, 만약 뇌와 신경세포는 4~6분 내에 산소공급이 없다면 생명을 잃게 된다. 그 후 산소가 재공급된다 하더라도 의식이 회복되지 않거나 상당한 신경학적 후유증을 남기게 되며, 심한 경우에는 식물인간(생물학적 사망)으로 살아가야 한다. 따라서 생존을 위해 3가지의 기본조건이 충족되어야 한다.

① 기도개방(몸으로 산소공급 통로 확보)
② 호흡유지(산소가 폐혈류에 녹아야 함)
③ 혈류순환(혈액속 산소와 체세포 속의 영양분을 공급)

다음 응급처치를 위해 기본적으로 알아 두어야 하는 방법들을 살펴보면 다음과 같다.

1) 기본인명구조술(CPR : cardiopulmonary resuscitation : 심폐소생술)

먼저 응급처치 중 가장 중요하게 알아야 하는 방법은 심폐소생술이다. 심폐소생술은 호흡이 중지되거나 심장이 정지되었을 경우 의료원이 도착하기 전까지 시행하는 응급처치방법이다. 심폐소생술의 순서는 다음 [그림 7-1], [그림 7-2]와 같다.

환자 발견

1. 의식 확인 — 환자에게 질문 등으로 확인 – 여보세요, 괜찮습니까?

2. 구조 요청 — 119, 1339에 연락

3. 자세 변환 — 인공호흡을 할 수 있도록 딱딱한 곳에 바로 눕힘

4. 기도 개방 — 머리 젖히고, 턱 들어 올리기

5. 호흡 확인 10초 이내 — 보고, 듣고, 느낀다(가슴이 오르내리는지, 숨소리를 느낌)

맥박 없으면

6. 구조 호흡 2회 — 천천히 깊게(1번 불 때 1~1.5초 호흡량

7. 순환(맥박) 확인 10초 이내 — 경동맥 확인

맥박 있으면 → 인공호흡, 5초에 1번 (분당 12회 정도) → 1분 후에 호흡 확인

8. 흉부압박(CPR) 15회 인공호흡 2회 — 심폐소생술 실시, 1분에 100회 정도의 속도로 실시, 4회 반복

9. 평가(호흡/순환 확인) 10초 이내 — 경동맥 재확인 후 차도가 없으면 다시 시작

[그림 7-1] 심폐소생술(CPR) 순서

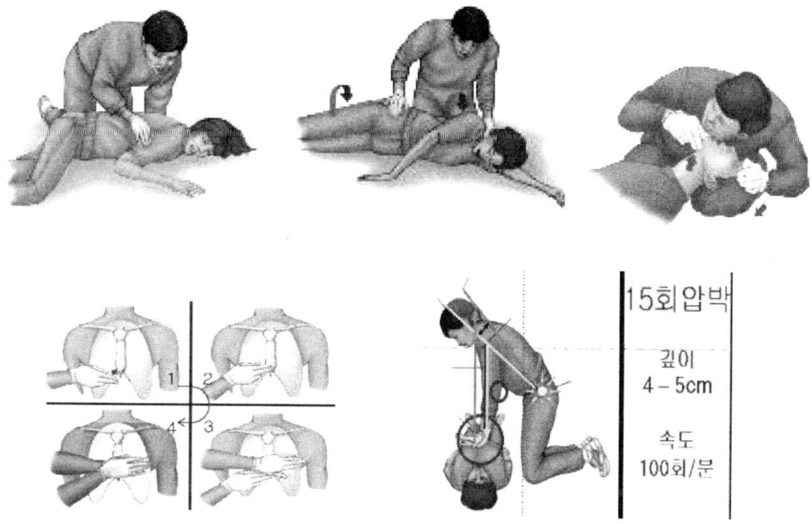

[그림 7-2] 성인 대상의 심폐소생법
자료: 소방방재청 응급처치 자료(http://www.nema.go.kr)

심폐소생술의 과정에서 알아 두어야 할 주요 개념을 설명하면 다음과 같다.

(1) Airway(기도확보)

혀가 기도를 막는 것을 방지하기 위하여 머리를 뒤로 기울이면서 턱을 들어올린다. 이 때 척추 손상이 의심되는 경우는 머리나 목을 움직이지 말고 턱을 앞으로 당겨 입이 다물어지지 않도록 한다.

(2) Breathing(인공호흡)

숨을 쉬지 않을 경우 고개가 움직이지 않도록 유지하면서 엄지와 검지로 유아의 코를 막고 처치자의 입으로 유아의 입을 단단히 덮은 후 깊은 숨을 들이 쉬고 2번 느린 숨을 불어넣어 준다. 유아의 흉부가 올라오지 않을 경우 머리의 위치를 바꾸어 2번의 숨을 불어넣어 준다.

인공호흡시 유의사항은 ① 빠른 시간에 여러 번 불어야 할 것, ② 공기가 폐로 가는지 확인할 것, ③ 내쉬는 공기가 있는지 뺨으로 확인할 것, ④ 환자는 반드시 눕히고 다리는 높일 것(혈액순환 다리 차단), ⑤ 사지에 마사지는 절대금지할 것(불필요한 혈액순환을 금지), ⑥ 철저한 보온을 유지하고 절대 쉬지 말고 할 것, ⑦ 구토시 머리와 몸을 옆으로 돌리고 이물질을 제거할 것, ⑧ 심장 정지시는 바로 심폐소생술을 실시할 것 등이다.

(3) Circulation(심장 마사지)

맥박이 없다면 흉부압박을 한다. 1세 미만의 영아라면 젖꼭지 바로 밑의 흉골 중간에 손가락 2개를 놓고 손가락을 3초 이내에 빠르게 누른다. 1세 이상 8세 이하의 유아라면 한 손을 흉골 절반 하부에 놓고 약 4초 간격으로 빠르게 누른다.

2) 상처시 응급처치

상처란 신체의 조직이 손상된 상태로서 주로 피부나 점막이 손상된 상태를 의미한다. 유아의 응급처치는 이러한 상처치료가 대부분이다. 따라서 부모나 교사는 상처치료의 적절한 방법을 알고 있어야 한다.

표 7-5

창상의 종류

닫힌 창상	열린 창상	
· 타박상	· 찰과상(벗겨짐)	· 절단상
· 염좌	· 결출상(찢어짐)	· 총상
· 골절	· 절상(유리 · 종이 베이는 것)	· 자상(칼에 찔림)
	· 열상(삐이거나 파이는 것)	

상처의 종류, 즉 창상이라 하면 폐쇄성 연부조직손상(닫힌 창상)과 개방성 연부조직손상(열린 창상)으로 구분한다(대구시 동구, 2004).

(1) 닫힌 창상(골절)

골절이란 뼈가 부러지거나 금이 가는 것으로, 교통사고, 추락사고 등이 주요 원인이다.

① 골절의 구분

- **폐쇄성(단순) 골절** : 피부가 손상되지 않고 골절부위 근처에 전혀 상처가 없는 것으로, 대부분의 골절은 단순골절이지만 잘못 다루면 복잡골절로 발전한다.
- **개방성(복잡) 골절** : 뼈가 밖으로 나오거나 피부가 찢겨지는 것으로 피부에 가해진 직접적인 충격으로 발생되면 뼈끝이 피부를 뚫어 창상이 겹치고, 또한 혈관이 손상되고 심한 출혈과 충격이 동반된다. 골절부위에 창상이 있으면 복잡골절로 판단한다.

② 골절의 유형 및 증상

- **개방된 상처** : 골절 주위에 상처가 있으면 개방성 골절이다.
- **압통과 통증** : 부상부위만 나타나는데, 조심스럽게 만질 때 통증이나 압통을 호소하면 골절 가능성이 있는 것이다.
- **부종** : 뼈가 부러지면 출혈로 인하여 부종이 바로 발생한다.
- **기능 상실** : 다친 쪽을 못쓰는 수가 있다. 다친 부위를 움직이면 무의식적으로 움직이지 않으려는 자세로 환자는 이 때 방어 자세를 취한다.
- **부러진 느낌이나 소리** : 뼈가 닿일 때마다 소리가 난다. 어떻게 다쳤는지 알아보면 골절 가능성을 확인할 수 있다. 또한 사고 당시 순간 골절되는 소리를 듣기도 한다.

③ 닫힌 창상(골절)시 응급처치

- 다친 곳을 건드리거나 환자를 함부로 옮김으로써 뼈끝의 신경, 혈관 또는

근육을 손상되지 않도록 한다. 출혈이 있으면 직접압박으로 출혈을 방지하고, 출혈이 심하면 지압점 압박으로 지혈한다.

- 부목을 대기 전에 미리 적당한 위치에 지혈대를 넣어 두고 그 위에 부목을 대면 나중에 사용이 필요할 때 부목을 풀지 않고도 쉽게 지혈대를 쓸 수 있다.
- 경련 부위를 마사지하거나 문지르지 않는다. 아프기만 더할 뿐 경련을 해소시키지 못한다.
- 탄력 붕대를 너무 꽉 감지 않는다. 너무 꽉 감으면 혈액순환을 막게 된다.
- 손가락과 발가락 끝은 피부색깔을 쉽게 확인할 수 있도록 붕대를 감지 않는다.
- 복잡골절은 피가 멈춘 후에 소독한 붕대를 감는다.
- 병원 후송시 부러진 부위는 움직이지 않게 하고 몸을 흔들리지 않도록 한다.
- 부목 사용시 주의사항으로는 ㉠ 부목을 댄 후 부상자를 운반하고 부러진 뼈를 맞추려고 하지 않는다. ㉡ 골절된 뼈와 양쪽 관절이 움직이지 않게 방지하고 적어도 30분에 한 번씩 부목을 댄 부분을 조사하여 혈액순환을 체크하여 너무 아프면 묶은 붕대를 약간 늦춘다.

(2) 열린 창상(출혈)

혈관이 파괴되어 혈액의 성분이 밖으로 나오는 현상으로 혈관벽이 파탄되어 출혈하는 경우를 파탄성 출혈이라 한다.

① 출혈구분

출혈은 외출혈과 내출혈로 구분할 수 있다.

- **외출혈** : 개방성 상처에서 피가 날 때 외출혈이라고 한다. 출혈이란 용어는 보통 단시간에 많은 양의 피가 흘러나올 때 사용한다.
- **내출혈** : 내출혈은 출혈이 눈에 보이지 않는 경우를 말한다. 육안으로 관찰하

기가 매우 어려우며 생명을 위협할 수도 있다. 내출혈은 외상으로 나타나지만 궤양과 같은 질병으로도 일어난다. 피부의 멍이나 타박상, 배가 아프다면 통증을 호소할 때, 가슴에 멍이 나타나고 피를 토하거나 기침을 할 때 피가 나온다. 대변이 검은 색이거나 선홍색 피가 섞여 나올 경우 내출혈을 의심할 수 있다.

② 출혈시 위험성

출혈시 위험한 것은 감염의 위험성이며, 약 1,000cc(20%) 출혈은 위험하고 1,500cc(30%)의 출혈에는 생명을 잃게 된다.

③ 열린 창상(출혈)시 응급처치

외출혈시 가장 효과적인 지혈법은 직접압박이다. 직접압박은 대부분의 출혈을 막아 준다. 이는 소독거즈나 깨끗한 헝겊으로 상처부위를 덮고, 압박붕대로 감아 놓는 방법이다. 지혈이 되는 경과를 10분 정도 살피며, 상처부위를 심장보다 높여서 지혈한다. 또한 상처가 클 경우 수술을 받을 수도 있으므로 응급처치시 부상자에게 물을 주지 않는다. 또한 상처부위의 이물질을 빼거나 지혈용 가루를 사용하는 것은 환자의 상태를 악화시키거나 병원에서의 처치를 지연시킬 수 있으므로 하지 않도록 한다. 출혈 응급처치에서 알아 두어야 할 내용은 다음과 같다.

첫째, 지혈대로 상처부위를 묶는 것은 이로움보다 해로움이 더 많다.

둘째, 출혈이 멈추지 않을 경우 쇼크의 증후가 있는지 계속 관찰한다.

셋째, 두피의 출혈은 다량의 출혈이 발생될 수 있다. 혈륜분포가 많아 출혈량이 많음을 알고 당황하지 않고 처치한다.

넷째, 상처부위에 있는 이물질을 자체적으로 처리하기보다는 병원 후송을 빨리 하여 2차 감염을 최소화하는 것이 좋다.

④ 출혈시 지혈방법

출혈시 지혈방법인 직접압박, 지압점 압박, 지혈대 지혈방법에 관해 살펴보면 다음과 같다.

가) 직접압박

- 거즈나 깨끗한 헝겊으로 두껍게 접어 상처 위에 대고 직접 누르고 붕대로 감는다.
- 상처부분을 소독 후 헝겊으로 직접 압박한다.

나) 지압점 압박

- 동맥 손상시 많은 출혈로 직접압박으로 지혈되지 않을시 지압점 압박을 한다.
- 손상된 곳과 심장 사이에서 동맥이 뼈 가까이 지나는 곳의 동맥을 뼈에 압박한다.
- **상박동맥 지압점** : 팔에 출혈이 심할 때
- **대퇴동맥 지압점** : 하지에 출혈이 심할 때

다) 지혈대

- 직접압박과 지압점 압박으로 출혈을 막지 못할 경우 최후수단으로 사용한다.
- 지혈대 폭은 5센치 정도의 띠를 사용한다.
- 상처와 가까운 곳에 완전지혈(맨 시간기록)한다.
- 지체없이 병원으로 이송한다.

출혈의 구분에 따른 응급처치의 방법과 출혈시 상처보호의 방법을 정리하면 〈표 7-6〉, 〈표 7-7〉과 같다.

표 7-6

출혈 구분에 따른 응급처치

출혈이 심한 경우	출혈이 심하지 않을 경우
· 즉시 지혈을 하고 출혈 부위를 높게 함 · 출혈이 멎기 전에 음료를 주지 않음 · 지혈: 직접압박, 지압점 압박, 지혈대방법 등을 사용	· 상처를 손이나 깨끗하지 않은 헝겊 등으로 건드리지 말고 엉키고 뭉친 상처를 떼지 않음 · 흙이나 더러운 것 묻었을 때 깨끗한 물로 씻어 줌 · 소독된 거즈나 깨끗한 수건으로 상처에 대고 드레싱함

표 7-7

출혈시 상처보호

상처세척	· 상처는 반드시 세척하여 감염을 예방하고 세척으로 다시 출혈될 수 있으니 반드시 실시 · 출혈이 심하면 확실히 멈출 때까지 압박 붕대함
상처보호	· 봉합이 필요하지 않은 상처는 항생연고를 얇게 바름 · 상처를 덮을 때는 소독 드레싱을 사용(반창고로 직접 덮어서는 안됨) · 드레싱을 한 후 상처부위와 드레싱이 달라 붙게 되면 상처가 다 나을 때까지 그대로 둠 · 드레싱을 뗄 경우는 따뜻한 물로 딱지를 부드럽게 하여 뗌
상처감염	· 모든 상처는 감염의 우려가 있고, 일단 감염되면 상처는 더 커질 수 있으므로 예방만이 최선의 방법 · 상처가 감염된 것을 발견하고 치료하는 것이 중요하며 감염여부에 대한 처치방법을 알아야 함

(3) 염좌와 좌상

염좌는 관절 주위의 인대나 조직이 갑자기 뒤틀렸을 경우 발생하는 손상으로 흔히 삐었다고 하는 증상이다.

① 증상과 증후

통증, 부종, 경련, 관전운동의 제한(움직이지 못함), 멍

② 상태의 종류

염좌는 인대가 파열되거나 늘어난 것이고, 좌상은 근육섬유 또는 건이 파열되거나 늘어난 것이다.

③ 염좌와 좌상 처치

첫째, 편한 자세로 쉬게 한다.

둘째, 혈류를 느리게 하고 부종을 감소시키기 위해 손상받은 부위를 심장보다 높은 위치로 올린다.

셋째, 부종과 통증을 감소시키기 위해 냉찜질을 한다.

넷째, 다리, 발목, 무릎을 부상당했을 경우 손상된 부위를 붕대로 감아 준다. 어깨, 팔꿈치, 손목 등의 부상에는 삼각건으로 상처부위를 부동시키고 몸에 묶는다.

(4) 경련

발열은 유아에게 흔하게 발생되는 증상이다. 그러나 이러한 발열은 경련을 일으킬 수 있다. 경련은 간질, 감염, 중독, 저혈당, 두부 손상을 포함한 외상, 저산소로 발생될 수 있다.

① 증상과 증후

멈출 수 없는 몸의 움직임, 눈이 뒤로 넘어감, 입에서 거품이 남, 대소변의 실금, 의식상실

② 경련의 특성

경련은 5~10분 이내에 멈춘다. 주변에서 침착하게 경련하는 유아를 돌보는 것이 중요하다. 고열로 발생되는 경련은 심각한 것이 아니므로 유아의 경련 경과를 살펴야 한다.

③ 경련 처치

첫째, 필요하다면 안전한 장소로 옮긴다.

둘째, 유아와 함께 있고, 목과 허리 부분은 느슨하게 해 준다.

셋째, 구토를 할 경우도 있으니 질식을 막기 위해 유아를 옆으로 눕히거나 고개를 옆으로 돌린다.

넷째, 경련이 멈추고 고열이 나면 고열을 처치한다.

(5) 실신

의식수준의 변화로 실신하는 경우는 저혈당증, 중독, 감염, 두부손상, 저산소, 쇼크, 발작 후와 같은 상황일 때 발생된다.

① 증상과 증후

의식불명, 어지러움, 창백, 땀 흘림

② 발견시 대응

개도 개방을 확인하고 머리 손상이나 다른 부위의 손상이 있으면 척추를 함부로 움직이지 않는다. 의식이 없을 경우 연령에 따라 심폐소생술을 시행한다.

③ 실신 처치

첫째, 의식이 몽롱해지면 머리를 양쪽 무릎 사이에 넣어 밑을 향하게 한다.

둘째, 옷을 느슨하게 해 주고 충분한 산소를 마시도록 한다.

셋째, 다리와 발을 지상에서 20~30cm 정도 높게 하고 바닥에 누인다. 이때 머리는 베개를 베지 않는다.

넷째, 구토할 경우 질식을 예방하기 위해 머리를 옆으로 돌린다.

3) 여름철 열에 의한 노출과 응급처치

열손상은 신체가 견뎌 낼 수 있는 한계보다 더 많은 열에너지에 노출되었을 때 발생한다. 실내나 실외에서 높은 열에 노출되면 일사병, 열사병, 열성경련 중의 한 가지 상태가 나타난다. 환자나 술을 많이 마신 사람, 나이든 사람, 비만 등 뚱뚱한 사람이 과열에 대한 저항이 약하다(대구시 동구, 2004).

(1) 일사병

① 원인

땀을 많이 흘려 몸 속에 수분과 전해질을 소실하여 체액이 고갈될 때 발생하며 뜨거운 태양 아래 옷을 많이 입거나 격렬한 운동, 습기찬 환경에서 두껍게 옷을 입을 때 발생한다.

② 증상

많은 땀 배출로 인해 몸 속 수분 부족으로 쇼크가 동반하거나 오심이나 두통을 수반하는 현기증으로 40도의 높은 고열이 지속되면 의식을 잃을 수 있다.

③ 응급처치

그늘지고 신선한 장소로 이동하여, 의복을 느슨하게 하고 의식이 있으면 입으로 조금씩 물을 먹이고 계속 체온이 상승하면 즉시 병원으로 이송한다.

(2) 열사병

① 원인

신체가 조절할 수 있는 방어기전보다 더 많은 열을 받았을 때 발생한다. 일사병은 땀을 많이 흘리나 열사병은 땀을 흘리지 않는다. 일사병 다음 열사병이 올 수 있다. 주로 통풍이 안 되는 밀폐된 공간에서 발생하는데, 더운 날 차 안에서 아이가 질식 사망의 경우를 예로 들 수 있다. 노인이나 허약자, 비만자, 음주자의 경우 주의하여야 한다.

② 증상

일사병을 치료하지 않아 열사병으로 진행되는 경우가 있으므로 체온이 상승하는 환자는 주의하여야 한다.

- 피부가 뜨겁고 마르며 얼굴색은 붉어지고 맥박은 빠르고 강하며, 때로 체온이 40도까지 올라 최악의 경우 의식을 잃기도 한다.
- 몸은 허탈상태에 빠지고 인사불성에 이른다(중환자의 25%가 사망한다).

③ 응급처치

환자 회복은 신속성에 달렸기에 즉시 서늘하고 그늘진 곳에 옮기는 것이 중요하다.

- 옷은 느슨하게 머리와 어깨를 높여 주고 이마에 찬 수건이나 얼음을 대준다.
- 몸에 홑이불이나 천으로 감고 찬물을 끼얹어 몸을 식히고 심장을 향하여 사지를 문질러 혈액순환을 돕는다.
- 환자의 몸을 너무 급하게 식히지 말고 천천히 식힌다.

(3) 열경련

① 원인

높은 온도 속에서 과로하여 땀을 많이 흘려 염분이 상실되는 경우, 복부와 사지의 근육에 경련이 발생하는 경우를 말한다.

② 증상

고통스런 근육경련으로 보통 다리에 많이 발생하고 고통을 호소한다.

③ 응급처치

환자를 앉히거나 눕힘으로써 경련 중인 근육을 쉬게 하고, 소금물을 마시게 하고 근육을 마사지하면 대개의 경우 회복된다.

4. 증상에 따른 응급처치

앞에서 살펴본 응급처치의 기본방법을 기초로 하여 유아의 증상을 중심으로 응급처치의 방법을 살펴보기로 한다.

1) 찰과상

부상 중에서 가장 일반적인 것으로, 피부의 표면이 강한 외부의 힘과 마찰하여 벗겨진 것으로 넘어짐, 충돌, 마찰, 추락 및 접촉사고 등이 그 원인이다. 유아의 경우 머리나 얼굴에 찰과상을 입는 경우가 많으며, 증상은 외피가 벗겨져서 출혈과 통증을 수반한다.

세균에 오염되어 있기 쉬우므로 소독하는 것을 잊어서는 안 되는데, 흐르는 물로 씻어 내고 소독약으로 상처 자리를 소독하면 된다. 작은 상처는 그대로 두어도 되나, 큰 상처는 소독 가제를 대고 반창고나 붕대로 눌러 두면 낫는다. 그리고 상처에 탈지면을 대어 주는 경우 나중에 떼기 어렵게 되므로, 상처에 직접 대어 두지 않는 것이 좋다.

2) 타박상

외부에서 힘이 가해져 신체의 표면뿐 아니라 그 내부에까지 피해가 가해지는 경우로써 증상을 보면 외피에 형태적 변화가 생기는 수가 있으나, 대부분의 경우 외피의 피부 손상은 적고 그 아래의 피하조직, 혈관근육, 골막 등에 상처가 난다. 머리, 팔다리 등 전신에 걸쳐 상해를 입을 수 있으며 흉부, 복부에 외력을 받아서 그 내부 장기까지도 영향을 받을 수 있다.

유아가 넘어지거나 떨어지는 것, 충돌에 의해서 발생할 수 있다. 손발의 타박상은 가능한 한 빨리 차가운 물로 식히거나 찬찜질을 해 주면 아픔이나 부종이 가벼워진다. 움직이면 통증과 출혈이 많아지므로 안정시키고 움직이지 않도록 해야 한다. 아픔이나 부종이 심한 곳은 근육이나 뼈에 이상이 있을 수 있으므로 병원에서 진찰을 받도록 해야 한다.

3) 찔린 상처

찔린 상처는 예리한 물건, 즉 바늘, 송곳, 압정 등에 의해서 발생한 상해로, 찔린 상처 부위는 세균이 들어 있기 때문에 나중에 곪을 우려가 있다. 특히 녹슨 못, 나무 조각이나 진흙이 들어간 상처는 파상풍에 걸릴 염려가 있으므로 병균을 짜내야 하며 잘 씻고 소독하여야 한다.

찔린 상처는 출혈은 적을 수 있으나 깊은 상처가 날 수도 있다. 언뜻 보기에는 상처가 깨끗해 보여도 감염의 우려가 있으므로 이물질을 제거하는 것과 잘 소독해 주는 것이 중요하다. 파상풍 예방주사는 꼭 맞아야 하며 확인할 필요가 있다. 이러한 찔린 상처의 경우는 외과에서 처치를 받아야 한다. 또한 유아가 가시에 찔린 경우 찔린 상처 주위를 소독하고 소독한 핀셋으로 가시를 뽑아 내면 된다. 그리고 완전히 가시가 제거되었는지 확인한다.

4) 베인 상처

이는 예리한 물건(가위, 칼, 유리조각 등)에 의해서 신체가 상해되는 것으로 유아의 경우 발생 빈도가 비교적 높다. 피부의 손상으로 출혈이 되고 하부조직의 손상이 있을 수도 있다.

우선 출혈부분을 깨끗한 헝겊으로 세게 눌러서 지혈한 후 직접 상처 자리를 압박해서 출혈을 멈추도록 한다. 그래도 멈추지 않으면 상처자리보다 심장에 가까운 부분의 동맥을 세게 압박한다. 대부분 5분 정도의 지혈이면 충분하다. 상처부분이 더러워져 있으면 흐르는 물로 씻어 낸다. 그 후 소독약으로 소독하고 소독 가제를 대어 반창고나 붕대를 감는다.

상처가 심한 경우에는 오랜 시간 방치해 두면 봉합이 어려워지므로 빨리 병원으로 데려가야 하며, 전문의와 상의하여 꿰매야 한다. 얼굴이나 목 등의 상처는 성형외과, 피부과, 외과 등에서 처치를 받는다.

5) 화상

화상은 화재나 뜨거운 증기, 기름, 물, 주방기구, 화학약품, 전기 등으로 피부막이 손상된 상태다. 화상의 정도에 따라 1도에서 3도로 화상 수준을 분류한다. 1도 화상은 피부 표피층에 화상을 입은 것으로 피부가 붉게 변하거나 통증, 발적, 부종 등이 생길 수 있는 상태다. 2도 화상은 표피층이 완전히 손상되고 내피층까지 손상을 입어 수포가 생기고 통증이 심한 상태다. 3도 화상은 모든 피부층은 물로 피하지방과 근육층까지 손상된 심한 화상으로 피부색이 회백색이거나 검은 색을 띠고 신경이 손상된 경우다.

화상에 대한 치료에서 가장 중요한 것은 화상 부위를 빨리 식히는 것이다. 차갑고 깨끗한 물로 식히는 것이 좋은데, 흐르는 물로 10분 정도 식혀 준다. 소독된 거즈나 손수건으로 상처부위를 넓게 덮어 준다. 그러나 1도 화상인 경우에는 물로 식힌 후 가제로 덮어서 스치지 않도록 주의한다. 상처에 크림이나 로션을 절대 바르지 않는다. 화상부위가 더 부어오르기 전에 반지 등의 악세서리는 제거한다. 2차 감염을 조심하도록 한다.

또한 죽은 피부나 물집을 터뜨리지 않으며, 얼음, 된장, 간장, 연고, 면붕대 등을 사용하지 않는다. 몸 전체가 화상을 입었을 경우 옷을 입은 채로 물로 식히고 식히면서 침착하게 벗기면 된다. 만약 피부에 달라 붙어서 벗기기 어려울 때는, 억지로 벗기지 말고 그 부분을 남기고 가위 등으로 자르면 된다. 이것도 어려운 경우에는 옷을 입힌 채로 병원에 간다.

6) 탈구

탈구는 관절 부위에 지나친 압력이 가해져 뼈가 본래의 자리를 빠져 나와 관절 주위의 조직이 손상을 입게 되는 경우를 말한다. 넘어짐, 운동, 기타 외부적인 힘에 의해 발생한다. 증상은 탈구된 부분이 붓고 심한 통증을 호소하는 것인데, 상처부위를 움직이지 않도록 부목을 대고 찬찜질을 해 주며 병원으로 데리고 가서 전문의의 치료를 받도록 한다. X-ray 사진을 찍어 탈구인지 골절인지를 진단한다.

7) 끼인 경우

유아의 경우 신체적인 크기가 작기 때문에 성인과 달리 작은 틈에 손이나 발 또는 머리, 몸 등이 끼이는 사고가 자주 발생한다. 약간의 상처로 아무런 조치 없이 끝나는 경우도 있으나 심각한 경우가 발생할 수도 있다.

끼인 상처의 경우 찬물에 적신 헝겊을 대고 움직이지 않도록 주의시키며, 만일 피부의 손상이 있다면 외상의 처치를 행한다. 통증이 심하거나 피부의 심한 손상, 붓기가 심한 경우는 뼈나 관절이 손상되었을 가능성이 있으므로 정형외과 또는 성형외과의 처치를 받는 것이 필요하다. 만약 손가락 끝이 절단되었다면 절단된 부위를 청결한 비닐봉지에 넣고, 다시 이것을 얼음 조각이 담긴 비닐봉지에 넣어서 성형외과로 가져가 봉합수술을 받도록 해야 한다.

간혹 남아의 성기가 지퍼에 끼이는 경우가 있다. 응급처치로는 얼음 조각을 성기에 대주어 통증을 경감시키고 곧바로 병원으로 간다. 만약 지퍼를 억지로 올리면 성기 부위의 피부가 찢어지는 상처가 날 수 있다.

8) 손톱과 발톱이 벗겨졌을 때

손톱과 발톱은 벗겨져도 원래대로의 상태로 다시 낫는 것이 일반적이다. 그러나 벗겨진 손톱과 발톱이 남아 있으면 그것이 이물이 되어 자극하기 때문에 뒤의 손톱이 깨끗하게 생겨 나오지 않는 경우도 있다. 완전하게 벗겨졌을 경우에는 소독약으로 소독하고 난 후 항생 물질이 든 연고를 듬뿍 바르고, 소독 가제를 대어 붕대를 감아 둔다. 손톱과 발톱이 일부 남아 있거나 절반 정도 벗겨져 있는 경우에는 먼저 잘 소독하여 가제를 대어서 붕대로 감거나 반창고로 붙여서 외과나 피부과의 치료를 받는다.

9) 복부를 다쳤을 때

배를 다치는 경우는 흔치 않으나, 갑자기 휘두른 막대기라든가 주먹으로 맞아서 내장 파열 등이 일어날 수 있다. 배를 부딪친 직후에는 괜찮았는데, 조금 지나면서 안색이 안 좋고 늘어지며 구토, 식은땀, 복통, 혈뇨 등이 나타나면 내장에 손상이 있는 것으로 보고 종합병원에 간다.

응급처치로는 잠을 재울 때 베개를 베지 말고 수평으로 재우고, 모포나 이불을 뭉쳐서 무릎 아래에 넣고 양 무릎을 세우게 하면 편하다. 추울 때에는 보온에도 유의한다. 또한 마실 것이나 먹을 것을 주어서는 안 된다. 구역질이나 구토가 보이는 경우는 질식을 막기 위하여 옆으로 돌려서 토해 내기 쉽도록 한다.

10) 머리를 다쳤을 때

머리의 출혈은 청결한 가제로 상처에 씌워 조금 세게 압박하여 지혈하고 소독하며, 혹이 생긴 경우는 차가운 타월을 상처부위에 가만히 둔다.

머리를 부딪친 후의 상태가 좋고 일상 생활하는데 지장이 없다면 걱정할 필요가 없다. 그러나 머리를 부딪쳐서 두개골 안에 출혈이 생기거나 뇌에 손상이 생긴 증상으로 보이는 경우, 또는 즉각적인 이상은 없었으나 잠시 후 증상이 나타나는 경우는 전문의의 치료를 받아야 한다.

귀나 코에서 혈액이나 액이 유출되거나 호흡이 흐트러지고 하품이나 딸꾹질을 빈번히 하는 경우, 손이나 발의 움직임이 이상한 경우, 말을 분명하게 하지 못하는 경우, 좌우의 눈동자의 크기가 다른 경우 등은 위험한 신호이며, 두통이나 구토, 경련이 반복되거나 의식이 뚜렷하지 않다든지, 전혀 의식이 없는 경우는 구급차를 의뢰해서 되도록 빨리 병원으로 운반하지 않으면 안 된다.

11) 눈의 이물질, 외상

(1) 이물질

눈에 이물질이 들어갔을 때는 비비면 안 된다. 이물질은 눈물과 함께 흘러나오는 수도 있으므로 눈을 깜박거리며 잠시 기다려 본다. 그리고 깨끗한 물에 얼굴을 넣어 물 안에서 눈을 깜빡깜빡하게 한다. 잘 안 되는 유아는 이물질이 들어간 쪽의 눈을 위로 눕혀서, 미지근한 물을 떨어뜨려 씻어 내도록 한다. 아래 눈꺼풀에 이물질이 들어간 경우에는 눈꺼풀을 뒤집어 보이도록 하고, 청결한 가제나 면봉에 물을 적셔서 가볍게 닦으면 떼어진다.

세제, 표백제 등 알칼리성의 약품이나 산성의 약품, 건조제 등이 눈에 들어간 경우는 바로 충분한 양의 물로 눈을 씻고 나서 안과 전문의의 처치를 받는다. 그리고 가정이나 유아교육시설에서 쉽게 제거할 수 없는 경우에는 즉시 병원으로 데려가는 것이 좋다.

(2) 외상

눈을 무엇인가에 찔리거나 안구의 내용물이 흘러나오면 실명의 위험이 있다. 눈을 세게 압박하지 않도록 주의하면서 안과로 간다. 또한 눈 위나 둘레를 세게 부딪친 경우도 전문의의 진찰이 필요하다.

12) 코의 이물질, 코피

(1) 이물질

구슬, 단추, 콩, 유리, 돌 등 유아의 손에 닿는 여러 가지 물건이 코의 이물질이 될 수 있다. 응급처치로는 이물질이 들어간 반대쪽의 코를 누르고 세게 코를 풀게 하면 나오는 수가 있다. 이물질이 보이면 손가락이나 끝이 둥근 핀셋으로 꺼내어 본다. 그러나 콩이나 구슬 같은 둥근 것은 오히려 속으로 다시 들어갈 위험이 있으므로 무리하게 꺼내려 하지 말고 이비인후과에 가서 처치를 받도록 한다.

만약 코에 이물질이 보이지 않고 유아가 기침을 하거나 호흡곤란을 보일 때는 이물질이 기관지나 허파로 들어갈 수 있으므로 즉시 병원에서 치료를 받도록 해야 한다.

(2) 코피

코피가 날 때는 머리 숙이기에 알맞은 의자에 앉혀 코피가 나오고 있는 쪽을 아래로 눕히고 손가락 끝으로 콧망울을 쥐고 잠시 압박한다. 깨끗한 가제를 뭉쳐서 출혈하고 있는 쪽의 콧구멍에 막아 주어도 좋으며 코 위의 부분을 찬 수건으로 식히는 것도 좋다.

혈액을 들이마시면 구역질을 유인해 토해 내도록 한다. 그러나 코피가 멈추지 않고 15분 이상 계속되는 경우나 양이 많은 경우는 이비인후과의 처치를 받는다.

코피를 자주 흘리거나 지혈이 어려운 경우는 코나 혈액 당의 질병이 의심스러우므로 정밀검사를 받도록 한다. 머리를 부딪쳐서 코피가 나올 때는 두개 골절 등의 우려가 있으므로 신속하게 병원으로 간다.

13) 귀의 이물질, 외상

(1) 이물질

① 벌레가 들어간 경우

유아의 귀에 벌레가 들어갔을 경우에는 먼저 손가락이나 핀셋으로 벌레를 집어 낼 수 있는지 시도해 보는 것이 좋다. 또한 방을 어둡게 해 두고서, 밝은 회전등의 빛을 귀에 접근시키면 벌레가 기어 나오는 수도 있다. 그래도 제거하기 어려운 경우는 무리하지 말고 이비인후과의 처치를 받는다. 또한 두려워하는 유아를 안심시킬 필요가 있다.

② 콩, 구슬 등이 들어간 경우

콩이나 금속제 또는 구슬 등은 꺼내려 하면 더욱 안으로 밀려 들어가는 경우가 많으며 귀에 들어간 채로 시간이 지나면 수분을 머금어서 커지기 때문에 더욱 제거하기 어렵게 되므로, 귀를 아래로 돌려서 한쪽 발로 자꾸 뛰어 보아 나오지 않으면 빨리 이비인후과의 처치를 받는다.

③ 물이 들어간 경우

만성 중이염 등으로 고막이 열려 있는 유아의 경우 물이 귀에 들어가면 위험하다. 보통의 유아는 그대로 놔두어도 자연히 흘러나오므로 특별히 걱정하지 않아도 좋다. 물이 들어간 쪽의 귀를 아래로 해서 잠시 있으면 흘러나오게 된다. 면봉을 귓속 깊이 넣는 것은 위험하다.

(2) 외상

고막이 찢어지는 경우가 있는데, 유아가 귀의 계속적인 통증을 호소하는 경우 이비인후과의 진찰을 받는다.

14) 기도에 이물질이 들어갔을 때

기도에 이물질이 들어가게 되면 본능적으로 기침을 한다. 그러나 숨쉴 여유가 없이 기도를 꽉 막고 있으면 호흡이 곤란하여 얼굴이 새파랗게 되고 마침내는 의식을 잃게 된다. 이 때는 응급처치를 시도하기보다는 곧바로 병원의 치료를 받아야 한다. 병원으로 옮겨지는 동안 다음과 같은 처치를 한다.

① 유아를 뒤에서 얼굴이 밑으로 가게 하고, 유아를 팔 위에 얹어 놓고 손으로 머리와 목을 받쳐 준다.
② 머리와 상체를 하체보다 낮춘 상태에서 아이의 등을 손바닥으로 세게 친다.
③ 유아의 입을 벌려 이물질이 보이면 손이나 핀셋으로 꺼내도록 시도하나 그렇지 않으면 병원으로 급히 데리고 간다.

15) 이물질을 삼켰을 때

유아들이 삼킬 수 있는 독극물은 표백제, 제초제 등의 부식성 독극물과 일반 독극물로 나눌 수 있다. 이러한 독극물은 식도 등의 내장기관의 조직을 손상시킬 수 있다. 이 경우에는 절대 토하게 하지 말고, 119구조대나 가까운 병원으로 데려간다.

일반 독극물을 먹었다면 소금물 등을 먹여 토하게 한 다음 병원으로 데리고 갈 수도 있다. 또한, 의식이 뚜렷하지 않을 때는 질식의 염려가 있으므로 토하게 해서는 안 된다. 만일 구역질이 있으면 상반신 또는 얼굴을 옆으로 돌려 토한 것이 기도에 들어가지 않도록 주의한다. 의식이 없는 경우나 경련을 일으키는 경우는 기도를 확보해서 병원으로 운반하여 치료를 받는다.

해가 없는 고형물질을 삼켰다면 며칠 내로 대변과 함께 배설되므로 걱정할 필요가 없다. 그러나 못이나 뾰족한 금속 조각, 작은 전지 등을 삼켰다면 진찰을 받아야 한다.

일반적으로 유아가 이물질을 마시거나 먹는 것을 보았을 경우 손가락을 입에 넣어 혀의 평면을 아래로 눌러서 토하게 하는 방법이 있을 수 있다. 이 때 물이나 우유를 마시게 해서 토하게 하여도 된다. 한 번 토하고 난 후, 또 물이나 우유를 마셔 반복해서 토하게 하면 더욱 안전하다.

16) 벌레에 쏘였을 때

모기, 벌, 개미, 독나방 등 독을 지닌 곤충에 의해 피부가 물리거나 쏘이는 경우 가려움을 호소하고 피부가 발갛게 붓고 긁어서 진물이 나는 경우가 많다. 쏘인 곳이 붉게 부어서 가려움이 심해지고 얼얼하게 아픈 경우, 계속 긁게 되면 그 범위가 확산되므로 될 수 있는 대로 문지르거나 긁지 않도록 주의한다.

응급처치로는 대부분 곤충의 독은 강한 산성이므로 빨리 물로 씻어 흘려 보내야 하며, 이 때 비누거품을 일게 해서 씻는 것도 좋은 방법이다. 그리고 물로 씻으면서 독을 빼내도록 한다. 항히스타민제가 든 연고나 부신피질호르몬이 든 연고를 바르거나 찬물, 얼음찜질을 한다.

벌에 쏘인 경우 독침이 남아 있는 경우가 있으므로, 씻은 후 소독된 핀셋으로 남아 있는 가시를 제거해 주어야 한다.

알레르기 체질의 유아는 각별한 주의가 필요하며 병원의 도움을 받는 것이 바람직하다.

[질 식] 어디에 쓰는 물건일까요?(만 1세)

❖ **대상연령** : 17~20개월

❖ **목　　표** : 긴 끈에 의해 발생할 수 있는 질식사고를 예방할 수 있다.

❖ **준 비 물** : 긴 끈(탄력밴드, 구슬꿰기 끈, 역할놀이 스카프 등), 그림카드

❖ **활동방법**

〈도입〉

① 여러 종류의 긴 끈을 탐색해 본다.

〈전개〉

① 4장의 그림카드(구슬꿰기, 스카프, 리본 테이프, 탄력밴드 체조 그림)를 보여 준다.

② 각 그림카드에서 구슬꿰기, 스카프, 리본 테이프, 탄력밴드의 용도에 대해 이야기한다.

③ 스카프, 리본 테이프, 구슬꿰기, 스카프, 리본 테이프, 탄력밴드의 잘못된 사용법에 대해 이야기한다(예 : 목에 감지 않아요).

❖ **유 의 점** : 스카프 및 넥타이의 잘못된 사용법을 따라하지 않도록 한다.

연구 문제

1. 응급처치의 개념과 필요성에 관해 논의해 보시오.

2. 응급처치를 위한 구급약품의 종류와 그 용도에 관해 이야기해 보시오.

3. 심폐소생술의 방법에 관해 이야기하고 시연해 보시오.

4. 증상에 따른 응급처치의 방법에 관해 각각 논의해 보시오.

참고 문헌

강문희 · 장연집 · 정정옥(1998). 아동정신건강. 경기: 정민사.

강영희 · 박희숙 · 배소연 · 이기숙 · 정미라(1997). 영유아를 위한 안전교육. 파주: 양서원.

강희숙(1994). 어린이 우발사고 요인 및 행위에 관한 연구. 서울대학교 보건대학원 박사학위 논문.

경찰청(1992). 유아의 교통안전지도서. 유치원 교사용.

고영인 · 이미라 · 최미혜 · 최진원(1997). 영유아안전관리 및 응급처치. 파주: 양서원.

곽노의 · 박대근 · 박현미(2010). 영유아건강교육. 경기: 공동체.

곽동경(1995). 유아를 위한 영양과 식단. 파주: 양서원.

곽은복(2001). 영유아를 위한 안전교육프로그램. 서울: 창지사.

교육과학기술부, 보건복지부(2013). 3~5세 연령별 누리과절 해설서. 서울: 한국시각장애인연합회.

교육과학기술부, 보건복지부, 육아정책연구소(2012). 3-5세 연령별 누리과정 지원을 위한 시 · 도(교육)청 강사요원 중앙연수 자료집. 육아정책연구소.

교육부(2000). 유아를 위한 안전교육 지도자료.

교육부(2001). 총론, 유치원교육활동 지도자료 1. 대한교과서주식회사.

교육인적자원부(2001). 함께 풀어가는 성 이야기.

교육학사전편찬위원회(989). 교육학대사전. 서울: 교육서관

김계자(2001). 영유아건강 및 영양교육의 이론과 요리활동의 실제. 서울: 동문사.

_____ (2003). 영유아 영양 및 건강교육. 서울: 동문사.

김성희(2000). 유아안전교육. 서울: 창지사.

김연진(2007). 교통안전교육의 선진화 방안, 교통안전교육 전문강사 양성교육교재. 강원안전실

천연합회.
김의영(1997). 아동보육론. 서울: 동문사.
김일옥 · 최경순(2004). 아동건강과 영양. 파주: 양서원.
김주성(1998). 아동의 건강과 영양. 서울: 학문사.
대구시 동구(2004). 민방위대원 교육교재.
대한소아알레르기 및 호흡기학회 편(1995). 감기를 달고 사는 아이들. 서울: 풍경.
대한적십자사(1995). 위급시 응급처치.
덕성여자대학교 부속유치원(1997). 유아영양과 요리활동. 서울: 창지사.
둔내초등학교병설유치원(2002). 상황별 체험활동을 통한 안전생활습관 형성. 안전교육시범유치원 운영보고서.
문혁준 · 권희경 · 김명애 · 김상희 · 김정희 · 김혜금 · 김혜연 · 안효진 · 이경옥 · 이윤경 · 이희선(2013). 아동건강교육. 서울: 창지사.
박성옥 · 이영환 · 한유미 · 곽혜경 · 양연숙 · 이진숙 · 장혜자 · 안은숙 · 이민경 · 김연주(2003). 영유아의 건강과 안전. 서울: 창지사.
배소연 · 이기완 · 이영미 · 정미라(1997). 유아들의 간식 · 중식 식단 계획. 서울: 한국어린이육영회.
배소연 · 이영미 · 정미라(2000). 유아건강교육. 파주: 양서원.
보건복지부(1998). 영유아안전 보육프로그램 1. 보건복지부.
삼성복지재단(2000). 어린이와 환경, 안전. 2000년 8회 국제학술대회.
서울특별시보육시설연합회(2003). 안전사고사례집.
______________________(2003). 안전한 보육환경조성을 위한 안전교육프로그램.
서울특별시보육지원과(2004). 안전한 보육환경 조성을 위한 안전교육 프로그램.
서지영 · 서영숙(2002). 유치원교사 이직의도에 관한 연구. 유아교육연구, 22(4), 229-250.
세계일보. 2005년 11월 29일자.
소방방재청(2008). 물놀이 안전 매뉴얼.
신은수 · 감금지 · 유희정(2009). 영유아를 위한 영양과 건강교육. 서울: 창지사.
안효섭 편(2004). 홍창의 소아과학(제 8판). 서울: 대한교과서주식회사.
양일선 · 김온기(1997). 유아를 위한 영양교육. 서울: 다음세대.
이경민(2002). 유치원교사의 생애에 대한 기초연구. 유아교육연구, 22(3), 95-114.
이기숙 외 4인 공저(2002). 안전교육과 응급처치. 파주: 양서원.
이기숙 외(2002). 영유아를 위한 안전교육과 응급처치. 파주: 양서원.
이상우 · 정광복(1994). 신안전교육. 서울: 세종출판사.
이상일 · 최혜미(2003). 영유아 영양. 경기: 교문사.
이순례 · 조인숙(2004). 유아의 건강생활과 관련한 일상생활 습관에 대한 연구. 한국유아체육학회지, 5(1), 75-94.
이용일 · 현중순(1984). 유아를 위한 건강지도. 서울: 창지사.
이정숙 · 김성재(2009). 유아기 신체건강과 관련한 일상생활습관 실태 연구. 아동학회지, 20(3), 177-196.
임미혜 외(2005). 영유아건강 및 안전교육. 파주: 양서원.
장영희 · 정미라 · 배소연(1997). 유아교육기관의 안전교육 실태, 유아교육연구, 17(1), 23-44.
전성태(1997). 초등학교의 안전교육에 대한 연구, 경남대학교 교육대학원 석사학위논문.
정경자(1984). 유치원 교사들의 보건지식 및 유치원의 보건교육, 안전실태에 관한 연구, 중앙대학교 교육대학원 석사학위논문.
정미라 외 2인 공저(1999). 유아건강교육. 파주: 양서원.
정미라 · 배소연(1999). 유아교사의 안전지식의 정도에 관한 연구, 유아교육연구, 19(2), 189-205.
정미라 · 배소연 · 이영미(2009). 영유아를 위한 건강 및 영양교육. 파주: 양서원.
정연강 · 조정순(1995). 유아 영양과 건강. 파주: 양서원.
조경자 · 이현숙(1998). 유아건강교육. 서울: 학지사.
__________ (2004). 유아건강교육. 서울: 학지사.
__________ (2010). 유아건강교육. 서울: 학지사.
조양자 외 3인 공저(1998). 아동건강교육. 서울: 형설출판사.
주영은 · 성영희 · 이숙자(2011). 아동건강교육. 경기: 공동체.
중앙아동보호전문기관(2008). 아동학대신고의무자 교육교재.
질병관리본부(2007). 소아비만 후보유전자의 genotype 분석 및 질환지표 상관성 분석: 결과보고서.
최기은(2003). 유괴예방을 위한 유아안전교육 프로그램 연구, 동국대 교육대학원 석사학위논문.
최민수(2001). 영유아 건강과 안전. 서울: 학지사.
최영일(1998). 초등학교 안전교육에 관한 연구, 한국교원대학교 대학원 석사학위논문.
통계청(2006). 사망원인통계.
한국교육개발원(1995). 어린이 안전교육지침서. 한국산업안전공단.
한국산업안전공단(1996). 유아교사용 안전교육지도서.
__________ (2000). 안전교육 시범학교 운영결과 보고집.
__________ (2002). 생활주제와 함께하는 안전교육.
한국선(2000). 영 · 유아 중심의 아동건강교육. 서울: 교육아카데미
한국소비자보호원(1990). 어린이 놀이시설 안전실태조사.
__________ (1994). 유아용 완구 안전실태 조사결과.
__________ (1997). 탄환사용 장난감 총 안전실태 조사결과.

_____________ (1999). 영 · 유아의 가정 내 안전실태 조사결과.
_____________ (1999). 유모차의 우발적 접힘 사고원인 및 대책 조사결과.
_____________ (2002). 어린이 안전 환경 조성을 위한 토론회-어린이 생활안전 중심으로.
한국아동안전관리교육협회 편(2003). 아동복지관련법규 및 안전시설. 서울: 학문사.
_______________________ (2003). 아동안전교육개론. 서울: 학문사.
한국안전생활교육회(1999). 전기안전 · 안전과 건강. 1999년 겨울호.
한국어린이육영회(1990). 유아를 위한 성교육.
한국유아교육학회(2001). 유아를 위한 안전교육. 2001년 하기 워크숍 자료.
한국행동과학연구소(1992). 보육교사를 위한 영유아 보육프로그램. 보건사회부.
한면희 · 김용찬(1998). 사회와 창의적 교수법. 경기: 교육과학사.
허혜경 · 김성희(2004). 아동건강교육. 서울: 창지사.

American Red Cross (1992). First aid & safety handbook.
American Society for Testing and Materials (1995). Standard for public playground equipment and standard for playground surfacing. Philadelphia. PA : Author.
Anspauhg. D., Ezell, G., & Goodman, K. N. (1987). Teaching. today's health(2nd ed.). Merrill Publishing Company.
Brandenburg, M. A. (2000). Child safe : A practical guide for preventing childhood injuries. N. Y.: Three Rivers Press.
Chadesworth, R. (2000). Understanding child development(5th ed.). Albany, N. Y.: Delmar.
Children's Hospital Boston (2001). The children's hospital guide to your child's health and development. Perseus Publishing.
Coffey, J. (1998). Health care for children. London: Hodder & Stoughton.
Ebert, J. (1985). What would you do iF...?: A safety game for you and your child. M. A. Houghton Mifflin Company.
Edgington, M. (1991). The nursery teacher in action. London: Paul Chapman Publishing.
Einzig, M. J. (2001). The first-aid handbook for childhood emergencies. 영 · 유아를 위한 응급처치. 김일옥 · 이자영 편역, 파주: 양서원.
Entwhistle, I., & Bryan, B. (1993). Health education in the early years. London: BAECE.
Hayward, H. J. (1992). 누구나 할 수 있는 응급처치법: 이일남 역, 서울: 태웅출판사.
Hendrick, V., & Kathleen, D. (2000). Parental mental illness. Building Community Systems for Young Children.
Bulman, K., Tassoni, P., Beith, K., Burnhan, L., & Eldridge, H. (1999). Early years care

and education. Heinemann Educational Publishers.
Lawton, J. T. (1988). Introduction to child care and early childhood education. Glenview, Illinois: Scott, Foresman and Company.
Miller, D. F. (1995). Principles and issues. Madison: Brown & Benchmark.
Miller, J. (1983). Many voices, bilingualism, culture and education. London: Boston.
Peterson, L., & Kivlahan, C. (1993). Judgements regarding appropriate child supervision to prevent injury the role of environmental risk and child age. Child Development, 64, 934-950.
Peterson, L., & Mori, L. (1985). Prevention of child injury : An overview of targets, method, and tactics for psychologists. Journal of Consulting and Clinical Psychology, 53, 586-595.
Pickle, B. (1989). Increasing safety awareness of preschoolers through a safety education program. Nova University.
Robertson, C. (1998). Safety, nutrition, and health in early education. N. Y.: Delmar.
Skelt, A. (1993). Caring for people with disabilities. London: Pitman.
Speltz, M. L., & Gonzales, N. (1990). Assessment of injury risk in young children: A preliminary study of the injury behavior checklist. Journal of Pediatric Psychology, 15, 373-383.
Stranks, J. (1991). The handbook of health and safety practice. M. A.: A Simon and Schuster Company.
Susan, C. (1981). Healthy and safety for young children. Washington, DC: DHEW Inc.
The National Swedish Board for Consumer Police (1995). Five years with the products safety Act. Report No. 1994/95: 21, Sweden.
Thomson et al. (1994). Health & social care. London: Hodder & Stoughton.
Bruce, T., & Meggitt, C. (1999). Child care & education. Hodder & Stoughton.
Valsiner, J. (1987). Culture and the development of children's action. Chichester, England : John Wiley & Sons.
Varney, A., & Joan, T. (1989). The evaluation of personal safety curriculum for preschool. University of Michigan. M. A.
Whiting, M., & Lobstein, T. (1992). The nursery food book. London: Edward Arnold.

대한소아치과학회. http://www.kapcl.org
서울시교육청. http://youa.seng.go.kr
소방방재청. www.nema.go.kr

식품의약품안전청. http://www.kfda.go.kr
중앙아동보호전문기관. www.korea1391.org
질병관리본부. https://nip.cdc.go.kr
한국소방안전협회. www.kfsa.or.kr
한국어린이안전재단. www.childsafe.or.kr

저자 소개

✍ 김연진

숙명여자대학교 학사 · 석사 · 박사(아동복지전공)
영국 Kingsway College 수학(NVQ Level 3 취득)
현, 상지영서대학 유아교육과 교수
저서: 아동복지(공저)/부모교육의 이론과 실제(공저)/영유아발달의 이론과 실제(공저)/보육학개론(공저)/유아교육개론(공저)/특수아동교육의 이해(공저) 등 다수

✍ 고영자

숙명여자대학교 교육대학원 졸업(유아교육 전공)
인하대학교 대학원 박사학위 취득(아동학 전공)
전, 진호유치원 원장
현, 서울신학대학교 유아교육과 교수
저서: 교사를 위한 유아 음악극 지도의 실제 (아름솔 출판)/ 유아를 위한 창의적 동작교육의 이론과 실제(아름솔 출판)/ 따라하기 쉬운 손유희 모음집 (아름솔 출판)

✍ 조안나

University of North Texas 대학원 유아교육전공(M. Ed.)
University of North Texas 대학원 유아교육전공(Ed. D.)
현, 서울신학대학교 유아교육과 교수
저서: 영유아 발달의 이해(서울신학대학교 출판사)

영유아를 위한
유아건강교육의 이론과 실제

초판발행 2014년 8월 25일
3판발행 2016년 9월 10일

2016. 9.

저 자 김연진 · 고영자 · 조안나
발행인 김현태
발행처 태영출판사

주 소 (08301) 서울 구로구 구로동 104-10 동남오피스텔 201호
전 화 02 · 839-3757, 839-3752
팩 스 02 · 837-3754
등 록 2005년 5월 30일 제12-421호
홈페이지 http://www.taeyeongbook.co.kr
E-mail tys2005@hanmail.net
ISBN 978-89-6302-148-5 93370
정 가 20,000원

* 잘못 만들어진 책은 교환해 드립니다.